地理通论纲要

郑达贤　陈加兵　郑衡泌　编著

科学出版社
北京

内 容 简 介

本书以纲要形式阐述了地理学整体共同的研究对象和基本范畴，地理研究的主要思维方式，地理调查和测度、分析与综合和评价的主要内容和方法，介绍了地理的主要应用领域。在纲要之后用556条注释具体阐释了纲要中的主要概念、术语和观点。

本书可供大专院校地理专业的教师和学生阅读，也可供从事地理有关工作的人员参考。

图书在版编目（CIP）数据

地理通论纲要 / 郑达贤，陈加兵，郑衡泌编著 . -- 北京：科学出版社，2024. 11. --ISBN 978-7-03-079939-5

Ⅰ. K90

中国国家版本馆 CIP 数据核字第 2024S5M265 号

责任编辑：李晓娟 / 责任校对：高辰雷

责任印制：赵　博 / 封面设计：无极书装

科学出版社 出版

北京东黄城根北街16号

邮政编码：100717

http：//www.sciencep.com

北京中科印刷有限公司印刷

科学出版社发行　各地新华书店经销

*

2024年11月第　一　版　开本：787 × 1092　1/16

2026年 1 月第二次印刷　印张：21

字数：500 000

定价：268.00元

（如有印装质量问题，我社负责调换）

前　言

地理通论最早由B. 瓦伦纽斯（1622～1650年）提出，指与描述特定地区的专区地理学相对的、适于一切地区一般普适原则的地理基础理论。然而，由于地理学研究的自然地理现象和人文地理现象在传统的哲学顶层分类中分别归属自然科学和人文社会科学两大类别的范畴，具有完全不同的机理和演化规律，因而要从这一方向来建构对整个学科具有普适性的基础理论是十分困难的。故至今为止，一个完整的普适于整个地理学科体系的统一的地理理论似乎并未形成。一些权威地理学家提出的涵盖范围较大的地理学一般理论，在对于地理学科的特有性和整体普适性方面也有争议。随着学科的发展、地理学科的不断分化、地理学与其他学科交叉领域的不断出现，以及地理新研究技术的不断发展，与地理有关问题的研究已发展成一个庞杂的体系。这就使每一个人的有限精力和包括分支学科理论在内的全部地理认知之间存在巨大的矛盾。人们在地理研究和教学中越来越倾向于专注某一分支领域（特别是自然科学领域和人文社会科学领域）的研习和创新，回避地理学整体共性领域的认知。其结果是“地理学到底是什么”成为人们对地理学一再提出的问题。不少地理专业的学生，入学后就集中专注于地理学特定领域的学习和研究，毕业后虽然在某些领域有专长，甚至精通，但对于地理学是什么，却一头雾水，不能回答。所以，多年来不少有识之士呼吁对地理专业的学生，要开设“地理学概论”课程。这一提议在不少学校实施后，已取得一定效果。但是，课程的内容还有不少争议。为此，我们从地理学各分支的研究内容中梳理和归纳出共同使用的（特别是自然地理和人文地理共同使用的）、对地理学相对专属且具内部逻辑关联的基本概念和范畴，给予明确的定义和规范；梳理和归纳地理学各分支共同应用的主要调查测度、分析综合和评价的方法，以及方法在地理学应用中的问题，特别是一些地理学特有或首创的，或与其他学科相结合共同发展的方法和技术。把这些基本概念、范畴、方法和技术列为地理学总体认知所必需的纲要范围。此外，任何一个学科的认知及其应用的实践行为都是在一定的思想路线指导下进行的，因此，本书专门用一章阐述自古以来地理学发展所贯彻的主要地理思维及其哲学基础。

本书采用大纲加注释的形式编写。大纲文本部分仅占全书的1/6左右，多采用陈述式语句，不作论证和阐释；其余5/6的篇幅为词条式注释，用作大纲所列概念、范畴、观点和方法的定义、解释、论证、说明或例举。采用这种编写方式的原因在于：①使大纲的内容简明扼要、连贯阐述而不被解释说明所中断；②使读者可根据自己的需要而有所选择，因为有些内容是读者已经理解的东西，不用去看其解释和说明；③如作为教学参考用书的话，教师可另用自己更清晰、更生动的语言和更好的案例，而不必采用本书的材料；④可用作学生复习和讨论课程的大纲。我们希望，通过对大纲内容的掌握，学生大致可以回答地理学是什么、怎么研究和有什么用的问题。

本书大纲由郑达贤编写，经三位作者共同讨论确定；第 1 章、第 2 章、第 6 章的注释由郑衡泌完成，第 3 ～第 5 章注释由陈加兵完成，全书由郑达贤统编定稿。

本书的编写和出版得到福建师范大学地理科学学院和福建师范大学地理研究所的大力支持，朱宇教授、曾从盛教授、晏路明教授对大纲提出了许多宝贵的建议，在此表示衷心的感谢！本书采用新的内容框架和全新的编写结构形式，只是一种探索尝试，且书中还有一些是作者个人的观点、理解或拓展，如地理学的本体对象、地域聚散或均衡、地理综合体的构成要素、规范性地理思维、地理因果关系、地理预测的内容等，均未经同仁的广泛检讨和批评，故本书在内容和形式上存在许多不足之处，敬请读者批评指正。

作　者

2024 年 3 月

目　录

第1章　地理[1]的共同本体[2]和基本范畴

学科以研究事物的特定关联之特征群而定位和区分。同一事物，可因不同学科视角而异名[3]。事物，就是人们所感知的世界，但人们所感知的只是事物的特征而已，物实际上是人们根据所感知的相关特征群进行分类并予以定名的东西，而事则是特征的关联和运动[4]。自18世纪以来，地理学的研究对象和范围随着学科的分异和科学思潮的变化而变化，开始是地球[5]，后缩小为地球表面[6]；地理关于地球表面事物研究的内容，大致可分为三种看法或三个方向：一是以地为中心，研究构成地表的事物（区域[7]）或其与人类（作为与地相对的一面）的关系（人地关系或人类生态学[8]）；二是以事物在地球表面上的空间关系为中心，先分别按事物类型研究其空间关系规律，最终试图获得地球表层所有事物的普遍的空间关系统一规律（地表空间科学[9]）；三是从综合角度把地球表层事物及其在地表的空间特征作为复杂关联体进行研究（地理环境[10]、景观[11]、地球表层系统[12]）。分析对比18世纪以来地理学家分别提出的所有这些研究对象和内容，可以看出其中被大家共同关注的最基本的事物只有一个，即在地球表层同时具备物类属性和地域属性的事物，可称为地物[13]。

1.1　地理的本体——地物

空间和时间是事物存在的形式，空间感知依人们头脑中构筑的参照系而定。参照系不同，则空间感知不同[14]。人类生活在地球上，地球及其运动成为人们对事物空间感知的最主要参照系之一，称为地理参照系。位于地球表层的事物与地理参照系关联的空间属性称为地域属性（地域特征）[15]。在很多情况下，人们需要把地表事物的物类属性（特征）和地域属性（特征）结合在一起进行研究。我们把同时具备两种属性的地表事物称为地物，多种地物相关联所构成的系统称为地域系统。地理学正是研究地物及其构成的地域系统的科学，或者具体地说，是把具有地域特征的地表事物的物类属性（特征）与其地域属性（特征）结合在一起进行研究的科学。故地理学研究的对象和范围是可明确界定的：它不是研究一切事物的普遍属性，而只研究位于地球表层的事物的属性；它不是研究位于地球表层的事物的一切属性，而只研究地表事物与地理参照系位置有关联的事物的特殊属性；它不是研究地表事物一般定义上的空间属性，而只研究与地理参照系有关的空间属性；它不是无视地物的物类属性而孤立、抽象地研究地域属性，而是在与特定物类属性结合的意义层面研究地域属性；它不是孤立地研究与地理参照系位置有关联的地表事物的物类属性，而只研究把地表事物的物类属性与地域属性紧密结合的“地物”及其构成的地域系统的属性（以下除特指地域系统外，把地物及地域系统的属性通称为地物属性，其外部表征通称为地物特征）。

地物有以下共同特征：①本质性特征——上述物类属性和地域属性相结合的地物二象性；②地物地域空间分布的不均匀性[16]；③地域空间的有限性[17]；④多地物构成的区域特征的独特性，但不是不存在普遍性[18]；⑤历史的积淀性[19]；⑥演化的相对单向性，但不是不存在不可重复性[20]；⑦多地物构成的系统的不可还原性[21]；⑧多尺度时空特征的同体性[22]。这些特点是地理学理论和方法建立与发展的基本出发点。

根据事物发展变化的机制，事物属性可分为自然属性和人文、社会、经济属性（以下简称人文属性）。一种事物既可包含自然属性，又可包含人文属性，也可仅包含自然属性或人文属性。从对事物的感知和研究的角度看，凡只感知其自然属性并仅研究其自然属性者，把其感知和研究对象称为自然事物或自然系统，而忽略事物的来源及其可能具有的人文属性；凡只感知其人文属性并仅研究其人文属性者，把其感知和研究对象称为人文事物或人文系统，也忽略该事物之来源及其可能具有的自然属性；而同时感知并研究其自然和人文属性者，则只能视该事物为自然－人文复合事物或自然－人文复合系统[23]。各个学科都是这样来看待和区分其研究对象并确定自己在大的学科类别中的位置的。故也可不考虑其来源而仅据其发展变化机制法则将地物划分为自然系统的地物、人文系统的地物，以及兼备自然与人文属性的自然－人文复合地物，包括作为资源和环境（指人类环境）要素的地物[24]。自然地理、人文地理、资源科学、环境科学等由此而得以区分。人文系统的地物根据其表观特征又可分为实体形态人文地物和精神（非实体）形态人文地物。精神形态人文地物虽然依旧还需以实体形态人文地物为载体，但其分布、关联和运动，以及结构功能特征等与载体地物的实体特征并不一致[25]。

地物特征为地物属性的表征，包括地物的地域分布特征，地物的关联特征，地物的运动特征，由分布、关联和运动构成的地域系统结构与功能特征，以及所有这些特征的变化过程。地理学的研究从地物特征的感知开始，然后进行属性的认知和地物之间及地物与其他事物关联的分析评价。

1.2 地物分布

地物分布指地物的地域空间分布[26]，即人们对地物在地理参照系中的位置和散布状态的感知。这种感知依人们心中具体的参照系（地方性的或全球性的，不同的投影和地理坐标体系，近现代地理学统一采用地球参照系[27]）、尺度和认知的分辨率（感官直接认知或地表测量的间接认知的分辨率）[28]而定。地物的分布可分为离散分布和连续分布[29]。不论何种分布，地物在地球表层地域空间整体范围内是非均匀的，否则就与地理参照系无关。在地域空间整体范围内非均匀分布的事物，均可视为地物而作为地理学的研究对象。在研究区域范围内地物的分布可分为全域分布[30]和局域分布[31]。一种地物的分布可能是单区的[32]，也可能是间断分区的[33]。地物的地域分布状态称分布格局[34]。具一定规则的分布格局[35]的地物具有地域自相关特征[36]。地物分布区的外缘或两种地物分布区的交接带称为地理界[37]，地理界有清晰明确的突变界[38]和模糊的渐变界或交错界之分，渐变界和交错界形成带状分界，成带的地理界称为地理过渡带[39]或地理交错带。单种地物或地物的单项特征与地理参照系的关联构成单要素地物的分布。相关联的多种地物群或地物特征与地理参照系的关联构成多要素地物的综合分布。多要素综合分布区中各要素的分界多数并非完全一致，而仅是近似而已，故综合分布区的地理界多呈模糊状态，其界定或凭经验，或依主导因素，或用数学方法判断[40]。地域分布区域内各要素的量值与区域面积之比构成地物分布密度[41]。区域内的地域要素性质与结构、地域要素密度、分布区的面积、边界长度、形态及其关系与格局构成了分布区的特征；同质而不同密度的地物或特征分布区在地域上不可重叠，只有邻、隔、补的关系[42]，而异质性地物或特征的分布区在地域上可重叠，既可有邻、隔、补的关系，也可有交、并的关系[43]。地物的分布格局因感知的尺度和分辨率而异[44]。地物或特征在微观地域尺度上的格局不同于宏观地域尺度上的格局，正如树木的结构和森林的结构不同一样。地物的分布格局由地理点、地理线和地理面三组要素的特定组织形式构成。地理实物的点、线、面不同于几何学抽象的点、线、面，但具有几何学的点、线、面的拓扑学特征。点要素中的节点[45]，线要素中的廊道[46]、网络[47]和交界线（带），面要素的核心区[48]、边缘区[49]、叠置区[50]、交错区和缓冲区[51]等，一直是地理学研究的重点。

1.3　地物关联

地物关联可分内关联和外关联。内关联指地物之间的关联，包括异质地物或其特征的地域分布格局的关联[52]、不同区域之间地物变化的关联[53]和特定区域内不同地物之间的关联[54]；外关联指地物与不具有地域特征的事物（以下简称非地物）之间的关联[55]。异质地物或其特征的地域分布格局的关联有正关联与负关联之分，正关联指二者有相似的分布格局，负关联指二者有相反的分布格局[56]。相似或相反的分布格局表明两种地物之间可能具有某种因果关系或共同受制于某种主要因素[57]。在地域特征上，两种地物完全一致或完全相反的分布格局是少有的，这源于地物的地域分布基本上都受制于多种因素，两种地物分布格局相似或一定程度上相反只能说明它们之间的关联比别的因素更紧密而已，其他因素的干扰使两者的分布格局不可能完全一致或完全相反。故正关联或负关联的确定需要有相应的判别标准，这需求助于空间统计学或地统计学[58]；不同区域之间地物或其特征变化的关联可能是正关联，也可能是负关联[59]，可能是同步的关联，也可能是滞后的异步关联[60]，它源于地域传递链的作用，或源于涵盖相关区域的更大尺度的共同因子的作用；特定地域内异质地物或其特征的关联也有正关联和负关联之别、同步关联和异步滞后关联之别。特定地域内不同地物或特征的关联往往是通过物质流[61]、能量流[62]、信息流[63]或资本流来实现的。地物与非地物之间的关联属外关联。由于地物通过相互关联构成的地域系统均是开放的系统，故地物与非地物的外关联可以看作这种开放系统与外部环境的相互作用。地物与非地物的关联也是通过物质流、能量流、信息流或资本流来实现的，也有正关联和负关联之别，以及同步关联和异步滞后关联之别。就非地物对地域系统的作用而言，这种关联构成地物变化的外因，而就地域系统或地物对非地物的作用而言，这种关联则为地域系统或地物的效用。地物关联是地理学传统研究重点——人地关系的主体内容。人地关系是作为主体的“人”与其外部客体自然环境关系的简称。人地关系中的“人”是一个由多种特征构成的事物集合，因而是一个多义的复杂概念。它既指个体，也指群体；既是具有自然特征之进化顶级的生物群，也是人群所构成的社会；既包含人类创造的物质和精神产品，也包含以人为载体的各种文化和精神现象。在这些事物中，有的事物具有地域特征，有的事物不具有或可不具有地域特征。而人地关系中的“地”指的是人类以外作为人类生存环境的地球上的自然事物，这些事物有的具有地域特征，有的不具有地域特征。因此，人地关系既包含地物与地物的关联，也包含不具有地域特征的事物之间的关联，是一个复杂的关联系统。其中包括的某些不具有地域特征的人的特征与不具有地域特征的自然的关联，严格意义上看，已超出地理学研究范围。但是，作为地球表层上的“人”和地球表层上的自然系统，其主体事物多具有地域地物关联和地域运动及在此基础上产生的地域差异变化，故人地关系的主体是一种复杂的地物联系，这种复杂的关联构成了人地关系地域系统（参见 5.4 人地关系地域系统分析评价）。

1.4　地域综合体

地域综合体是在一定的地域空间中某些相关地物（地理要素）[64]相互联系、相互制约，有规律地结合成的具有一定相对稳定的结构和功能，并与外环境保持特定的物质、能量、信息或资本交流的地域单元，也称地域系统。地域综合体既是客观的地理现象，又是人们根据所关心或研究的地理现象主观确定其地物集合并构建其关联网络的综合性地理认知目标[65]。地域综合体是一个整体，但从认知的角度一般可分为以下五个子系统或要素，即地物偶联转换系统[66]、关联流路系统[67]、存储调节系统[68]、地域空间支撑和限定系统[69]、内部调控系统[70]。由一定地物（地理要素）组成的地物偶联转换系统是地域综合体的核心和各类地域综合体特有功能、特征的基础；由物质流、能量流、信息流或资本流组成的关联流路系统是地域综合体整体关联性和运行持续性的表层结构要素；存储调节系统、地域空间支撑和限定系统是地域综合体稳定性的保障；内部调控系统是地域综合体组织和运行方式的深层次结构和机理要素。地域综合体总体具有以下共同特征：①它是一个由多种地物（地理要素）和多线路关联构成的系统；②它是一个被地域空间限定的具有边界的系统；③以特定的地物构成的地物偶联转换系统为核心，因而具有特定的结构和功能；④它是一个具有对上空、地下和邻域三向联系并兼有输入和输出功能的开放系统；⑤系统既有新地物的产生，也有物质和能量的损耗，因而是一个不断更新的动态系统。根据人们所关心、研究和感知的地理现象，地域综合体可根据其主导的地物偶联转换系统（群）来划分和命名，如地域自然综合体[71]、工业地域综合体[72]、土地[73]、景观[74]等。

1.5　地物运动

地物运动指地物在地域空间中的位移，也可看作地物关联的一种形式。地物运动包括具质地物在地域空间中的运动和非具质的精神、思想等文化现象地物[75]在地域中的扩散传播。具质地物在地域中的运动均需某种形式能量的“消耗”，或者说可做功的能量的消耗，或称能的“贬值”[76]。“消耗”于地物运动的能量或来源于进行运动的地物本身[77]，或来源于其他相关联的事物[78]。太阳能是地物运动最主要的初始能源[79]。地物运动的动因或为地物在运动路线上的连续的势能差[80]，或为人及其他生物的需求[81]。具有人文性质的具质地物的运动取决于互补性、中介（机会）和可移动性三因素[82]，非具质地物的运动在一定意义上也取决于上述三个因素。而无机自然地物的运动则取决于运动线路上连续的可做功能量的梯度与摩擦阻力的对比关系[83]。兼有人文属性和自然属性的地物的运动则兼受两种动因的可能作用，有时受两种动因的交互作用而呈交替性复杂运动动态[84]。地物运动有线性运动[85]、网状运动[86]和面状运动[87]，突发性运动[88]和渐进性运动[89]，周期性（准周期）运动[90]和非周期性运动[91]，循环运动[92]、往复运动[93]和单向运动[94]之分，也有基本匀速运动和非匀速运动之分[95]。地物循环指地物在地域间循环流动。循环的地物通常并非原地物的循环，而是地物的更新循环[96]。更新周期与循环周期通常并不同步[97]。有的地物在循环过程中可能存在赋存形态的同时变化，存在各种积淀和流动的交替[98]。地物的循环过程必然引起地物分布特征和地物关联特征在一定范围内的周期振荡变化，或称地物特征的节律性变化；地物运动特征通常具有时空尺度的依赖性，局域小尺度、小范围或短时间的单向运动有时是更大范围，甚至全球性地域长时间循环运动的一个片段[99]。地物的运动大多属非匀速运动，只有在某些时段和运动线路的一定区段才存在匀速运动或在某种条件下被视为近似匀速运动，并按匀速运动处理；突发式的地物运动在地物分布和地物关联特征的变化中起着重要的作用，这种变化往往是难以预料的，但从长远和整体角度看，其在一定条件下具有统计规律。

1.6　地物的地域聚散或均衡

地物的分布状态（格局）与地物的运动相结合，构成了地物的地域聚散或均衡。地物的地域聚散或均衡以往多在经济地理学中讨论，而实际上人文社会现象、军事现象、自然现象中均存在大量的地域聚散或均衡问题，故地域聚散或均衡是一种普遍的地理过程。在地域的分布中，地物的密度相当于研究区平均密度的区域称均衡区，地物的密度高于研究区平均密度的区域称高值区，地物的密度低于研究区平均密度的区域称低值区。由于分布密度的不同，形成了地物分布的地域梯度，即两地地物分布密度之差与两地距离之比。地物顺其地域梯度流动，即从高值区流向低值区，使地域分布趋于均衡，称均衡过程；地物逆其地域梯度流动，即从低值区流向高值区，使地域分布趋于不平衡，称聚散过程。通过地物的流动而连接的流出区和流入区合称共轭区域。共轭区域可以是整个地球表层，也可以是地球表层的一部分。事实上，对于每一个地域而言，往往是地物既有流出，也有流入。

对于高值区而言，当流入大于流出时，为聚过程；而当流出大于流入时，则为减量均衡过程。对于低值区而言，当流入大于流出时，为增量均衡过程；而当流入小于流出时，则为散过程。对于均衡区而言，当流入大于流出时，则通过聚过程而转化为高值区；而当流入小于流出时，则通过散过程而转化为低值区。地域聚散有三种形式：一为循环式聚散[100]；二为淀积式聚散[101]；三为残留式聚集[102]。地物的聚散区域在表观上有三种情况：有地域界线明确的聚区而无地域界线明确的散区；有地域界线明确的散区而无地域界线明确的聚区；聚区和散区皆有明确的地域界线。多种地物、多种要素的关联运动和关联聚散是地域运动的常见现象，这种现象称为聚散过程中的偶联[103]。按照机制，地域聚散或均衡可分为：①自然能量梯度推动的地物聚散或均衡[104]；②自然生命活动推动的地物聚散或均衡[105]；③社会经济活动机制下的地物聚散或均衡[106]；④社会文化系统的地物聚散或均衡[107]；⑤军事对抗双方的地域聚散或均衡[108]。对立双方（军事、经济、政治的对立）的相对聚散和聚散中的对抗性活动是人文社会领域聚散的重要形式。地域聚散可能产生三种效应：一是地物分布格局的变化[109]；二是集聚区内和扩散区内各自地物关联特征的变化[110]；三是共轭区域整体某些相关特征总的量或质的变化及由此产生的系统结构变化和相应的功能与效用的变化[111]。对立双方相对聚散和聚散中的对抗性活动或斗争的结果是双方地域结构及整体力量对比的消长变化。系统功能与效用的变化或源于系统功能与运动变化的因素之间的非线性关系[112]，或源于运动变化的因素在系统中相当于木桶效应的短板升降的作用[113]，或源于均衡过程聚集作用因素效用的削减[114]，或源于运动变化因素引起的系统协同关系的形成或解体[115]。

1.7 地理过程

地物特征随时间的变化过程称为地理过程。其中，上述地物的运动形式与状态和地物聚散或均衡既是特征，也是过程。故地理过程包括地物的分布特征变化过程、关联特征变化过程、地物运动过程与运动特征本身的变化过程、地物聚散或均衡过程和地域系统结构与功能特征的变化过程。在许多情况下，地理过程往往是多种变化同时相互关联着的变化过程。必须明确，并非所有地表事物的变化过程都是地理过程，只有那些包括地域特征变化的地物变化过程才能称为地理过程。那些不依赖于地域特征变化而进行的过程，或无须建立在地域特征变化基础上，仅研究不同事物之间的物质、能量、信息或资本交流和转换而实现的事物形成、成长、演化和衰亡的过程不属于地理过程。尽管这些非地理过程的结果可能同时导致地物的地域特征，特别是地域系统结构与功能特征的变化，但如果研究的目标和内容并不涉及地域特征变化，其所研究的过程则不应视为地理过程[116]。地理学不应该也不可能包揽地表事物所有变化过程的研究。地理过程的结果，将对地物或地域系统本身的稳定性或演化方向产生影响，对过程之外的自然或人文系统产生正面或负面的作用，这种影响和作用是地理过程产生的效应，故称地理效应。地理过程有如下特征，即复合性、地域空间的异质性、方向性、开放性、多尺度过程的叠加性和不可逆性。

地物分布特征的变化过程表现为地域差异的扩大或缩小（集聚或均衡）；地域界线的位移，包括分布区界的扩大或缩小[117]，区界交错情况的变化[118]，新分布界的形成和旧分布界的消失[119]，地理节点的位移、形成和消失，分布区的扩大、缩小、消失、转移和新分布区的形成，以及分布格局的变化[120]等。

地物关联的变化过程表现为地物关联强度的增强或减弱，新关联的产生和旧关联的消失[121]，区间或区内关联网络的变化[122]，地物之间或地物与非地物之间关联的变化[123]。地物关联的变化既是地域综合体和区域变化的主要原因之一，也是地域综合体和区域特征变化的主要标志。人地之间地物关联的变化和地物与非地物之间关联的变化构成了人地关系特征变化的主线，即人地关系地域系统的变化。

地物运动过程本身就是地理过程，因此上述地物运动的特征也是地理过程的特征，同时还是地物空间分布变化过程、地物关联变化过程和地域系统结构与功能变化过程的主要动因之一。此外，地物运动状态本身也存在变化的过程，主要表现为地物运动速率的变化、方向的变化、形式的变化，新地物运动的出现和旧地物运动的终止等。

地域系统结构和功能特征的变化过程是指由地物运动（包括运动状态的变化）、地物关联特征的变化过程、地物分布特征变化过程和地域系统内部组分本身的发展变化过程共同作用形成的地域系统结构及相应的功能变化的过程。结构的变化过程包括地域系统的物类结构（组分的质和量及其关联特征）的变化过程和相偶联的地域空间结构的变化过程[124]；地域系统的功能变化过程包括地域系统内部地物之间或地物与非地物之间及区域之间物质、能量、信息或资本的传输过程的变化，以及由这些变化引起的地域综合体的地物偶联转换系统、存储调节系统及内部调控系统运转状态的变化过程[125]。由区域间地物流动引起的地域聚散或地域均衡而形成的地域结构变化和相应的功能变化是地域系统变化的一种重要形式，同时由区域间内因性不平衡发展或衰退导致的地域分布格局的变化及相应功能的变化也是地域系统变化的一种重要形式[126]，而在许多情况下地域系统变化是区域间地物流动和区域间内因性不平衡发展或衰退共同作用的结果。

地理过程特征因地物类型（物类特征和地域特征相结合的分类）不同而不同，但一般具有震荡性（波浪性）不可逆演化的特征。不可逆演化源于地球表层系统的特征，即该系统是一个远离平衡态的具有耗散结构的开放系统（参见注释 17），主要表现为地物或地域系统的渐进式或突发式的变异性；地理过程的震荡性（波浪性）可能由外因（如地球和天体的周期、非周期性变化与运动）[127]、内因（如区域生物种群的不断增长与有限地域空间的有限食物源的矛盾运动、区域经济系统内部的矛盾运动等）所引起[128]。地理过程的震荡性（波浪性）在时间上表现为各种中短时间尺度的周期（节律）、准周期变化过程[129]与长时间尺度的旋回性变化过程[130]，相对稳定的地理过程与突变（灾变）态地理过程的交替运动[131]，以及不同周期地理过程的叠加[132]；在地域空间上表现为震荡波的扩散过程（如大气运动系统、水文系统和地壳振动波的传播过程、金融风暴波的传播过程、哈格斯特朗的创新波传播等）[133]。相关联的地物或地物系统可能具有相关联的地理过程[134]，相关联的地理过程可能是同步的，也可能是滞后异步的。

地理过程存在量变过程和质变过程的区别。地理过程的量变指地物的地域特征、关联特征和运动的总体方向与相对强弱未发生根本改变的量的变化；地理过程的质变指地物的地域空间格局、地物关联的性质和运动方向发生根本改变的地理过程。由量变到质变的改变存在突变的时间临界点和时段，也存在突变的关键地点或地域[135]。突变点在地域空间上可转移和扩散[136]。地理过程质变后将进入一个新的相对稳定的发展阶段，形成新的地域平衡和新的区域地理特征。

注　释

1　地理

地理是世界上最古老的学科之一，也是在发展过程中至今没有改变名称的学科领域之一（克拉瓦尔，1992）。世界通用的地理学科名称“geography”是公元前3世纪亚历山大图书馆馆长埃拉托色尼（Eratosthenes，公元前275～前194年）用希腊文“大地”（Γεω）和“描述”（Υραψιηα）合成的，意为大地的描述（赫特纳，1986）；而与geography对应的中文“地理”则最早见于公元前5～前3世纪战国时期成书的《易传·系辞》：“仰以观于天文，俯以察于地理”。汉代《淮南子》对地理的解释是“俯视地理，以制度衡，察陵陆、水泽、肥墩、高下之宜，立事生则，以除饥寒之患”，即地理是对地球上的事物与现象进行测定和有条理地进行描述、评估，以为生产之用；东汉班固最早编纂了以地理命名的书《汉书·地理志》，按政区记述了各地的户口、山川、物产、经济、聚落、名胜。显然，“geography”和中国古代的地理概念形成的时间和初始的内涵是大致相同的（王恩涌和许学工，2008）。

2　本体

本体有两个概念：一是哲学概念，源于亚里士多德，指对世界存在物的系统描述，即存在论，关心的是客观现实的抽象本质，即与事物的现象、表象相对的事物的本质、本原或存在；二是从哲学的实在论引申应用于信息学人工智能界的概念，指“信息学或人工智能所构造系统相关领域的术语及其关系，以及结合这些术语和关系来定义词汇表外延的规则”，包括概念化（客观世界的抽象概型）、定义（概念及它们之间联系的精确定义）、形式化（精确的数学描述）和共享（本体反映的知识被其使用者公认和共用）（孙敏等，2004）。因此，信息学的本体已经不是哲学意义上认识主体之外的存在物的本体，而是转化为研究者主体的内在客体映象。本章“地理本体”首先指的是哲学意义的地理，即地理的本质，地理学所以成为地理学的存在依据，但更重要的是分析地理学研究对象的明确概念、其共有的属性特征及其内涵和外延。当然，其形式化的表述还有待于在地理学的发展中不断形成和论证。

3　学科依专有研究对象而区分

一个学科存在的依据在于其研究对象的专有性，即有没有其专有的、别的学科所没有的研究对象。如果其研究对象为别的学科所涵盖，或为其他几个学科所瓜分，那么，这个学科就不能说是独立存在的。而各个学科的研究对象、研究领域是如何界定的呢？有人认为这是历史发展约定俗成的。但随着科学的发展，学科不断分化，学科之间的界线往往难以明确界定。另外，新形成并成长的学科进一步外延扩大而与原来某一学科相互交叠，因而，依靠历史发展的分析和约定俗成的分类分辨并不能成为一个学科之所以能独立成一个学科的依据。科学研究是人类（主体）对客观事物（存在、客体）的一种系统的、规范化的认知过程。这种认知从对客体表象的感知开始，把客体被感知的一部分（仅仅是一部分）转化为人类感知主体的记忆（神经上的记录），经过抽象、分析、综合，形成主体内在的关于客体某一部分特征（仅部分特征）及特征间关联的认知，形成概念和关于客体的各种理论。通过各种实践检验、证实或修正所形成的概念和理论，这些概念和理论所指的事物的特征，并不是一般意义上某种事物（如我们肉眼所见某种事物）的全部特征。当然，在人们主体认知中，有些特征是“一切”事物（人类认知水平所感知的“一切”事物）所共有的，如引力，有些特征只是某些事物才具有的，如动物的特征。但一般而言，共有的特征少，而专有的特征多，因而有些学科涵盖事物的范围很大，但关注的特征范围很狭窄，而有些学科涵盖事物的范围很小，但关注的特征范围则很宽（如农学主要关心能为人类提供食物和生产原料的那些动植物，但同时还研究那些动植物的各种生理生化特征及其赖以生长的所有环境特征）。但不管涉及的事物多少、关注的特征范围的宽窄，各学科所关注的、研究的对象均只是事物特征中的一部分，而不是全部。虽然其边缘可能与其他学科有所重叠，或某学科在对其研究对象的分析中要应用其他学科所提出的理论，但各学科研究的核心对象是专一的，否则就没有存在的依据。因此，各学科也必然依其核心对象特征所确定的事物的不同而区分（皮尔逊，1999）。

4　事物

什么是学科研究的对象事物？从哲学角度看，事物有主体和客体之分。主体是人及其所支撑的意识，客体是人的意识之外的存在物，包括人自身为自己的意识所感知的自我认知的特征。人通过自己的视觉、听觉、触觉、嗅觉、味觉等直接感官和各种间接手段，包括各种科学测试手段（由测试仪器转化为人的感官可认知的特征——视觉可见的符号、听觉可感知的音频等）来感知意识之外的客体事物。对于人们平时所看到的“同种事物”，不同的学科角度所关注的特征并不相同，因而会将其看作不同事物，并给予不同的名称。例如，由我们肉眼和简单的测量手段（如尺、秤）在一个荒野山上确定一块石头（如花岗岩）和在某一圣山上确定的完全相同的石头（同样大小、重量和形态的花岗岩），二者形态、质量、成分完全相同，似乎是“同种事物”，可给予其一种名称。但力学把它们看成是具有相同质心、质量和力学性质的质体；化学把它们看成是具有相同原子组成成分，并由原子构成几种化合物的混合体；矿物学把它们看成是几种由相同化合物和相同晶体结构构成的矿物；岩石学则把它们看成是由相同矿物比例构成的岩石；这些学科都把它们看成放在两个不同地方的相同的物体或物质组成，但各自给予不同的专业名称，即各学科依据其关注的特征而确定的“事物”都不相同。另外，在宗教学和社会学上，这两块石头则可能是完全不同的东西，在荒野山上的可能是一块非常普通的石头，而在圣山上的则可能是该圣山神圣的标志物、圣物或神圣的载体。因此，从旅游学来说，一块是没有什么价值的物体，一块则是圣山的地标、圣山价值的核心载体；而从经济学来说，一块是毫无价值或只是具有潜在使用价值的石材，另一块则是价值连城的资源。因此，“客观事物”虽然是客体（指不依认识主体的意志而存在和运动的事物），但在各学科中又是主观的。因为每一学科均是在其已形成的理论框架上，以其特定的认知方法和手段，对其研究客体的特征及相互关系进行测定、实验，并用自己学科的规范去确定相关的事物。各学科用以确定事物的“特征”和“标尺”各不相同，而且也仅是事物已知特征的一部分，而各种事物还有人类所不知的特征。因此，各学科确定的研究对象，恰恰是各学科以其主体的规范特征和规则确定的事物（李建珊，2005）。

5 地理学研究地球

近代地理学形成的初期多以地球为研究对象。亚历山大·冯·洪堡（Alexander von Humboldt，1769～1859年）将地理学称为“地球的描述”（erdbeschreibung）；卡尔·李特尔（Car Ritter，1779～1859年）将地理学称为地球学（erdkunde），他把其所著的《地理通论》称为自然和人类历史关系的地球科学；李特尔的学生阿诺德·盖约特（A. Guyot）认为地球作为一个独立的组织，有一定的结构、特征和目的，这就是地理学的研究主题。

6 地理学研究地球表面

随着科学的发展和分化，特别是在地理大发现之后，随着西欧工业革命的进行，物理学、化学、生物学、地质学、经济学都逐步分化出来，形成具有严密体系的近代学科，地理学原来的许多记述对象，成为其他学科的专门研究领域，而且研究内容比地理学要深入许多，地球上许多事物成为地理学和其他科学的交叠领域，这就对地理学研究人员提出了一个尖锐的问题，即地理学到底研究什么。德国地质、地理学家李希霍芬（Richthofen，1833～1905年）在其《中国》第一卷（1877年）中对地理学的范畴与方法作了初步说明，并于1883年在莱比锡大学的就职演说上进行阐述：“地理学（erdkunde）的特殊目的是集中研究地球表面（erdoberfläche）上相互联系的各种现象。为了取得有益和可靠的结论，地球表面上任何部分的地理研究都必须从详细地描述自然现象开始，然后推进到考察地球表面的其他现象与基本的自然结构的关系……地理学的最高目标，在于发掘人类和物质的地球以及与自然现象也有联系的生物现象之间的关系”（詹姆斯和马丁，1989）。

7　地理学研究区域

李希霍芬把地理学研究对象限定在地球表层，但地球表层相互联系的各种现象仍然不全是地理学专有的研究对象，或者说，更多的不是地理学研究的专有对象，地球表层的空间外延限定并未解决地理学研究的内涵问题。赫特纳（Alfred Hettner）敏锐地指出，李希霍芬“也没有完全找到符合他的见解的明确的方法论的措辞”，因而提出：“对地表整体作考察，即不顾地点的差别，还不是地理学的；地理学更确切地说只是关于地表就其地点差别研究大陆、地区、地方和地点的科学”，“区域观点的目标是，从对自然界和它们各种不同的表现形式的并存和相互影响的理解，来认识地区和地点的特征，从各大陆、各地区、各地方和各地点的地表自然划分中理解整个地表”（赫特纳，1986）。另外，地理学内部自然地理和人文地理领域包含着许多按照各自不同的规律，或者说以不同方式运动和变化着的事物，而且随着各专业方向研究的深入，地理学作为一个统一学科的存在面临巨大威胁。哈特向（1983）在赫特纳的基础上，系统论证了地理学的统一性。他从地理学的形成和研究历史出发，运用归纳法，通过与其他学科的对比，逐一对照与其他学科研究重叠的事物和现象及地理学内部不同研究领域和方向中相同和相异的事物，得出的结论是：“地理学表现了那些逻辑上与一个在整个知识王国中占有特殊位置的主题相联系的特性”，即“地理学的唯一目的是通过共同组成地区变异性质的所有相关现象，来理解地区的变异性质”，“地理学的目的是提供对地球表面上的变异特征正确的、有规则的和合理的描述及解释”，“地理学研究对象——我们所居住的地球表壳之变异特性——具有使我们比较容易对大部分要素进行直接或间接观测的内在性质，这些要素相互关联的地区变异，组成了地区的总变异性”。但是，哈特向过分地强调地区的独特性和复杂性，因而，他认为：“一个地区，则就主要特点的全部结合而言是独一无二的”“地区本身不能从一般概念的观点来研究，而只能把它看作相互关系现象的独特（einmalige）结合中独一无二的事物”“一个地区的任何要素复合体，都会出现于别的地方，但所有这些要素复合体像实际存在的那种实际混合中的结合，在地球上却只能出现一次”。因此，他强调“地理学是专注于个别事例研究而非致力于建立学科法则的知识领域……应该考虑一下，在各学科中，什么条件有利于或不利于一般概念和原理的建立。另外，什么条件使个别事例进行最大限度的知识探讨成为必然的需要”，“世界所显然期待于地理学的，而地理工作者所应努力提供的，是同时对世界各地区的本身以及对作为一个整体的世界，进行现象以及组成地区之现象综合体的解释和描述”，“地理学显然关心对个别地区的最大限度了解，而不论是否能获得关于地域的科学法则”（哈特向，1996）。

8　地理学研究人地关系

在许多专门研究领域从原地理学（宇宙论、地球学）独立出来，主要研究地球表面的特定过程之后，地理学的研究对象又是什么呢？相当一部分地理学家认为地理学研究的是人地关系，即研究人文社会系统与自然系统（自然环境、自然地域系统）之间的关系，从而相应地提出了地理环境决定论（拉采尔，1844～1904年；辛普尔，1863～1932年；亨廷顿，1876～1947年等）、或然论（维达尔，1845～1918年）或者可能论（斯佩特等）。首先明确把人地关系作为地理学研究对象的是美国地理学家巴罗斯（Barrows，1877～1960年），他认为，地理学家“将他们的研究对象定义为只研究人及其周围自然环境之间的相互关系……因此，地理学被定义为一门人类生态学”，他认为地理学应当致力于研究人类的生态或人类对自然环境的适应，若要讲真正的地理，就必须从头到尾按人地关系正常顺序解释性论述。实际上，地理学与其说是人类的事实，还不如说是人与环境关系的事实，地理学是一门“关系”科学。他认为人类生态学是地理学区别于其他学科的研究领域。皮特（2007）也认为，地理学是一门研究社会与自然环境关系的科学。

9　地理学研究地表空间

地理学研究地表空间最早是由德国哲学家和地理学家康德（Kant，1724～1804年）提出的。康德从哲学角度进行科学分类，他认为，我们必须明确我们所有的知识所处的特有的位置。但是，我们要能够给我们的经验知识指定一个位置，要么是在概念之下，要么是按照它们实际上能被发现的时间和空间。按照概念对知识进行划分，属于逻辑划分；但按照时间和空间对知识进行划分，属于自然划分。通过前者我们获得一个自然体系，如林耐的自然体系；通过后者，我们获得一种地理学的自然描述。根据自然划分原则，我们恰恰是按照它们在地球上所占的位置来观察事物的。我们在这里观察的是自然的物体、地球自身和实际到达的地区。历史学涉及就时间而言前后相继发生的事件，地理学则涉及就空间而言同时发生的现象。因此，地理学这个名称表示一种自然描述，确切地说是对整个地球的自然描述。地理学和历史学填满了我们知识的全部范围，也就是说，地理学填满了空间的全部范围，而历史学填满了时间的全部范围（康德，2010）。但地理的空间论者认为康德是区域论的肇始者。

但康德所确定的只是空间框架下内容的描述。鉴于传统地理学强于地理现象的记述、整理和分析而弱于理论建树，特别是针对哈特向过分强调地理学研究区域的独特性和对于建立普通规律的怀疑，舍弗尔发表《地理学中的例外论：一个方法论的检视》一文，提出地理学的主要变量和研究对象是地表空间及其关系。“地理学必须注意地域现象的空间排列，而非现象本身。空间关系是地理学家的专门领域，非空间关系则是其他领域的专业”，他强调，“如果地理学拒绝寻求法则，仅以提升区域研究为目的而把自身更多地局限在描述上，我认为其前景不会乐观”（Schäfer，1953）。舍弗尔虽然把地理学的研究对象归纳为抽象的地表空间及其关系，且对传统地理学的研究和对哈特向的论著的理解有相当的片面性，但该文的发表恰恰批判了传统地理研究在方法论上的不足，因而成为地理学“计量革命”的先驱和奠基之作，开启了第二次世界大战之后地理学重现理论探索和变革传统的先河。邦奇（Bunge）认为，地理学是关于区位的科学，区域地理学用以划分区位的种类，而理论地理学则对其进行预言。“我们研究空间问题的能力，本质上会给我们带来其他系统科学无法比拟的便利条件。”“地理学可以开始把自己分成各种空间理论领域，如点的问题、面的问题、数学表面的描述问题，以及中心地问题，而不再是目前的气候学、人口地理学、地形学等的划分……既然空间科学目前正在如此迅速地成熟起来……作为基础学科的地理学，会很快地以它的创造力和它本身的力量在已经发展的科学中占据一流的地位”（邦奇，1991）。厄尔曼（1953）认为，地理学者的主要贡献在于他们对空间和空间相互作用的研究。

10　地理学研究地理环境

苏联把自然系统和人文社会系统划分为两个截然不同的学科领域，否定人文地理的科学性，并把经济地理学从本义的地理学中划出去，因此，地理学的研究对象缩小到作为人类社会发展基础的自然界，并称之为地理环境。中国地理学界在20世纪50～70年代受苏联的影响，大部分学者同样持地理二元论，因而也把研究对象定为地理环境。1990年版《中国大百科全书·地理学卷》认为，地理学研究地球表面这个同人类息息相关的地理环境；胡兆量等（1997）认为，地理学是研究地球表层的科学。地球表层是人类生存、社会发展的地理环境。因此，地理学也是研究地理环境的科学；伍光和等（2008）认为，地理学是研究地理环境的科学，即只研究地球表层这一部分人类环境……地理环境可分为自然环境、经济环境和社会人文环境三类……上述三种地理环境各以某种实体为中心，由具有一定地域关系的各种事物的条件和状态构成。三种地理环境在地域上和结构上相互重叠、相互联系，从而构成统一整体的地理环境。

11　地理学研究景观

最早提出“景观”（德文landschaft）一词的是德国地理学家霍迈尔（Hommeyer），他用landschaft来表示空间范围大小介于区（gegend）和大区（land）之间的陆域。德国的施吕特尔（Schlüter，1872～1959年）和帕萨格、美国的索尔（Sauer，1889～1975年）、苏联的贝尔格和阿努钦（1913～1984年）等把景观看作地理学区别于其他学科的独有研究对象，但他们关于景观概念的内涵和外延的观点并不相同。

施吕特尔认为，地理学者首先着眼于地球表面可以通过感官觉察到的事物，着眼于这种感觉——景观的整体。他反对地理学的方志释义，并认为把景观作为地理学的整体而产生的学科定义是合乎逻辑的，就像除历史以外的其他学科领域一样。他认为一个地区的非物质内容不应当成为地理研究的主要目标（马丁，2008）。

索尔认为，地理学作为一门科学，就基于时代关系的重要意义而言，景观可以表现它全部的研究领域。地理学的任务就是建立一个景观现象学的评价体系，以便掌握它的全部含义，并渲染不同的大地景色，以及共同存在于景观之内的客体之间的相互关联。地理学的基础是由景观的自然和文化要素联合形成的现实（Sauer，1925）。

阿努钦认为，整个复杂的地理学学科体系研究一个共同的客体，遵循所有地理学科共同的基本方法。为什么所有地理客体的统一性并不排除自然地理和经济地理之间的巨大的原则性差异呢？……只有认识到景观壳这个所有地理学科共同的研究客体的实质，才能回答以上问题。景观壳是指地球的表层（包括海洋底部），含水圈和大气圈。景观壳除了有岩石圈、气圈、水、土被和生物群落外，还包括一系列社会性要素，它首先是指人及其与自然相互作用的结果。具体地讲，景观壳包括社会生产结果构成的地域综合体（阿努钦，1994）。

德语景观（landschaft）具有多义性，加上翻译成英语（landscape）后，概念上不完全一致，不同地理学家赋予了它不同的含义，这使得“将景观作为地理学研究的综合体概念”这一行为并未被地理学家普遍接受。但也恰是这一概念的含混性，使得它在地理学与其他学科的交叉边缘衍生出一些以它命名的很有价值的新学科方向，如景观地球化学、景观生态学。

12　地理学研究地球表层系统

地球表层系统指特定地理边界约束下地球表层一组结构有序和功能互补的要素集合。第一位在西方地理学界引入系统理论的是 R.T. 乔利（Chorley，1927～2002 年）。之后，不少地理学家，如威尔逊（Wilson，1997）、哈格特（Huggett，1980）、海因兹（Heinz，1983）用系统理论和方法研究地球表层事物，取得显著成果。而首先把地球表层系统作为地理学（地理科学）研究对象的是苏联地理学家 B. Б. 索恰瓦（1991）。由于苏联把自然科学和社会科学截然分开，索恰瓦用一个空间系统来综合地理的各个系统（综合地理系统、地域生产系统和人口地域系统）。他认为，现代地理学的联合统一是由地理系统、地域生产系统和人口地域系统三组相互作用的系统来实现的。这三个系统是完全自主的，同时又是相互联系的，它们成为地理科学组合的关键组成成分（索恰瓦，1991）。

钱学森（1911～2009 年）于 20 世纪 80 年代系统分析了地球表面与人类生存及社会发展密切关联且具有地域特征的学科（如环境、资源、城市、生态、地理等）的研究内容及相互之间的密切关系，从系统论的角度，提出地理科学的概念。他认为，地理科学不是一门学科，而是一个学科体系，或者说是一个学科的部门，可分为三个层次：最切实用的是工程技术这个层次……更高一个层次的带理论的叫技术科学……还有一门更上层次的基础科学……叫地球表层学，这是什么学问？就是把人在地球上进行活动的这个区域进行系统的研究（钱学森等，1994）。“地理科学研究什么……我们研究的对象就是一个开放的复杂巨系统，就是地理系统”（钱学森等，1994），“地理环境是一个地球表层系统，也就是地理系统。地理环境是人类社会、一个国家赖以生存和发展的环境，这个环境有自然的，也有人为的，有人为所改造的自然环境。而这个自然环境是一个人与自然环境密切关联的系统，即地理系统”（钱学森等，1994）。中国地理学界普遍接受这一地理科学的概念，同时将地理学的研究对象定为地球表层空间系统（白光润，1989；潘玉君，2001；马蔼乃，2005）。

13　地物

把同时具备地表物类属性与地域属性的事物作为地理学研究对象的看法最初源于赫特纳。赫特纳（1986）认为，“在地理学中，物的性质和空间关系不能分割开来研究，而必须相互结合起来”。有学者提出地理事物二象性的概念，认为“地理学是研究地理事物的科学。何为地理事物？任何事物，当它发生地域化和景观化后，就构成了地理事物。区域化，就是一个事物的性质与地球表层发生具体的联系，或者说这个事物被定义到了地球表面上，它的运动规律将直接依赖于地球表层局部空间刻划给它的性质……事物的地域化，还不足以构成地理事物，地域化的事物进一步发生景观化，这才构成了地理事物。景观化，指的是地域化的事物之间发生不可忽视的相互作用，而且它们的运动规律与相互作用密不可分，从而呈现一种空间结构”。“‘既是环境又是区域’，这是地理事物的特征：环境－区域二象性，这就构成了地理事物的本质特征。任何只包含一种表象理论的理论地理学，只能是片面的理论地理学”（王铮等，2000）。丁金宏关于地理事物二象性的观点基本上准确地抓住了地理学研究的本体，只是其表述似乎需要适当地修正或转化：①地理本义是地表事物的理或描述，属于人们对地表认知的结果或过程，似乎不能称为“地理事物”。而称地理学研究地理事物，这与植物学研究植物、动物学研究动物、物理学研究物理、化学研究化学等提法一样，同义反复，似未能科学地表述地理学的研究对象。②用事物的区域化和景观化的“化”来说明地理事物的形成，使人感到地理事物似乎是自己从非地理事物经转化而形成的，而不是其原本就在地球表层客观存在的。这实际上是把人们对地球表面上一些包括有地域属性（书中称区域）和物类属性（书中称为景观或环境）的事物二象性的认知叙述为客观事物自己的运动过程“化”。因此，似乎应颠倒过来，把地域属性和物类属性视为地球表层一些事物的本来的客观属性，地理研究者以其专业的眼光把它们抽象出来，结合两类特性称之为“地理事物”并对其进行研究。③用景观或环境来概括这些事物的物类属性似乎不能涵盖地理学的所有研究对象，因为景观的含义含糊，难以科学界定（参见注释 11），而多数把它视为在一定区域内可见到的多种地理现象的集合，这样景观的概念既包括多种物类特征的集合，又包括地域空间的特征。许多研究甚至把景观视为区域，因而本身就是二象的，不能是与区域相对的二象的另一象。而且在地理的研究中还有许多不好归入景观的事物，如语言地理中的语言，气温和辐射等要素地理分布图中的气温、太阳辐射，宗教地理中一些区域人群观念中的神（尽管有些体现为文化景观）；而环境是作为与人类及其社会、文化、经济相对的关联事物存在的，因而显然并不包括地理学研究的所有物类。即使是自然事物，地理学也并不都把它们作为环境进行研究。因此，似乎用物类属性来表征相对于地域属性（书中称为区域性）的二象性的另一象更合理些。

从已提出的所有地理学研究对象看，尽管各自关注的重点不同，甚至在表面上认为其对象只是二象中的一面，如只是空间规律，而非现象本身；或只是物类之间的关系，如人类与其环境关系的人类生态学，似乎可以不管人与环境的地域属性。但是，它们所研究的空间规律和所建立的空间模型只是在特定物类的关联中所形成的空间规律和适应于特定物类的空间模型。脱离了物类的关联特征无法抽象出具有普适性的地理学的空间规律和空间模型。一方面，完全脱离物类属性的点、线、面关系只属于几何学或者拓扑学的范畴，已经不属于地理学的范畴；另一方面，人类与环境的关系（或人类生态学）似乎不考虑地域问题，但实际上人类与环境关系中的大部分要素均具有地域属性，包括人类社会本身，因而所研究的是具体地域的人（及其所成的社会）与环境的关系，一旦把地域属性去掉后所获得的物类之间的关系，则往往是政治经济学、社会学问题而非地理学问题。而地理环境或人地关系也不能涵盖地理学全部研究对象，因为自然地理学研究的许多自然要素，如冰川、植被等，并不都把它们作为环境，也不都从人地关系进行研究。人地关系只能说是地理学研究的重点，或者核心（吴传钧，1991）。故不管是把地理学的研究对象看成是地表空间还是人地关系，其基本成分或者说“细胞”，均是兼具物类属性和地域属性的事物。或者说，地理学是把地表事物的物类属性和地域属性结合在一起作为独特的对象进行研究的；关于“依据多种物类的相互关联而组合命名的一些研究对象（地理环境、区域综合体、景观、地球表层系统等）均兼备物类属性和地域属性”这一点是大家公认的，但这些对象均未能包括地理学研究的大量的只有单一的物类属性与地域结合而非综合体的事物（如纯粹的气温分布、人口分布、语言分布等）。因此，只有从地理学研究的所有具体研究对象中抽象出最单纯的共有本质属性，才能构成地理学共同的研究对象，即兼具物类属性和地域属性且物类属性和地域属性相互对映（映射）的地物。这些地物可能具备自然属性，也可能具备人文属性；可能是物质实体的，也可能是精神形态的；可能是单一属性事物，也可能是多种属性事物的复合体；可能与人类社会有关，也可能与人类社会无关。故地物是地理的基本元素（基元）、本质元素、本体，一切地理现象都是由这一基元演绎出来的表象。

14　空间和时间是事物存在的形式

这是一个哲学命题，恩格斯认为，“一切运动都是和某种位置移动相联系的”，“物质的这两种形式（指时间和空间）离开了物质，当然都是无，都只是我们头脑中存在的空洞的观念、抽象”。胡塞尔（Husserl，1859 ～ 1938 年）的现象学认为，空间意识必须随外感知的产生才能产生，它以外感知或事物感知为前提。但空间意识并不拘于事物的感知，它会将其再转化为对空间本身的想象，形成现象空间。现象空间是由空间感知通过两个超越形成的。首先是对客观空间的超越，其次是内在的超越，即超越出单纯的视觉和触觉的感觉材料，从而构造出一个现象空间。由意识所构造的现象空间，首先是依据各类事物的特征建造的不同的形式化的参照体系，并用该参照系去认知意识之外的客观空间。但所认知的客观空间在某种意义上又是主观意识对客观世界有选择的空间认知（倪康梁等，2010）。因而，从科学角度看，参照系不同，则空间感不同。各学科对其研究对象的空间特性，均有特定的参照系。例如，牛顿力学以欧氏几何为参照体系；爱因斯坦以非欧几何为空间参照系建立新的空间理论；化学研究的原子结构则参照太阳系天体模型虚构了一个绕原子核旋转的球状电子层模型来阐述各种原子的空间结构；热力学关于分子的运动则以压力、温度、体积及随机统计描述的粒子状态来描述。

15　地域属性与地理参照系

地域属性指地球表层事物与地理参照系关联的地域空间属性。地理参照系指以特定的地球表层空间为标准的空间参照系统。每个人来到世界上首先看到的是他周围的世界，而对地表事物的认知大致上均以其所在位置为基点，开始以其身体垂直于地表的方向为上下、以其身体前后左右为方向来认识事物的位置，接着以事物的相关位置来认识事物，然后以地方水准面和地球自转方向所构成的坐标系作为参照来认知地物空间（Tuan，1977）；郑和航海图构造了一个以船舶位置为移动原点、以恒星方向或地球磁极方向（通过指南针）为坐标的地球空间参照系；而近现代地理学通用的则是以地球表层为参照的理论零高程椭球面、以地球自转轴为基准方向的地理空间参照系（地球参照系）。因而，这个参照系的面不是平面，而是一个曲面；地球面上点之间的距离也不是直线长度计量的距离，而是弧线长度计量的距离；一个区域的面积不是平面的面积，而是曲面的面积；地球表面上依纬向确定的南北方向线（经线）不是平行线，而是最终要在南北极相交；地球表面的垂向线也不是平行线，而是相交于地心或从地心射出的辐射线。这是一个特殊的、地理学特有的空间参照系。其他学科研究的事物，凡是以这一空间参照系建构的分布特征也都认可是地理学的，如植物的地理分布、国家的地理分布等。故我们把地球表面上以这一特定空间参照系确定的空间属性称为地域属性。

16　地物地域空间分布不均匀性

作为地理学研究对象的地物具二象性——物类属性和地域属性缺一不可。当地球表层某种事物在整个地球表面上均匀分布时，或被视为均匀分布时，具有物类属性的质和量均失去了地域依赖性，因而也就不具有地域属性，故就不成为地理学研究对象的地物。只有某种事物在地球表面上不均匀分布，即其质或量在不同地域空间上有差异，且把地域空间位置上的不同与这种差异连在一起考察时，我们才把这一事物视为具有地域差异的事物，即作为地物看待。当然，就地球上某一特定区域而言，某种地物在质或量上虽然不同于地球上其他区域，但在该特定区域内可以是均匀分布的，或在某种特定的研究中可被视为均匀分布或假定为均匀分布。

17　地物的地域空间有限性

地物的地域空间有限性指地物的地域属性——地域空间是一个具有边界的、有一定面积限制的空间。它不同于一般概念上的、可以任意广延的、以任何参考系为参照的空间，不同于人们观念上作为容器的供任何实体占据的空间，不同于无限延伸的物理空间、引力空间，不同于可无限细分的基本粒子空间和虚构的元素电子层空间，等等。地域空间以地球表层不规则椭球面为最大范围，是具有具体区域及具体位置、边界和面积的有限空间。故地理学不能泛称为空间科学。地域空间有限性，形成了地物发展中内部物类属性的不断增长的可能与有限地域属性的矛盾，进而导致不同地物（或区域）之间在地域空间存在形式之间的矛盾，演绎出许许多多五彩缤纷的地理现象（地理问题）——地物的各种地域聚散或均衡，不同的自然、人文（社会、经济、政治、文化）事物和现象在地理空间上的消长更替、对立斗争或协调统一。似乎可以说，由地域空间有限性决定的地物内部物类属性与地域属性的矛盾是地理的基本矛盾之一。

18 多要素构成的区域具有独特性，但并非不存在普遍性

地理学研究对象特征的独特性与普遍性之争始于舍弗尔对哈特向的批评。哈特向把区域作为地理学研究对象，并认为，“一个地区的任何要素复合体，都会出现于别的地方，但所有这些要素复合体像实际存在的那种实际混合中的结合，在地球上都只是出现一次”。“区域的独特性与各人脊柱或一个豆荚里每颗豌豆的独特性，是属于极不相同类型的。这些事物在无疑可称之为次要的特点上，都是独一无二的，但其主要特点则是相对一致的；而一个区域，则就其主要特点的全部结合而言是独一无二的”（哈特向，1996）。这些提法被舍弗尔批评为（或误解为）否定地理学研究对象特征的普遍性，反对在地理学进行科学规则的研究。“从而使地理学遭到了非科学，甚至反科学思想的入侵”（Schäfer，1953）。实际上，哈特向的区域“独特性”和“独一无二”仅就区域“所有特征的结合”而言，他认为“另外，我们不能以一般概念和原理来研究地区本身，这个结论并不意味着我们不能利用表达不同地区特点中的显著相似性的一般概念。反之，发现不同地区反复出现的要素复合体的组合，那是有很大价值”。“我们确实看到在许多地方，这些因素一定的统一组合是存在的”（哈特向，1996）。

从认识论角度看，普遍性、特殊性和个体性是辩证逻辑概念中的三个主要范畴。黑格尔认为“个体性是由特殊性建立起来的，而特殊性就是规定了的普遍性”。概念中包含了普遍性、特殊性和个体性三个因素。个体性是普遍性和特殊性的自身反映；自身反映这种否定自身同一性，是自在自为的规定性，“概念的每个因素（普遍性、特殊性、个体性）都只有从其他的因素并且和其他因素联在一起，才能直接地加以把握”。以上论述表明：①概念的普遍性、特殊性和个体性具有不可分割的联系，普遍性包含着特殊性，特殊性体现着普遍性，个体性又是普遍性和特殊性的统一；②特殊性和个体性只是看起来像普遍性的对方，而其实却是普遍性自身；③普遍性与特殊性的关系，就是类与种的关系。类体现于各个种中，种与种是不同的，但各个种都与类具有同一性。类加上种差就可以得到种，再不断地加上种差，就可以得到个体。普遍性不断地否定自己，不断地与特殊性同一起来，这就是个体性（周礼全，1989）。

基于此再来理解地物的特殊性就相对简单了，一大类地物的普遍性与其下不同层次的特殊性统一于我们实际见到的各个地物之中，地物的特殊性（或称为独特性）并不意味着地物不存在普遍性特征，不能以地物存在独特性而认为不能研究其共性的发展变化规律和共性的特征。但哈特向的独特性概念把地物的特殊性和个体性搅混在一起了，其独一无二的提法指的应是个体性，而不是特殊性。

19 历史的积淀性

历史的积淀性有两层含义：一是地理学所研究的地物的物类特征和地域特征不像一些基础学科的研究对象那样不因地球的变化而变化，如化学的元素和与元素相结合的分子、物理学的基本粒子和各种力（引力、电磁力等）。地理学研究的事物是在地球发展特定阶段的环境背景下形成的事物，因而其产生本身就带着历史的烙印，自然事物如此，人文社会事物更是如此。二是一切地物在形成之后均不断地发展变化，并受发展变化着的环境影响，因而其现在的特征绝大部分是历史积淀的结果。所以，基希霍夫和瓦格纳都称地理学为一门“带有累积历史要素的自然科学”（赫特纳，1986）。王恩涌和许学工（2008）认为，地物现在的空间分布现象只是其历史演变过程中的现实表现，即自然地理中的各自然现象也是在不断地变化中，特别是在人为因素影响下，那些易于变化的自然现象在历史时期内也发生巨大变化。他从过程的角度把其称为“动态性”，而从地物的现在表征的角度看，地物的现在表征则是历史积淀的结果。历史的积淀性既包括物类属性的历史积淀性，也包括地域属性的历史积淀性；既包括自然过程的历史积淀性，也包括人文过程的历史积淀性；既包括人类理性活动形成的历史积淀性，也包括人类非理性活动形成的历史积淀性；既包括缓变过程形成的历史积淀性，也包括突发事件形成的历史积淀性；既包括实体地物的历史积淀性，也包括精神形态地物的历史积淀性。只有承认地物的历史积淀性，才有可能真正科学地认识地物，认识其形成、现状及发展趋势，也才有可能从中提取出符合实际的地物形成发展规律。历史积淀性有两种表现：①以景观的历史记忆形式出现，如索尔所研究的文化景观（蔡运龙等，2011）；②以地域空间系列的瓦尔特相律形式出现。瓦尔特相律是沉积学家瓦尔特提出的，他认为某点的地层在时间上出现的系列关系必然在空间上也会重复出现。在地理上如汉语方言的地域分布（王铮等，2000）。

20 地物演化的相对单向性

地物演化的相对单向性源于地球表层系统的特征。地球表层系统是一个远离平衡态的具有耗散结构的开放系统（赵济等，2002）。开放系统指系统与外环境既有能量的交换，也有物质的交流，它的特征就是有能量、物质和信息的输入与输出，系统的成分与系统外环境之间的关系可以进行调节，实时反馈，从而使系统达到定态。一方面，地球表层系统可以看成地球与外界天体之间的界面；另一方面，把地球表层系统当作一个系统看时，又可以把地球内部和地球以外天体作为它的环境。地球表层系统运动和演化的能源约 99.95% 来源于地球之外的太阳能，约 0.05% 来源于地球的内能，而其物质系统又与地球内部及外部天体的物质不断交流，形成一个开放的系统。同时，太阳辐射能进入地球表层时的光量子属低熵的能量，在推动地表各事物的运动和演化后，多转化为高熵的热辐射从地球输出，因而在地球表层形成负熵流，从而推动了地球表层的大气循环、水循环及全部的生命运动，包括人类社会的一切活动，不断地降低系统的总熵，形成具有悠久进化历史、高度复杂的耗散结构（赵松乔等，1988）。正是地球表层系统是一个远离平衡态的耗散系统，因而总体上是一个单向性发展的系统，时间具有明显的方向性，从过去通过现在指向未来，它不具有反演的对称性，即不可

以用 $-t$ 代替 t 来描述这些现象（吴宗汉，2004）。然而，进入地球的能量又是在天体不同层次的周期运动背景和控制下进入地球的，本身就是一个周期过程。此外，依照耗散结构理论，作为一个具有耗散结构的系统，不论是其中的自然地理子系统，还是其中的人文社会子系统，其结构和功能均以涨落的形式不断地发展和演化，而涨落本身就意味着系统组分的某些重要特征参数必然呈现周期性的变化特征。因此，地物演化在这一意义的尺度上并非不可重复。故实际上，正是大自然耗散结构的涨落，才形成了地球表层系统的时间变化的节律性，从而使地物出现显著的重复特征。另外，地物的地域特征，即地物在地域空间上的特征（质的特征和量的特征）的差异性，必然导致在一定地域首先形成和出现的事物，有可能在其他新的地方具备条件时，在某种程度上以某种形式重复出现。

21　地物的不可还原性

地物的不可还原性包含三方面内涵：地域空间的不可简单的分割、物类属性的非加和性和演化的不可逆性。这是因为绝大部分作为系统存在的地物，其构成要素、各离散的个体或再细分的区域均以一定的方式相互作用、相互影响和相互制约，这些关联的存在使系统的整体形成只有整体才具有的功能、特性，故整体的特征不等于各组分（构成要素、各离散的个体或再细分的区域）各自的特征的加和；而所有地物都存在历史积淀性（参见注释 19）和演化的相对单向性（参见注释 20），使现实存在的地物或地物系统不可能通过某种逆过程完全回归到原先的状态，只能把现存的某些特征视为历史残存的印记，从认知角度回溯推测其可能的历史状态。所以，陈彦光认为：地理科学的研究对象是一种不可还原的系统，地理系统一般都表现出规律对称破坏的性质，具有突现的结构，具有突现性质的系统是一种不可还原系统。我们无法用建筑物的相互作用解释城市的分形形态，也无法用城市的地理性质解释城市体系的分形结构，同样地，我们无法用人口的城市迁移和转换来解释城市化的混沌动力学行为。其实，不仅城市系统如此，经济系统和生态系统也是如此。所以在地理研究中，还原法的效果大打折扣，还原法的地理应用受到了很大局限，标准科学普遍运用的研究方法对地理研究而言缺乏效果。他分析了地理“计量革命”以来地理学研究中出现的两次对还原论的“颠覆”，认为整体论的思想将会改进地理学研究方法，推动地理学进一步发展（蔡运龙等，2011）。

22　多尺度时空特征的同体性

这里多尺度时空特征指的是本证尺度（参见第 4 章注释 54）。以某种物类为表征的地物，同时也是该物类所属的具有更大地域空间尺度的更高层次地物物类属性（删去较低层次物类特征的高层次物类共有的公共属性）的载体。例如，一个坡面水文过程（特征）既是该坡面所属的小流域水文过程（特征），又是该小流域所属某河流流域尺度的区域水文过程（特征）的构成因素，尽管在不同尺度上水文过程（特征）表现不同，但没有各个小流域水文过程（特征）的综合作用，就没有更大区域尺度的水文过程（特征）的出现；一个小丘在小尺度地貌类型空间中是一种地貌类型区，而在全球发展的海陆结构地貌格局中又是大陆地貌区中的一个点。从时间角度看，短时间尺度的某种物类特征（如日径流、月径流）同样是该物类长时间尺度特征（如年径流、多年平均径流）在特定时段的具体表现。在人文社会领域，一个小区域某种生产、某种经济形态、某种社会结构、某种文化特质，同时是更大空间尺度这些类型的人文社会特征的更高层次类别的地域特征的具体表征，也是更长时间尺度人文社会演替特征在特定时段的具体表现。在一定尺度范围内和一定条件下，不同尺度的地物特征间存在相互作用、相互影响和相互关联，使地理研究领域有可能涉及对地物特征进行空间尺度或时间尺度转换。时间尺度和空间尺度的转换问题已成为当代地理研究的重要领域（霍洛韦等，2008；李双成和蔡运龙，2005；蔡运龙等，2011）。

23　地物类别的区分

地理学以感知并进行研究的地物属性去区分地物类别和地理分支学科。在一些关于地理学研究对象或分支学科分类的论述中，存在一个误区，即把我们对某种事物感知到的各种甚至“全部”特征及由这些特征综合形成的该事物的一般概念，与从特定研究手段和方法出发，针对该事物部分属性特征进行研究的该事物的专属概念相互混淆。例如，由于现在地球表面上已经不存在不受人类干扰和作用过的事物，换句话说，地球表面上的所有事物，几乎均存在人文的印记（特征、属性），而在人类出现以前未受人类干扰影响的“自然”也是不断变化至今的，因而认为只有“现实的文化景观……是实际存在的唯一景观”，“现时的自然景观只是一个理论上的观念，它不但现在不存在，而且过去也从来没有存在过”。“‘自然区’一词可能表示基于非人文要素的地球表面概念，是一种理性概念，而不是在现实中表现出来的概念，因而任何这类‘自然区’系统都是纯理论性的……即使在理论上，世界上也并不是由自然区的简单系统构成的。”（哈特向，1996）但实际上，各系统的自然科学都没有因其研究的材料整体属性中具有人文社会特征而否定或怀疑自己研究对象的自然性质。动物学家并不因为狗是人类从狼驯化出来的非纯“自然”的动物而怀疑对狗的生理研究的自然科学性质；气象学家进行大气化学、大气物理研究也不会因为人类向大气排放 CO_2 和氮、硫化合物而把其研究看成是非自然的，把大气变化的景观看成是人文景观。更不用说物理学和化学实验的样品很多必须经过人工提纯，甚至是原来大自然不存在的人造物。他们均不会去关心这些研究对象的来源。因此，地理学应当把自己要研究的地物属性特征和我们感知的事物的全部特征所形成的该事物的属性区分开来。一旦把二者区分开来，则地理学对自己研究对象——物类属性和地域属性相结合的地物——的分类、地理学各分支学科（自然地理、人文地理及更下一级的分支地形学、气候学、水文学、人口地理、文化地理、经济地理、政治地理等）对自己研究对象的界定，就不是我们所能感知的地球表层的事物的所有特征所形成的属性概念，也不是这些事物的来历，而只能是地物的各种属性特征中该分支研究所涉及的那一部分特征，以及由此综合而成的属性。设地球表层事物具有的各种属性特征（包括按最基本的运动规律划分的自然属性和人文属性，加上部分事物具有的地域属性）为一个集合研究对象的分类，以及自然地理学、人文地理学及其交叉学科研究对象的界定。

借助图 1-1 可以说明：

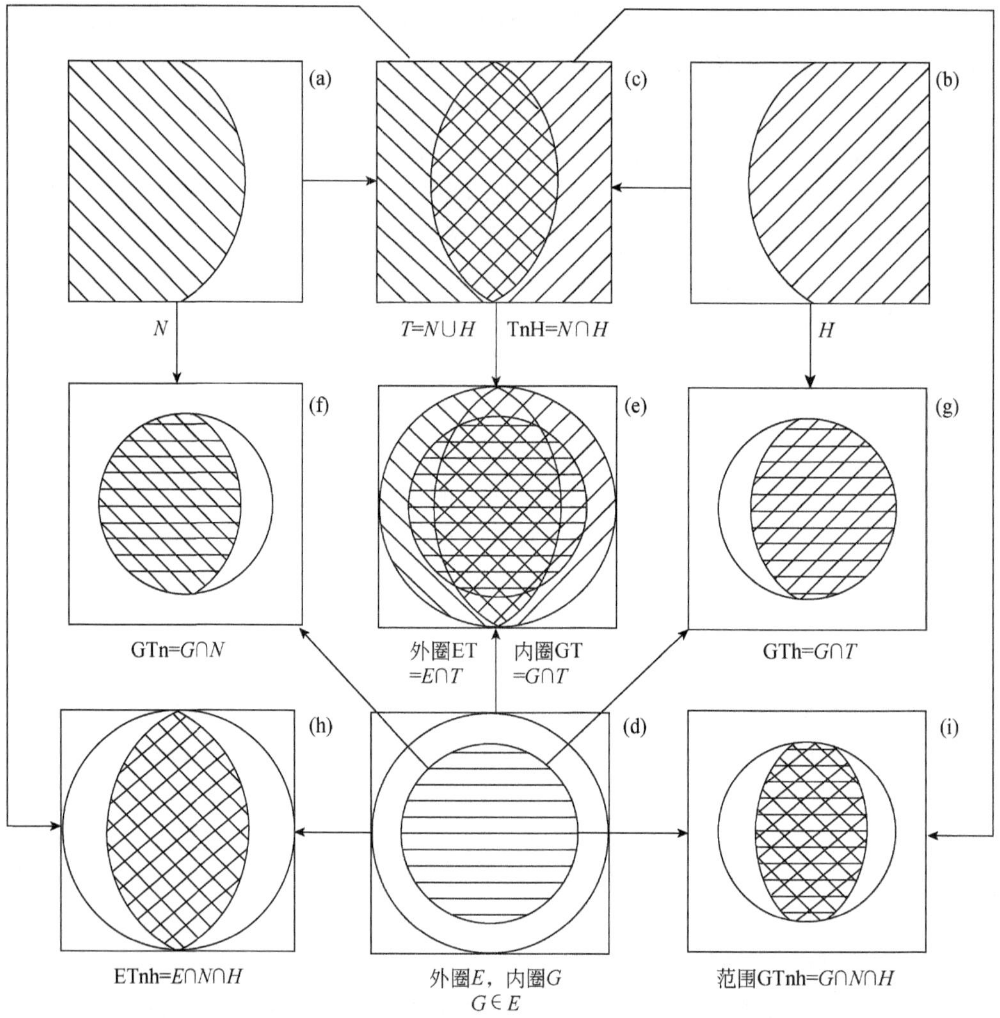

N. 具自然属性的事物；*T*. 事物整体；*H*. 具人文属性的事物；TnH. 兼自然属性和人文属性的事物；*E*. 地球空间范围；GTn. 自然地物；*G*. 事物的地域属性；GTh. 人文地物；ET. 具地球上的事物；ETnh. 地球上的自然－人文复合事物；GT. 地物；GTnh. 自然－人文复合地物

图 1-1　地物类别的集合关系示意图

（1）设 *N* 为具有自然属性（natural attribution）的事物，或仅考虑其自然属性的事物，*H* 为具有人文属性（humenistic attiribution）的事物，或仅考虑其人文属性的事物，*T* 为事物（things）整体，则

$$T=N\cup H$$

（2）设 Tnh 为同时具有自然属性（*N*）和人文属性（*H*）的事物，即自然－人文复合事物，则

$$\mathrm{Tnh}=N\cap H$$

（3）设 *E* 为地球（earth）空间范围，ET 为地球上的事物，则

$$ET=E\cap T=E\cap(N\cup H)=(E\cap N)\cup(E\cap H)$$

（4）设 G 为事物的地域属性，其空间范围为地球空间范围的一部分（$G\in E$），GT 为地物，GTn 为自然地物，GTh 为人文地物，则

$$GTn=G\cap N;\ GTh=G\cap H;\ GT=G\cap T=G\cap(N\cup H)=(G\cap N)\cup(G\cap H)=GTn\cup GTh;\ GT\in ET$$

（5）设 ETnh 为地球上的自然 – 人文复合事物，则

$$ETnh=E\cap Tnh=E\cap(N\cap H)=E\cap N\cap H$$

（6）设 GTnh 为兼具地域属性、自然物类属性和人文物类属性，且把三者结合一起进行研究的事物，即自然 – 人文复合地物，则

$$GTnh=G\cap Tnh=G\cap(N\cap H)=G\cap N\cap H,\ GTnh\in ETnh$$

以上分析表明，地物 GT 是地球上（或地球表层）事物的一部分，而不是全部（GT ∈ ET）。地物可分为三部分：①仅关心其地域属性与自然物类属性相结合的自然地物（GTn），它是自然地理的研究对象。②仅关心其地域属性与人文物类属性相结合的人文地物（GTh），以其为中心的研究属广义的人文地理研究。③把地域属性、自然物类属性和人文物类属性三者结合一起进行研究的自然 – 人文复合地物，它是综合地理学的主要研究对象，当把这一复合地物作为主体对象，研究其形成、发展、自然要素和社会经济要素的相互作用及其结构和功能时，地理学将其视为地区综合体；而将其作为某一人文社会事物的影响客体进行研究、视为人类社会生存和发展的条件时，地理学将其视为资源环境地物。故资源环境地物为兼具地域属性、自然物类属性和人文物类属性的地物。

以土地为例，面对一片具有一定特征的土地，当只研究其地形、土壤、气候和生长的植物及其地域空间特征，并研究这些要素的相互关系时，我们将其视为一个自然体，进行的是自然地理综合研究，也许可能进一步将其作为自下而上的综合自然区划的基础；当只研究其权属关系及土地的商品价值和在区域经济空间结构中的地位等问题时，我们将其视为一个具有社会经济特性的地物，进行的是人文社会地理问题的研究；当将其自然属性和社会经济属性与地域属性结合起来，作为生产的要素进行研究时，我们将其视为资源；而当将这一片土地的自然特征、社会经济特征和特定的地域空间特征相结合，作为一个独特的区域看待时，我们将其视为一个特定的地理单元、一个自然 – 经济复合地域系统。因此，土地虽然是客观的，存在于人的主观意识之外，但人对土地的感知却是主观的，研究者出于其研究目标及其学术思想与研究手段，只关心与自己的研究目的相关的特征，视其为由这些特征构成的事物属性。因此，地物是以研究者所感知并研究的属性去分类的，地理学各分支学科也是以自己的特定研究目标对地物属性的需求来界定目标地物的，而并未考虑一般人对该地物的认知或该地物的全部属性（自然体或社会经济体）。

24 资源、环境与地理的关系

广义的环境是一个相对于主体的外部客体概念，与一个主体中心事物有关的外部事

物，就是这一主体事物的环境。因而，环境并不是地理学专有概念，也不是环境科学专有概念。如果把地球表层具有地域特征的事物分为两个系统——自然地域系统和人文社会地域系统，则可以把特定的人文社会地域系统或整体人文社会系统所依存的自然地域系统称为地理学概念的环境，或称地理环境。因此，狭义的地理环境指的是地域系统中与人类生存和发展相关联的自然属性、自然特征和自然过程，不管是有利的还是不利的，而它同时具有的人文社会属性恰是其与人文社会系统整体关联的属性。因此，作为地理环境的地物在地域系统总体地物中的位置恰恰处于具有自然属性的地物和具有人文社会属性的地物之交的位置上；广义的资源指资财的来源。牛津词典对资源的定义是："人或国家所具有的可用财富、货物的供给和原材料等"。联合国环境规划署对自然资源的定义是："资源，特别是自然资源，是指在一定时间、地点的条件下能够产生经济价值，以提高人类当前和将来福利的自然环境因素和条件"。按这一定义，自然资源包含三个属性：①自然属性，它是自然因素和条件；②人文社会属性，它具有其所属的社会经济的所有权，能够产生经济价值；③地域属性，处于一定地域空间中。因此，在地域系统的地物中，资源与环境一样，也处于具有自然属性的地物与具有人文社会属性的地物的交集之中。

25　精神形态的人文地物

在具有人文社会属性的地物中，物质形态（实体形态）的人文地物，如工业、农业、城市、乡村均比较明确，比较好理解，而精神形态的人文地物，则有其自己的特征。首先，精神形态的人文地物，如宗教，往往具有双依存的特征。一方面，它存在于人的意识中，故以特定人群为载体，并以特定人群的行为活动表现出来；另一方面，它又依存于某些具有精神象征或代表意义的实体地物中，如教堂、神庙、自然圣物、语言的承载体文字及承载文字的材料等。其次，由于承载特定精神形态的人文地物的特定人群在地域分布上既有相对的集中性和稳定性，又存在不断的变动性，而其依存的象征性或代表性实体形态的人文地物一般具有相对固定的分布区，因而精神形态的地物的地域特征往往既具有相对的稳定区又具有模糊的边界，其实际地域空间范围往往大于其依存的实体形态的人文地物的空间范围。最后，一些同类型而有不同特征的精神形态的人文地物（如不同的宗教）按其人群载体的分布具有明显的交错分布特征，其在地域空间上多具有竞争性。

26　地域空间分布

在语义上，空间和分布有多种概念。最常用的有两种：一种是概率论所指的空间和分布；另一种是几何空间和分布。概率论把对现象观察或随机试验的所有可能结果的集合称为样本空间，在样本空间中所有样本点（集合元素的量值）的总体结构状态或用数学函数表述的结构状态类型称为样本的分布（如均匀分布、指数分布、正态分布）；而几何空间和分布是作为事物存在形式的空间与分布，这是一种以某种感知构成的空间参照系为标准的空间和分布的概念。不同的学科有不同的空间参照系及其相应的空间和分布的概念，如牛顿力学所用的欧氏几何空间及在这种空间中的物质分布和运动概念、相对论的黎曼非欧几何参照系、电磁学的场的概念、化学元素结构用的电子层概念等。而地理学的地域空间分布指的则是以地球表层为基础所构建的地域空间及以其为空间参照系的地物位置与散布状态的分布概念，故称为地域空间分布，这是第二类空间中的一种特定形式的分布。因此把地理学泛称为空间科学在概念上是不明确的、含混的。企图用地理学来占领空间科学的阵地，并据以树立地理学在科学中的地位似乎并不切合实际。地域空间分布的基本特征是：地域空间的有限性（参见注释 17）、地物分布在地球表层总体空间上的不均匀性和地域属性与物类属性的不可分割性（参见注释 13、16）。

27　地球参照系

地球参照系是近现代地理学用于描述地物在地球上的相对位置的参照坐标系统。为了正确且统一地对地物在地球上的相对位置进行可相比较的描述，需要引入一个可供测量和计算地物位置的参照框架，使测量结果能够在这个框架上定位并相互比较。由于地球是一个不规则形状的椭球体，在科学上不能直接用作地物位置的参照系。用什么方法来模拟这个不规则的椭球体以建立一个科学的参照系，就成为描述地物地域属性的关键问题。地理学通过大地水准面、参考椭球面和基准面的逐步拟合逼近，以建立用于确定地物地理位置的参考体系。

大地水准面（geoid）和参考椭球面（spheroid）：大地水准面是以静止状态的海平面并假定其延伸穿截大陆，形成一个包围整个地球且处处与地表铅垂线方向（重力方向）保持垂直的连续表面（陆淑芬等，1987）。这是对地球表面的第一步逼近。但地球各地的物质密度不均匀，地壳厚度不同，使铅垂线方向有不同程度的偏斜，因而大地水准面仍是一个不规则的椭球面，不能用数学法则（统一的椭球体长短半径）来描述。为此，引入一个与大地水准面最接近的、误差最小的、规则的、绕地球椭球体短轴旋转的椭球面来替代大地水准面，这个水准面称为参考椭球面。这是对地球表面的第二步逼近。参考椭球面形态以长半轴、短半轴和扁率三个参数来描述，然后在参考椭球面上建立经纬度坐标系统，并以经过英国格林尼治天文台的子午线为经度零度，以参考椭球体垂直地球自转轴并经地心的平面为赤道面，赤道面与参考椭球面的交线为零度纬度线。地球表面任何一点的水平位置依该点在参考椭球面上的垂直投影的位置来确定。由于地球自转轴相对于地球绕太阳公转的公转平面（黄道面）的方向逐年有微小变化，加上人们对地球质量及表面形态的测量也在不断精确而有所变化，因而对地球椭球体长短轴长度及地球质心的拟合也略有差异。

我国采用的参考椭球面和参考坐标系原为北京 54 坐标系，长半轴 a=6378245m，短半轴 b=6356863m，扁率 f=1/298.3，原点位于俄罗斯的普尔科沃；1980 ～ 2000 年采用西安 80 坐标系，长半轴 a=6378140m，短半轴 b=6356755m，扁率 f=1/298.25，原点在西安附近；1984 年世界大地坐标系（WGS84）长半轴 a=6378137m，短半轴 b=6356753.314m，扁率 f=1/298.25，原点为地球质心，作为全球定位系统测定地表事物地理位置的参考坐标系。我国现采用 2000 国家大地坐标系（CGCS2000），长短半轴的参数与 WGS84 近似，也以地球质心为原点。

地物在地表的位置除了水平坐标位置（经纬度）外，还有高程。传统的绝对高程以平均海平面为起点(零高程)计，即建立在上述对地球表面的第一步逼近的大地水准面基础上，因而与第二步逼近建立的参考椭球面不是同一个参照坐标系。由于海平面的变动及世界各国海平面标准不一，因而世界各国，甚至一国之内不同地方所测定的地物高程难以精确地对比。故各国（甚至国内一些不同地方）用于确定地面绝对高程的基准水平面严格地说只能称似大地水准面，而用于推导（测定）似大地水准面的起始零高程基准零点也不一致。例如，我国用青岛海洋的平均海平面作为全国各地高程的统一零高程（黄零），而 1949 年以前福建的一些测量则以罗星塔平均海平面作为零点（罗零），与黄零高程并不一致。从 WGS84 开始，把大地水准面的原点定于地球质心，从而使地球坐标的水平坐标和高程坐标系统统一为同一原点，即把两个坐标系统统一起来了。

28　研究尺度与认知的分辨率

尺度是一个许多学科常用的概念，包括三个方面：客体（被考察对象）、主体（考察者，通常指人）、时空维。尺度指研究某一物体或现象时所采用的空间或时间单位，又指某一现象或过程在空间和时间上所涉及的范围和发生的频率，还可指人们观察事物对象、模式或过程时所采用的窗口。在不同的学科领域，尺度的表达或含义也不同。在测绘学、地图制图学和地理学中通常把尺度表述为比例尺，即地图上的距离与其所表达的实际距离的比率；在 GIS 中，比例尺的概念发生了一定的变化，使多比例尺表达成为可能，空间数据库可以包含多种不同比例尺的地图，这时的比例尺应为地理比例尺或空间比例尺，它反映的是一种空间抽象（或详细）的程度，同时隐含着传统意义上的距离比率的含义，即反映空间数据库的数据精度和质量，数字环境下的“比例尺”用“空间分辨率”来代替则更准确。在数学、机械学、电子学、光学、通信工程等学科中，往往把尺度理解成一种量测工具或过滤器；在遥感科学技术中，尺度一般与分辨率相对应；在生态学、环境学、气候 / 气象学、土壤学中，大尺度（large/ macro scale）或粗尺度（coarse scale）指大的空间范围或长时间幅度，一般对应于小比例尺、低分辨率，小尺度（small scale）或细尺度（fine scale）一般指小的空间范围或短时间幅度，一般对应于大比例尺、高分辨率。

分辨率指反映现象或事物随时间与空间变化细节的能力，通常为单位时间内现象或事物重现的次数与单个栅格单元所表达的地球表面实地面积，包括时间分辨率和空间分辨率。

根据地球资源与环境动态信息变化的快慢，可选择适当的时间分辨率范围。按研究对象的自然历史演变和社会生产过程的周期划分为五种类型：①超短期的，如台风、寒潮、海况、渔情、城市热岛等，需以小时计；②短期的，如洪水、冰凌、旱涝、森林火灾或虫害、作物长势、绿被指数等，需以日数计；③中期的，如土地利用、作物估产、生物量统计等，一般需以月或季度计；④长期的，如水土保持、自然保护、冰川进退、湖泊消长、海岸变迁、沙化与绿化等，则需以年计；⑤超长期的，如新构造运动、火山喷发等地质现象，可长达数十年以上。遥感的时间分辨率是指在同一区域进行的相邻两次遥感观测的最小时间间隔，时间间隔越大，时间分辨率越低，反之时间分辨率越高。

空间分辨率指图像中可辨认的临界物体空间几何长度的最小极限，即对细微结构的分辨率。对于摄影影像，空间分辨率通常用单位长度内包含可分辨的黑白“线对”数（线对

/mm）表示；对于扫描影像，空间分辨率通常用瞬时视场角（instantaneous field of view，IFOV）的大小（mrad）来表示，即像元（扫描影像中能够分辨的最小面积）。空间分辨率数值在地面上的实际尺寸称为地面分辨率。对于摄影影像，地面分辨率用线对在地面的覆盖宽度（m）表示；对于扫描影像，地面分辨率则是像元所对应的地面实际尺寸（m），如 TM 影像的空间分辨率或地面分辨率为 30m（像元大小为 30m × 30m）。空间分辨率是评价传感器性能和遥感信息的重要指标之一，也是识别地物形状大小的重要依据。

29　离散分布和连续分布

离散分布和连续分布也称离散型分布和连续型分布。严格的离散型分布和连续型分布的概念是统计数学的概念。在数学上离散型分布指随机变量数值的一种类型，它可能取得的全部不同的值是有限个或可列无限多个；连续型分布为非离散型分布的一种，指在其分布区间能取无数的任何数值的随机变量的分布（盛骤等，2001）。而地理学的地物分布指的是地物的地域特征，即其在地球表面地域空间中位置的散布状态，或者说在地球参照系位置上的散布状态。所以，地理学的离散分布指的是一种地物各个个体在其分布的地域空间中所有可能取得的样品的地理坐标位置数是可计的有限个数（由于地域空间是有限空间，因而不是可无限多个），地物个体或任意可取样品的地理坐标是可分离的，如植物个体、人、工厂、村落、城市等。地理学的连续分布指一种地物在其分布的地域内任意可取样品的地理坐标位置数是无限的，各样本之间不存在可分割的地理空间，如气温、气压、一湖泊内的水体、某种土壤类型分布区内的土壤、地面高程等。必须强调的是，地物的离散型分布和连续型分布指的是其地域属性空间分布的离散和连续，而不是其样本物类属性量值在统计学概念上的离散和连续。

在地理学上还有另一种与间隔分布（间断分布）相对的连续分布，指的是一种地物整体在地球表面的空间分布没有被其零分布区所间隔，而间隔分布则指其分布区为该地物的零分布区（即没有该地物的区域）间隔成两个或两个以上的分布区，如动植物学上所指的连续分布区和间隔分布区（吴鲁夫，1960）。故这里的“连续分布”实际上是单区分布（参见注释 32），而不是上述意义上与离散分布相对的连续分布。

30　全域分布

全域分布指地物在被研究或被描述的地域空间内（如行政区、自然区、全球）连续或离散分布于整个区域，没有该地物零分布的区域。特别指在研究的特定空间尺度和空间分辨率下，不存在该地物零分布的最小地域单元。在一些情况下指对某一区域某种研究要求涉及的地域范围，如对某一区域进行自然区划、土地类型制图、经济区划，要求所划分的自然区、土地类型、经济区的分布应该是对该区域全覆盖的，即全域分布的，不能存在未分类的区域。

31　局域分布

局域分布指地物只出现在研究区内的局部区域，该地物的分布区与非分布区之间可以划出界线，如一个国家中的自然保护区、林区、城市区等。在某些情况下指在一定空间分辨率下或一定检测精度下可检出地物（被视为存在的地物）只出现在研究区的局部区域，其余区域视为非存在区，实际上只是在该空间分辨率或检测精度下未被检测到而已。或者指某种地物在某种规定范围内只分布在研究区内的局部区域，如某种污染化学物质的某种等级的分布区、某种等级的雾笼罩区、某种分贝级别的噪声区、某种级别以上的工业集中分布区、某种级别以上的专业农作物集中分布区等。故局域分布的地物的物类属性范围要有明确的定义，否则将会出现各种非局域分布的反例。

32　单区分布

单区分布指一种地物在全球或在研究的地域范围内只有一个单一的分布区域，不存在分离的两个或两个以上分布区域。单一的分布区地域在空间上有两种概念，一指在全球范围内只有一个区域；二指在研究范围内仅有一个分布区。在词义上也有两种：一为明确的由自然或人文特征所界定的单一区域，如由分水线界定的河流的流域、无飞地的国家或行政区；二为由研究目标或以“独特性”假设并依一定划分标准或划分原则而确定的区域，如自然区划的自然区、区域地理所指的区域。

33　间断分布

间断分布或称间隔分布，指一种地物的分布区域被该地物的零分布区间隔成不相连接的两个或两个以上的区域。这种分布通常专指曾经在成因上或源流上相关联的地物在地域空间上被其他地域分割为两个或两个以上在现实发展演化意义上已基本不相关联的区域。这种分布在植物、动物、人种学和文化地理上是一种与连续分布相对的概念，是历史演化的结果，因而在地球环境演化的研究及该地物地域空间扩散与环境的关系研究上具重要意义。在现实发展演化意义上的基本不相关联是指在主体特征的发展演化上已有各自的发展方向，但可能仍有一定程度的相互影响。根据其形成演化过程和区域之间物类特征的关系，这类分布区大致可分为主源区、跳跃性拓展区、残存区和被动性隔离区等。例如，中原古河洛文化（语言）属主源区，闽粤方言中的古河洛语言元素属残存区；古闽越族分布区属主源区，南岛语系民族属跳跃性拓展区；台湾高山上的一些动植物物种分布区属残存区，大陆温带的相同相近的动植物物种分布区属主源区；大面积山原冰川在气候变暖后退缩残留的一块块不相连接的山谷冰川属残存区；大西洋两侧陆地上相同相近的物种分布区属被海底扩张的大西洋分割的被动性隔离区；闽南属闽南方言主源区，而浙南、雷州半岛、海南岛东南部和台湾的闽南方言（近闽南方言）分布区为跳跃性拓展区。

34　分布格局

格局在词义上指规格、式样。地理学上的分布格局指地物在地域空间上具有一定规格的区域大小和被认知的宏观形态与结构，包括相关联的相同或不同地物在地域空间上的配置、排列和组合及其空间结构所形成的分布型，如随机型、均匀分布型、团聚型、线状型、平行分布型、网络分布型以及特殊组合型或空间连接型等。分布格局在空间科学（指被称为空间科学的专以地域属性分析与研究为主要内容的地理学）和景观生态学上通常通过空间结构的各种指标来认识。例如，景观生态学中的分布格局指的是景观元素的地域空间结构，称景观结构，用于描述生态系统之间的地域空间关系，即能量、物质、物种的分布及生态系的大小、数量、种类与空间能量之间的关系。Forman 和 Godron（1986）用三种基本景观元素来定义和分析景观结构：斑块（patch）、廊道（corridor）与基质（matrix），并与后继者共同发展一系列景观指数（landscape metrix）来定量描述整个景观镶嵌体的空间结构特征，主要有镶嵌体数量、平均大小、周长、丰富度、类别面积比、几何最近距离、形状指数、旋转半径、邻近度指数、边缘对比指数、聚集度指数等（Forman and Gcodron，1986；Leitao et al.，2006）。分布格局除水平格局外还有垂直格局，因为地物不是没有厚度的面，而是有一定厚度的层，因而不同种类地物在垂直方向上的分布状态也属地物分布格局的特征之一，如一种植物群落地下层、近地层、地上各层的结构，垂直地带结构特征等。

35　规则分布格局

规则分布格局通常指地物在地域空间中的分布具有地域自相关特征（参见注释 36），或可以通过地域自相关分析来认识的该地物的地域分布规则的分布格局，或地物物类属性的质和量随地域属性方向的变化有一定规律性的变化，或地物物类属性的质和量值与地域属性的量值之间有一定的相关性。例如，山前冲积扇的沉积物粒度从扇顶向扇缘逐渐变小（图 1-2），克里斯塔勒中心地

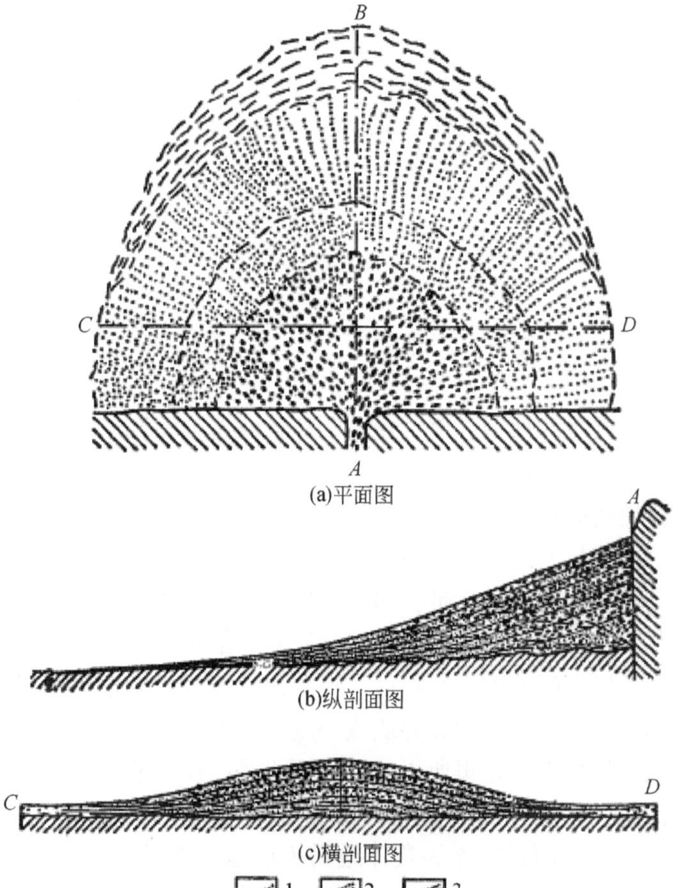

图 1-2　洪积扇的平面图和剖面图（杨景春和李有利，2005）

1. 砾石；2. 黏土与砂；3. 盐渍化淤泥质黏土

理论的理想的市场等级体系（克里斯塔勒，1998），Clark 研究归纳得出的城市中人口密度自中心向郊区的负指数衰减格局（蔡运龙等，2011）、年均太阳辐射量及其引起的气温自赤道向极地依次降低和气温从低海拔向高海拔依次下降的分布格局（赵济等，2002）。

36 地域自相关

统计学上的自相关指随机误差项的各期望值之间存在相关关系或系列相关，或指随机过程中随机变量在时间上与其滞后项的相关关系。地域自相关在空间科学文献中通常称为空间自相关。因“空间”在科学中属广义的概念，不同学科用各种不同参照系来定义它，而地域才是地理学的专属空间概念，故我们用地域自相关概念。物类属性和地域属性是地物本身不可分割的两个本质属性，故地物的物类属性属于区域化变量或区域化随机变量。区域化变量具有两个最显著和最重要的特征，即随机性和结构性。正是这两个特征使地物在研究地理现象的空间结构和空间过程方向方面具有独特的特征：首先，它是一个随机变量，其物类属性数值具有局部随机异常的特征，即具有一般随机变量共有的误差项的期望值。其次，它具有一般的或平均的结构性质，即某种依赖于地域空间位置的期望值，其物类属性在地域空间点 x 的量值与偏离该地域空间点距离为 h 的 $x+h$ 处的量值具有某种程度的相关（徐建华，2004）。因物类属性和地域属性是地物本身不可分割的属性，故这种相关属于自相关。因此，地域自相关指地物物类属性的量值与其相对应的地域属性参量之间的相关。

37 地理界

地理界指在一个地理面上，在一定时间尺度和空间尺度（分辨率）下两种地物分布区之间无间隔的连接界线（界面）或相互交错分布的一定宽度的过渡带。对于一种地物而言，其分布区的地理界也可视为该地物分布区与其“非分布区”的两种分布区的界线或界带。由于实体地物在地球表面上总是以一定厚度的形式存在的，而非实体地物也必须依存于实体地物而存在，故实际地物在地球表面上是以层的状态存在的，所以两种地物分布区之间的连接界实际上是以面的形式存在的交接带，而相互交错的两种地物分布区之间的过渡带则是条立体的交接带。但在人们对地物分布特征的认知中，特别是在专业的地理研究中，基本上都要把地理实体（包括以其为依存的非实体地物）的分布层抽象为没有厚度的面，把有厚度的地物投影映射到这个面上（我们把这个面称为地理面），把两种地物分布区之间的地理界抽象为交界线或一定宽度的交界带（过渡带）。对上述定义必须说明的是：①关于地理面。这里所指的地理面不是以往一些学者所指的作为地理学研究的总体地域空间范围——地球表层系统的系统边界面（牛文元，1982，1992；白光润，1989；潘玉君，2012），而是指作为具体地物（地球表面某些事物的某些物类属性与地域属性的集合）分布的地域空间的一个抽象的或虚拟的曲面。这个面不等同于其在地球参考椭球面上投影（映射）的面。这个面在公认的一般地理认知中或在地球参考椭球面建立之前的专业地理认知中均依不同的地方地表面和地方方位线及地方性地物为参照系，故难以准确比较，只有在统一的地球参照系建立之后，才有统一的坐标系标准，才可以对其位置进行相互比较。不同地物的地理分布均可建构各自的地理面。只有当不同地物连续分布的面或离散分布的点在地球表面的实际分布位置相互重叠或相互连续延伸时才能建构成一个统一的地理面。故两种地物分布区的界线或界带（过渡带）必须是两种地物在同一个地理面上才能存在。②时间尺度和时段影响地物分布区的位置和范围，不同空间尺度和精度下所认知的地物地域空间结构和分布区廓线很不一致，两种地物分布区之间的界线和界面也因之不同，故对具体地物而言，其地理界是特定时空尺度下的地理界。③地物物类的地域空间分布类型不同（连续分布还是离散分布）和物类属性的内涵不同（如连续分布的单一特性的气温和由多种特性构成的土壤类型），其地理界线或界带的内涵和界定的标准均不相同。

38　突变界、渐变界、交错界

突变界、渐变界、交错界指地物分布区地理界的一些特征（类型）。严格地说，当两种地物分布区之间的地理界为线状时属突变界，为带状时属渐变界。但在实际情况下，当带状地理界很窄时，即地物从分布区至其非分布区的分布密度迅速从 1 变为 0 时，或者说其分布密度向分布区外下降的空间梯度很大时，也视为突变界。因此，突变与渐变是一个模糊的概念。渐变界主要是指一种地物从典型分布区到非分布区的逐渐转化，隐含着其物类属性地域密度在其边界带上向外逐步降低的特征。而交错界指的是两种地物分布区之间的地理界呈犬牙交错状态。交错界有四种类型：①两种离散分布的地物分布区中这两种离散分布地物交错分布的区域，如两种民族的交错分布区、两种植物的交错分布区。②两种连续分布的地物大的整体分布区之间各自小的分布区相互镶嵌交叉分布的区域，或一种地物的许多小斑块呈飞地状被包含在另一种地物分布区近边界内，或是两种地物的大的连续分布区之间的界线十分弯曲，呈犬牙交错状态，或这几种状态同时存在。这种分布在小空间尺度高分辨率的研究中对每一个小的地物而言均属突变界，而不是模糊的渐变界，但对于大空间尺度低分辨率的研究而言则按交错界看待。③两种由多种特征的集合构成的连续分布地物，如果这两种地物的这些特征在发生学意义上具有某种连续的过渡性，则地物分布区之间的地理界也将呈现过渡的带状，即在带上的地物的某些特征兼具这两种地物的性质，如城乡交界带、两种相近性质土壤呈现的交界带。④在特定时间尺度范围内两种地物分布区之间的界线周期性往返变动的地带，如由涨退潮潮位决定的海陆之间的潮间带。

39　地理过渡带

地理过渡带指由一类地物的地域分布区逐渐转变为另一类地物的地域分布区的地域空间带。在景观生态学中定义为生态系统相对均衡要素之间的突发转换或异常空间邻接，并将其扩展为 ecotone，中文译为交错群落区、生态交错带、交错带、过渡带、交界带、生态环境脆弱带等。一个地理系统过渡到另一个地理系统时，在它们之间的交界带可以观察到一个系统的特有的结构要素逐渐减少，而另一个系统的特有的结构要素逐渐增多，表现为扩散过渡的模糊特色。Д. Л. 阿尔曼德用过渡带的相对明显度（T）的概念来描述过渡带的特征，它等于过渡带两边系统的平均宽度（S_1 和 S_2）与过渡带本身宽度（b）之比，即 $T=(S_1+S_2)/2b$（李克煌等，1995）。

40　综合分布区地理界的确定

综合分布区指由多种相互关联的地理要素（地物）综合构成的地理区域，如综合自然区、综合经济区、景观类型区等。由于这种区域是由相互关联、相互影响和相互作用的多种地物构成的，而各种地物又有其相对独立且往往不尽一致的地理分布，因而一种综合分布区的边界或两种综合分布区间的界线一般是模糊的、不清晰的。从模式识别的角度，往往是线性不可分的。因而综合分布区地理界线的划分一直是地理学的重要问题之一。综合分布区地理界线的传统划分方法主要为主导因素法，即依据形成或控制综合地理区地域分布的主导因素的界线并参照其他重要因素的界线进行适当修正来划分（赵松乔等，1988；黄秉维等，1999）。近年来人们逐渐发展建立在地理信息技术基础上的空间模型方法（郑度等，2008）。

41　地物的分布密度

地物的分布密度指每单元地域（规则的方格、六边形，有明确边界的不规则多边形，如小流域、行政区等）离散型地物（人口、物种数、生物量、经济地物数值）的数量值与其所占面积之比，或连续型地物（水、气体、海拔等）在地域空间每一点位上的强度（气温、湿度、气压、海拔等）。对特定区域而言，地物的平均分布密度指该区域的地物总量与区域面积之比，或一个区域地物以各级密度分布区的面积为权数的该地物加权平均强度值。

42　同质地物分布

同质地物分布指整个研究区域甚至全球范围内在物类属性上没有区别，或被假定为没有区别，但在研究区域内的不同地域，或在全球范围的不同地域，其量值或密度不同的地物分布。例如，气温、降水、海拔、植被初级生产力、人口、国民生产总值等，这类地物的分布区以量的差异为特征，因为没有质的区别而只有量值的区别，因而以不同量值标准划分的区域之间不能交叉，其分布区之间不存在交的关系。

43　异质地物分布

异质地物分布指物类属性不同质的地物，包括不同类的地物或同类不同种的地物的分布。很多不同性质的地物在地域空间上是可以重叠和交叉的，如生物的分布区和土壤的分布区在地域上是可重叠的；地形、地貌的分布也可以与气象要素、土壤类型、水资源、生物种群及各种人文社会要素的分布区相重叠。作为离散分布的一种生物的分布区与另一种生物的分布区既可能交叉，也可能重叠；连续分布的土壤中各土类和各土种在分布上可能交叉，但不能重叠，但两种土壤间的过渡类型处于这两种土壤分布区之间时，也可视为这两种土壤的重叠区。因为在分布上可以重叠或交叉，因而在拓扑上可有邻、隔、补的关系，也可以有交、并的关系。

44　分布格局与尺度及分辨率的关系

多尺度时空特征的同体性是地物的基本性质之一（参见注释 19），因而，对于地球表面某种或某些地物的分布格局，可以在不同空间尺度和不同分辨率下进行分析。然而，人们在不同空间尺度和不同分辨率下所认知的地物分布格局并不相同。在大空间尺度、低分辨率下所看到的是地物宏观的地域分异特征，它滤掉了地物在地域空间中的细小分异所形成的格局；而在小空间尺度、高分辨率下看到的则是地物精细的地域分异特征，得不到更大区域的宏观分布格局特征，或必须略去更大地域的宏观分布格局特征。故在景观生态的研究中，必须为每一项研究清楚地定义研究范围（相当于尺度）和粒度（相当于地域分辨精度），必须让范围和粒度与研究的现象相符。否则，测量出来的景观格局不但没有多大意义，甚至可能得出错误的结论（Leitao et al.，2006）。例如，中国综合自然区划在全国尺度下的一级区（自然大区）的格局大致与中国大地三级台阶相一致，而中尺度的自然带格局则为与温度带相应的带状结构，小尺度下的自然带格局则为区域地貌中小分异为主导的自然区分布格局（黄秉维，1959）；再如，中国城市分布格局在全国宏观尺度下为由沿海带、沿陇海线带和沿长江带的横“π”字形分布格局，在中观尺度下，如长江三角洲区域为以沪宁杭为中心的三角网络分布格局，而在单一城市的小尺度下则为以大城市为中心、卫星城为外围的等级辐射格局（陆大道，1995）；而如景观区划间的流路格局则因研究尺度的不同而不同（许慧和王家骥，1993）。

45　节点和结节区域

节点，词本义为桁架、框架等结构中构件的相互交接处（夏征农，1999）。在电工学上，节点为电路中连接 3 个或 3 个以上支路的点。在地理学上，节点引申为衔接相邻区域或连接各种地理流（区域间的能量流、物质流、信息流和经济上的物流、资金流等）流路的地点或区域，特别是地物物流网络上的交汇点、信息高速公路的分流点等。在地理信息系统制图上，节点定义为直线或曲线的交点或终点。从节点引申出结节区域（或称功能区域），指在功能上连接于一个或数个节点的地区，如在功能上和一个中心地点连接的地区，一个市场的服务区、一份报纸的散发区，或是用行政界线连接于行政中心的地区。节点区域的界限表现为与其中心相联系的消失或减弱，以致和其他中心联系的产生和加强（詹姆斯和马丁，1989）。

46 廊道

廊道是景观生态学的重要概念，指带状的、不同于其两侧基质的狭长景观元素。廊道可能促进或抑制景观中的生态流（如能量、物质或生物移动等）。所有景观都会被廊道分割，同时又被廊道连接在一起，其结构特征对一个景观的生态过程有强烈的影响。廊道以其连通性为基本特性，而廊道两端之间物类属性的梯度（及其较低的流通阻力）则是其连通性的影响因素。廊道一般可分三类：一为线状廊道，如道路、沟渠、输电线、植物带等；二为带状廊道，指具有一定宽度的带，特征是其宽度足以创造一个内部环境，从而产生了与线状廊道不同的效应，如一定宽度的植物隔离带、城市之间的产业走廊；三为河流廊道，包括河床两侧的岸线（许慧和王家骥，1993）。廊道在自然地理和人文地理领域也可以其他词语表达，如走廊（如河西走廊、丝绸之路）、陆桥、咽喉区、海峡等，但性质基本一样。

47 地理网络

地理网络是地物空间格局（结构）的一种类型，指线状地物或地理流在地域空间中以交叉网的形式分布，如自然地理方面的水系网、林网，经济地理方面的交通网、物流网、电网等。廊道和节点是地理网络的两个基本要素。在理论地理学上地理网络为把地理空间抽象为一个二维的欧氏平面，以一定的规则将点和线连成并分布于其间，形成一个在地理系统中通过一定量的“通道”互相联络的一组地理空间位置（左大康，1994）。

48 地理核心区

地理核心区也称地理中心区，为与边缘区或外围区相对的一个地域空间概念，泛指某种（类）地物的整个分布区中该地物分布最集中，或作用力最强，对整个区域该地物的形成、存在和发展起决定作用或最主要作用的一小部分区域。例如，一个国家的核心地区指其政治中心和人力、资源、制造业最发达或数量最多的地区（陈力，1990）；经济的核心区是指在国家经济活动中起决定和主导性的那些区域，如埃及的尼罗河流域、美国的五大湖地区、德国的鲁尔区、法国的巴黎、日本的三湾一海地区等（王恩涌等，1998）；自然保护区的核心区则为该保护区保护对象最有代表性的生物种群及其存在的最基本的、不可缺少的相关环境（生境）的分布区，也是不允许人类活动干扰的区域；文化的核心区则为某种文化最典型、最具代表性，且对这种文化的整个分布区中该文化的形成、发展和维护具有最重要，甚至决定性影响的区域。这些虽然均属模糊的、定性的概念，但确是客观存在的，只是在具体研究中必须给予明确的界定。

49 地理边缘区

地理边缘区指某种地物分布区中处于或接近于其分布区外缘边界的区域。该区域是该地物与外区地物接触和交流的最主要区域，其最主要的特点和作用为边缘效应。边缘效应的概念首先来自生态学和自然地理学，指两个或多个不同性质的自然地理系统相互作用处，由处境、生境和生物群落的差异和协作作用，引起界面内出现一些不同于相邻自然系统的特征和现象（李克煌等，1995）。实际上这种现象不仅存在于自然地理区之间的边界，也存在于人文地理区之间的边界，如城乡接合带、两种文化区的过渡带、两个不同政治区域的邻接带、地缘战略交接区等。故地理边缘区及其边缘效应是地理学的一个普遍问题。

50　地理叠置区

一个地域空间同时存在两种或两种以上地物，则称该区为同时存在的地物的地理叠置区。地理叠置区可以是离散型分布的地物在一个层面（地理面）上的交错分布，如针叶树与阔叶树交错分布形成的针叶林分布区与阔叶林分布区的叠置，构成针阔叶混交林区，又如伊斯兰文化与佛教文化的叠置分布区（把承载该文化的人和宗教标志物视为离散型分布的地物），也可以是两种或两种以上连续型分布的地物（或其中一种属离散型分布的地物）在同一个地域空间两个或两个以上层面（地理面）上叠置分布，如茶园与红壤的叠置分布区；还可以是一种地物不同性质特征的某种水平的叠置分布区，如大气的高温分布区与高湿（以降水量表征）分布区的叠置（高温分布区与高湿分布区不一定完全一致）。当两种地物分布区的并接近两种地物分布区的交（叠置区的面积）时，预示这两种地物之间可能存在一定程度的地域相关关系。

51　地理缓冲区

缓冲的本义为减缓冲击。地理缓冲区指通过某种机制减缓一个区域的地物对另一个区域的地物的冲击力、作用力和影响力的区域，或延缓来自某个区域的地物对某一个区域的地物的冲击时间、作用时间或影响时间的地区。例如，海岸上平缓而宽阔的岸坡是削弱海浪对陆地冲击力的缓冲区，绿洲外围的固定、半固定沙丘带是减缓风沙对绿洲危害的缓冲区（郑达贤，1997）。但在地理信息系统中把一些线状地物两侧或一些点状、面状地物的外围划出的一定宽度的区域称缓冲区，其意义与上述地理学本义的缓冲区不尽相同，不能混淆。

52　地物分布上的关联

地物分布上的关联内涵包括：①指一种地物对另一种地物在地域空间分布上有某种影响或作用；②两种地物之间在地域空间分布上有相互作用，因而有相近或相反的分布区域与分布格局；③一种地物的全部分布区或主要的典型分布区包含在另一种地物分布区内；④一种地物的分布区与分布格局的变化与另一种地物分布区、分布格局的变化相关联。例如，气候上的水热状况的地域分布格局与植被类型的分布格局相关联；湿草原的分布格局与黑土的分布格局明显相关联；陆上湿生植物的分布区被包含在陆地积水区（湖泊、河流、地表低洼积水地）的分布区内；经济中心分布区的格局与人口密集区的分布格局相关联；水土流失区的扩大与地表植被破坏区的扩大相关联；荒漠区域盐生植物分布区的变化与盐碱化土壤分布区的变化相关联；等等。

53　不同区域间地物变化的关联

不同区域间地物变化的关联指两个区域之间同类或不同类地物由于存在物质、能量、生物（包括人群）、信息或资本的交流，或同受控于某种作用因子（如太阳辐射、气温、降水、产业原料、世界金融或贸易景气状况等），因而它们之间存在同步的、异步的或相反的变化。例如，赤道地区出现的厄尔尼诺现象引起全球大气增温，导致极地冰川的消融和面积的缩小；河流上游暴雨与滞后的下游洪水泛滥相关联；坡上的水土流失与坡下河道的堵塞相关联；中东的石油危机与欧美经济状况的变化相关联；城市人口密度的增加与农村人口密度降低相关联；等等。

54　区域内不同地物之间的关联

区域内不同地物之间的关联指的是在地物的相同地域属性条件下地物不同物类属性之间的关联，即指同一区域内具有或可能有相互作用的地物在因果关系上或受相同的作用力直接或间接影响形成的整体或某些特征上的关联。例如，区域自然环境和与该区域自然环境有关的社会经济要素之间的关联；土壤的肥力水平与植物（作物）生产力之间的关联；特定动物或微生物群与其宿主之间的关联；特定朝代的考古遗址的存在与之前该朝代的行政管辖区及影响区的分布范围之间的关联；等等。

55　地物与非地物之间的关联

地物与非地物之间的关联指兼有物类属性和地域属性的地物（包括在研究中作为地物看待的事物）与仅有物类属性而不具有地域属性（包括不必关心其地域属性）的事物之间的关联。不具有地域属性的事物包括：①来自地球外天体、对地球各地均无差异的物质、能量（和信息），如太阳辐射常数，由月球、太阳与地球之间的引力形成的引潮力，太阳黑子的爆发引起的作用；②来自地球本身但在地表各地的量值基本一致（或被视为均匀）的物质和能量，如大气成分（包括由人类活动引起的 CO_2 增加）、重力加速度，以及一个国家内部统一的法律和政治制度（不包括地方性法规）对于一个国家内部差异研究而言也视为非地物；③各种物类本身存在的共有本质属性，如基于动植物本身的新陈代谢能力和发育属性（如植物的光合转化、生物链能量转化的林德曼比率），商品的属性，生产中物质和能量转化的物理、化学规律和参数等。在任何一个地区，地物不仅与其他地物相互关联，而且也与这些没有地域属性关系的事物或要素进行密切的关联而形成、发展和变化。地物与非地物的关联有几种形式：一为在全球地球表面基本无差异的非地物经差异性地域因素作用而转化成具有差异的地域要素（新的地物），如进入地球的相同强度的太阳辐射（太阳常数）经纬度（通过太阳辐射入射角转换）而转化为地球大气外界不同纬度带的不同的入射辐射量，再经过各地大气反射和透射率不同的转换，形成到达地面的不同的辐射量。二为无地域差异的事物（非地物）参与到地域系统的运转中，形成新的具有地域差异的事物，如大气中的 CO_2 和 O_2 参与到不同地域的植物群落的光合作用中，产生出不同区域不同量和质的有机化合物，以及一个国家统一的语言文字在不同地方的社会文化背景下产生各地不同风格、不同文化内涵的文学作品。三为不同的地域系统对于相同状态或相同变化过程的非地物产生不同的响应。例如，全球性的气温上升（假定在全球各地是一样的）在不同地区引起不同的响应，一个国家统一的政策变动在全国各地出现不同的效应。四为由地物（地域因素）产生的对非地物（非地域因素）的作用，如各地不同的碳排放引起大气 CO_2 含量的变化，而这种变化又反过来影响其他各地地物，产生不同效应或响应。在人文社会事物方面也是如此，如地方的经验教训对全国政策法律修改变化的作用。

56　地物分布格局的正关联与负关联

地物分布格局的正关联指两种地物在分布格局上具有相同或相近的态势。例如，山坡不同坡度的地域分布与坡面流流速的地域分布呈正关联；一般情况下（或在其他因素相同条件下）区域城镇化水平的地域差异与区域经济水平呈正关联。地物分布格局的负关联指两种地物在分布格局上呈相反态势。例如，山地坡面各海拔层的海拔与各层的气温高低呈相反态势；在其他条件相近情况下，山坡植被覆盖度的高低分布格局与土壤侵蚀强度的分布格局呈相反态势；一般情况下人口文盲率的高低分布格局与区域社会经济水平分布格局呈相反态势。当然，许多地物分布格局的相关并不容易在分布图上直接地准确判断，需要通过统计检验和机制分析才能科学地确定。

57　地物分布格局关联的机制

形成地物分布格局关联的机制主要有五种：一是一种地物形成、存在和变化主要受制于另一种地物，或以另一种地物的某一特性为必要条件（当然不一定是充要条件）。例如，地表的常年或季节性积水是湿生植物生长的必要条件，因而湿生植物分布于地表低洼积水地之中，二者宏观分布的格局形成一定的关联，但积水并非湿生植物生长的充要条件（或唯一条件），因而积水区并非全是湿生植物分布区；竹子是大熊猫的唯一食物，因而大熊猫必然分布在竹子分布区中，二者形成分布上的关联，但竹子不是大熊猫生存的唯一必要条件，因而大熊猫只分布于竹子分布区的一个很小区域内。二是两种地物存在某种相互需要的共生依存关系，因而构成了非常相近（一致）的分布区和分布格局。例如，台湾宽尾凤蝶和台湾檫树二者互为传媒和宿主关系，因而具有紧密关联的分布格局；农业人口和农田相互关联，因为二者互为生产者和生产资料的关系；蔗糖厂和甘蔗产区分布格局相关联，为加工和原料生产互为依存的关系。三是两种地物的存在共同依存于第三种地物所制造的条件（此时为间接关联），同时在形成中又相互关联（此时为直接关联），最后形成相互关联的分布格局。例如，半干旱气候是干草原形成和存在的基本条件之一，也是栗钙土、黑钙土发育的基本条件之一，故二者的分布关联首先依赖于对半干旱气候条件的间接关联，但同时黑钙土、栗钙土的形成又依赖于干草原草本植物周期性枯萎有机质的供给和向腐殖质的转化及深厚根系的作用，而干草原草本植物的存在与发育又依赖于栗钙土、黑钙土的土壤环境（pH、Eh、养分释放和运转等），二者存在相当密切的依存关系。四是两种地物同时依存于第三种地物的存在而形成的分布格局的关联。例如，人流、物流的网状格局均依赖于交通线路网的形成和发展，从而使人流网和物流网发生间接关联。五是两种地物相互之间存在排斥、拮抗的关系，或者两种地物在资源和生存条件上相互竞争，从而使二者的分布格局和分布区存在负关联。例如，城市和农村在有限的土地资源上相互竞争，从而使二者的分布区和分布格局的变化存在负关联。

58　地物分布格局关联的判断

由于地物均属于开放系统，许多地物都受多种因素的影响，因而两种地物除了它们互相之间的关联外，还要受到其他相关因素的影响或与其他地物关联的干扰影响，故两种地物之间的关联往往不是唯一的关联，而是多重关联中的一种。这就使得两种地物的关联引起的分布格局的态势及其变化并非完全一致或完全相反，有时甚至隐藏在由其他关联作用形成的相关状态或变化中而未能显示出来，有的也只能认定为可能状态或假定其有关联而尚不能确信或判断其关联机制。为此，两种地物之间的关联必须进行验证。两种地物之间关联的验证一般应符合两个条件：一是通过科学设计的与其分布（统计学概念上的分布）类型相适应的统计方法的检验；二是科学准确地验证其关联机制。当两个条件都满足时，才可以比较可靠地确认其关联的存在。

59　不同区域间地物变化的正关联与负关联

不同区域间地物变化的正关联与负关联指同类地物或不同类地物在两个或两个以上区域间其质或量出现相同或相似的增减趋势，或相反的增减趋势。例如，一条河流上游河道水位的升降与其下游河道水位的升降变化的关联属两个区域同类地物变化的滞后性区域关联；地球上某经度带海水的涨退潮与其前后 90° 经度带区域海水的涨退潮属同类地物变化的同时（近同时）性负关联；一个国家城市区域人口的增加与其农村区域人口的减少也属不同区域同类事物变化的负关联；在市场条件下农村区域果蔬种植面积的扩张和产量的增加与城镇消费区果蔬价格的下降属两个区域不同地物变化的负关联；石油输出国石油产量的异常减少与石油消费国能源价格的上升及工业成本、出厂价的上升为不同区域不同地物变化的负关联。

60　地域之间地物变化的同步关联与异步关联

地域之间地物变化的同步关联与异步关联指一个区域地物变化对另一个区域地物变化

的时间响应问题，若时间响应基本同时，则称同步关联；若时间响应明显不同时，则称异步关联。例如，在总人口变化不大的一个相对封闭的大区域内，在城市化过程中乡村人口的减少与城镇人口的增加相关联，虽然就个体而言，其从乡村迁移到城市有一个滞后问题，但就城乡整体而言，则表现为同步关联；一个流域上游的暴雨与下游的洪水则属异步关联。两个区域地物变化异步关联滞后的时间有的可能很短，有的则很长，甚至可能有几百年、几千年的滞后时间。例如，由地震引起的破坏和地形形变随地震波的传播而向外扩大，外围破坏区域的地物变化对地震中心区变化的响应可能会滞后几分钟、几小时或几天出现，但社会经济的连锁响应可能要滞后几年才会出现；黄河中上游某场大暴雨与其引起的下游决堤和河道改变的时间差可能仅有几天时间，但洪泛区域新河道区相关环境及社会经济状况变化的响应时间则可能滞后多年甚至几十年；荒漠绿洲水源源头溪流的改道可能造成几十年后该水源滋养的原绿洲的消失。

61　地物的物质流关联

地物的物质流关联指通过物质流联系区域内两种不同地物、地物与非地物或两个区域内相同或不同地物。地物的物质流关联是地物关联的最主要形式之一。物质流包括气体、液体（水体）、溶质（包括胶溶质）和固相物质流，也包括电子相、离子相、分子相和矿物岩石相物质流。在生命系统的地物的物质流中包括生命必需物质（水、矿质元素）的物质流、生命非必需物质的物质流和生命代谢成分的物质流；非生命系统的地物的物质流关联包括纯粹未改变成分的无机物（固相、液相、气相）的关联，也包括关联中物质构成和存在相的改变，还包括生命系统代谢排出和凋落的非活性有机成分的关联。人文地域系统的地物的物质流关联包括人流的关联、物流（原料流、产品流）的关联及商品等价物货币与金融流的关联，还包括生产与消费产生的废弃物的关联。此外，还有用于政治和军事行动的实体地物的关联。自然 – 人文复合系统地物的物质流关联主要是资源类和环境类物质流的关联。必须注意的是，自然性质的物质流、人文性质的物质流和自然 – 人文性质的物质流在一定条件下可能发生相互转换，且可能从旧的流动机制转变为新的流动机制，同时影响被关联地物的关联性质和效用与特征的变化。地物的物质流关联有以下特征：①遵循物质不灭定律；②必须“消耗”能量，因而通常与能量流相偶联（但不一定对偶联的能流进行研究）；③不同类型地理系统的物质流关联存在不同的机制。

62　地物能量流关联

地物能量流关联指同一区域内部不同地物或地物与非地物之间，或不同地域之间相同或不同地物通过能量流而相互联系。地物能量流关联一般有以下形式：①以特定的能量载体、能源物质的转移而实现的能量流关联，如不同区域间通过煤、石油等燃料的传输实现能量流关联，这些载体随着能量的消耗而消耗；②通过与物质流偶联的形式进行能量流关联，如生态系统食物链中能流的传输，河流水动能的传输，两个区域之间食品能量的传输，地震波、潮汐波能量的传输，暖流的能量传输等，在偶联传输中物质流并未消耗，只是从高能态转为低能态而把能量释放给新的地物，物质本身转化为新地物的组成成分；③纯粹电子能流、电磁波能流的传输，如通过电网实现的两地域能流关联。地物能量流关联有以下特点：①用于关联的能量属于可做功的能量；②在能流传递过程中存在着能的“耗散”，即一部分能转化为不能做功的能而消耗掉；③依靠能量的地物关联必须不断地补充可做功的能量，否则关联就会中断。

63 地物信息流关联

地物信息流关联指通过信息的交流而使一种地物影响到另一种地物，或使两种地物、两个区域地物相互作用、相互影响。信息流有广义和狭义之别，广义的信息流指在空间和时间上向同一方向运动过程中的一组信息，它们有共同的信息源和信息接收者，即由一个信息源向另一个单位传递的全部信息的集合；狭义的信息流指信息的传递运动，这种运动是在现代信息技术研究、发展、应用的条件下，信息按一定要求通过一定渠道进行的。作为地物信息流关联的信息指前者，而且只有信息接收者对于信息有响应才可能有关联，因而只有生命系统地物或由人类建造的信息接收系统才能利用信息流进行关联。通过信息的关联使这种关联的能耗降低到最低水平，对于地理研究而言甚至可以忽略不计。广义的信息流关联有多种介质，包括电磁波、光波、声波、（气、液、固体的）振动波、化感物质及文字符号等。地物信息流关联的特点是：①能耗低；②专一性，信息发出者或信息源与信息接收者之间对信息有专一的、固定的和相同的“译码”；③生命系统（或人类建造的信息接收系统）对信息有特定的响应，但信息本身一般不参与响应过程；④信息传递速度一般较快，最高可达电磁波传递速度水平。

64 地域综合体相关地物

地域综合体相关地物强调地域综合体的组成地物（地理要素）并非指在一定区域内人们从不同角度所感知的全部地物（地理要素）的集合。因为人们从不同角度所感知的各种地物（地理要素）之间并不都相互关联，而是分为不同系统，在各系统内相互关联，如自然地物系统的许多要素并不一定都要与经济系统、文化系统、社会系统相互关联。反之也一样，而且在一定的层级上各不同系统的地域边界也不尽相同。因而一种地域综合体的组成地物系统仅仅是人们从一个角度（如从自然角度、经济角度、文化角度或社会角度及更小的角度）所感知的一类地理现象或地理过程所相关联的地物（地理要素）的集合。例如，当我们关注一个区域的自然地理过程时，关注的中心是地质构造（包括岩性）、地貌、气候、水文、生物（植被、动物群）等自然要素的特征及其相互作用与相互影响和由它们所构成的综合自然演化过程，可能仅涉及少数人文地理要素，但不是该区域存在的无关或关系不大的人文地理要素。故所研究的地域综合体的组成地物（地理要素）仅仅是人们在该区域从不同角度可能认知到的全部地物的一部分，所以只能称为相关地物。由于人们只是从一个角度对一个地区的一类地理现象或地理过程进行认知，故认知的也只是这类地理现象或地理过程相关地物的特有的构造和功能，联系这些相关地物的特定的物质流、能量流、信息流，以及控制这些现象、过程演化发展的相应的方式和规则。

65　地域综合体的客观性和主观性

客观性指地域综合体的组成成分、结构状况、其表现的地理现象（过程）及内在的控制方式和规则，是各个观察者之外的客观的存在物。不管是自然地理现象，还是人文地理现象，不管是具质的地物，还是观察者之外人群的语言、文字、图像及行为所体现的非物质的文化地物，均属观察者之外的客观的存在物。正因为是客观的，才有可能在不同的观察者中形成一致的认知。所谓主观性有三层意思：一是这些客观的地物及其构成的地理现象要通过人的感觉，并与人内心存在的先验意识，特别是地理意识相结合进行重新构建，才能形成对该类地域综合体的认知；二是人对地域综合体的认知不是被动的，而是有意向性的，即在该研究的区域中只选择从特定角度出发所感觉到的相关地物，自然地理学家只关心建构地域综合体有关的自然地物和自然地理现象，而不关心或少关心从其他角度看可能获得的其他存在于该地域的人文地理地物和现象；三是人的意识将其所关心而认知的这些地物和地理现象进行概念化、抽象化，转化为一个特定的地域综合体。这是一个从复杂的实体中经筛选简化和抽象概括而建构的地域综合体，即主观性表现为选择性、意向性和概念重构性。

66　地域综合体中的地物偶联转换系统

地域综合体中的地物偶联转换系统指在一定地域内，在一定内部调控系统的控制下，把输入的（包括该地域内存在的）各种相关物质、能量和信息进行偶联转换，复制再生出维持该区域稳定的地物或生产与传输出新的地物的系统，从而使该地域具有一定的相对稳定的功能，如地域生态系统中代表性植被的光合作用同化系统和利用同化生产的有机物的食物链各级消费系统；工业综合地域系统中某种优势工业品的生产系统和维持这一生产系统的人群体生活消费系统；一个流域的气象水文综合体中水体存在形态和运动形式的转换系统。这一地物偶联转换系统不仅是该地域综合体主导功能实现的核心系统，而且是该地域综合体各相关流路（特定的物质、能量、信息、资本流）的最重要的聚集节点和调控系统作用的主要载体与对象，因而是地域综合体分析研究的核心内容，但在以往的许多地域综合体或地域系统分析中往往太过简略或被忽视。在一些情况下，地物偶联转换系统可分为生产转换系统和消费转换系统。生产转换系统指利用从地域综合体外输入的能量、物质、信息或资本，通过偶联转换形成新的包含能量和物质（有的能发出新的信息）的地物；而消费转换系统则是把生产的地物（包含其物质和能量）转化为新的地物，并伴随能量的损耗和无用物质的排出。通常一个地域综合体中的地物偶联转换系统同时包含有生产转换系统和消费转换系统。例如，一个农业地域综合体的地物偶联转换系统由自然再生产系统、经济再生产系统和劳动力再生产系统及其偶联的农产品生产系统构成，农产品生产系统是一个在农田（农作物）上把从自然再生产系统和经济再生产系统输入的农业生产资料转换为农产品的偶联转换系统，是这一农业地域综合体的地物偶联转换系统的核心系统。而经济再生产系统中则可以实现农产品至商品的转换、农产品至劳动力再生产的转换和商品经资本至再生产的新的农业生产资料的转换（黄铁庄和郑达贤，2003）。

67　地域综合体的关联流路系统

地域综合体的流路有两种：对外开放性流路和内部结构性流路。对外开放性流路有三个方向：一为作为一个地球表层系统对外关联之一部分的与地外系统的联系，如输入的太阳辐射与输出的长波辐射、星球引力以及通过通信卫星与其他地域进行信息关联的电磁波等；二为与地表层以下系统的关联，如重力、长时段引起地面升降的构造力等；三为与相邻其他地域综合体的联系，这是最主要的对外开放性流路。内部结构性流路为把地域综合体内各组成地物组成一个相互作用、相互影响的整体并支撑其持续运转的结构性要素。对于地域综合体整体和其内部各地物而言，所有流路均可分为输入流和输出流。地域综合体的流路包括各种形式的物质流、能量流、信息流或资本流，有的地域综合体的流路还包括集物质流、能量流与信息流于一体的特殊功能的生物流。流路系统是地域综合体成为整体并具开放性和持续性的表层性结构系统。

68　地域综合体的存储调节系统

地域综合体的存储调节系统是地域综合体中地物偶联转换系统持续稳定运行的不可或缺的保障，包括物质储存调节系统和能量储存调节系统（或信息、资本储存调节系统），不少是二者相结合存在的。例如，土体（包括土壤和地层）水分的存储是解决地域综合体间断性降水（通常有几天到几个月的间断）与植物生长和光合作用不可间断的持续性用水需求矛盾的最基本途径，因而土体蓄水能力和供水能力是一个包含植物要素的地域综合体持续稳定和发展的重要条件。在工业生产地域综合体中原材料的存储调节系统是其生产正常进行的保障条件，而成品的存储调节又是其正常对外联系的重要保障。在包含植物在内的地域综合体中，植物果实既包含物质的存储、能量的存储，也包含植物遗传信息的存储，因而它是下一级生物食物链消费偶联转换系统持续存在的保障，又是植物本身生命世代延续的重要环节。

69　地域综合体的地域空间支撑和限定系统

地域综合体的地域空间支撑和限定系统指由地域综合体的地理位置、边界状况、地域空间大小和地域环境条件组成的地域空间对地域综合体的规模、特征及其存在持续性的支撑和限定所构成的系统。地理位置和边界状况指地域综合体的相邻域（相邻地域综合体的种类和情况）及它们之间的边界状况，其决定了地域综合体输入输出流的传输内容和传输能力，也影响地域综合体与相邻地域综合体在存在对立的情况下交界线的位移和地域空间规模的消长。地物的持续发展能力与地物地域空间有限性是地理现象的基本矛盾之一，因而地域综合体的地域空间规模是每一个地域综合体发展的限定条件。地域环境条件指地域综合体中本身不参与物质、能量、信息的偶联转化，但为其偶联转化提供必要条件的要素，如地域自然综合体中的气温、地形和空气流通条件等，一个工业生产地域综合系统中的政治环境和历史文化环境等。地域空间限定系统是地域综合体所独具的系统，也是地理学区别于其他学科的重要特色。

70　地域综合体的内部调控系统

地域综合体的内部调控系统主要有三种：一为地域综合体内各地物（地理要素）物类属性的运动变化和相互关系所遵循的无形的物理的、化学的、生物的、经济的、人文社会的和心理学的规律与规则组合；二为地物地域空间中的运动（在以地球参照椭球体为坐标系的地域空间中的运动）遵循的规律和规则组合；三为自然综合体天然形成的或人工建造的某种特殊控制性结构或设施。例如，水口水库建设之前闽江进入福州盆地时在南台岛顶部的南北港分流口结构，北港分流口狭而深，南港分流口宽而浅，在这种天然的分流口状况控制下，冬季枯水期北港成主流河道（从而也保障了福州航道的稳定），夏季丰水期宽阔的南港成主流河道（从而也维护了福州夏季洪水期的安全），决定了福州盆地这个地域综合体水文状况的年过程及其相关的自然地理，甚至后来在其上发展的社会经济系统相关地物的状态，该分流口就成为该地域综合体的一个重要调控结构。再如，资本主义商品经济中的基本市场规律及依据市场规律和人群关系规则建构的一个区域的生产管理组织和相应的法规制度构成了以商品生产和消费为主的地域经济综合体底层的基础性调控系统。

71　地域自然综合体

地域自然综合体又称自然综合体，指在一地域中自然地理各要素相互联系、相互制约、有规律地结合而成的、具有内部相对一致性的整体。其分为不同的等级，大至整个地理壳，小如一个土地类。这些不同等级的单位，有区域的，也有类型的。各自然地理要素彼此联系，当其中一个要素变化时，必然引起其他要素的变化，并不断发展和演变。自然综合体等级越高，内部相对一致性越小；反之，内部相对一致性越大。通常较高级别的区域性自然综合体也称区域自然综合体。自然综合体直接或间接受到人类生产活动的影响。除了终年积雪的高山、极地及人类无法生存的荒漠，现在地球上已难找到完全不受人类影响的自然综合体（左大康，1994）。

72　工业地域综合体

工业地域综合体指在一定地区范围内，由许多有经济联系和生产协作关系的工业企业共同组成的综合生产体系。综合体内有主导的工业部门或企业，工业生产体系比较完整，其地域范围大至百万平方千米以上的大经济区、20 万～ 30 万 km^2 的省区市，小至数千到数万平方千米的工业地区和数十平方千米的城市工业区或工矿区。前两种一般称区域性工业地域综合体，特征是偏重于经济上的联系。后两种属于基层性工业地域综合体，除相互间的经济协作外，主要是生产和技术联系。工业地域综合体按组成核心部门分为能源综合体、矿业综合体、冶金综合体、机械工业综合体、石油化工综合体、森林工业综合体、建筑材料综合体、食品加工综合体等（左大康，1994）。

73 土地

土地指陆地表层一定范围内全部自然要素相互作用形成的自然综合体，包括一定垂直厚度内的岩石、地貌、气候、水文、土壤、植被、动物和微生物的属性及其相互作用的结果，还包括长期人类活动的影响。土地具有明显的空间变异性和区位特征，故利用时必须因地制宜。土地还具有时间变化的特点，包括多年变化、季相变化甚至日变化。目前土地学中大致有不同渊源的三个学派：①景观生态学派，以生物群落为主体来研究土地；②地貌处景学派；③土地农业学派，在土地研究中以土壤为核心（赵松乔等，1988；左大康，1994）。

74 景观

"景观"一词源于德文 landschaft。最早的含义是地方风景或景色。19 世纪早期，"景观"一词的地理含义为"一个地理区域的总体特征"。后来，这一名词被地质、地貌学家狭义化，近乎成为地貌的代名词。真正综合的景观概念是在景观学产生以后逐步建立起来的，但由于不同学派或学者在认识和理解角度上的差别，出现了同词多义的现象，概括起来有：①地理学的综合概念，景观被看作地理综合体，包括自然景观和文化景观两部分；②自然地理学的综合概念，景观等同于一般意义上的自然综合体，不同任何等级单位发生联系；③自然地理学的区域概念，景观被视为区域单位，相当于自然区划等级单位系统的下限单位，也称为自然地理区；④自然地理学的类型概念，景观被理解为具有分类含义的自然综合体（左大康，1994）。

75 具质地物和非具质地物

具质地物指具有物质质量，因而受地心引力的作用而具有重量的地物，如水、水中溶质、空气、空气中的悬浮物、岩石、矿物、动物、植物、食品、建材、机器等构成的地物；非具质地物指不具有物质质量，因而未受地心引力作用而不具有重量的地物，包括精神、思想、人群习俗、信仰等文化现象和一些非实物表述但具地域差异的经济、金融、法律、政体等地物。具质地物和非具质地物在地域空间中的运动具有不同的表现和特点。

76　具质地物运动中的“能耗”

具质地物由于具有物质质量而受地心引力的作用，在地球表层地域空间中的运动做功等于力作用于位移方向的分量与位移大小的乘积。根据机械守恒定律，地物位移中的做功 A 等于地物在运动终态和初态时的总动能的差 $E_K–E_{K0}$，即运动中对可做功的能量（功能）的“能耗”，而被“消耗”的能量或来自地物本身的势能（如高处的水势能）或化学能（如有机体的高能质细胞储存的能）或来源于推动该地物运动的其他物传递来的动能，这些可做功的能量在运动中或转化为其他不能做功的能量（如克服运动中对其他物体的摩擦力而转化并消散于周围的热能），或传递给其他物体。因此，具质地物在地域空间中的运动必然产生“能耗”，即对可作功能量的“消耗”。所以能量是具质地物运动的条件，“能耗”是具质地物运动必然伴随的结果（吴宗汉，2004）。

77　源于运动地物本身的能量的运动

源于运动地物本身的能量的运动指地物依靠自己储存的能量而在地域空间中运动，主要是源于地物本身包含的势能（包括运动区间地物的压力差所包含的能量）或化学能的储存。前者如水从上游至下游的流动、气体从高压区向低压区流动所形成的大气运动（风）、土壤中水分的运动；后者如动物的迁徙、人群的步行运动等。

78　源于相关事物能量传递的运动

源于相关事物能量传递的运动指地物运动所需要的能量并非源于地物本身，而是由相关地物运动及其能量消耗带动或推动的。例如，地震、海啸的海水运动源于地震震中地壳运动的推动；区域间货物流动的能量源于承载货物的运输工具中发动机燃料（能源）能量的消耗；河水中溶质迁移的能量源于河水运动中水动能的消耗；荒漠中沙砾的移动源于风动能的消耗；等等。

79　太阳能是地物运动最主要的初始能源

研究表明，地球表层事物形成、发展和运动的能流系统是一个多源的统一而又十分复杂的热力学系统。这个热力学系统的初始能源主要来自四个方面：到达地球界面且进入地球表层系统的太阳能（包括自地球形成以来储存于地球上的太阳能，如煤、石油、天然气、有机体和甲烷等），地球自转的动能，地球内部放射性元素衰变释放的能量（包括传导到地表的热能，火山、地震和构造运动发生和释放的能量，以及由内力作用形成的高低地势差所储存的势能），日、月、地之间的引力能（牛文元，1982）。每年进入地球大气层内并被吸收的太阳能约为 3.697×10^{24}J，来自地球自转和日、月、地引力相结合的动能约为 9.776×10^{19}J，由地球内能传到地表的能量约为 1.1×10^{21}J，故地表事物形成、发展和运动的初始能源比例为，太阳能：地球内能：地球自转动能（包括引力）约为

3500 ∶ 1 ∶ 0.1。因此，来自太阳的能量是地球表层事物形成、发展和运动的最主要初始能源，但地球内能和地球自转动能在特定时间、特定地点和特定运动方式的地物运动中（如火山、地震、潮汐、构造山地的形成）也占有重要地位。

80 连续势能差与地物运动

当地物顺势能梯度运动时，其势能梯度的方向必须是连续的，一旦出现相反的势能梯度，地物即停止原方向的运动，尽管在该方向的不远处之外，仍存在原来的梯度方向。例如，内陆河水顺地势梯度流动汇集于内陆湖泊，而不能流向位势更低的海洋，这是因为湖泊周围有一道与河水进一步朝下流动相反的逆梯度异常，使从水源至海洋的势能梯度在这儿中断而不连续。一旦该区域的降水量超过蒸发量，或湖泊的来水量超过湖盆的最大储水量使湖水位增至分水岭时，又在水面上创造了一个从水源至海洋的连续势能梯度，湖水将溢出湖盆而连续流向海洋。

81 源于需求关系的地物运动

源于需求关系的地物运动指生命物体（包括人类）源于遗传或源于对现实环境（生境）判断的趋利（包括寻求食物、栖居地、配偶或寻求工商业赢利等）避害（包括源于天然环境和源于其他生物群体，如敌人的伤害）的需求而进行的运动，这是一种自主性运动或被胁迫性的运动（源于胁迫者的需求）。

82 人文性质地物运动的三因素

厄尔曼（1956）将地域空间商品流动概念化，提出商贸活动（商品货物流通）是基于三种现象的相互作用：互补性、中介机会（或译为交错机会）和可移动性（或译为可传递性、距离）。互补性指“为了使两个地区相互作用，必须是一个地区有需求而另一个地区有供应”，即“必须有专门的互补性”，“这种匹配的互补性是交错的前提”，“互补性是地区间自然和文化差异及规模经济差异三者共同作用的结果”；中介机会指一种地物从一个地方（供应源）传输到另一个地方（互利的需求区）存在的最优运转中介条件（运输线路与工具）和时机（机会）；可移动性指一种地物从一个地方到另一个地方的运转要对运输费用、阻力或摩擦力付出代价的可行性。陈彦光等认为，互补性、中介机会和距离组成的这三个因素系统可以解释所有关于人和物质实体的相互作用（蔡运龙和 Wyckoff, 2011）。邦奇（1991）则进一步增加对偶性、物质守恒、路线和回运四个要素构成七个要素，并把相互作用形成的地物运动从经济性地物扩大到电流、水体和气体等流动性的自然地物的分析上。

83 非生命具质地物运动与动能 – 阻力对比

非生命具质地物运动的条件是其运动方向上的动能分量要大于该方向的阻力（如摩擦

力）。例如，坡面上的泥沙流的动力来源于挟带泥沙的水流的动能和泥沙流本身的势能转化而来的动能之和。当人们在其流动的方向上建立草带绿篱，则增加了其运动方向的阻力（或泥沙运动的摩擦力），一旦阻力（摩擦力）大于其运动的动能时，泥沙将在草带中沉淀下来而不再运动，土壤侵蚀过程将被减弱或遏止（卡森和柯克拜，1984）。

84　自然 – 人文复合地物的运动

自然 – 人文复合地物的运动指兼具自然属性和人文属性的具质地物的运动。这类地物运动的能量支持往往兼具自然力和经人类活动转化并控制的能量，其运动的机制也往往兼备自然的机制和人文社会的机制，或两种能量和两种机制交互作用。例如，由工业生产产生的污染物，其排放量和排放地点（运动物的量和运动起始点）由人类决定，取决于社会经济因素，但排放到自然环境之后，如果不再受到人类干预的话，则按自然物的迁移转化规律在一定区域运行、转化和聚散，而如果人类在其运行区进行干预，则可能又按人的意志转化和运行。再如，作为资源的河水，其运动既包含作为自然物在河道中遵循自然规律流动，又包含其经人工建筑物（水坝、水库、渠道等）及受人工建筑物改道而按人们需求方向进行运动，既包含依天然河道所进行的能量转换和消耗，也包含在人为作用下在一定水电站把动能转化为电能及其中的损耗，以及通过人工提水把人工附加给的能量转化为水的势能后进行新的运动和能量的转换。

85　地物的线性运动

地物的线性运动指把地物在地域空间中的运动抽象为仅具距离和方向的线性运动，而忽略其运动线路的宽窄和占据的空间截面面积等因素，把运动线路的宽窄和占据的空间截面面积大小对运动的影响及摩阻等因素一起归结为通过能力。例如，河水在河道中的运动、货物在交通道上的运动、某种生物或人群的迁徙线路、电能通过电网的输送等。

86　地物的网状运动

地物的网状运动指地物沿相互交错的地域空间上的线路网作线性运动。网状运动最重要的特点是网上的节点对流动地物流量的控制、调节和分配作用，甚至对多地物偶联流动的地物流的成分进行筛选分流作用。例如，水在冲积扇、洪积扇上从扇顶向下流动时往往以网状河道流动，网的状态既是水动力塑造的结果，同时又制约着水流在各分支中的分配以及水中的泥沙的分配；货物在交通网上运动，往往在网的节点上（车站等）根据各支线的需要进行分流；信息在网络中的传输也要在网络节点上进行分配、滤波或增强，网上不同线路上也会产生不同的损耗。

87 地物的面状运动

地物的面状运动指把实际地物在地球表面以一定厚度的层面形式的运动抽象为在一个没有厚度的地理面（参见注释35）的运动，如坡面流、土壤面蚀、风沙流和沙丘的移动、蝗虫群流、泛滥的洪水、气团的移动、锋面的移动、城市的扩张等。地物的面状运动均是不均匀的，但在一些情况下可简化作为均匀的运动处理。

88 地物的突发性运动

地物的突发性运动指地物在地域空间中非正常出现的运动。这主要指两种情况：一种为由连续的作用力推动的地物在地域空间中的正常运动在作用力积累到某临界点之后，导致地物运动状态（方向、速率等）的突然、非连续性变化。这种变化可用突变论的方法来进行分析（苗东升，1990）。例如，某一断层面上持续的应力使断层面缓慢变动，但当应力不断积累到超过地层的稳定性时，将突然发生突发性断层活动及相应的地震和地面的形变；河水的持续上涨对堤岸的压力不断增强，当超过堤岸某些岸段的稳定性时，或河水水位高过堤岸高程时，将突然发生溃堤而导致洪水灾害。另一种为某些非连续的突发性作用导致地物在地域空间中的位置或运动状态（方向、速率等）的突发性变动。例如，森林火灾导致一片无林地的突然出现；突然的暴雨造成坡面泥石流运动；交通线路的突然中断造成物流的中断和改道；等等。

89 地物的渐进性运动

地物的渐进性运动指地物在特定的时间尺度上和持续的作用力下在地域空间中的非突发性运动。其包括两种情况：一是地物的运动速率或方向基本上未发生突然变化的运动状态；二是其运动速率或方向缓慢变化，但未造成地物特征质的突变时的变化。前者如交通线路上平时稳定的货流、人流；后者如日、月、地三者相对位置关系的周期性缓慢变化导致的潮汐波运动速率的缓慢变化，一条河流的水流在枯水期由其地下水源的逐步枯竭导致的河流流量流速缓慢变化。地物的渐进性运动不以速度快慢为判别标准，而以是否具突发性特征为标准。因为不同地物在不同时间尺度上的梯度是极不相同的。在万年尺度上两大陆之间年均1cm的位移视为快，而在历年尺度上河口三角洲外沿年均1cm的扩大则为慢速，但均属渐进性运动。另外，渐进性与突发性对于不同地域空间尺度而言也是相对的，一个小区域地物的小范围的突发性运动对于包含这个小区域的大范围的整体而言可能只是缓慢运动的一个组成部分。例如，平原区河流的缓慢摆动可能是由一个个局域的河道突变而形成的；城市外围线的逐步扩大是由外围线上局域的突变累积形成的。

90 地物周期性与准周期性运动

地物的周期性与准周期性运动指地物在地域空间中的运动状态（运动地物的量、方向、速率等）具有一定时间尺度上的节律性。由于地物的历史积淀性和演化的相对单向性，因而地物运动状态的节律性大多不具有准确的、绝对的时间上的重复性，而是多为准周期性运动。地物的周期或准周期性运动大致可分为相对的短周期性、中周期性和长周期性运动（胡兆量等，1997；赵济等，2002；牛文元，1992；董锁成，1994）。地物短周期性运动如海水潮汐的定期往复运动，公共交通工具在其运行区间的定期性往返运行，上班人群在居住区与工作区之间的日周期往返行动等；中周期性运动如候鸟在夏栖息地和冬栖息地之间的年周期性迁徙，河川径流在汛期与枯水期的周期性变动，冰川在暖季和冷季的交替性扩张与收缩，棉花采摘人群每年按各地农事的季节变动而进行的周期性转移，按生产和需求而定期进行的原料和商品的周期性运送等；长周期性运动如太阳黑子约 11 年周期爆发引发的地球大气及相应的因果链所涉及的地物的周期性运动变化，冰期间冰期交替引起的冰川边界的扩大与收缩及相应的动物迁徙等。地物的运动是否属于周期性或准周期性运动必须与研究的时间尺度相关联起来才能确定，地物在其运动状态变动周期的最小时间间距以内，其运动可视为非周期运动。

91　地物的非周期性运动

地物的非周期性运动指在一定时间尺度范围内，地物在地域空间中的运动状态（方向、速度、运动地物的量或质）在时间轴上无周期性或准周期性的节律性变化，如山体的剥蚀和夷平，城市的扩张，火山的爆发、地震波及其破坏的扩张，物种毁灭引起的物种分布区的缩小，交通建设中交通线路的延伸，等等。

92　地物的循环运动

地物的循环运动指地物在地域空间相对封闭的线路上沿相对固定的方向以环流的形式周而复始地运动，属周期性运动的一种。地物循环一般有两种情况：其一为处于不同地域空间的不同物类或不同系统中的地物的循环运动。例如，地球上的水循环：地表上层的大气系统的水部分经降水进入陆面，进入陆面的水部分经河流运动至海洋（或内陆湖泊），部分直接蒸发返回大气层；部分降水直接降入海洋与湖泊，然后蒸发回归大气，再经降水到达地表，完成循环过程，周而复始。再如，某些生源元素的生物地球化学循环：这些物质在地表某些地域系统的一些介质中（岩石、水、大气）运动，然后经一定途径进入一定地域空间（陆域、水体等）的生物体内，被同化成生命有机体，生命有机体在生物之间依食物链传输并在生物 – 土壤间进行生物小循环，部分生命有机体在分解之后，又随径流转入不同地域空间中继续运动和转化，构成一个大的地域空间循环运动（王建，2001）。其二为同种物质基本以同种物态在不同地域空间中循环运动。例如大气环流，北太平洋的北赤道暖流—黑潮—北太平洋暖流—加利福尼亚寒流—北赤道暖流组成的海水环流，北大西洋的北赤道暖流—墨西哥湾湾流—北大西洋暖流—加那利寒流—北赤道暖流组成的海水环流（王建，2001）。

93 地物的往复运动

地物的往复运动指地物在地域空间中的固定或近于固定的线路上或走廊中作周期性或近于周期性的相对方向的交替运动，如飞机、火车、公共汽车在起始点和终点之间的往复运行，候鸟在冬夏栖息地之间的往复迁徙，中国西北山地区域的畜群在夏季高山牧场与冬季低地草场之间的往复迁场，鱼群在集中产卵场和主要索饵场之间的往复回游。地物的往复运动实质上只是形式上的往复，而运动地物的物类实体实际上是不断更替和更新的，飞机、火车和公共交通上的货物和人群，迁徙鸟群的个体及其结构，畜群的牲畜个体，以及鱼群的个体等在每次往复运动中均有全部或部分的更新，如果没有更新，往复运动是不能持续的。

94 地物的单向运动

地物的单向运动指地物在研究所涉及的时间尺度范围内基本上无返流地向一个方向流动，如坡面和河流中的泥沙运动，溶质从陆地向海洋的流动，商品从生产区向消费区的运输，矿物从采矿区向加工区的运输，等等。

95 地物的匀速和非匀速运动

绝大部分地物在地域空间中的运动是非匀速的。几乎可以说，没有绝对匀速运动的地物。地物的非匀速运动大致有三种情况：一为大致固定加速度的非匀速运动，如直坡面的水流运动，这种情况很少；二为加速度方向固定而加速度值不固定的非匀速运动，如在递增、递减或不固定坡度的坡面上的水流运动，河床中的水流运动；三为加速度的方向和量值均不固定，从而造成地物运动速度快慢交替的运动，如风速和方向的不断变化。但是，在一定的时段区间或时间尺度范围内，根据研究的需要，可把一些地物的非匀速运动视为匀速运动，或作匀速运动处理。例如，在一定时段、一定区间内交通工具的运行，尽管实际运行是变速的，但在日常计算和许多研究中均视为匀速度的计算；沉积盆地的沉积物往往划分为几个时段，在每个时段按其厚度（或校正后的厚度）计算其平均沉积速率，实际上是把该时段的沉积速度作匀速运动看待；把相近河宽、相近比降和相近底质的河床上流动的河水视为匀速运动；等等。必须注意的是，地物的匀速运动和非匀速运动均是指相对于地球参照系的相对运动，地物随地球自转、公转及宇宙系的运转所进行的运动速度与方向均忽视不计。

96 地物的更新性循环运动

许多地物的循环运动并非原物所有个体的不断循环，而是在循环过程中不断更新其组成的个体，一些旧的地物个体不断退出循环系统（沉积、漂移或转化），一些同类新个体又不断加入循环系统，以维持循环系统的物质平衡和运行的持续性，这种循环运动称更新性循环运动。这是大部分地物循环运动的形式。例如，洋流循环中的水体并非原水体的不断循环，而是不断有一部分水体及其内含的溶质盐分从环流水域转入非该环流的深海或相邻水域，或蒸发至大气中，而同时又不断有一部分水体从邻域转入该环流体系中。又如，一个半封闭海湾由涨落潮推动的湾内海水及水中溶质环海湾进行的循环流动，不仅通过涨落潮不断有海水补充进入循环系统和退出循环系统，而且有海底沉积物不断加入或不断沉积退出循环系统。

97　地物循环运动周期和更新周期的不一致性

地物循环周期指地物（研究中或用循环运动的标志物）平均每循环一次的时间间隔长度，如日周期、月周期、年周期等，它根据地物循环圈的长度和循环运动的速度估算；而更新周期指假定循环体的全部地物个体更换一次所需的时间长度，它由循环体的量和单位时间交换的量（更换速率），以及假定在全部更新一次中每一个体只作一次更新的条件下全部个体更新所需的总体时间计算。由于在地物循环过程中每周期时间内可能仅更新部分个体，因而通常更新周期要长于运动周期。例如，海湾中为潮汐推动的循环周期为一天，而海湾中污染物的更新周期通常要十多天至几十天。

98　地物运动中物理状态和赋存形态的变化

地物运动过程中所经环境的变化及偶联运动（多种地物相互作用）使其物理性状和化学赋存形态发生不断变化。例如，水在运动中由于周围大气温度和压力的变化而在气态（水蒸气）、液态和固态（冰、雪）中转化；碳在循环运动中则可能在 CO_2、有机碳、无定形碳、碳酸盐和重碳酸盐等多种赋存形态中转化；硫在运动中可能在 S^{2-}、SO_3^{2-}、SO_4^{2-}、S 和有机硫等各种赋存形态中转化，可能以气态、溶质态或固态的形式运动；油气可能在一段路程中以低温液态形式转运后以气态形式输送给用户。

99　地物运动特征与时空尺度的关联

地物运动特征与时空尺度的关联指一些地物的各种运动特征的存在与显现具有时空尺度的依赖性，一定的特征只能在一定的时空尺度上存在和显现。例如，季风环流的交替在年尺度上才能显现出来；洋流的环流在大洋的空间尺度上才能显现出来；一个城市的上下班人流特征则在城市功能区尺度和日时间尺度上表现出来；留鸟的运动特征在其栖息巢穴与觅食活动区范围内出现，而候鸟的运动特征则在几千米的地域空间尺度上出现。

100　循环式聚散

循环式聚散指地物在循环运动中输入和输出不平衡，高密度区输入大于输出和低密度区输出大于输入，从而形成一个区域聚集和另一个区域发散的现象。例如，在大气的循环运动中，地球上不同区域太阳能收支的不平衡和地转偏向力的共同作用，使一些区域（如副热带）的空气积聚成为高气压区。而另一些区域（如赤道附近区域）的空气散出成为低气压区；在资本的循环流动中，一些资本高密度区资本的流入大于流出，成为资本聚集区，而一些资本低密度区的资本以流出为主，成为资本失散区。相反，如资本从高密度区流向低密度区，则为均衡运动。在海洋鱼类的洄游中，一些海域营养物丰富，使该海域鱼类的游入大于游出，成为鱼群聚集区，而贫营养的海区则成为鱼类发散区。

101　淀积式聚散

淀积式聚散指运动的地物在一定条件下从一个区域流出去而在另一个区域积聚下来的现象。例如，风把粉沙从沙源区带出而在风力减弱的区域（如黄土高原）淀积下来，构成了沙尘物质的聚和散；地表径流从一些较高的区域把可溶盐溶出，而在内陆湖盆区域或海洋中积聚下来，形成盐类积聚区；在一些实行大规模基本建设的区域，把大量资本淀积在该区域的基础设施和固定资产中，也属于淀积式聚散。

102　残留式聚集

残留式聚集指按一定比例构成的多组分地域系统中，其中一些组分大量地优先脱离而被带出该区域，从而使其余少被带出的组分的比例相对增高，即积聚在原地的现象。例如，热带、亚热带气候条件下几百万年的风化过程把地势相对较高区域地表岩石中的碱金属、碱土金属和无定形的二氧化硅大量淋出，使不易移动的铝、铁、锰化合物大量残留下来，形成铝、铁、锰比例很高的红色风化壳，形成残留式聚集；一些地区在经济不景气条件下一些活跃的、有活力的产业大量迁出，造成难移动的、相对落后的产业大量残留下来，形成夕阳产业的残留式聚集。

103　地物聚散中的偶联

地物聚散中的偶联指多种地物以相关联的形式进行聚散。例如，在内陆集水盆地区域，在水从外围地势相对较高的区域向中央湖盆区汇流的同时，带动可溶盐从外围向湖盆中心聚集，二者形成偶联关系；人口在地域空间的聚散伴随着消费品在地域空间中的聚散及生活污染物排放在地域空间中的聚散。至于一种地物的聚集区与发散区的关联，在本书中称为共轭。

104　自然能量梯度推动的地物聚散或均衡

自然能量梯度推动的地物聚散或均衡指自然地物在能量梯度推动下在地域空间中的

运动所形成的聚散或均衡。例如，内陆盆地的地表水和水中溶解的盐分从盆地外侧分水岭以内地势相对较高区域向盆地中部低洼地聚集。这种运动是顺能量梯度从盆地外围的高势能区向盆地中部的低势能区运动，但就以聚集的物质（水、溶质）而言则是逆物质梯度而进行的运动，即从外侧水和溶质的低密度区向盆地中部水和盐分的高密度区运动。故盆地中部属于聚区，外侧高地属于散区，而能量（指可做功的能量）则在聚散运动中被损耗掉。

105　自然生命活动推动的地物聚散或均衡

自然生命活动推动的地物聚散或均衡指生命群体在对环境（包括其他生命群体）的适应和斗争中采取的行动或经遗传传递下来的行为所造成的地物聚散或均衡，包括生命群体本身的聚散或均衡。例如，沙漠、戈壁中的一些旱生植物，如骆驼刺、白芨、梭梭等具有发达的根系和小簇的茎叶，这些植物的地上植丛在沙漠、戈壁中以极稀疏的点状格局分布，以减少蒸发耗水，而其发达的根系则广延于地下，以便尽量聚集吸收荒漠中极少的水分到植物占地很小的茎叶中供植物进行光合作用，以延续植体的生命和生长。骆驼刺植丛地上部分成半球状灌木丛，每丛直径为 0.5 ～ 2m，稀疏散布在戈壁中，但是根系十分发达，长度达 20m，因而其占据区的半径为地表茎叶丛半径的 10 倍以上，根系从地下区域土壤深处集聚水分和营养物质供地面上小面积的茎叶丛进行光合作用和水分蒸散，维持生命活动。在夏季多雨的季节，其聚集吸收的水分可供这一丛骆驼刺一年的生命之需。再如，干旱区沙丘上的白刺枝高为 20 ～ 50cm，形成 0.5 ～ 1.0m 半径的灌木丛，而其根系深 13.8m，侧根长达 6.8m，根幅相当于地上部分冠幅的 14 倍，通过巨大的根系集聚沙漠中极少的降水入渗水供小面积的枝叶消耗以维持白刺的生长（中国科学院《中国植物志》编委会，1988）。同样地，海洋中的许多鱼群，非洲草原上的斑马、角马等动物群，为了繁衍、觅食和抗击捕食者以延续种群的生存和发展，形成了集聚的群体生活和迁徙（洄游）的遗传习性。

106　社会经济发展机制下的地物聚散或均衡

社会经济发展机制下的地物聚散或均衡指在社会发展与变动力量和经济发展机制作用下地物的聚集与扩散，主要包括：①政治核心区的形成、转移，政治管辖区的变更，以及政治边缘区的扩张和收缩。②生产性产业的聚散。例如，德国鲁尔区在采煤工业基础上集聚发展了电力、钢铁、化工等产业，进而发展了强大的机械工业，成为 19 ～ 20 世纪德国最大的产业中心；我国辽宁中部在煤铁资源丰富、冶金辅材丰富的基础上集聚发展了电力、冶金、钢铁、重型机械工业，进而集聚发展了石化工业，成为我国最大的产业基地之一；在农业方面，我国依靠特殊的自然条件和产业集聚效应，在国家特定产业政策的支持下，集聚发展形成了黄淮海小麦产业带、长江流域优质油茶和柑橘产业带、新疆玉米带和棉花带、东北和内蒙古东部玉米－土豆产业带。③消费性产业（消费市场）的聚集和扩散，如浙江义乌小商品市场、世界主要金融商贸中心（纽约、伦敦、新加坡、香港等）以及各城市中的商贸中心区等。④生产、消费和公共服务业的集聚，推动形成了区域经济实力的集聚。例如，改革开放以来，区域发展不平衡，一些条件优越的地区通过产业、人口、资本和技术的高度集聚，形成了以上海为中心的长三角、以广州–深圳–香港为中心的珠三角和京津地区三个高速发展的经济实力凝聚区，而原先一些老工业区则成为产业、技术和劳动力的相对发散区，如东北、兰州、西安等区域。⑤人口的聚集和扩散。例如，改革开放以来，我国东部沿海地区成为国内省际人口迁移的主要迁入聚集区，而中西部地区成为人口迁出发散区，其中以四川、湖南、安徽、江西、河南、湖北和广西最为明显。2000 年北京、广东、上海、江苏、浙江、福建的迁入人口达 2291 万人，占全国迁入人口数的 65.5%，而四川、湖南、安徽、江西、湖北等迁出人口达 2215 万人，占全国迁出人口数的 63.9%。⑥由经济发展机制（或经济实力）推进的产业、人口、经济的区域等聚散或均衡，集中表现在城市化和逆城市化方面。例如，我国城市人口从 1978 年的 1.73 亿人迅速发展到 2017 年的 5.9 亿人，城市化水平从 17.92% 提高到 44.94%。与发展中国家的城市化相反，一些西方发达国家的一些城市出现人口从城市中心区向外围郊区扩散均衡的现象，即逆城市化现象，如 1920 年美国大都市中心区人口比例为 66.0%，郊区人口比例为 34.0%，而至 1980 年，中心区人口比例降至 40.7%，郊区人口比例则上升至 59.3%（周一星，1999）。

107 社会文化系统的地域聚散或均衡

社会文化系统的地域聚散或均衡指各种内部或外部因素导致一些社会文化性质的地物（要素）在地域空间中的聚散或均衡的过程。这包括物质文化、精神文化与制度文化的文化现象和文化载体在地域中的聚散或均衡。社会文化系统的聚散或均衡不仅是单纯的已有文化现象和载体分布与迁移结合的产物，而且往往结合新文化原地的形成、蜕变及其扩散和多种文化在一定区域的交汇与整合，如公元前后世界上佛教、伊斯兰教和基督教三大宗教的创立、中心的形成及之后对外的文化地域扩张或收缩的复杂过程（斯塔夫里阿诺斯，1999；汤因比，2000）；美国国家文化核心区的文化整合及其作为新的文化核心区的对外扩张（唐晓峰，2012）；中国汉代、唐代都城长安国际性文化的交汇融合；中国历史上敦煌石窟文化和新疆、河西走廊一带作为古丝绸之路文化带结点的文化聚集；宋代福建莆田妈祖文化核心区的形成及其之后对外的扩散；深圳在中国改革开放中中外文化（尤其产业文化）的汇集融合和作为一种新的文化特质对外的扩散；等等。由于各种文化的兼容性和排他性不同、各地社会经济特质不同和制度的干预，社会文化系统的聚集和扩散十分复杂，其机制完全不同于自然地物、军事力量和社会经济力推动下的地域聚散，但在地理意义上其地域空间的聚散及其损益效用的形成是基本一致的。

108　军事、政治对抗双方力量的聚散或均衡

军事、政治对抗双方力量的聚散或均衡指人类社会集团（特别是军事集团）对立的双方为了保护自己和削弱甚至消灭对方，根据双方情况（包括其在地域中的分布和可能的变化）把自己全部或部分政治军事力量在地域空间中所进行的聚散调整。其中，军事对立双方在地域中的聚散是地域聚散的一种重要形式。这种聚散有以下特点：①这是一种以保护自己、消灭或削弱对方为目标的主动、有意识、有计划的聚散活动，因而聚散的原则是使自己的力量处于最佳战斗力状态；②各方的聚散活动均以对方的状态及可能变动为参照而进行；③双方的行动计划及实施过程均对对方高度保密；④双方均以各种手段诱导或控制对方力量的聚散格局；⑤双方聚散的力量强弱不仅在于军队本身，而且要与其赖以支撑的其他地域因素（地形、气象、社会环境等因素）相结合来判断，即天时、地利、人和的整体状态；⑥地域性聚散与时间性聚散密切结合；⑦聚散状态有高度的变异性。

109　地物聚散或均衡与地物分布格局的变化

地物聚散或均衡与地物分布格局的变化指由地物聚散或均衡引起的地物分布密度在地域空间上的分布态势的变化及相应的区域地物组成与结构的变化。这是地物聚散必然引起的直接的地理效应。例如，由产业和人口的集聚造成城镇区域面积的扩大和农村、农田面积的缩小，区域产业结构和人口职业结构的变化；荒漠中水资源的聚散引起绿洲面积的变化、绿洲外围形态的变化和绿洲内景观生态格局的变化；风沙的聚散引起沙丘形态和分布格局的变化；河口三角洲泥沙的聚散引起三角洲形态和结构的变化；等等。

110　地物聚散或均衡与地物关联特征的变化

地物聚散或均衡与地物关联特征的变化指由地物聚散或均衡引起的地物之间、地物与非地物之间及不同地域之间地物关联特征的变化，包括新关联的出现、旧关联的消失和关联程度与关联方式的改变等。例如，内陆盆地中部盐分的积聚引起土壤盐碱化的加强，进而造成土壤水分渗透压的增高，从而使植物与土壤水分的关联、水分利用率等以及相关的物质关联与能量关联（如光合作用）发生巨大的变化；城市人口的集聚引起城市消费能力和消费结构的巨大变化，从而导致城市间消费品关联及城乡之间消费品关联的改变；草原上食草动物（如斑马、角马）的季节性集聚引起集聚区域和发散区域生物间关联（如食物链）特征与强度的季节性变动；等等。

111　地物聚散或均衡的损益效应

狭义的损益效应是以人为中心，从人的需求角度看待事物的价值变化。地物聚散或均衡的损益效应指地物聚散或均衡引起聚散或均衡的地物本身、与聚散或均衡相关联的地物

变化及聚散或均衡整体的组成、结构与功能的变化对人类有害的或有益的作用，特别是聚或散的量超过一定阈值时效应的突变和聚散共轭区域整体效应的变化，即聚区与散区相反的益损效应相抵后的非零的代数和。例如，当坡面流以层流的形式流下时对坡面产生侵蚀率较低的片蚀，但当同样的水量在同样坡度的坡面聚集成紊流并进行冲沟侵蚀时，则产生比片蚀强得多的侵蚀力，形成强度的沟蚀，对坡面造成严重的破坏；与之相反，当人工铲平冲沟，并在坡面上种植草皮时，则将沟蚀重新转化为片蚀，降低坡面流对土壤的侵蚀作用。一条河流的河水沿河床流动，其功能相当部分消耗在与河床摩擦及水内部紊流的耗能中，属于对人类无用的能量，但当人工在某一河段建设水坝，在水坝以上形成水库，则河水在水库中积聚，其在水库河段高差所存在的势能则不再转化为动能在水流中消耗，而是在水库中积蓄起来，集中从坝头以强大的动能泻下，推动水轮机发电，转化为电能，服务于人类；当荒漠中每年平均几毫米、十几毫米的降水分散在地面时，不足以为植物的生命活动提供基础的水分，植物不能生长，但当这极少的水分渗入沙地下面时，因受疏松的沙面保护蒸发量减少，则可能被具有强大根系的旱生植物集聚吸收，供地面以上占地极小、叶面指数很小的茎叶维持生命和进行光合作用，从而使这种极干旱的荒漠也有一定的生产力；当荒漠汇水区的水集中到盆地中部时，可能形成绿洲，但如果随径流而汇入的盐分积累到一定程度时，则可能把土壤彻底盐渍化，导致植物群落的变化，直到植物群落全部死亡形成荒芜的盐碱滩；当某些产业和劳动力在一定地方集聚时，可能形成一定繁荣的城市，产业要素聚集区和发散区的经济总和要远大于把产业和劳力均匀分布在全区时的水平；由于乘数效应等多种经济机制，在一定时期和一定聚集度条件下，产业集聚的效益一般要大于产业分散的效益，但与产业集聚相应的污染物集中排放的影响可能要大于污染物经逐步净化后分散排放的影响。

112 聚散地物变化与相应的地物功能效应变化的非线性关系

聚散地物变化与相应的地物功能效应变化的非线性关系指地物聚散量的变化与其引起的效应的变化之间不成固定比例（或相近比例），或不具有固定回归系数的一次线性方程相关关系。例如，在经济学中，柯布－道格拉斯生产函数为$Y=\prod_{n=1}^{n} aX_i^{b_i}$，其中，$Y$为产品产量；$X_i$为投入的第$i$项生产要素；$a$为比例常数；$b_i$为各要素与产量关系的生产弹性系数。这是一个指数方程，当$\sum b_i=1$时，产量递增率与生产要素的平行递增呈线性关系；当$\sum b_i<1$时，产量的递增率慢于生产要素的平行递增率；而当$\sum b_i>1$时，产量的递增率快于生产要素的平行递增率（马鸿运，1988）。现假定有5个生产区域，每个生产区域产量为1，则总产量为5，将5个生产区域的生产要素聚集在三个区域生产，其余两个区域产量为0，当$\sum b_i<1$时，则集中生产的区域总产量＜5；当$\sum b_i>1$时，则集中生产的区域总产量＞5，高于分散生产的总产量，集聚的效应高于分散生产的效应。又如，农作物产量与生产要素关系的Baule-Mitscherlich方程为$Y=A\sum_{i=1}^{n}(1-e^{k_iX_i})$，其中，$A$为由$X$以外因素决定的可能最高产量，现为常数，设为1；$X_i$和$k_i$为生产要素及其相应的工作因子（板村彻，1958），当

i=1 时，即仅一个生产要素时，Y 与 X 的关系为以 A 为渐近线的指数函数；而当 i>1 时，则为一个 i 维指数函数，这时 Y 随 X_i 的变化曲线表现为当 X_i 平衡值在某一值以下时 Y 的增速大于 X_i 平行值的增速，而当 X_i 的平衡值高于该值时，则 Y 的增速低于 X_i 平行值的增速。在前一种情况下，当平均分布到多个区域的生产要素 X_i 聚集到一个区域生产时，则表现出 Y 对 X_i 聚集的正响应，而后一种情况，则表现出 Y 对 X_i 聚集的负响应。

113　地域聚散通过短板效应而作用

地域聚散通过短板效应而作用指在多要素相互关联共同作用的某种地域系统中，由于某一个或某几个关键地物的缺失或不足（成为木桶的短板），其运行受到限制甚至无法运行，一旦这些缺失或不足的因素（短板）通过地域聚散而得到补充，该系统的运行将得到恢复或强化。或者相反，地域聚散作用造成地域系统中某种或某些关键性要素的缺失或不足（形成短板），从而导致整个系统运行障碍或停止。例如，中国东部许多地区的经济依靠劳动力聚集而运行，每年年关劳动力的返乡发散而使一些工厂停产或减产，春节过后，劳动力重新聚集而恢复；每年夏季冰川的融化使大量融雪水重新汇集到内陆盆地，使绿洲恢复生机；东北老工业区由于各种原因，技术、人才和资本大量散失而发展缓慢，地区的经济地位也相应下降。

114　通过均衡以削弱强聚集效应因素

通过均衡以削弱强聚集效应指对一些因聚集而造成地域系统运行突变（对人类而言可能造成危害，如供水）的因素，通过减量均衡过程而使地物分散到较大的区域中，使其对系统的作用降到某种阈值以下，从而防止或消除系统运行的突变（对人类而言则为防灾减灾）。例如，在河流洪峰到达时通过分洪而防止洪灾；在坡面上通过坡面工程而使冲沟侵蚀转为片蚀；海岸带通过削浪措施而降低风暴潮对海岸的侵蚀破坏作用；对污染物进行扩散分流而使其浓度降到有害阈值以下；等等。

115　地域聚散与地域自组织系统的形成或解体

根据哈肯（1986），自组织的定义是，“如果系统在获得空间的、时间的或功能的结构中，没有外界的特定干预，我们便说系统是自组织的，这里的‘特定’一词是指，那种结构和功能并非外界强加给系统的”。组织和自组织都接受来自外界的随机作用，这种作用有特定方式和非特定方式，特定方式指来自外部的针对特定结构和功能组织形成的干预作用（信息和力量）。一个系统从原有的结构功能状态通过内部过程改变为新的结构功能状态也属于自组织（苗东升，1990）。许多地域系统，特别是边界较明确的地域系统，如城市、湖盆、以特定植物群为代表的植物群落或生态系统区域，产业集中区，以特定宗教文化为特征的信众集中分布区等，均形成特定的稳定自组织结构，构成与外界物质、能量、信息不断交流的开放系统。协同学创立者哈肯用集聚效应来分析城市的形成与发展（哈肯，2001）。在一些地域自组织系统与外界的交流中，稳定持续的能量、物质、信息或产业的集聚和发散是自组织系统形成和正常运行或退化消失的必要条件。例如，持续的能源与原材料的集聚和制成品（商品）的发散，以及集聚和发散赖以进行的交通线路的发展和畅通是产业区自组织系统形成和运转的必要条件。所以克鲁格曼在其获得诺贝尔经济学奖的主要成果——新经济地理学中，把空间集聚及集聚条件（包括运输线路和成本等）与自组织的演化联系起来，建立模型，通过计算机数值模拟技术来分析世界范围的产业集中和国际贸易（陆大道和樊杰，2009）。

116　地球表层的非地理过程

地球表层的非地理过程指没有地域属性特征，或不考虑地域属性特征变化，仅具有物类属性的事物或仅考虑物类属性及其系统的组成、关联、结构与功能变化的过程。例如，动植物研究中不考虑地域影响因素的一般新陈代谢过程和动植物种群特征的遗传与演化过程；人的共有的生理过程和生命过程；以整体出现的人类历史总体的演化过程；在国家范围内作为整体的研究，且不作为国际间或区域间的比较研究的社会经济发展过程；一般性共同的政治－经济关联演化过程（政治经济学）；非地理视角的犯罪案件发展过程；非地理视角的农业生产过程、工业生产过程；不涉及地域空间问题的一般性的生态过程；不考虑地域因素的生物与其环境关系的一般共同过程；等等。

117　地物分布区的扩大与收缩和相应的分布界线的变迁过程

地物分布区的扩大与收缩和相应的分布界线的变迁过程指由演化成长或迁移扩散引起的在一定时间尺度上的地物分布区范围、面积、位置的变化和相应的分布界线的位移过程。例如，城市的成长而引起的市区范围和面积的扩大、位置的变化和城市边界的位移（姚士谋和帅江平，1995）；由气候变干或其他原因引起的内陆湖泊面积的缩小和边界的变化，如遥感影像图上罗布泊的范围和边界的变化（Zhao，1986）；气候变暖使南北极冰帽的收缩和边界的变化过程；冬季西伯利亚冷气团南下造成的冷气压区的位移和冷暖气团之间锋面向南推移的过程；更新世末以来中国荒漠和半荒漠界的变迁过程（安芷生等，1990）；1855 年以来的黄河三角洲的扩大和古海岸线的变迁过程（中国科学院《中国自然地理》编委会，1980）；鄂尔多斯 1960 ～ 1984 年每 5 年 250mm 和 400mm 等雨量线的变迁过程（史培军，1989）。

118　地理区界交错情况的变化过程

地理区界交错情况的变化过程指交错界两侧地物的发展变化，使两侧不同地物之间交错界的特征发生变化的过程。例如，海陆之间由半岛、岛屿与海湾构成的弯曲的海陆交错界由于海平面的不断上升或下降，加上海水作用的海岸侵蚀，变得更加弯曲或平直的过程；由农田、农村和城市边界城镇建筑构成的城市交错界由于城市建筑在农田分布区逐步充填而逐步变规整的过程；包含交错飞地的行政区界因行政管辖区的调整而变得平直的过程；弯曲的海岸线因不断围垦开发而逐步变平直的过程；等等。

119　地域旧分布区（界）的消失和新分布区（界）的形成过程

地域旧分布区（界）的消失和新分布区（界）的形成过程指新的地物地域空间的形成和旧的地物连同其地域空间属性的消失，以及由地物的分割或合并引起的地物新界线的形成或旧界线消失的过程。例如，新矿山的开发逐步形成一片新的地表剥离区及其外围的新界线；在地震引起河道堰塞时，随着堰塞坝的增高，逐渐形成一个新的地物分布区——堰塞湖，并截断河水，逐步形成河流上下游的断流界；海平面逐渐升高，导致一些海岛分布面积逐渐缩小，其海陆界逐步收缩至完全消失的过程；当一个国家因某种原因逐步被分割成两个国家时，其国土区域及其界线也逐步发生变化；等等。

120　地物分布格局的变化过程

地物分布格局的变化过程指地物分布格局的各种特征和指标随时间的演化过程。这种变化过程在传统地理学中多用分阶段的变程进行描述，在现代地理学中还用模型进行模拟，特别是用 GIS 分析技术进行分析。例如，翟盘茂等研究了 1951 ～ 1995 年中国不同地区年降水的线性变化趋势，重建了近 50 年全国降水分布格局的变化过程（郑度等，2008）；俞滨详研究了哈尔滨—齐齐哈尔城市点轴空间结构的形成和演化过程（陆大道，1995）；尤舍尔（Usher）采用历史追索方法，复原了美国威斯康星州的一块林地 1831 ～ 1950 年的地域空间格局演化过程（牛文元，1992）；Willgoose 进行了流域地形格局演化的数字模拟（王铮，1993）；周才平等（2004）进行了青藏高原碳固定量季节变化动态模拟，分析了青藏高原碳固定量分布格局的动态变化过程。

121　地域间关联的变化过程

地域间关联的变化过程指地域之间通过物质流、能量流、信息流或资本流进行关联的强度和方式的演化过程。地域间关联的演化可能源于流源的变化、汇（接受区）的变化，也可能源于关联线路通过能力的变化，还可能源于流本身质的变化或量的损耗。例如，山地冰川区域与山麓绿洲区域通过冰川融水进行关联，从春季开始至盛夏，随着气温的上升，融水量逐渐增大，两个区域之间的联系不断加强，秋季之后，随着气温下降，融水逐步减少，两个区域之间的联系逐步减弱，至冬季冰川消融结束，两个区域之间通过水的联系即中断。而联系的溪道一般又有强的渗漏，渗漏的变化对两个区域之间的联系方式又会产生很大的影响。此外，山麓绿洲对融水的接受能力的变化也可能会对两个区域之间的联系产生影响，一旦在融水输入界上的通过能力下降，则可能使融冰水改道输往他区，从而影响两个区域之间的关联。再如，两国间随着关系的改善和经济的发展，通过商品贸易逐步加强联系，而随着关系的恶化或经济的衰退，则商贸联系逐步减弱，甚至中断，有的则代之以军事对抗式关联的发展过程。

122 地域间关联网络的变化过程

地域间关联网络的变化过程指地域间关联网络结构和网络中的物质流、能量流、信息流或资本流的流路网络特征（强度、结构、流动方式和流向等）的变化过程。例如，闽台之间的物流网络在 1949 年至改革开放前，主要从台湾地区经香港和东南亚地区通过海运和空运迂回辗转而进行，品种和数量很少；在改革开放初期，部分开始通过渔船进行海上交易；后来在福建逐步开放平潭、东山等多个台湾渔船避风、补给停靠点，开始在停靠点上直接进行闽台商品交换，其品种、数量逐年增多，通过香港的转运量也逐年增多，形成以闽台直接海运和台湾—香港海空运 + 香港—内地陆运为主的物流关联网络。1987 年福建的福州、厦门与台湾的高雄直航启动后，两岸的物流网络结构开始发生根本改变，从以通过第三方为主的形式逐渐转变为以海运为主的直接关联形式。在 2001 年台湾“开放金马地区小三通”之后，物流的途径又增加了直接的空运，以后又开通了台湾至京、广、沪等地的航线，两地的物流形成了多线路、多方式的网络，物流量和品种结构也发生了质的变化（黄民生等，2009）。

123 地物与非地物关联的变化过程

地物与非地物关联的变化过程指未被视为具地域差异的事物的变化导致与其相关联的地物相应变化的过程，或地物变化导致非地物相应变化的过程。例如，由于工业化和城镇化的发展，地球上 CO_2 的释放量不断增加，开始是西方发达国家的 CO_2 大量释放，接着是发展中国家 CO_2 的释放迅速增加，这些都是地域差异的变化过程，但释放到大气中的 CO_2 迅速混合，导致大气中 CO_2 不断增加，这种增加通常视为非地域差异的现象；随着大气中 CO_2 的增加，人们认为导致全球性的增温现象，但由于各地地理环境不同，各地对全球大气 CO_2 增高的响应也不同，一般认为高纬度区域增温更明显，低纬度区域增温较缓和，形成不同的响应过程；与增温效应同时，各地的大气环流、降水及相关的植被生产力也产生不同的响应过程，同时又反馈导致各地不同的 CO_2 的平衡和释放过程，进一步改变大气中 CO_2 的总含量（李天杰等，2004）。

124 地域系统结构变化过程

地域系统结构变化过程指地域系统物类结构及与其相关联的地域结构的变化过程。例如，景观受到人类干扰后，在从自然景观经被管理景观、种植景观、郊区景观变为城市景观的过程中，其拼块的起源类型比例、大小、形状指数、密度和不同廊道的数量与比例、网络的数目、模地的性质、广阔度与连通性，以及外部景观的结构界面等结构特征指数的逐步变化过程（Forman，1986）。

125　地域系统的功能变化过程

地域系统的功能变化过程指地域系统（地域综合体）内各地物之间、地物与非地物之间物质流、能量流、信息流或资本流的构成、流路、流速、流量及流向的变化，以及这些变化引起的地域系统中的偶联转换系统、存储调节系统和内部调控系统运转状态的变化过程。例如，一个包括拼块、廊道、模地三种景观元素的景观在受到干扰（某种物质、能量或生物的强势进入）后造成其内部物质流、能量流、信息流的改变及三种景观元素之间关联的改变，以及该景观生命物质的质和量的生产能力的改变与食物链转化过程的改变等；鲍尔曼和 Lekins 系统研究了美国新罕布什尔州哈巴德布鲁克河谷北方硬叶阔叶林砍伐后更新恢复过程中生态系统的有机质生产、有机质和无机物地球化学转换过程，以及径流、能量流、生物流和生物地球化学流的变化过程（Lekins，1977）；Wagner 观察了加拿大安大略省的一个农田 – 林地复合景观的景观元素间动物流的年内变化过程（许慧和王家骥，1993）。

126　区域的不平衡发展导致的内因主导性地域分布格局和功能的变化过程

区域的不平衡发展导致的内因主导性地域分布格局和功能的变化过程指主要由不同区域内部地物的演化发展速度和发展方式不同引起的地域分布格局及其相应的结构功能的变化分异过程，而不是主要由区域间地物运动和聚散引起的分布格局变化过程。当然，由于地域系统为开放性系统，其内源性的发展变化也必然引起与环境交流的变化，二者是相辅相成的，但二者相比主要是由内部发展起因的。例如，王小鲁和樊纲（2004）比较了 1990 ～ 1999 年中国东部、中部、西部三大区域由市场化、技术进步和全要素生产率等内在性发展因素及相应的资本流动、内外投资、劳动力流入流出以及劳动生产力的驱动所形成的区域经济水平和全国经济发展地域空间格局（以人均国内生产总值和增长率为指标）的变动过程。

127　由外因引起的节律性（振荡性）地理过程

由外因引起的节律性（振荡性）地理过程指由发生振荡的地物之外的原因引起的地物或地域系统整体（或其中多要素）的数量或强度随时间变化而上下或高低波动，或某些性质发生交替变换的过程。这种节律性变化可以是周期性的，也可以是非周期性的随机节律过程。例如，由太阳辐射的变化引起的气温的日变化和年变化过程；由日、月、地引力引起的潮汐过程；由降水的季节变化和短时变化引起的河流水位高低变化过程；由昼夜变化和工作的周时安排引起的交通流量大小的节律性变化过程；由旅游旺淡季引起的旅游区商贸服务量的季节性变化过程等。

128 由内因引起的节律性（振荡性）地理过程

由内因引起的节律性（振荡性）地理过程指因地物本身内在的发展变化因素或地域系统内地理要素的相互作用（或作用与反馈）引起的地物或地域系统质或量的节律性变化过程。例如，一个区域金融状态的振荡过程；区域总食物量有限的生态系统中猞猁和雪兔因食物和捕食关系而产生的二者生物量的周期波动过程（尚玉昌和蔡晓明，1992）。

129 地物周期（准周期）性波动过程

地物周期（准周期）性波动过程指地物特征（质或量）在数十年之内的中短时间尺度上出现的一定时间间隔的重复性变化过程，如落叶林冬季的周期落叶，热带季风林的季相变化，鱼类的周期洄游，斑马、角马、藏羚羊、候鸟的周期性迁徙，河流丰水期和枯水期的交替，周期性宗教朝拜活动，周期性地方文化活动和节庆活动，经济学家熊彼特1939年提出的资本主义历史发展过程中的康德拉捷夫周期、尤格拉周期和基钦周期等（延军平，1994）。

130 地物长时间尺度的旋回性变化过程

地物长时间尺度的旋回性变化过程指地物按不等的长时间间隔重复变化，时间间隔以数年、数十年、数百年甚至更长时间计（赵济等，2002），包括世纪内旋回和超世纪旋回。前者如我国干湿气候波动约为40年的旋回，以暖干—冷湿—冷干—暖湿……的顺序变化，从干期到湿期约为10年，从暖到冷约为20年；后者如间隔为1800～1900年的气候变化旋回，包括两个阶段，寒湿气候阶段为300～500年，干热气候阶段在1000年以上（赵济等，2002）。

131 地理过程的相对稳定变化与突变的交替

地理过程的相对稳定变化与突变的交替指地物的质或量由于外力或内力的作用，出现相对缓慢的渐变过程和快速的突变过程的交替。例如，河流在其流域每次较大降水，特别是大暴雨之后，均出现水位突然上升的洪峰，在洪峰过后，则出现径流量稳步减少的退水过程，形成突变和相对稳定变化的交替；在候鸟越冬迁徙的中转站和越冬地，当每年候鸟经过或到达栖息越冬地时，均会发生因候鸟的突然聚集而造成的生物间食物链的突然变化，而在候鸟离开后又恢复正常的生态结构和食物链关系，形成突变与渐变过程的交替；工业革命以来资本主义国家经济因内在的矛盾，发生周期性（准周期性）的经济危机和危机之后正常的经济恢复发展过程的交替；等等。

132　不同周期或周期与非周期波动的地理过程的叠加

不同周期或周期与非周期波动的地理过程的叠加指一种地物同时存在不同时间尺度的变化过程，因而在表观上呈现了多种时间间隔变化特征的叠加，包括不同周期（准周期）变化特征的叠加、周期（准周期）变化与非周期波动变化的叠加和不同因素造成的旋回性变化与周期性变化的叠加。最典型的如气温长时段的旋回性波动、年周期的变化和昼夜周期变化的叠加；降水与河川水文过程也是多年长时段的波动、年过程的波动和次（场）降水径流过程的叠加（Shalton，2011）。

133　振荡波的迁移扩散过程

振荡波的迁移扩散过程指地物质和量的强度高低波动的振荡过程在地域空间上以快或慢的速度从中心向外，或从一个地方向另一个地方推移、传播的扩散过程，从而使时间上的波动与空间上的拓展相偶联。例如，飑本身是一个空气强烈对流振荡的天气过程，飑带是一条强烈的振荡的天气现象带。这一振荡带并不是在一个地方固定不动的，而是随着中等地域空间尺度的天气状况而移动，形成振荡波的迁移扩散。1981 年 8 月 10 日下午 15 时一条飑线在北京东北的平泉—遵化之间形成，其后向西南方向推移，约在当日下午 18 时影响北京，20 时后在西南方向的易县—石家庄之间消失。随着飑线的经过，天气突变，出现雷雨、冰雹，并伴有大风和飑等大气强烈波动的对流天气，先出现强风（最大风速达 20 ～ 22m/s），后降雷雨伴冰雹（时长达 5 ～ 20min），飑线过后天气又回归正常。随着飑线向西南位移，这一强烈的振荡波也从东北向西南方向推移（伍荣生，1999）。再如，地震波以纵波和横波的形式从震中向外围迅速传播扩散；人文社会地域系统中，一些地物有形成、发展、鼎盛、衰退和消失的振荡过程，而这种振荡又往往会从其源地中心向外扩散，在其扩散区，也出现与源区相似的形成、发展、鼎盛、衰退和消失的振荡过程。这些过程往往是时间上的振荡与空间上的扩散相偶联的过程。

134　地理过程的关联

地理过程的关联指具有因果关系的两种或两种以上地物，或具有相同的主要影响因素的两种或两种以上地物在其发展过程中出现同时或一定时段滞后的相近或相反的变化过程，如流域降水过程与该流域汇聚的河川径流水文过程的关联（Shalton，2011）。

135 地理过程中地物的量变至质变的转换

地理过程中地物的量变至质变的转换指地物或地域系统正常的量变过程中某些因子的正常相互关系达到临界值后发生质的变化，包括运动方向、地物组分或关联方式的突然变化。例如，肯尼亚卡贾多地区的牧草生长与牲畜增长关系的变化过程：当牲畜量的增长与牧草的生长协调时，二者同步增长，但当牲畜量的增长超过牧草的负荷时，牧草消耗殆尽，于是牧畜随之大量死亡，生态系统发生质的变化，随后又重新出现同步增长的状态（特鲁吉尔，1985）。

136 突变点的地域转移变化

突变点的地域转移变化指在地域空间上运行和演化的地理过程在某些区域或地点发生突变，且突变点或突变区域的地理位置可能随时间推移而发生迁移变化。例如，在河流溯源侵蚀过程中，其侵蚀的裂点是河道侵蚀的突变点，这一裂点在河道发育过程中逐渐向河源方向移动（张根寿，2005）；河流汛期的洪峰是河流平稳水文过程的突变点，这一洪峰随时间的推移而向下游移动；冬季寒潮南下时，西伯利亚冷气团的前沿是冷暖气团的交锋突变带，这一突变带随冷气团的南压而向南推移；城市郊区城乡交错带是城市经济与农村经济的突变界，这一界线随城市的扩大而向外推移。

参考文献

阿努钦 B A.1994. 地理学的理论问题 . 李德美 , 包森铭 , 译 . 北京 : 商务印书馆 .

安芷生 , 吴锡浩 , 卢演俦 , 等 .1990. 最近 18000 年中国大陆古环境变迁 . 自然科学进展—国家重点实验室通讯 , (2): 153-159.

白光润 . 1989. 地理学引论 . 长春 : 东北师范大学出版社 .

板村彻 . 1958. 植物生理学 . 康源 , 泽 . 北京 : 科学出版社 .

邦奇 . 1991. 理论地理学 . 石高玉 , 石高俊 , 译 . 北京 : 商务印书馆 .

保罗 •A. 萨缪尔森 , 威廉 •D. 诺德豪斯 . 1992. 经济学 . 高鸣业 , 译 . 北京 : 中国发展出版社 .

鲍尔曼 F H, Likens G E. 1985. 森林生态系统的格局和过程 . 李景文 , 石家琛 , 周晓峰 , 等译 . 北京 : 科学出版社 .

北京大学现代科学与技术研究中心 . 2001. 钱学森与现代科学技术 . 北京 : 人民出版社 .

蔡运龙 , Wyckoff B. 2011. 地理学思想经典解读 . 北京 : 商务印书馆 .

蔡运龙 , 叶超 , 陈彦光 , 等 . 2011. 地理学方法论 . 北京 : 商务印书馆 .

陈力 . 1990. 战略地理论 . 北京 : 解放军出版社 .

董锁成 . 1994. 经济地域运动论 . 北京 : 科学出版社 .

恩格斯 . 1975.《马克思恩格斯选集》第二卷 • 自然辩证法 . 北京 : 人民出版社 .

樊亢 , 宋则行 , 池元吉 , 等 . 1973. 主要资本主义国家经济简史 . 北京 : 人民出版社 .

哈肯 H. 2001. 协同学 . 凌复华 , 译 . 上海 : 上海译文出版社 .

哈特向 . 1983. 地理学性质的透视 . 黎樵 , 泽 . 北京 : 商务印书馆 .

哈特向 . 1996. 地理学的性质 . 叶光庭 , 译 . 北京 : 商务印书馆 .

赫特纳 . 1986. 地理学 . 王兰生 , 译 . 北京 : 商务印书馆 .

胡兆量 , 陈宗兴 , 崔海亭 . 1997. 地理环境概述 . 北京 : 科学出版社 .
黄秉维 . 1959. 中国综合自然区划草案 . 科学通报 ,(18): 594-602.
黄秉维 , 郑度 , 赵明茶 , 等 . 1999. 现代自然地理 . 北京 : 科学出版社 .
黄民生 , 等 . 2009. 海峡两岸港口物流对接模型研究 . 北京 : 科学出版社 .
黄铁庄 , 郑达贤 . 2003. 农业可持续发展系统运行分析 . 自然辩证法研究 ,19(2): 60-62.
卡森 , 柯克拜 . 1984. 坡面形态与形成过程 . 窦葆璋 , 译 . 北京 : 科学出版社 .
康德 . 2010. 康德著作集 (9). 李秋寒 , 译 . 北京 : 中国人民大学出版社 .
克拉瓦尔 . 2007. 地理学思想史 . 郑胜华 , 刘德美 , 刘清华 , 等译 . 北京 : 北京大学出版社 .
克里斯塔勒 . 1998. 德国南部中心地原理 . 常正文 , 王兴中 , 李贵才 , 等译 . 北京 : 商务印书馆 .
李建珊 . 2005. 科学认识的若干问题 . 文史哲 , (6): 130-137.
李克煌 , 管华 , 马建华 , 等 . 1995. 自然地理界面理论与实践 . 北京 : 中国农业出版社 .
李双成 , 蔡运龙 .2005. 地理尺度转换若干问题的初步探讨 . 地理研究，24（3）：11-18.
李天杰 , 宁大同 , 薛纪渝， 等 .2004. 环境地学原理 . 北京 : 化学工业出版社 .
陆大道 . 1995. 区域发展及空间结构 . 北京 : 科学出版社 .
陆大道 , 樊杰 . 2009. 2050 中国的区域发展 . 北京 : 科学出版社 .
陆漱芬 , 陈由基 , 王近仁 , 等 . 1987. 地图学基础 . 北京 : 高等教育出版社 .
马蔼乃 . 2005. 地理科学导论 . 北京 : 高等教育出版社 .
马丁 . 2008. 所有可能的世界 – 地理学思想史 . 成一农 , 王雪梅 , 译 . 上海 : 上海人民出版社 .
马鸿运 . 1988. 农业技术经济概论 . 北京 : 农业出版社 .
苗东升 . 1990. 系统科学原理 . 北京 : 中国人民大学出版社 .
倪康梁 . 2010. 中国现象学与哲学评论 (第十一辑). 上海 : 上海译文出版社 .
牛文元 . 1982. 自然地理新论 . 北京 : 科学出版社 .
牛文元 . 1992. 理论地理学 . 北京 : 商务印书馆 .
潘玉君 . 2001. 地理学基础 . 北京 : 科学出版社 .
潘玉君 . 2012. 地理学基础 . 昆明 : 云南大学出版社 .
皮尔逊 . 1999. 科学的规范 . 李醒民 , 译 . 北京 : 华夏出版社 .
皮特 . 2007. 现代地理学思想 . 周尚意 , 等译 . 北京 : 商务印书馆 .
普雷斯顿 • 詹姆斯 , 杰弗雷 • 马丁 . 1989. 地理学思想史 . 2 版 . 李旭旦 , 译 . 北京 : 商务印书馆 .
钱学森等 . 1982. 论系统工程 . 长沙 : 湖南科学技术出版社 .
钱学森等 . 1994. 论地理科学 . 杭州 : 浙江教育出版社 .
《青年地理学家》编委会 . 1990. 理论地理学进展 . 济南 : 山东省地图出版社 .
萨拉 •L. 霍洛韦 , 斯蒂芬 •P. 赖斯 , 吉尔 • 瓦伦丁 . 2008. 当代地理学要义 : 概念、思维与方法 . 黄润华 , 孙颖 , 译 . 北京 : 商务印书馆 .
尚玉昌 , 蔡晓明 . 1992. 普通生态学 . 北京 : 北京大学出版社 .
盛骤 , 谢式千 , 潘承毅 . 2001. 概率论与数理统计 . 北京 : 高等教育出版社 .
史培军 . 1989. 内蒙古土壤侵蚀研究 . 北京 : 科学出版社 .
斯塔夫里阿诺斯 . 1999. 全球通史 . 吴象婴 , 梁赤民 , 译 . 上海 : 上海社会科学出版社 .
孙敏 , 陈秀万 , 张飞舟 . 2004. 地理学信息本体论 . 地理与地理信息科学 , 20(3): 6-11.
索恰瓦 . 1991. 地理系统学说导论 . 李世玢 , 译 . 北京 : 商务印书馆 .
汤因比 . 2000. 历史研究 . 刘北成 , 郭小凌 , 等译 . 上海 : 上海人民出版社 .
唐晓峰 . 2012. 文化地理学释义 . 北京 : 学苑出版社 .
特鲁吉尔 . 1985. 土壤与植物系统 . 赵磊 , 译 . 北京 : 科学出版社 .
藤田昌久 , 保罗 •R. 克鲁格曼 , 安东尼 •J. 维纳布尔斯 . 2007. 空间经济学 . 梁琦 , 译 . 北京 : 中国人民大学

出版社 .
王建 . 2001. 现代自然地理学 . 北京 : 高等教育出版社 .
王恩涌 , 王正毅 , 楼耀亮 , 等 . 1998. 政治地理学　时空中的政治格局 . 北京 : 高等教育出版社 .
王恩涌 , 许学工 . 2008. 地理学是什么 . 北京 : 北京大学出版社 .
王小鲁 , 樊纲 . 2004. 中国地区差距 :20 年变化趋势和影响 . 北京 : 经济科学出版社 .
王铮 . 1993. 地理科学导论 . 北京 : 高等教育出版社 .
王铮 , 丁金宏 , 等 . 2000. 理论地理学概论 . 北京 : 科学出版社 .
威尔逊 . 1997. 地理学与环境——系统分析法 . 蔡运龙 , 译 . 北京 : 商务印书馆 .
吴传钧 . 1991. 论地理学的研究核心——人地关系地域系统 . 经济地理 , 11(3): 1-6.
吴鲁夫 . 1960. 历史植物地理学引论 . 仲崇信 , 译 . 北京 : 科学出版社 .
吴宗汉 . 2004. 文科物理十五讲 . 北京 : 北京大学出版社 .
伍光和，王乃昂，胡双熙，等 .2008. 自然地理学 . 北京 : 高等教育出版社 .
伍荣生 . 1999. 现代天气学原理 . 北京 : 高等教育出版社 .
夏征农 .1999. 辞海（编印本）. 上海 : 上海辞书出版社 .
徐建华 . 2004. 现代地理学中的数学方法 . 北京 : 高等教育出版社 .
许慧 , 王家骥 . 1993. 景观生态学的理论与应用 . 北京 : 中国环境科学出版社 .
薛兴华 . 2012. 从地域综合体解读人地关系地域系统 . 云南地理环境研究 , 24(1): 37-42.
延军平 . 1994. 时间地理学 . 西安 : 陕西师范大学出版社 .
杨景春 , 李有利 . 2005. 地貌学原理 . 北京 : 北京大学出版社 .
杨万钟 . 1999. 经济地理学导论 . 4 版 . 上海 : 华东师范大学出版社 .
姚士谋 , 帅江平 . 1995. 城市用地与城市生长 . 合肥 : 中国科学技术大学出版社 .
约翰斯顿 . 2004. 人文地理词典 . 柴彦威 , 等译 . 北京 : 商务印书馆 .
张根寿 . 2005. 现代地貌学 . 北京 : 科学出版社 .
赵济 , 张如一 , 赵烨 . 2002. 自然地理基本过程和基本规律 . 北京 : 人民教育出版社 .
赵松乔 , 孙惠南 , 黄荣金 , 等 . 1988. 现代自然地理 . 北京 : 科学出版社 .
郑达贤 . 1997. 论景观生态保护区 . 地理科学 , 17(1): 71-76.
郑度等 . 2008. 中国生态地理区域系统研究 . 北京 : 商务印书馆 .
中共党史征集委员会 . 1988. 淮海战役 . 北京 : 中共党史资料出版社 .
中国科学院《中国植物志》编委会 . 1988. 中国植物志 . 北京 : 科学出版社 .
中国科学院《中国自然地理》编委会 . 1980. 中国自然地理 : 地貌 . 北京 : 科学出版社 .
周才平 , 欧阳华 , 王勤学 , 等 . 2004. 青藏高原主要生态系统净初级生产力的估算 . 地理学报 , 59(1): 74-79.
周礼全 . 1989. 黑格尔的辩证逻辑 . 北京 : 中国社会科学出版社 .
周一星 . 1999. 城市地理学 . 北京 : 商务印书馆 .
左大康 . 1994. 现代地理学辞典 . 北京 : 商务印书馆 .
NASA. 1992. 地球系统科学 . 陈泮勤 , 马振华 , 王庚辰 , 等译 . 北京 : 地震出版社 .
Shalton M L. 2011. 水文气候学 . 刘元波 , 译 . 北京 : 高等教育出版社 .
Barrows H G.1929.Geography as human ecology.Annals of the Association of American Geographers, 13(1): 1-14.
Forman F, Godron M. 1986. Landscape Ecology. New York: Wiley&Sons.
Heinz K. 1983. Einführung in die Geosystemlehre. Darmstadt: Wissenschaftliche Buchgesellschaft.
Huggett R. 1980. Systems Analysis in Geography. Oxford: Clarendon Press.
Leitao A B, Miller J, Ahern J, et al.. 2006. Measuring Landscapes: A Planner’s Handbook. Washington: Island Press.
Lekins G E. 1977. Biogeochemistry of a Farrestedecosystem. New York: Springer-Verlag.

Sauer C D.1925. The Morphology of Landscape. Berkeley: University of California Publications of Geography.

Schäfer F K. 1953. Exceptions in geography:A methodological examination. Annals of the Association of American Geographers, 43: 226-249.

Tuan Y F.1977.Space and Place. Minneapolis: University of Minnesota Press.

Ullman E L. 1953. Human geography and area research.Annals of the Association of American Geographers, 43: 54-66.

Ullman E L. 1956. The Role of Transportion and the Bases for Interaction,In Mans Role in Changing the Face of the Earth. Chicago: The University of Chicago Press.

Zhao S Q. 1986. Physical Geography of China. New York: John Wiley & Sons.

第2章 地理思维

地理思维指人们在对地物的认知过程中所遵循的思想路线。人们通过对地物特征的直接感知或通过接受地物信息的传播积累而形成的对各种地物特征或规律（规则）的认识[1]，这种认识称为地理认知或地理感知[2]。地理认知包括专业人员学术性地理认知和公众（包括非专业的个体或群体）用于指导其地理行为（与地域空间有关的行为）的对地物特征的认知和价值的评价[3]。一切地理学研究都是基于一定哲学思想的地理认知，相应地形成了五种不同的地理思维派别：基于经验主义的地理认知、基于实证主义与逻辑实证主义的地理认知、基于人本主义的地理认知、基于结构主义的地理认知和基于系统科学思想的地理认知[4]。按地理认知的形式和过程可分为分析性思维和规范性思维。上述学术性地理认知属于分析性思维。许多非专业性的公众地理思维属于规范性思维，这种思维也对人类社会自古以来的地物认知和地理行为起重要作用，从而也对许多地物特征的形成和淀积起重要作用[5]。

2.1 基于经验主义的地理认知

基于经验主义[6]的地理认知认为，地理学应主要通过直接感知和仪器测量来获得对地物特征的认识，强调对区域地物的实地考察和调查研究，系统地记录地物在地球参照系中的位置，辨别地物在地域空间中的分布和结构特点，了解地物之间、区域之间、地物与其他事物之间的关联和地物的运动特征及地域特征的变化过程，进而通过归纳及与其他科学理论相结合来分析地物总体特征，追溯地物的形成过程和与地物相关的各种因果关系，对地物进行分类、制图和区域划分；同时还强调地理区域的独特性和相异性，强调区域综合研究与人地关系研究，通过归纳法实现对一定范围内具有普适性规则的认知，采用经验实例检验法检验所提出的观点（理论、规则和预测）的真实性。基于经验主义的地理认知主要有三种范式[7]：①实地调查和分析[8]；②区域综合研究[9]；③人地关系研究[10]。

基于经验主义的地理认知是地理学研究的传统思想路线。长期以来，这种思想路线使得地理学获得了大量实际地理信息和对地物特征普遍规则的认识，由此构建了近代地理学的理论基础，并在人类社会的发展和许多国家的发展中发挥了巨大的作用。由于地物处于不断变化之中，人文系统的地物变化尤为迅速，而人类的一切行动又必须以现实的地物特征为依据，故必须在以往地理认知经验的基础上对地物现状的认识不断进行调整和修正。更何况随着新的地球问题的出现和新的测试手段的发展，还有一些新的地物需要进行调查，且地球上还有一些以前难以到达而未进行研究的区域需调查考察，所以基于经验主义的地理认知研究至今仍是人类社会发展所必不可少的一项工作。这是2000多年来地理学存在、发展且必将继续发展的主要原因。应该认识到，科学的进步包括新事物的发现、新认识手段和方法的建立、新理论和规律的提出、新材料的发明等方面。基于经验主义的地理认知为人类不断提供地球上地物的新的信息，也是地理学的新成就，其意义正如生物学上新物种的发现一样。不能把科学仅局限在新理论的建立和普适性规律的提出方面，而把传统的地物研究和地域研究斥为非科学或前科学。

然而，基于经验主义的地理认知也有重大缺陷，主要是长于事实积累而短于理论建树。在各类地物的特征研究（相应地为地理学的分支学科）较为深入且自成理论体系的情况下，地理学总体地物共性特征和规律研究相对肤浅且理论建树不足，进一步造成分支学科的离心和分散。此外，在一定区域、一定物类范围内由归纳法建立的地物关联规则（规律）认知的普适性，单凭经验主义方法难以对其进行严密的论证和检验。因而，这些关联规则对于所归纳的地物整体以及对区域以外其他区域地物特征及其变化过程推理的可靠性是有一定问题的，在这一基础上进行的地理预测有相当大的不确定性[11]。这也成为20世纪50～60年代相当多的年轻地理工作者对传统地理学思想路线的不满和批判并对地理学的科学性提出质疑的主要原因[12]。

2.2 基于实证主义和逻辑实证主义的地理认知

基于实证主义[13]和逻辑实证主义[14]的地理认知是针对传统的基于经验主义的地理认知思想路线的不足而提出的另一种地理认知思想[15]。这种地理认知思想认为地理学研究应按照近现代自然科学发展所遵循的假设－演绎法的通用范式进行，其基本路线[16]如图2-1所示。

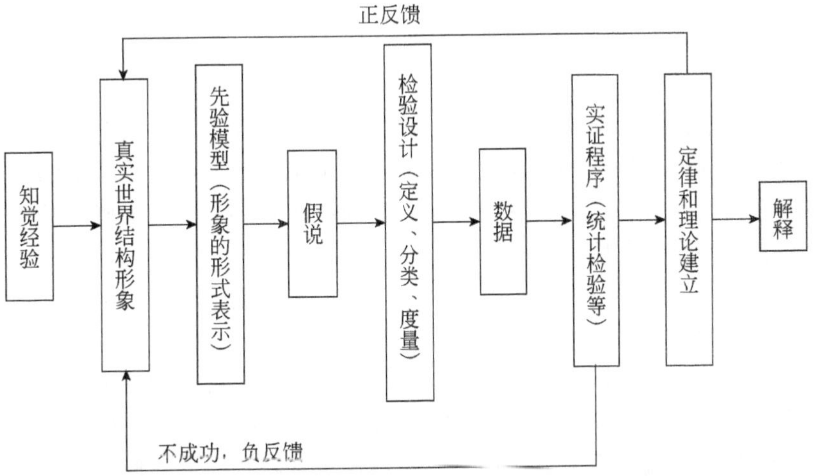

图2-1 基于逻辑实证主义的一般研究路线 （哈维，1996）

对于具体的地理现象，通常的实证主义路线是提出问题—调查问题的症结—提出解释的假说—设计对假说的实证—根据实证要求进行调查或实验以取得实证资料—证实或证伪—返回解释该地理现象或问题，或者根据已有理论，确定现象存在的条件，进行演绎性解释。

当然，积极提倡基于逻辑实证主义的地理认知思想路线的人认为，其研究目标是通过研究提出地理学的普适性命题，即建立普适性规律和理论来概括和解释地理学现象与地物发展规律，并对未知地理事件进行科学预测 。按照上述基本路线，研究工作主要包括三个环节：①从知觉经验到假设（假说）；②从假设到实证；③从实证到建构规律或理论。而模型则是这三个环节的重要手段（图 2-2）。

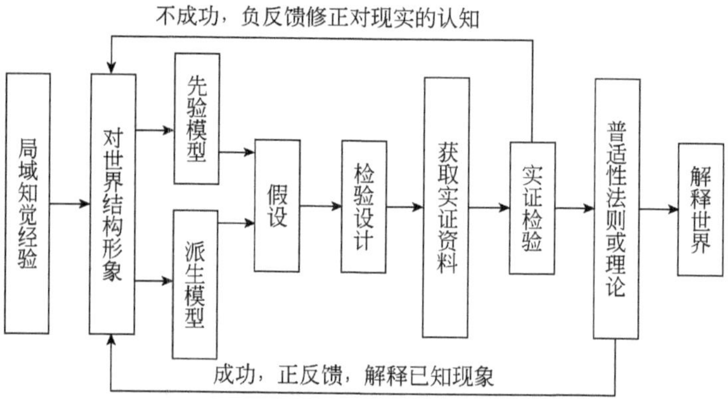

图 2-2 地理逻辑实证主义的研究路线

导出假设是逻辑实证主义研究过程的第一步。对地理学而言，导出假设一般有两种方法：一为根据研究者所感知的实际资料，包括调查的结果或实验的数据，通过归纳形成地理现象（地物）各要素之间关系的定性判断（想象或映象）[17]，并通过或参照已有的数学关系模型（公式），将定性的关系判断转化为规范性的公式化的符号表述，即形成先验模型[18]，构成原生性概念；二为从其他学科的理论中衍生出某类地物或地理现象规律（规则）或理论的假说，即在地物（地理现象）分类基础上[19]，从各类地物特定物类属性所属事物的已有理论出发，根据该类地物物类属性、地域属性和功能特征的关联，推导衍生出该类地物（地理想象）规律或理论的假说[20]。假说必须是明确的和可检验实证的，其中的概念应有明确的定义，具有可界定的内涵和外延，其命题（陈述）应有可确定的定义域，应是真值语句，不能包含或隐含歧义。

假说的实证是研究的第二步。只有通过科学的检验才能证明假说的可靠性。实证检验的设计是检验可信性的关键。检验可分为直接检验和间接检验。直接检验根据假说定义域的总体情况设计，能代表总体的独立抽样样品（或）进行假说中地物关系的直接核查，也可设计模拟实验进行检验（参见 3.9 节地理模拟实验）；间接检验包括检验假说必然导致的结果或效应的存在、检验假说必然具有的本质现象和特征、检验假说成立的必要的和充分的条件，以及检验根据假说进行推论和预言的可信性与合理性。对于地理学来说，可能多数假说仅涉及一定条件（地域、时间）下的地物样本而非全体现象，可能仅涉及地物行为或演化中的某一个或几个因素，而非全部因素，也可能存在测度上的随机误差，因而按十分明确的决定性陈述以表达的假说，在实际条件下也存在不确定性和随机性。故证实的标准多借助于统计学的置信度分析，接受或否定假说的判断方法和标准多为从概率论导出的某种对该类地物（地理现象）数据的统计分布模型适宜的概率统计方法和标准。由于假说涵盖的是某类地物或地理现象总体抽象化的实证规律或系统理论，因而实证时必须将其具象化，即将其转化为一个或一组与可检验的具体对象相联系的派生陈述，才能进行检验实证，这主要通过建立后验模型[21]来实现。当假说未被证实或未完全被证实时，就必须反馈返回重新假设或修改假设，然后再次进行实证检验，直到假说得到验证。

普适性规律的提出和理论的创建是逻辑实证主义研究的目标。故应将被实证的假说转化为普适性规律和理论。有些被证实的假说可以直接视为规律或理论，但有些被证实的假说只是定性的陈述或只是地物之间某种普遍性关联的确认或某种结构的实证，有些被证实的假说只是某类地域或某一时段存在的规则，为此必须把假说按理论的要求进行标准化、形式化、公理化，建立普适性的用符号系统表述的模型或公式，并阐述其本质性的内涵、机理和适用范围的外延条件，形成完整的理论。基于逻辑实证主义的地理学理论的建设必须注意：①地物是物类属性和地域属性的统一体，故地理学理论应建立在物类关联与地域关联的相互作用和连接上，离开地域关联的物类关联和离开物类关联的地域关联研究似乎并非地理学发展的合理目标，但可分别从在特定地域基础上主要衍生于其他学科的物类关联理论研究入手或从主要衍生于地理学原生地域空间概念的理论研究入手，寻求地域属性与物类属性相结合的地物的一些普适性规律和理论；②必须有明确的概念和命题，必须在语义上实现形式化，才可能基于逻辑进行严密的且前后连贯的陈述，也才可能使科学模型的合理性得以发挥作用并通过其有效性进行判断；③把来自其他学科的理论结构转化为地理学的理论时，应深入理解和正确认识原理论的实质与适用范围，包括对别的学科提出的概念和原理的精确理解及推导过程的理解，避免坠入根据对相关学科一知半解所进行的肤浅解释的“知识时髦”或“数学时髦”之中；④在应用数学模型分析地理现象时，应该使理论模型与地理实体的实际关联之间有可解释的对应关系和可理解的机理关系，而不是成为纯粹的抽象的而不能说明现实的数学游戏。

由于地物关联的复杂性和地理学研究的经验性，特别是其研究对象——自然系统地物和人文社会系统地物具有相当不同的运行机制，地理学要按系统科学范式建立普适于整个学科范畴的理论是相当困难的。为此，一些地理学家提出主要通过模型以建立理论的策略[22]，也有一些地理学家把19世纪以来的科学哲学诠释为“从真理探索到模型建设”的转型，提出“地理学也不必寻找不可企及的真理，地理学的主要任务也应该是模型建设”，“利用数学模型并开展演绎变换和数据分析，可以揭示地理系统的反直观性质、隐含规律以及内在图式”[23]。

2.3 基于人本主义的地理认知

基于人本主义的地理认知是一种以现象学[24]为哲学依据，针对基于实证主义方法未能解释的地理问题而提出的地理学思想[25]。基于人本主义的地理认知认为，地物特征是人主观获取的意识世界的存在物，认为世界的知识（对地物的认知）不能独立于感知者而存在，相反，它只能存在于人关于世界的经验中，也只能由那个经验的感官分析来鉴赏领会[26]。故人本主义地理学就是研究人对地方情感的地理学，其目标不是解释或预测，而在于领会，要在人的环境中，领会人的地理行为；主张通过研究人与自然的关系，研究人们的感情和地理行为，研究关于空间和地方的观念，强调人的意象和意图在人文地理学研究中的中心地位。人本主义地理学特别重视人（个体或群体）和地方之间的联系，用地方感[27]来体现这种联系，认为地方是安全感和身份认同的源泉。地方感被理解为个人或群体与其本土或借居地之间的情感纽带（地方认同[28]、恋地情结[29]）；人本主义地理学重现人的意识和感性的作用，并将人的认识、感情与地理活动和地理现象之间的关系作为中心议题，主要包括地理知识[30]、领地[31]和地方、拥挤和私密[32]、生计和经济[33]，以及宗教[34]等；认为人的经历、意识和知识是讨论这些主题的基本途径。基于人本主义的地理认知揭示了基于实证主义的地理认知的概念框架中所局限和忽视的人类经历和思想的本质、情感、意图、渴望及由此带动的地理行为对地物特征的作用，要求在以经济效益为标准的规划中关注人的地方感情，为在规划中体现人文要素提供理论依据。

从另一角度看，基于人本主义的地理认知正是从学术地理认知角度去研究社会公众的地理认知以理解人的地理行为，进而完善对地物特征的认识。社会公众的地理认知有三类：一为具象地物的实体感知；二为抽象地物的感知；三为地物的精神感知。具象地物的实体感知指对具体有形地物的分布、地域结构、地物关联和运动及可能的演化方向的认识；抽象地物的感知指由具象地物的某种集合而概括抽象的概念地物（如国家、景观）的认识；地物的精神感知为人们对地物的某种精神含义的感知，这种感知是通过人们主观的精神需求与地表客观地物（特征）的联结而赋予这些地物以某种精神含义（神、圣物、认同情感等）而形成的，不管这些地物的来源与物类属性如何[35]。对具象地物的实体感知和抽象地物的感知均可分为三种：一为全面正确和基本正确的地物感知，这源于自身正确的实地观察和正确地理知识的教育，随着社会的发展和地理教育的普及，这种地物感知的面不断扩大；二为不完全正确的片面地物感知，这是多数人的情况[36]；三为错误或基本失真的地物感知，这往往存在于一些人对某些特定的地物感知中[37]。在错误的地物感知中，有一些错误是某些集团为了特定利益、特定的目的而进行诱曲（教育、媒体宣传或者歪曲显示）造成的。特别是打着地理科学旗号而进行的诱曲，在世界史上不乏其例，可称为诱曲的地理感知[38]。不管是具象地物的实体感知、抽象地物的感知还是地物的精神感知，不管是正确全面的地物感知、片面的或错误的地物感知还是诱曲的地物感知，均可能引导人们产生某种地理行为，从而引起相关地物特征的演变。正确而全面的地理认知将使行动者正确地达到其目标，不管是善的目标还是恶的目标[39]。而片面的地物认知则有可能使行动者的行动导致的地物特征演变隐藏着他所未知的某种隐患，并在其后某一时间诋毁其获得的成效，甚至付出比收获更大的代价[40]。错误的地理认知虽然不可能使行动者达到其行动的目的，但依然会产生地物特征的变化，在其作用的区域留下历史的印记，并叠加在未来地物的特征上，成为新的演化的起点[41]。故地理学不仅要理解正确的地理认知，也要关心错误的地理认知的后果，这样才有可能全面认识地物特征的现状和历史，这是基于实证主义的地理认知所做不到的，也是地理学与其他学科的认知不同的地方。诱导的错误地物认知导出的地理行为最终达到的并非行为者的目标，而是诱导者的目标。当然，地理行为对行为者的利益而言有的是害，有的在一定时期中也并非相悖。但既非正确的地理认知，最终也必将为错误行为所惩罚。

基于人本主义的地理认知弥补了基于实证主义的地理认知的不足，但人文地域系统中人的主观能动地理行为并非不受限制的随意行为，它只能在一定自然地域环境和社会经济结构的整体框架下进行，这些框架下隐伏着深层次的机制，需靠基于结构主义和系统理论的地理认知来分析和揭示。

2.4 基于结构主义的地理认知

基于结构主义的地理认知是基于20世纪70年代以来对以逻辑实证主义为基础的数量－空间地理学主流思想的质疑和批判而发展起来的以结构主义[42]为哲学基础的地理思想。其主要是经由激进地理学、马克思主义地理学发展到结构马克思主义地理学的[43]。结构马克思主义地理学基本上属于“作为过程的结构”的结构主义思想，基本要点是：①地物（主要指当代西方地理学研究主体的人文社会性质的地物和自然－人文复合地物）具有相互关联的不同的层级结构，地理学是对历史上形成的并由生产方式限定的空间形式和结构的研究；②地物的层级结构可分为基础结构和上层建筑结构；③构成基础结构和上层建筑结构的各要素在特定地域和特定历史阶段（时期）分别以特定的组织和结构形式存在并处于对立统一的辩证关系和不断的运动（运转）过程之中；④基础结构和上层建筑结构在相适应时分别以决定（无形的力和规则）和适应性反馈（通过组织活动和适应性规则）的形式相关联，而在平衡发展至不适应时分别以驱动（主导性作用）与否定性反作用（改变、破坏原基础结构）的形式相关联，两种形式在历史过程中不断交替；⑤无论是基础结构还是上层建筑结构，均由于其依存的环境的地域差异或历史区域发展的不平衡，或二者的结合而存在不同地域中结构形式的不同，构成了地域空间上的差异，从而成为地理解释的一种新模式[44]；⑥一个区域形成的一种特定的社会结构形式（一定基础结构和相应的上层建筑结构相结合的自然－人文社会复合体）可称为一定的“（地理）空间”，一种类型（地理）空间可因自己内部的矛盾运动而转化成（生产出）另一种类型“（地理）空间”，也可在另一区域产生（复制、扩展）同类的“（地理）空间”，或按自己的需要生产出另一类为自己服务的附属的“（地理）空间”，形成“空间的生产”[45]；⑦结构马克思主义地理认知的目的不仅在于正确认识人文社会地物的形成和演化，更在于为改变不合理的社会制度和生产方式提供科学依据并促进社会的进步。

基于结构主义的地理认知思想在人文地理的一些领域形成了自己的研究范式：①在经济地理领域用社会－空间结构的扩展与演化来分析区域经济的非均衡发展和区域差异（如欠发达地区的形成与演化）问题[46]；②在社会地理学领域用下层基础结构与上层建筑结构的关系来分析城市内部居住区的分离和人文社会关系的空间差异问题[47]；③在政治地理领域用年鉴学派理论来分析宏观区域长尺度的历史过程差异和世界体系的形成及各国（主要

是大国）之间相互的地缘政治关系问题[48]；④在历史地理领域，结构主义途径提供了一个解释过去模式的实在论方法[49]；⑤使区域地理学从受逻辑实证主义思想冲击下的沉寂中复苏起来，形成以结构分析为中心的新区域地理学[50]。

基于结构主义的地理认知思想虽然形成、发展和贯彻于人文地理研究领域，但对于作为人类环境、在人类作用和影响下的自然环境，特别是由人类创建的人造自然环境的演化的研究，以及某些具有层级结构并在层级之间具有控制和适应关系，或具有共同的深层控制规则的自然地物的地理认知也可能具有一定的指导意义[51]。

2.5 基于系统科学思想的地理认知

基于系统科学思想[52]的地理认知是对逻辑实证主义地理认知还原论及复杂地理现象简约化思维的扬弃，认为由地物组成的地域系统基本上是不可还原的复杂整体，整体不等于组分之和，其特征、功能和演化难以从组分实证分析获得的“规律”作充分解释，而应当借助基于总体思维的系统科学方法来研究和认知，特别是用系统科学最新发展的复杂性科学的方法来研究[53]。钱学森自20世纪80年代以后更系统地阐述了地理学研究对象是一个复杂的巨系统，唯有用与其相适应的从定性到定量的综合集成法才能科学地认识地理学研究对象[54]。故自20世纪中期以来，地理科学及其各分支学科，有不少地理学家，甚至系统科学家本身，把地理学的各种研究对象按系统科学的研究范式进行研究，有力地推动了现代地理科学的发展[55]。

基于系统科学的地理认知认为，由地物构成的区域和地理现象可用转化自系统科学定义的系统——地理系统或地域系统[56]来描述，用系统科学的方法来分析和认识。一个地域系统的构成一般包括以下要素：①以地物或地域单元为其组成元素及元素之间的关联构成的地域系统结构，地域结构是地理系统（地域系统）的存在形式[57]；②系统中地物的物类属性和地域属性相结合的边界[58]；③作为开放系统所依存的环境[59]；④地域系统的状态[60]；⑤地域系统的行为，指把一种或一类输入（刺激）转化为另一类地理现象显现（响应）或输出的行为，或地域系统内部的相互作用而呈现的系统演化的行为规则，输入（刺激）和转化为输出（响应）的关系往往是非线性的、非平稳的过程[61]；⑥作为外部输入、用于进行系统分析的参量。该参量不受系统运转的影响[62]。

地理认知的系统科学思维方向和方法依认知的目标而定，对地物或地理现象的解释采用各种结构－功能系统分析法，包括熵最大化方法；对地物或地理现象的演化分析和预测采用系统动力学方法和计算机模拟法；对地物的价值评论采用各种系统评价法（如费用－效益分析法，关联矩阵法、层次分析法、模糊评价法等）；对地理决策采用各种系统决策技术（如线性规划方法、决策支持系统法、冲突分析法等）；对复杂的巨系统采用从定性到定量的综合集成法等。现代的地理系统分析多采用数学模型来实现。地理系统模型的建构也往往通过把其他科学所建构的仅仅是物类属性关联的系统模型拓展成包括地域属性关联的模型来实现（参见第4章地理分析与综合和第5章地理评价）。

2.6 规范性地理思维

规范性地理思维指人类自古以来直接出自对某种理念（未经科学论证或实证检验的自明理性认识）的认同或信赖而据以建立各种规则所规范的对地物（地理现象）认知的思维方式[63]。规范性地理思维有如下特点：①它并不从分析世界开始，而直接基于对某种真理的掌握来建立主要规则，有各种抵达真理核心的方式，如上天的启示、圣人的心灵感悟、智者对某种特定现象的隐喻的类推等；②多不以非功利的科学认知为目的，而多具有强烈的实用性和功利性，如各种为帝国战略服务的地缘政治学[64]，中国为阴阳宅选择吉利环境和为建筑布局提供规范性模式的风水说[65]；③认知的路线不依赖于具象实际关联的分析，而依赖于在规范框架下对地物所含的与规范的相应概念相对应的映射意义的直觉感知，如风水师在选择城址、聚落位置、陵园穴位时，对地物感知的是其规范性理论中的各种意象（青龙、白虎、玄武、朱雀等）及其抽象的地域空间结构，而不是对山地、丘陵、平原、河流等真实关系的分析；④其地理认知的正确性或可靠性难以进行准确的科学验证，而是以是否符合出发点的规范为标准来判断，或辅以成功的个案为依据；⑤认知的表达主要为定性的陈述，且陈述中的概念多具有含糊性。规范性地理思维的规范有两种主要形式：①规则。规则指对地物认知的分类体系、描述及地域空间设计的原则规定或习俗约定，如阿尔贝蒂提出的建筑四规则[66]、中国风水学中的禁忌和凶吉判断。②模式。模式指从理想观念出发而提出的某种事物普适性的结构构想，如英国霍华德的《明日的田园城市》模式[67]、中国风水学的理想风水模式。

根据据以认识的规则或模式所隐含的或体现的深层认识基础，规范性地理思维大致可分四种类型：①基于理性主义哲学思想的地域空间规范。基于理性主义哲学思想的地域空间规范指从对世界的先验观念出发而形成的地理认知规范，如从上帝创造世界出发或神灵管理人间出发而规范的圣地、圣迹布局及神灵管辖空间的划分。②基于某种理想观念的地物空间规范。指从某领域的某种普遍认同的理念出发建构的地物认知规范，如从和谐出发的现代城市规划规范（城市规划的《雅典宪章》[68]、《马丘比丘宪章》[69]和《北京宪章》[70]）；中国文人、道士隐居和个人修炼环境的地域环境模式。③基于实用主义而确定的地域空间规范。指依某种政权、军事斗争或其他使用目的的需要而提出的地理规范及依其实践的地理行为，如各种地缘政治论、《孙子兵法》中有关军事地理的规范[71]。④多种先验认知混合的规范性地理思维，如把天人合一理念和皇帝－大臣－仆人管理运作实用系统相结合的中国皇宫、衙门、庙宇营造规范[72]；美学理念和生态理念与实用主义相结合的现代城市规划规范。

规范性地理思维往往不仅源于理性主义的先验理念，而是基于理性主义的先验理念与某种非普遍性（偶得性）经验感知结合而提出的一套实用于指导其后地理认知和地理行为的准则或概念模型，甚至是与分析性地域空间思想双向互动的产物。尽管规范性地理思维并非学术界的主流地理思维，也产生许多并非正确的地理认知，但客观上不管正确的还是不完全正确，甚至完全不正确的地理认知，均能指导人类的地理行为，在地物的发展变化中起作用，并在许多地理的现有特征中留下历史的烙印，甚至成为主体的地理资源（如许多以文化遗产为核心的旅游资源）。在传统社会，人们的地理行为有许多是在依靠规范性地理思维获得的地理认知下实施的。因此，在许多地方，对受过人为活动影响的地物特征或地理现象的认知，其历史过程的因果关联，还必须追索当时人群地理行为的规范性地理思想及其所决定的行为准则或行为模式。这些因素靠现代分析性地理思维所建立的方法是不能认识和理解的。

注　释

1　地理认知

地理认知就是对地物的认知，故就内容而言，应包括对地表事物物类属性和地域属性两方面的认知，二者缺一不可，而不仅仅是地域空间的认知，更不能仅视为一般概念上的空间认知。就过程而言，地理认知包括地物感知和在头脑中对感知材料进行加工处理的认知两个相衔接的过程。在一般的客观地理环境（指环绕认识主体的地物）中，有一部分被称为“操作环境”，指与任何人都关系密切的或间接地影响（人的）行为的那部分世界。操作环境中能被人们认识的那一部分被称为感知环境（地物），而这种认识来源于：①对部分操作环境的学习和体验；②对环境刺激信息的接收；③不一定与直接体验相关的第二手信息（如来自文献、媒体、传闻的信息及与他人的交流）；④对环境信息的衡量和评估；⑤个人或社会对于特定环境、环境状况或环境行为的信息和价值观。

感知，指通过一种或多种感觉途径对环境信息形成即时的理解。地理感知有以下特征：①发自感知主体的意向性；②即时性；③感知能力的阈限性；④尺度的依赖性；⑤价值的选择性；⑥个体的差异性和群体的相对稳定性；⑦物类属性与地域属性的同体性和关联性。

认知指人们接收地物信息，并在头脑中对其进行编码、存储和组织，并将其与人们头脑中原存在的相关认知结构相结合进行重新建构，从而形成对地物新的心理表征或意向。认知过程未必与当前环境中发生的事情有直接的关联，即不存在同时性，而是关注我们如何将现在与过去（原存于脑中的有关地物的心理表征或意象）相关联并透视到未来。认知也包括把当下有限地域范围的感知与更大范围的未能达到的地域空间范围的有关地物进行关联。故地理知识就是通过感知和认知对地物（地理环境、地理现象）结构化的结果，这一结果汇总了更多的特定而且相关联的地物概念，包括感觉、感知、意向、记忆与回忆、推理与理解、判断与评价，以及地理决策和选择等（戈列奇和斯廷森，2013）。

2　人的地理感观

赖特（Wright）认为，“地理认知包括各色各样人的地理思想，真实的或虚构的——这些人不仅仅是地理学家，还有农民、渔夫、商务代理、诗人、小说家、画家、贝都因人和霍顿督人——鉴于此，它一定要涉及主观概念的问题”，“这种知识的获得首先要通过对各类事物的观察而获得……这些知识的获得，还要以文化与心理因素的复杂的相互影响为条件”，“几乎每一种人类从事的活动……在某种程度上都受到当事者地理认知的影响”（Wright，1947）。柯克认为，环境不仅仅是一种“东西”，更是“被人类感知赋予了形状、聚合性与含义”的整体，一旦含义被赋予，它会被代代相传。柯克区分出两种彼此区别又相互联系的环境：表象环境和行为环境。表象环境指大地表面的全部，行为环境指表象环境中被人类认知的部分。对行为环境的认知应当是地理学研究的核心（Kirk，1951）；D.洛温塔尔认为，我们在看世界时，只选择一部分而忽略其他，所以，这种感知行为必然具有某些特征。不同的文化都有各自的习惯规范，这常常反映在语言上，它们要创造适应这些规范的范围，“大地表面成为个人的塑造品，折射着文化风俗和个人想象。我们都是艺术家和景观设计者，照我们的感知和爱好来创造秩序，组织空间、时间和因果关系”（Lowental，1961）。故人的地理认知指在自己已有的相关知识、心理状态和目标（意向）的基础上对地物和地理现象观察、理解所形成的主观的地理感知。因此，人的地理感知，既包括专业地理研究者在专业地理理论指导下，用科学方法和手段进行测量、实验研究而获得，并通过媒介（论文、书籍和各种现代媒体）而传播的地理知识，也包括非专业地理研究者（从管理者至普通的各社会阶层）在其一生时时刻刻的活动中获得的地理感知，不管这含有多少“科学成分”，或“科学成分”与“非科学成分”二者兼有。

3　专业和非专业人员的地理认知

地理认知是广义的，凡是通过各种手段和过程把地球表面事物的物类属性和地域属性结合一起进行认知，即对地物进行感觉、知觉、意象化、记忆、推理和评价，或进行地理决策，不管是正确的、部分正确的，还是错误的，不管认知的是具象的实体、非具象的实体（如国家、生产总值、蒸发力、初级生产力等），还是非实体的精神文化地物（如语言、宗教等），均属地理认知。根据认知过程，可把这些地理认知分为专业性的和非专业性的地理认知（戈列奇称为正式的地理认知和非正式的地理认知）。专业的地理认知指按一定的地理理论和分析模式（范式），并借助地理专业语言、符号、地图、表格等表现工具，在特殊思考和理解的基础上，通过感知和认知完整地形成从地方的特殊性推理到地物类型的整体特征或一般规律，从而获得的系统的地理认知。非专业（非正式）的地理认知是在没有完整的地域空间概念理论的情况下，不完备的和未检验论证的地理知识，它可能存在如下问题：①空间偏见；②对已有信息的不正确处理；③对样品量不敏感；④缺少空间技巧；⑤源于绝对相信个人经验的错觉；⑥不具有可重复性。当然，还存在大量的居于专业与非专业之间的部分专业地理认知。严格地说，专业的地理认知属少数，大量的是非专业的或部分专业的地理认知。专业的地理认知和非专业的地理认知在认识结果上具有显著差异（蔡运龙和 Wyckoff，2011）。

4 专业性地理学思想的派别

杨吾扬认为，“地理思想史是人类对其居住的地球表面认识的历史，是地理学说（包括假说和预测）的发展史”，“对于地理学思想史而言，更重要的是后者，而不是前者”，“地理学思想史是人们关于地理学世界观和方法论的历史”（杨吾扬，1989）。世界观涉及人们（从学术角度指地理学家）对其研究客体（对象）与主客体关系的看法，与世界观有关的地理思想问题包括地理学的性质、研究对象、研究对象的统一性和本源问题；而方法论则指获得相关地理知识的总体的思维方法，包括专业研究人员用于指导其研究工作的思维认识论基础和非专业的公众认识地物的思想路线基础。地理学史专家将其归纳为以下几类：地球科学传统、人地关系传统、区域研究传统和空间传统（蔡运龙等，2011；马丁，2008），也有的归纳为生态传统与环境派、描述传统与区域派、综合传统与景观派、区位传统与数（计）量派四种传统（杨吾扬，1989）；哈格特认为，地理学家倾向于围绕五个专题（即区域差异专题、景观专题、人与环境专题、空间分布专题、几何学专题）组织他们的思想（Haggett，1966）。而从更综合层次的哲学思想根源分析，J. 约翰斯顿把近现代人文地理学的学术性地理认知归纳为四种思潮：经验主义思潮、实证主义思潮、人本主义思潮和结构主义思潮（包括后马克思主义）（约翰斯顿，2000）。此外，自 20 世纪 60 年代末以来还逐渐形成基于系统科学理论的整体论思潮。所以，如果暂不考虑至今在地理研究学术上尚未成为潮流的后现代主义、后结构主义等思想的话，则近现代地理学的主流思想可归为经验主义思潮、逻辑实证主义思潮、人本主义思潮、结构主义思潮和系统科学思潮五种。

5 分析性地理思维和规范性地理思维

克拉瓦尔认为，人类认识世界有两种思维方式，即分析性思维和规范性思维，地理认知也不例外。“地理学史多聚焦在分析性和理性的知识层面，但地理知识并不仅限于描述和解释。为明确地理学在某一特定环境中的角色，应将其视野遍及所有形式的空间意识，如此方能显露追求空间知识的原因及其解答方式，并显示不同空间理念形式之间的关系。”“分析性思维始于描述现实，并试图透过因果关系来解释现实，其所产生的推理性知识为人类行为效率的必要基础。当设立某个目标后，依赖科学规则去选择最好的方法来达成该目标。”而规范性思维“不从分析世界开始，而直接基于对某种真理的掌握来建立主要原则，因此，各种抵达真理之核心的方式也未必相同。真理经常透过宗教启示而呈现，乃是宗教启蒙或沉思的结果。它可能根据人类心智而直达世界或生命真理的概念——它是古希腊以及早期现代理性形而上学的基础”。“分析性的研究可揭示世界运作的实际过程。以功利主义的观点，目标可从行动的效果来界定（即使它们是以错误的假定为基础）。”“分析性思想随时间演进而发展，它依赖一种“假设－演绎”的方法学：出于观察和经验，世上因果关系链上一个相关假设首先被猜想出来，接着被测试，由此而增加许多推导结果……真理不能乍想即明，它是日积月累达成的，现代科学不断地转换正证明其存在有内在的驱动力。”“规范性思想则不同，它依赖于对真理的直觉，主要问题仍在于如何应用它而不在于逐步发现它。这并不意味着空间的规范思想脱离了演进，而是指它的历史演进的驱动力不同于分析性思想。它与社会需求间的关系更为复杂。”在社会中两种思维并不是绝然分开的，在一定条件下，依赖于社会的需求，一种思维会刺激和促进另一种思维的发展（克拉瓦尔，2007）。

6 经验主义哲学

经验主义哲学是近代一种相对于理性主义哲学的认识论哲学思想，主要代表人物有 F. 培根、霍布斯、洛克、巴克莱和休谟等。经验主义认为，感觉经验是人类知识的根本源泉，一切知识都来自经验，普遍必然的知识也只有在经验的基础上才有可能。他们反对理性主义关于“天赋观念”为知识本源的观点，认为人最初只是一张“白板”，它的一切知识材料都来自经验。在认识方法上，经验主义以“经验 + 归纳”方法与理性主义的“自明原则 + 演绎”相对立，认为理性主义源于“天赋观念”的演绎前提和“自明原则”，不可避免地会出现毫无根据的“独断”。但经验主义用于归纳的前提条件——经验感觉也存在易误性，归纳方法也存在局限性，这是因为，首先，经验是现象的东西，它不直接表现本质。其次，经验本性上是私人的，它不具有普遍性，这就决定了它不能抓住事物的本质，由此进行的归纳不能提供确证的必然性的普遍规律。另外，经验主义的认识模式是现象论的，即通过人心与外物间的中介——“观念现象”来认识事物，而观念的阻碍和屏蔽使心灵不能直接认识事物的本质。因此，休谟通过对因果关系严密的逻辑分析，提出了怀疑主义。

经验主义的“经验 + 归纳”的方法与自然科学的观察实证方法有密切的联系，从 17 世纪至 19 世纪末，在实证主义哲学思想广泛传播之前的几百年科学迅猛发展时期的许多科学家，特别是实验科学家，均把观察和实验作为其理论建立的基础，许多人反对从脱离经验感觉和实验数据的“假设”开始进行推演论证，牛顿多次表示，他不制造假说。对于极抽象的数学公式和演算规则，理性主义把它作为非源于经验的“天赋观念”，而经验主义则把它视为从经验归纳得出的普适性知识，并将其与实验相结合发展各学科的科学理论。在用作表达形式的语言符号方面，理性主义认为知识是由自明真理构成的形式系统，它对（日常）语言的依赖性是小之又小的，因为当命题的“真”完全取决于概念的自明和推演规整时，语义的确定和语言的使用就失去了决定的意义。而经验主义则十分重视知识活动中语言的作用，认为语言的使用与知识的表达有重要关系。特别是因为经验是私人的、个别的，每一个人不知道他人的经验，个别经验之间也没有可察觉的联系，所以，不能直接获得普遍的经验。在逻辑上，要使经验普遍化不能靠经验本身，只能通过思想交流中对经验的语言表达的普遍性来实现。于是，基于对经验的分析、概括和表达，语言成为经验世界的“图画”，对语言的研究成为对经验世界研究的手段和工具。故认为，词语的意义只在于它们所指称的心中的“观念”，任何不代表观念的词语都是没有意义的。对于人内心的情感和意志问题，经验主义认为人的情感也来自感觉和反省经验，但情感反过来不论在形而上学还是在认识论上又可以发挥更大的甚至核心的作用（周晓亮，2003）。在学科发展史上，经验主义以培根式的归纳法：知觉经验（杂乱的事物或分散的实验）—定义、分类、量度—条理化的事物—归纳概括—发现法则和建立理论—解释世界的方法范式而发挥巨大作用，但通常缺乏对所发现的法则和所建立的理论的真实确切性的最终论证，这成为理性主义攻击的焦点，这种模式隐含了从特例得出概括的危险，且其解释的接受太依赖于解释者的才能和未能证明的实例的代表性（哈维，1996）。

7　基于经验主义的地理认知的三种范式

R. 约翰斯顿认为近代时期（自1874年德国第一个大学地理系创办前后至20世纪中期）的地理学主导思想是经验主义哲学，由此可以分辨出三种研究范式：①探险；②环境决定论与可能论；③区域与区域地理学（约翰斯顿，1999）。如果根据研究的思想路线，可相应改称为：①地理实地调查与经验性分析；②近代时期的人地关系研究；③传统的区域综合研究。

8　地理实地调查与分析

有目的的地理实地调查主要是伴随西方资本主义发展和殖民地开拓需要的探险活动开展的。探险在19世纪大部分时间被认为是地理学的主要活动，其主要任务是对地球上相对于西欧、北美而言的“未知区域”的信息收集和分类整理工作。至20世纪以后，探险的重要性减弱，但地球上仍有许多未知区域，且随着地域开发的需要，原来一些人类粗略了解的地方也有进一步深入调查的需求，因而以科学考察形式出现的实地调查和经验性分析仍得到提倡。我国1949年以来多次大规模的综合考察（新疆、青藏、宁蒙、沙漠、黄土、黑龙江、南水北调、西南、华南热作宜植区、珠峰等的综合考察）、国际上的南北极考察、南美热带雨林考察等在思想路线上也属于基于经验主义哲学的地理研究。A. 赫特纳在其《地理学》第三篇、第四篇中对传统的地理调查和以经验主义哲学为基础的研究方法进行了全面、系统的阐述，其内容包括地理发现、地理定位、地理视角的观察和调查中未达的相关区域的推测，地图和涉地文献的搜集、鉴定及加工整理，地理现象经验性因果分析和证明，地物空间关系的构想，地理概念和规则的建构，以及地物分类和分析等（赫特纳，1986）。

9　区域综合研究

区域差异和区域综合研究是20世纪初期至中期欧、美、苏地理研究的主导范式，主要有两种范式：区域地理（早期也称方志学）范式和景观学范式。传统区域地理研究的代表有赫特纳、赫伯森、哈特向、鲍曼、詹姆斯·琼斯、惠特利斯、谢苗诺夫–天山斯基、巴朗斯基、科索洛夫斯基、萨乌式金、斯里夫金、E.Meyen和J.Schmithüsen等。这一范式的基本路线是：区域地理要素（自然、人文地理要素）特征描述、分析和关联研究—区域形成（因果关系）分析—区域差异和关联比较研究—地域类型划分与制图或区域区划（赫特纳，1986；哈特向，1996，1983）。区域综合研究在20世纪50～60年代地理学计量革命后受到冷落，80年代后重新复兴，且把思想基础建立在结构主义和系统论方法基础上（约翰斯顿，1999）。景观学范式代表有特罗尔、施吕特尔、施密特许森、劳藤扎克、帕萨格、古拉德昌、索尔、贝尔格、卡列斯尼克、伊萨钦科和B.阿努钦等。这一范式的基本路线是：景观主体要素（生物、农业、文化等地物）与客体要素（作为主体要素环境的相关地物）的关联分析—景观的地域空间形态学分析—景观整体的组织、结构、功能分析—景观的差异和地域分异研究—景观分类和区划（Passarge，1933；蔡运龙等，2011；特罗尔，1983；伊萨钦科，1958）。此外，地球化学家把地球化学与景观学结合形成景观地球化学（彼列尔曼，1958），地理学家、生态学家把景观与生态结合形成景观生态学（特罗尔，1983，Forman and Godron，1986）。

10 人地关系研究

人地关系指人类社会与自然环境（狭义的地理环境）之间的关系。近代的人地关系研究基于对不同地理环境中人的生理和行为特征及社会文化特征的直观观察和对比分析，得出人与环境关系的各种理论。代表性理论主要有拉采尔、辛普尔、亨廷顿等的地理环境决定论，维达尔、白吕纳的或然论（可能论），斯佩尔的概然论和巴罗斯的人类生态学理论（地理调节论）（白光润，1989；约翰斯顿，1999）。现代的人地关系研究已突破了经验主义的哲学束缚，转向结构主义思想和系统论方法（黄鼎成等，1997）。

11 经验主义方法获得的认知的不确定性

从经验中获得科学理论通常有两类方法：一为假说－演绎方法；二为自下而上的推理方法。 二者均从经验开始，先获得一些比较普遍的定律或经验规律，然后进一步对它们进行综合、概括，以获得更一般的、更普遍的规律和理论。在这类方法中，最典型、最重要的是归纳法。归纳法通常被认为是从个别或特殊的事例中概括出其共同特征并得出一般性结论的方法，或从一些单称陈述得出全称陈述的方法。归纳法有完全归纳法和不完全归纳法，完全归纳法是指在考察了某事物有限的全部实例之后发现这些事例的每一对象皆具有某种性质的一种推理方法。完全归纳方法论可靠，但不能扩大知识，因为它已包含在解得出的经验的前提中了。要从经验中获得科学理论只能采用各种不完全归纳法。不完全归纳法是指在考察了某类事物的部分事例后，得出存在于这类事物之中的一般性结论或原理的方法。这类事物可能是无限的，多处于人类已有的知识范围之外，因此，不完全归纳法可以被视为一种从有限推出无限、从已知推出未知的方法。对特定研究领域而言，已知的事例已然过去，而未知事例则在未来，有人据此认为不完全归纳法也是一种从过去推知未来的方法。由于归纳法的前提只是其结论（或原理）所指（所涉及）的事物的一部分，而理论却要涉及全部事物，结论的内容超出了前提，因此结论不可能因前提真而真，因为这样的判断违背了基本的逻辑规则，如矛盾律。所以，莱布尼茨认为，“感觉对于我们一切认识虽然是必要的，但是不足以向我们提供全部知识，因为感觉永远只能给我们提供一些例子，也就是特殊的或个别的真理。然而印证一个一般真理的普遍必然性，印证次数再多，也不足以印证这个真理的普遍必然性，因为不能得出结论——过去发生的事情，未来也一定会发生”（黄正华，2008）。

12 对传统地理学研究路线的批判

对传统地理学研究路线的批判的最引人关注的事件是舍费尔 1953 年发表于美国地理学家协会年刊上的论文《地理学中的例外论—— 一个方法论的检视》。该论文对当时美国集传统地理研究方法论大成的权威著作——哈特向的《地理学的性质》进行了猛烈的批判。主要的观点是：①在地理学的研究对象上，他反对把区域作为地理学的研究对象，认为区域思想需要重新审视，区域被许多地理学家作为整体主义和完全形态主义者的教条。在它是多变的、不能用科学标准方法去解释它的复合部分及其关系这个意义上，它又是独特的，因而不能从这个对象中发现作为科学研究目标的普遍性规律。因此，他认为地理学的研究对象不应是区域，也不应是地表现象本身，而应是地表现象的空间排列，空间关系是地理学的专门领域，非空间关系则是其他专业的领域。②在地理学的研究目标上，他批判地理学以区域分类和综合分析为主的目标，认为地理学作为科学应以创建针对位置的普遍规律为目标。他认为“地理学作为一门学科，应重点关注对地球表面某一特征的空间分布起支配作用的规律的建立”。③在地理学的研究方法上，他认为康德－赫特纳－哈特向一脉相承所形成的例外论使地理学遭到了非科学，甚至反科学思想的入侵，认为他们采取的是历史主义的，而历史主义是反科学的。他要求地理学坚持科学决定论，即采用建立在逻辑实证主义的科学哲学上的科学方法来建立地理学普适法则，认为“如果地理学拒绝寻求法则，仅以提升区域研究为目的而把自身更多地局限在描述上，那么其发展前景可能不太乐观。结果只能是，系统地理学家将互相靠拢并最终加入系统科学”（Schäfer，1953；约翰斯顿，1999；蔡运龙等，2011）。

13 实证主义

实证主义是于 19 世纪中期至 20 世纪初期形成于英国、法国、德国、奥地利，在经验主义基础上进一步发展的一种哲学思想。实证主义继承了经验主义的一种思想，即认为观察获得的经验感觉才是可靠知识来源，同时又对经验感觉的易错性、非普遍性问题，以及归纳的理论与法则的正确性的判断问题进行了深入的分析和求解，提出了实证的概念和方法。实证，就是按照实证规范的要求，对自然界和人类社会进行审慎的考察，以经证实的真实事实为依据，找出事物的关系和发展规律。对于涉及大量数据的事物，实证主义要求详尽地收集数据，运用规范的数理统计方法对这些数据进行分析，从而得到启示，并验证由数学模型导出的结论是否符合实际。这种研究称为实证研究。第一代实证主义者孔德、穆勒和斯宾塞提出并规范“实证”的意涵，即“实证”不是幻象的、无用的，也不是可疑的、含糊的、否定的，而是现实的、有用的，而且是可靠的、确切的、肯定的。实证主义摒弃了经验主义和理性主义之间争端不清的事物本原问题（外在客观的还是心理天赋的，抑或是上帝安排的等）和探索这一问题的企图，以观察、实验获得的经验感觉为起点，力图以自然科学的研究方法为标杆，通过观察事物之间的内在联系去建立事物之间的科学联系法则；反对过分夸大演绎推理的效用，发展和论证了自培根以来的传统经验归纳法，认为只有完全归纳法才算科学的归纳法；把自然过程的齐一性作为归纳的基本原则或普遍公理；认为对自然规律的认识为归纳推理的实现奠定了坚实的基础，自然规律的普遍性决定了归纳的普遍性；认为恒久存在性是力的核心特征，世界一切事物的产生和变化皆源于这种绝对的永恒存在的力，也正是力的恒久使得所有知识的必然性、因果性和普遍性成为可能，并进一步试图推导出统一的变化模式。第二代实证主义者马赫、阿芬那留斯把感觉经验作为认识的原点，认为一切科学理论的任务和目的在于对感觉经验进行描述，在描述时应遵循经济法则和费力最小原则；用“要素”范畴去统摄所有自然科学的认识论和方法论基础，认为世界是要素的复合，要素又是相互作用的，从而事物之间的关系也可归结为要素之间的关系，一切科学就是探讨这些要素的联结方式和联结规律，要求用观察量之间的函数关系来替代先验的因果率。法国的彭加勒和迪昂以自身进行的数学和物理学研究为基础，认为科学的任务是揭示事物表现背后的统一性，科学来源于“经验约定”，认为当分析概念恰当地推广到包括所有术语的约定时，分析命题似乎归纳为一种语言的确定，通过对语言的严格意义上的使用以区分分析的和非分析的命题，提出把同一命题上的约定和非约定成分分开；倡导秩序实在论，提出自然分类和自然秩序的概念，强调自然分类和自然秩序是对外部世界本体论秩序的反映，提出科学工具论的观点，把本质主义从科学属性中驱逐出去；提出科学哲学整体论观点，强调对归纳理论与法则的检验（王妹彦，2015；米俊绒和殷杰，2008；张俊波，2006）。

14　逻辑实证主义

逻辑实证主义又称逻辑经验主义，是20世纪20年代以来由维尔纳学派创立的一种科学哲学观。其代表人物有石里克、卡尔纳普、哈恩、纽拉特、赖欣巴赫、弗兰克、费格尔、亨普尔、艾尔、内格尔等。逻辑实证主义秉承实证主义思想和方法，具体表现在：①把感知经验视为知识的唯一来源，不进一步追寻产生感知经验的终极根源；②认为个人认知之初是空的，通过对世界的感性经验获得知识，知识的获得与其验证之间具有重大区别；③真知必须由包括观察或实验在内的经验进行验证；④人们可按自然科学的方法，通过归纳把获得的真知中的普遍现象（因素）提取出来，形成普遍的、可重复的经验模式的陈述，即科学规律；⑤掌握科学规律就可以解释和预测该类现象的发生。自20世纪以来，一方面，理论物理的发展，特别是相对论和量子力学的诞生所出现的相对时空观和不符合严格可观察意义的量子现象，要求进行新的哲学说明；另一方面，数理逻辑的发展又为实证方法的形式化表达和准确性规范提供了科学的方法，二者结合使那些本身具有深厚数学与物理学功底的维尔纳学派哲学家把实证主义认识论发展成以科学哲学为中心的逻辑实证主义，开创了哲学研究中的科学哲学方向。

15　地理研究实证主义方向的提出

地理研究实证主义方向最早应追溯到 1909 年韦伯的《工业区位论》、1926 年杜能的农业区位论著作《孤立国对农业及国民经济之关系》、1933 年克里斯塔勒的中心地理论《德国南部的中心地原理》和 1939 年勒施的《经济空间秩序》等著作的发表。尽管还没有证据表明他们的思想直接来自于实证主义或逻辑实证主义哲学，但就其对地理事物通过概念化、抽象化进行一般规律或者模式的论证方法看，其思想路线遵循的即是实证主义所倡导的方法。不少提倡按实证主义方法进行地理研究的地理学家（如邦奇），也都把克里斯塔勒视为他们的研究先驱（邦奇，1991）。1953 年，舍费尔对哈特向的地理学权威著作《地理学的性质》进行猛烈的攻击，要求地理学从以区域综合研究分析为主的方向转向按科学方法（即逻辑实证主义方法）寻求普遍规律，建立地理学的“科学理论”（Schäfer，1953）。其攻击虽然有很大的片面性，对哈特向的著作和地理学史也有很多误解，且他要求的地理科学理论和研究目标实际上仅是地理学思想中的一个方向，而不是全部，但该文章客观上促进了地理学逻辑实证主义研究路线的发展。之后，出现了地理学的“计量革命”，一大批青年地理工作者采用实证主义认识论的方法进行地理研究，获得了丰硕成果（约翰斯顿，1999）。系统全面分析地理学应用逻辑实证主义的方法论著作是大卫・哈维的《地理学中的解释》（哈维，1996）。我国对地理学的逻辑实证主义方法作为方法论介绍的比较全面的书可参见蔡运龙等（2011）著的《地理学方法论》。

16　基于逻辑实证主义的地理研究基本路线

这一路线（图 2-3）根据大卫・哈维提出的逻辑实证主义科学认识的基本路线框架（哈维，1996），并根据其对地理逻辑实证主义路线与方法的论述进行补充修正得到的。

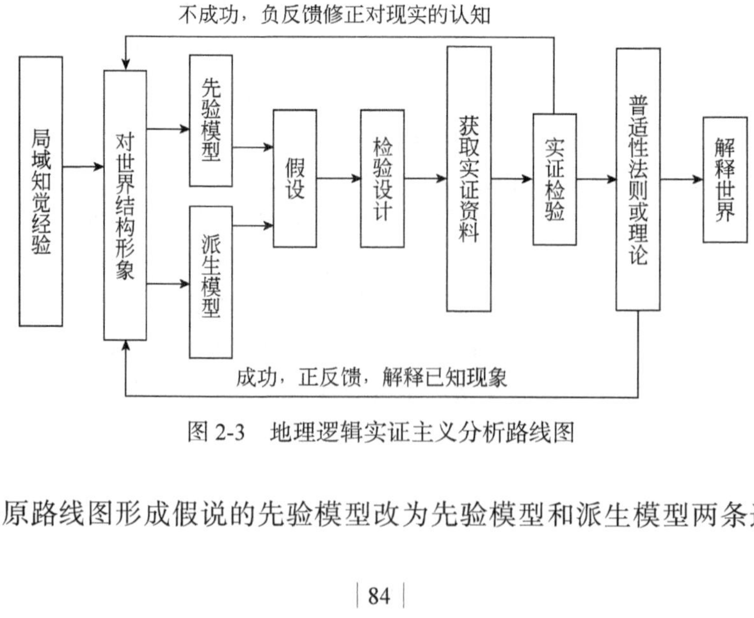

图 2-3　地理逻辑实证主义分析路线图

（1）将原路线图形成假说的先验模型改为先验模型和派生模型两条途径（哈维，

1996）。

（2）建构普适性法则或理论后的两条路线中，反馈路线并非表明从头开始重新再研究，而是返回用科学的理论去解释前面由感觉检验形成的地理感知，即科学最初发现的局域性地理问题，另一条路线则是推广所确认的理论或规律去解释该类地理现象的全域或进行该类地理现象的地理预测。

（3）该路线体现用逻辑实证主义方法从局域地理感知（地理现象的部分个体感知）归纳全域地理现象认知的论证、解释，故在路线图的前后分别加上"局域"和"全域"的范围限定以示前后的区别。

17　通过归纳导出假说

依据逻辑实证主义思想，假设是关于某一类的所有事物的共有性的一般性命题，这一命题有待于且是可以通过检验以判定其真假（正确与否）的。归纳是指一种由个别到一般的论证方法，它通过许多个别事件或分论点，然后归纳出它们所共有的特性，从而得出个一般性的结论。归纳可分为完全归纳和不完全归纳。完全归纳指根据某类事物的每个对象都具有的某种属性，从而推导出该类事物都具有这种属性的结论，这种归纳主要用于对特定事物的总结性论述。例如，赵松乔先生所做的通过土地类型特征分析进而归纳形成自下而上的中国自然区划系统（赵松乔，1983）；美国土壤分类系统从土系特征出发归纳形成土壤诊断分类系统的方法。不完全归纳根据某类事物部分对象都具有某种属性，从而推论出该类事物所有对象都具有这种属性的结论。因为是从部分推论全体，从部分个体出发推论一般，因而只能是或然的，其推论的可靠性有待进一步证明，因此，这只能属于假设。不完全归纳包括简单枚举归纳推理和科学归纳推理。简单枚举归纳推理只是从某类事物的部分对象的观察或实验结果得出的共同属性推论提出该类事物整体也具有该属性的假设。要提高简单枚举归纳法的可靠性一般要注意：①考察范围要足够广，枚举的数量要足够多，用于枚举的案例要有足够的典型性和代表性。②要注意考察有无反例。科学的归纳推理可分为分析推理和概率归纳推理。分析推理是依据某类事物部分对象与某种属性间因果联系的分析，推论出该类事物具有该种属性的推理过程。概率推理属非演绎推断方法，属概率论的应用范围之一，其中一个重要方面就是"从样本到全域假说"的全域推断。地理学的概率推理为用形式非演绎语言进行推断来提出地理假设，其步骤包括：①将真实的地理陈述转化为某种变量的频率函数的假设，即用概率论的基本语言来表达统计假设；②规定地理假设的定义、假设的定义域、样本（地理个体）– 总体的关系及样本的度量；③抽样的方法；④根据总体的可能分布状态确定适用的检验方法；⑤确定进行可信度判断的判定标准；⑥根据上述要求进行样本采集（或实验）和进行统计分析与检验，提出对总体属性、关系的假说。地理学对各类地物部分对象（个体、案例）的观察或实验，通过简单枚举归纳法或科学归纳法，得出这些对象范围内某种地物地域属性和物类属性的关联与演化规则，从地理角度导出自己的原生假说，如由气温（热量）导致的地理现象与地球纬度位置关系的纬度地带性及与海拔关系的垂直地带性。例如，Clark 于 1951 年根据美国 20 多个城市市域人口分布密度数据，归纳出单中心城市人口密度衰减规律的 Clark 模型 $N_x=N_0e^{bx}$（N_x 为距市中心 x 距离的平均人口密度；N_0 为市中心最高人口密度；x 为距市中心距离；$b<0$，为衰减系数）；Horton 通过对美国十多个水系的研究在 1945 年归纳出河道等级分布的水系组成率公式（哈维，1996；蔡运龙等，2011；承成和江美球，1986）：

$$N_u=R_b^{(s-u)}$$

式中，u 为水道级别；N_u 为第 u 级水道数目；R_b 为分支比 $\frac{N_u}{N_{u+1}}$；s 为主干水道级别。

18　先验模型

先验模型是一种将理论（规律）与经验（现象、实验数据）、理论与其他理论（拓展的或衍生的）、经验与想象（假说）、想象力创造与形式理论联系起来的符号系统（哈维，1996）。它通过某种符号系统（数学符号、地图等），删去感知材料中非本质的（或研究中暂不关注的）要素成分，选择研究关注的本质要素，用符号语言将感觉映象进行恰如其分的简化（蔡运龙等，2011）。按逻辑实证主义要求，假说（即某一命题或陈述）必须是有意义的真命题，即可以转化为用于实际观察测量或实证检验的形式化、公式化的命题（陈述）。这种转化，通常通过模型的形式来实现，即把假说表述的各要素的关系用与其相映射的具有语义内容的符号组成的逻辑语句进行替代，构成一种或一组待检验实证的规范化、公式化的模型供观测或实验验证。由于假说是一种从具象到抽象的过程，即"产生于抽象的分析性论证，或以对不同范畴的一组经验性问题的答案出现"，而"把运算作为完全抽象的系统"……"随后通过赋予运算中所包含的术语以经验性意义，这抽象就会建立起对现实世界的某种解释，因而模型是一种先验的分析性思维的产物"，故称先验模型（哈维，1996）。

19　用于逻辑实证主义科学分析的地物类型划分

大卫·哈维认为，"与形式理论联系在一起的主题应完成两个基本任务：①它用现实世界的一种特定类型来对应一种抽象符号；②它将抽象符号置于一种特定关系中，这种关系可以包括空间和时间位置的特别论述。将一组抽象符号与现实世界的一组事件联系在一起，看起来只涉及现实世界中现象的一种相宜的分类系统的开发"（哈维，1996）。地物是一个庞杂的体系，而且是一个以不可分割的物类属性和地域属性相结合的二象性作为本质特征的事物。这个事物包含自然事物（以自然规律运行的各种固态、液态、气态、生物态及这些态相结合的事物）、人文事物（以社会、经济、文化规律运行的各种事物）和各种自然－人文复合事物，包括各种有机态和无机态的事物，既包含具象的地物，也包含抽象的地物，既包含具质（物质化的）地物，也包含精神性地物，既包含宏观、中观和微观等不同地域空间尺度的地理现象，也包含长、中、短不同时间尺度的地理过程。要对这么一个庞杂的体系的各要素及其组合进行准确的概念化并建立相映射的符号体系，按逻辑实证主义方法建立地理学的理论体系，在当前地理学理论相对薄弱的情况下，是十分困难的。切实的思路是从不同类的地物或地理现象中分别按逻辑实证主义方法进行观念化和形成概念，建立用以描述的抽象符号体系，再进一步归纳概括成统一的地理科学理论。因此，通过分类提取科学理论的主题，成为地理学逻辑实证主义科学研究的首要任务。地物的二象性表明每一种地物或每一类地理现象均与一定的地域空间及一定的物类相关联，如果把地域属性和物类属性视为直角坐标系上的两个坐标轴，一定类别的地物则处于二维面上的一个“区域”中。地域属性和物类属性均可按不同的方法划分。例如，地域属性可按空间结构形式（各类线、各类点、各类面、各类空间）划分，也可按自然基础地物地域空间（如海陆、各种地形空间）、抽象空间形式（场、变换的投影等）划分；物类属性也有各种分类法，如按各种自然、人文属性，按不同运动属性，按不同质料属性等。选择的标准只能视研究的目标而定。分类的另一依据是地物的功能性规则。功能性规则是指地理现象中所涉及的各种地物间及地物与非地物之间的关联（物质、能量、生物和信息的关联）和主导该类地理现象地物关联的机制、动力及具体控制性规律，如各种自然规律或各种人文社会运行法则，在自然中是物理的、化学的、机械的、生物的还是综合性的力量，是源于地球的还是源于地球外的等；在人文社会法则中，是政治的、经济的还是文化的；等等。一定的地理现象或地物通常对应于一定的功能类型，二者存在一定的映射关系。因此，在依逻辑实证主义方法进行研究时，可根据研究的目标把研究对象归入地域－物类的一定“坐标”位置中，并明确其功能类型，作为提出先验假设的前提和条件。

20 从其他学科已有理论中导出地理假说

这里的地理假说包括地理各分支学科（自然和人文的各地理分支）在其理论形成过程中最初提出的各种假说。地物既为某种物类属性与地域属性的结合，因而其特征（分布、关联、运动、系统结构、聚散均衡及各种过程）在机理上最终取决于其物类的最基本的规律（物理的、化学的、部分生物的和人文社会的）与地球表面地域特征的结合，或者说，在地域空间上的表现。而地域是空间的特域，故从一定意义上讲，一切地物或地理现象的理论均为各基础学科最基本的理论（或最基础的规律）在地域空间这一限定条件下运行的派生理论。而且，由于地物具有历史积淀性，故地物的实际运行规则（规律）是在历史发展积淀下来的地域环境中运行的基本学科、基本理论的派生理论。因此，从原则上讲，地理学按逻辑实证主义思想路线研究中的假说可以是以地球表面上地物的现实地域环境为基本条件和约束条件、限定范围，从所关注的地物运行机理类别（物理的、化学的、生物的、心理的、人文社会或经济的）相关的现有理论中引申、推演出派生的假说，供进一步实证论证。在自然地理学中，黄秉维先生在20世纪50～60年代提出把水分热量平衡、生物地球化学过程（化学地理过程）和生物地理群落（即现在的生态学）作为自然地理学发展的新方向，实质上也就是试图应用相邻学科的基本理论成果来推导自然地物发展演化的基本规律和分析自然地理现象的特征，摆脱自然地理研究过程的描述传统，把自然地理研究建立在科学方法的基础上（黄秉维，1960）。同样地，国际上的经济地理、行为地理也都从经济学、心理学经实证的理论中引申出适于地理学的假说，通过检验与论证，建立一些人文地理领域的科学理论。从其他相关学科的已有理论演绎派生出特定种类地物或地理现象的理论时应特别注意：①地物的空间是有限的具体地域空间，而不是无限的抽象的容器空间；②不要陷入根据对相邻学科理论的一知半解的肤浅解释的“知识时髦”的形式中；③从其他学科的方法（如数学）推导出的地理理论要能对相应的地理现象作出可理解的解释，而不是使人看不懂的形式（哈维，1996）。

21 后验模型

后验模型指从已建立的理论（假说）或规律（待实证）出发，把假说的抽象理论或规律与理论所描述、解释的实证事物联系起来的模型，即抽象的具象化，以便通过模型涵盖的实际事物及其关系对模型进行验证。由于模型自假设的理论或规律衍生出来，假说在前，模型在后，故称后验模型（哈维，1996）。

22 通过模型直接建立理论的范式的提出

大卫·哈维在分析了地理学理论未充分发展的现状、地理研究对象的复杂性、建立理论的困难以及地理学分析的最终目的是了解个别情况之后，提出“用（系统）科学的范式、标准来衡量（地理学）现行的解释或甚至这些解释的形式是不得要领的，那就需要我们产生自己的范式——大概比科学范式本身要弱，但并非与科学范式全然无关”，“探讨地理学这样的范式的最好办法或许是注意在科学范式中那些最容易在无多大风险性情况下（可）被抛弃的因素，如理论的公式化和形式化看起来似乎是不必要的，甚至是无用的。同样，将严格的标准用于定律概念似乎也没有意义。可能某一地理学范式的主要规则，应当是愿意将事件看成好像是它们通过定律而得到解释了”。“所有准则都必须承认，地理学家的主要目的是更精确地解释与它有关事物”，为此，他提出地理科学解释的策略应该是“以我们认定是真实的模型而开始。这样的先验模型使我们能航行，还能使我们最终建立一幅比我们目前所有的更准确的世界地图”。他引用乔利和哈格特的主张，认为“地理学应采取一种新的和全然不同的模式为基础的范式，这是一种不大适合于记载的分类，但较适于分析和表达理论的范式，这就实现了先验模型概念的更直接应用——直接建立理论，这样的模型有双重优点：其一，它使我们在缺乏理论的情况下能大胆提出一些预测（即使是很不可靠的预测）；其二，一个先验模型可以涵盖适宜的理论或对某种现存在但不完善的理论的扩充和修改”（哈维，1996）。为此，哈维在其书中用2/3的篇幅中系统讨论了用于建立地理模型的数学及与地理学关系最密切的几何学、系统论，适于地理学的描述模型、解释模型、时间（过程）模型、功能模型和系统模型，用模型分析来统率地理现象的解释问题。

23 科学研究方向的转型和地理研究的新科学方向

陈彦光认为，19世纪之后，人们的观点发生了根本的改变：科学家的任务不再是去发现真理，而是提出假设，建立模型；科学研究的过程由归纳—推理过程转变为假设—求证过程；科学理论的判断标准也不再是看它是否被证明绝对正确无误，而是看它是否有被重复验证的性质。基于此，他提出“地理学家也不必寻找不可企及的真理，地理学的主要任务也应该是模型建设”，“利用数学模型开展演绎变换和数据分析，可以揭示地理系统的反直观性质、隐含规律以及内在图式”。他认为根据功能，地理学的模型大体可分为三类：一是预测模型；二是解释模型；三是规范模型。其目的：一是预测未知或未来事物；二是解释因果关系；三是提出地理系统的规范结构（蔡运龙等，2011）。为此，他以模型为中心，系统地阐述了地物和地理现象的定性与定量、具象与抽象、可能与现实、模型与虚拟、对称与不对称、演化与变异、确定性与随机性、分析与综合、局部与整体及简单与复杂等基本问题的理论及科学处理的方法（蔡运龙等，2011）。

24 现象学

现象学是20世纪由德国哲学家E.胡塞尔创立的一种哲学流派，为现代西方主要哲学流派之一，主要代表人物有胡塞尔、海德格尔、谢勒、萨特、利维纳斯、梅洛－庞蒂、伽达默尔、利科等。狭义的现象学指胡塞尔本人及其早期追随者的哲学理论。广义的现象学还包括直接或间接接受其影响而产生的各种哲学理论，以及西方各人文科学中运用的现象学原则和方法的体系。胡塞尔时期提出了现象学的“现象”概念、初始的术语和分析方法（现象、内省分析、还原、悬置、明证、意向性、意向对象、显现等）、意向对象的形式结构和现象学分析的目标与重点。现象学中的“现象”是指意识界种种经验的“本质”，这种本质是前逻辑的和前因果性的，是由现象学还原法得出的结果。“现象”既不是客观事物的表象，亦非客观存在（指与观察者主观意识无关的存在）的经验事实或“感觉材料”，而是一种不同于任何心理经验的“纯意识内的存在”。意识经验的内容既不是主体也不是客体，而是二者相关的意向结构或意向对象，从而离开了主张主体内在性的传统唯心主义，又区别于经验主义的意识之外的客体，返回到原始的“现象”，即各类经验的本质，从而也有别于实证主义研究的出发点——未经还原的经验感觉。胡塞尔通过对意向结构进行先验还原分析，分别研究对同层次的“自我”“先验自我”的构成作用和诸主体间的关系，以及自我的“生活世界”，认为在先验反思过程中存在着意向对象与其相应的诸“自我”之间的盘结交错的反思层次。其追随者分别在本体论、伦理学、美学、法学、心理学、自然哲学和文学理论等诸多社会科学领域运用现象学的还原法和描述法探索研究对象的“本质”，在对象中寻找不变的“先天”因子。之后，海德格尔研究意识经验背后更基本的结构，提出前反思、前理解和前逻辑的本体论结构——此在（dasein）结构，建立存在论现象学。用“此在”替代胡塞尔的意向对象作为现象学的研究对象，通过对“此在”基本结构的研究，了解意识和“先验自我”的可能性及其条件，从而揭示隐蔽的“存在”；萨特把“自我”本身也放入悬置之中，从意识中排除任何内在性的内容和本质，使意识“虚无化”，分析充实的“自在存在”和虚无的“自为存在”之间的相互对立、相互依存的关系，从而扩大了意识和意向的关系概念，使主体范围不限于进行理智活动的人，而是扩大至进行各种心理体验的具体生存的人，也使现象学扩大到人类生存的外在领域，即历史、社会、文化、政治等领域。梅洛－庞蒂把现象学还原的结果定为先验性的“知觉世界”，强调知觉世界是人与世界的原初关系，因此必然“嵌于”世界之中，与世界和他者混同，以此否定唯心主义和实在论的界线，认为知觉世界是一切意义的源泉，把现象学改造成关于被感知的世界的现象学，而不是感知活动的现象学。伽达默尔和利科用存在论现象学的思想去阐发释义学的释义活动，追求把普遍的东西应用于具体、特殊的情况，提倡将普遍的东西特殊化的实践哲学，用实践意义的意志取代现象学原来意识哲学中表象的优先性，把释义学的语言分析嫁接到现象学上，避免了现象学关于生活经验直接直觉主张的不可明证性，使释义学不再是一种单纯的解释象征语言的技术，也不是一种纯粹的方法，而是以存在论为基础的非主体的意义理论，也是一种为存在论服务并使存在论广泛应用于社会科学的方法论（张汝伦，2003；胡塞尔，2004）。

现象学的思维方式是一种与肇始于逻辑实证主义、以自然科学研究为基础的科学哲学的思维方式相反的，或者说“另类”的思维方式。吴国盛把它称为“第二科学哲学”。传统科学哲学以经验感觉为出发点，秉承中立的、客观的态度，对“客观”事物的属性进行概念化归纳，提出假说，进行假说的实证，建立科学理论，并将其用于解释和改造客观世界。而现象学则否认经验感觉的客观性，对原本视为客观的、理所当然的事物进行本质还原，找出它里面预先被给予的东西、意义结构、不在场者的等等。吴国盛认为，如果说，我们的经验感觉是一个地平面的话，以传统科学哲学为基础的自然科学就是在上面成长的一棵大树，这棵大树从土壤中吸取营养，进一步往高处攀升，四处伸展，长出许多枝杈，但这棵树是扎根于土壤中的，这个扎根过程是隐蔽的，但却是作为先决条件而“预给予的”。现象学就好比是一种寻根工作，也就是从经验感觉这个地平面出发，往地下深处开挖，追寻这个大树的扎根过程。所以现象学是一种逆向思维，使科学基础的追问与更广泛的生活方式、现代社会走向以及现代性问题的反省关联起来，特别是把科学与非科学的划界问题引向“非科学”如何成为科学的可能性条件问题，从而为理解和解释大量的无法归入或仅部分归入科学研究范畴的现象（如精神地物地理现象）提供方法和哲学依据。

25　人本主义地理学的提出

在逻辑实证主义思潮影响下开展的地理科学革命——计量革命对地理学的发展发挥了重要的作用。但是，由于地理学研究对象的复杂性，特别是相当部分具有人文社会科学物类属性的地物难以用自然科学的逻辑实证主义方法进行研究，对地理现象认知的经验感觉既包含认知对象的客观特征，也包含认知者的意向及隐藏在意向背后的先验知识或先验的文化存在，这些背后的内容也是逻辑实证主义方法所忽略和无法摒除的。另外，逻辑实证主义方法在研究中对复杂的地理现象进行了大量的简化和规范化处理，从而远离许多地物和地理现象的实际，特别是对在地理现象形成起重大作用的历史、社会因素在科学认识中的作用评价不足，因而其抽象出的部分规律或法则对地理现象的解释和应用的能力有限，受到许多研究社会、文化地理的地理学家的批评。他们认为地理要考察形形色色的现象和力量如何与特定地方的有限空间交织、连接在一起，许多人类地理行为都具有文化的特殊性，要事先说明这些行为的决定条件是不可能的。人的态度、印象与地方的主观联系（地方的意义）不可能用实证主义的方法来解释，而应寻求一种对人类空间性的普遍性结构的本体论的存在主义的理解，以此为前提去理解空间和地方的问题，即建立它作为人文科学的区域本体论。人本主义地理学的主要代表有雷尔夫（Relph）、段义孚（Yi-Fu Tuan）、布蒂默（Buttimer）、莱（leg）和皮克尔斯（Pickles）等（皮特，2007；约翰斯顿，1999；克拉瓦尔，2007；Tuan，1976）。

26 领会

verstehen是人本主义地理学的一个重要的方法论概念，多译为“理解”，似乎译为“领会”更恰当些，因为理解在中文中有四种含义，即顺脉理剖析、从道理上了解、说明分析和明白认可，译为“理解”可能产生各种歧义，而“领会”基本上指通过领悟而认识，较符合人本主义地理学“verstehen”的原意。陈嘉应在翻译海德格尔的《存在与时间》中也把“verstehen”译为“领会”，把“bogrefen”译为“理解”。根据社会科学的现象学和解释学方法，“verstehen”指我们借助（a）可见信号，有意或无意的……；（b）明晰陈述……；（c）使我们能指望一种态度或意向而不是另一种关于“情况的事实”的知识来“领会”人们精神状况（并对它们的动机和意向作一些推理）。（通过领会）我们并不是说我们知道了要感觉的那些情绪或某种动机的力量是什么，而是说我们领会了这些情绪或意向在其中“具有意图”的“情况”，即阐明行动后面的意向。这是一种关于特定关联域的评价而不是一种预测的企图，即将现象学的意图概念引入这一特定关联域中——生活世界意象性产物（即人们对于它们意识中各种要素所作的设想的产物）构成。伽达默尔认为，它（意向性产物）要通过对话（讨论，discourse）才能得到。对于当代事件，就是主体和分析者之间的对话；对于过去事件，要领会与我们时代相隔甚久的某种文化的文本，观察者在看透某种异己的存在形式后，要通过获得别人的知识来丰富本人的自我知识（约翰斯顿，2000）。

27 地方和地方感

地方和地方感是雷尔夫提出的关于人本主义地理学研究核心之一的专有概念和论题。雷尔夫认为，仅根据区位或位置（如在实证主义地理中）来判断地方是不充分的，把对地方的所有经历理解为景观的经历（伯克利学派）也是不充分的。社会和地方之间有很强的联系，它们相互强化彼此的认同。我们总会有一些在某个地方的经历，使我们与那个地方紧密相连，这便是“我们在地方的根”，它不仅包含详细的知识，还包含管理和关心地方的热心。扎根于地方就是把握一个人在事物秩序中自己的位置，就是对特定地方精神上和心理上的深深依恋。人们对地方有外在的和内在的两种层次的经历，外在经历假定所有地方都无意义地被接受，站在“地方”之外解释地方空间构成，或把地方作为活动背景被感受，而内在经历则是以审慎地参与到地方中“移情”的内在经历，将情感与地方相连，最终形成非刻意的、非自觉的一种反馈。这种感知，即为地方感。地方感是一种对地方的“确实”感觉，“确实”指现象学概念上的“此在”，包括作为个体和社会一员处在一个地方的内部并属于这个地方（家、故乡、区域），且无须思考就了解这一点的感觉（皮特，2007）。对人本主义地理学来说，对地方的感知是“从纯空间向……某种强烈的人文地方的转换”，其结果即为地方感。雷尔夫认为，作为一种环境连接，对地方感的认知和据以采取的行为（过分强化、增强或消除地方性的行为）有正面的作用，也有负面的作用。正面的作用在于维护和增强世界文化的多样性，正确理解环境的复杂结构，寻找地方要素及它们的历史发展与原始背景，理解土地利用和社会过程之间的相互作用，从而促进人与自然及人与人之间的和谐及文明的发展；负面的作用在于通过铲除地方特点以消除地方感而达到对占领区的稳固统治，或过分强化地方感以达到排外、分裂或凝聚对外侵略力量（如希特勒、日本）的目的。故地方感被视为改变世界的十大地理思想之一（皮特，2007；汉森，2009）。一般地方感有两种含义：①地方自身固有特征，指一地方被认为是独特的、有纪念性的，这是因为其独特的自然特征或“想象力”，或通过它们与重要事件或神话传说的联系，因而称这些地方具有特定的“地方感”或很强的“地方感”；②人们对一个地方的依附感，指日常生活中，个人或团体依靠经验、记忆和意象而对地方产生很深的依附感（约翰斯顿，2004）。

28　地方认同

地方认同是人本主义地理学的一个重要概念。“地方”在地理学中主要有三种概念：作为地球表面的特定的点（位置）；人们对地方的主观感受，包括地方在个人和团体中的作用；人们的日常活动和交往的背景与场所（霍洛韦等，2008）。对于人本主义地理学来说，地方指的是审慎地参与到地方中“移情的内在经历”，将感情与地方相连，最终形成的非刻意的、非自觉的一种反映，即地方感所指的地方（参见注释 27），也就是上述三种地方概念中的第二种。而认同在社会学中泛指人与他人有共同的想法。人们在交往过程中，为他人的感情和经历所同化，或自己的感情和经验足以同化他人，彼此间产生内心的默契（夏征农，1999）。故人本主义的地方认同指在某一地理尺度中具有共享的认同感、共同的兴趣或专属的一种假定（霍洛韦等，2008）。或者说，地方认同是一定群体的人对一个地方的共同的恋地情结，是一定地域空间中由人与地的感情关系及其活动层面形成的人的心理情感因素，是一种历史发展和积淀的结果。就区域而言，地方认同基本上由相互关联的感知地域空间、集体记忆和象征标志三要素构成（郑衡泌，2012）。

29 恋地情结

恋地情结（topophilia）又译为地方倾向，Topophilia是段义孚1974年出版的一本人本主义地理学的书名，后被转化成为人本主义地理学中的一个概念。恋地情结指人对地方的热爱，更广义上是指整个人类与其居住环境的感情纽带（Tuan，1974；皮特，2007）。段义孚认为，对地方过去的认知在形成对地方的热爱的过程中是最重要的，爱国主义就是对自己出生地的热爱，本土化的爱国主义源于与地方的亲密接触。他相信有与人的生理需求和感觉能力相对应的更紧凑的空间，人们更容易认同一个自然区域、家乡、一个小得足以被个人了解的自然地理单元。这种单元并非指它具有激发对一地感情的不可抵抗的力量，而是指其提供了感官的刺激，成为人们快乐与理想的载体。人们关注环境令人敬畏的方面，或可以供给满足生活目标的方面。而随着人们兴趣的改变，来自环境的映像也会发生变化。段义孚认为，一个人既是生物有机体，又是社会人，还是一个个体。从生理上人能记住大量的环境刺激，但是由于环境和文化对感觉具有极大的决定性，大多数人只是有限地动用了他们的感知力。虽然人们的感知与态度大体相同，但每个人的世界观是独特的，同时，团体强烈地影响着其成员的感知、态度和环境价值观（皮特，2007）。由此可推论，恋地情节既是个人对其居住环境的感知和态度，在一定意义上也可能是特定人群的集体感知，或包含群体的成分。

30 地理知识

地理知识是人对地物或地理现象的认知。人本主义地理学将地理知识区分为客观的地理知识和主观的地理知识。客观的地理知识指传统的地理学者及其研究方法对地物或地理现象完全没有主观情感掺杂其中的客观认知，其研究目的和研究方法是针对客观的事物，这种地理知识完全基于地物本身的属性，对不同人来说可以是相同的，可以有统一的结论，是可实证的，而主观的地理知识是由身处其境的人的主观的地理感和地理感所意向的地物的某些属性互动而产生的个人对地物的感知。段义孚认为人本主义的地理感指“人透过其感官机能而对环境的识觉和产生经验，继续依据经验的概念对环境产生评价功能，最后依据所评定的价值去回应环境，整个地理感的流程在于‘人与环境在时空架构中的关系’，因此，地理感虽因‘人’之具有评价选择机会而对环境有不必相同的‘感的回应’，但任何回应都是有理性意义的。地理感的感为‘sense’，由知觉环境的感官（sensory organs）至对环境产生的价值意义（mak sense）都是实在的和地理学的意义”，而不是‘情绪化的感觉’（feeling）发出的‘非理性的感性行为’。传统的地理学者研究‘地理区的客观地理知识’，人本主义地理学者研究‘地理区的客观地理知识的地理感’所以称为‘地理区的主观地理知识’。为说明这一区别，段义孚以山麓原的感知为例：山麓原这一地形景观，作为客观的地理知识，是确定的、少变的，但对在其上居住的印第安人原住民、移入定居的白色人种或黑色人种、过路的大货车司机或旅游者、地形学家或人文地理学家而言，其具有明显不同的意义。不可否定的一点是，这种不同的意义都是依附着这一独特的‘山麓原’而产生的地理特性，也是实证的地理知识，只不过它和传统的客观地理知识不一样，它是存在于与该地理区相关的‘人’的心灵之内的‘主观的地理知识’。换言之，每一地方的地理知识包括两大类，即客观的地理知识和主观的地理知识，传统地理学者的研究目的和研究方法是针对客观的地理知识，人本主义地理学者的研究目的和研究方法是针对主观的地理知识。由于地方感的资料存在于人的心灵之内，只有个人的自省而心知肚明，不像客观的地理资料般显而易见，这使人本主义地理学的研究比较困难。然而，藏于人的心灵深处的地理观，都是基于环境经验演化而成的价值观，这一价值观必然通过行为表达在生活环境之中，因而人本主义地理学者便可以借着‘人对环境的价值回应所表达的资料而透视人的地理观’，从而阐述地理区主观的空间感知和地方感，这种人本行为称为‘地理性的回归’”（Tuan，1998）。

31 领地、领土和领土性

领地（或领土）（territory）一般是指用来表示个人、群体或国家所占据的地域空间范围，而领土性（territoriality）则指通过（地域）边界划分确定个人与社会群体的地域空间组织。该术语来源于关于动物行为的研究著作，这些研究著作把动物的领土需要视为一种普遍的动机和本能。然而，最具典型意义的人类领土性被看作个人与群体对特定（地域）空间范围行使统治权力的一种策略。在大多数社会地理学的习惯用语中，领土是指不同社会群体，占据使用特定的社会空间，或主要机构组织行使权力范围的空间地域。领土性通过以下三种方式发挥作用：①大众可以接受的地域空间分类；②某种地方感的交流（具有特殊含义的标志和边界）；③对（地域）空间的强行控制（通过监督、管辖和法定）（约翰斯顿，2004）。

32 拥挤和私密

人本主义地理学指以文化为中介的群体与个体相互关系的人文地理研究，强调通过描述特定情况下的情感质量来把握文化与人口密度和行为之间的关系。例如，关于群体聚集与个体或拥挤与私密之间的关系，人口地理从物理的角度用人口密度解释、强调空间和无数人的充填效应；生物学强调人口密度与压力体征的关系；而人本主义地理学则认为，拥挤需要文化理解而又不受文化思想限制，如那些没有立足之地的人，在群集时可以互相敞开智力和感情的空间，以致“拥挤”成为一种“温暖”；敌意产生令人窒息的感觉，即使再广大的生活空间也会变成狭窄的囚笼，所以，除了物理上和生理上的讨论，还应重视文化在协调拥挤和私密之间关系中的作用。例如，居住条件拥挤的香港居民并不比居住条件宽松的美国城市居民更倾向于犯罪（蔡运龙等，2011）。

33 生计与经济

生计（livelihoods）英文本义为赚钱谋生的手段（a means of earring money in order to live)，段义孚在人本主义地理学中认为，生计在动物中只是服务于维护生命的本能行动，但人类活动的经济目的有别于其他动物的特征，体现在人本主义关于经济生活的两个问题的回答上：①“可持续生计”，即使在原始人那里，生计也意味着非动物性的目的和多姿多彩的价值观。②如何区别经济和非经济活动，一方面，经济运行不以人们是否意识到它为转移；另一方面，意识对多种决策有影响，因而也就影响经济系统的运行，故知识和人的情感怎样影响人的（经济）行为是人本主义的中心议题（Tuan，1976；蔡运龙等，2011）。

34 宗教的人本主义视角

人本主义从宗教的拉丁文（religare）本意“捆绑”，即把自己紧紧地和一套信念、信心及道德捆绑起来。认为一个有宗教信仰的人寻求他的世界的统一和意义，认为一种宗教文化就是一种清晰的、有结构的世界观。宗教的动力在于将事情维系在一起。因而人本主义地理学忽略宗教的形式，而重视其实质，从文化角度，追寻人维系个人生活的价值观和信仰体系，追寻人的“宗教情结”及其对文化和人格塑造的影响，以进一步认识人类的不同族群在谋求统一上的不同，以及这些不同如何显著地反映人类的时间组织和对自然的态度（蔡运龙等，2011）。

35 地物的精神感知

由于人的感情和精神需求而赋予具象地物以特殊的某种精神含义，这时地物的实体意义（如山、树、石、地方）已经消失，而代之以精神意义、象征意义。这种精神意义的地物，可分为一定人群集体的精神地物和个体的精神地物。集体的精神地物是一定人群集体的感知，如犹太人的耶路撒冷圣山、阿拉伯人的麦加、中华民族的黄帝陵、一个区域的地方神祇（如妈祖、关帝、土地公、城隍爷）等；个体的精神地物感知只对特定的个体而言，如亲人的灵墓、自己的出生地、家等。精神地物有天然的，如山、川、树，也有人造的，如纪念碑、神灵塑像、具历史意义的建筑等。

36 不完全正确（准确）的地理认知

不完全正确（准确）的地理认知指由于调查研究的不全面，或研究方法不合理，或受地理感知能力限制，或从不完全科学的理论演绎推导而获得的不完全符合客观实际和不完全科学的地理认知，如地理环境决定论、由气象站20cm口径蒸发皿观测数据编制的蒸发量（力）分布图、由分辨率受限的遥感影像上解译的土地利用分布图、根据粗略调查所进行的区域特征分析等。应该说，由于人的认知能力的限制，包括专业地理工作者在内的研究人员所做的地理研究对地物和地理现象的认知大部分都不能说是完全准确的。对地理现象的认知均随着科学的发展和调查测试技术的提高而逐步深化。在一定时期、一定需求范围内，在一定精度范围内的不完全准确的地理认知是可接受的，也是可用的。

37　错误的或基本失真的地理认知

错误的或基本失真的地理认知指由方法错误、信息错误、理论错误而导致的，但不是为了某种目的有意误导而歪曲了的地理认知，如中国古代的天圆地方说，圣经上的洪水说，中国古代的黄河源、长江源认知，哥伦布把美洲视为印度等。

38　诱曲的地理认知

诱曲的地理认知指一部分人为了达到某种目的而编出或利用某种理论而推导出某种错误的地理观念，或设置某种信息，引导对方（敌方）得出错误的地理认知。例如，在军事地理上 A 方通过设置地理假象使敌对的 B 方做出关于 A 方军力布局、军队运动方向和行动目标的错误地理认知（判断），从而诱导 B 方采取错误的军事行动，以达到歼灭或削弱对方的目的，或者达到保护自己的目的。这在世界各国的军事史上比比皆是，兵法上的声东击西、金蝉脱壳、围城打援、空城计等，均要实施对地方军事地理认知的诱曲。

39　正确的地理认知和恶的地理行为

人们在大地上进行行动，不管是善的目标还是恶的目标，均必须对行动的环境和目标有准确的地理认知才能达到。

40　片面的地理认知引起地理行为的滞后地理恶果

人类社会的许多地理行为是在片面的地理认知基础上做出的，开始往往获得一定的甚至明显的效益，但随后可能产生严重的后果。例如，苏联在中亚草原上的大规模开垦种粮的决定，是根据草原地区有肥沃的土壤，且在适宜年份可以生产粮食的认知基础上做出的，但是其没有认识到垦荒后土壤的迅速退化及土地水分热量平衡的破坏问题，从而造成 20 世纪 60 年代中亚地区迅速的荒漠化和严重的沙尘暴出现；美国西部开发初期也出现同样情况；埃及阿斯旺水坝的建设也是埃及认识到尼罗河中游巨大水力资源可以利用，而未认识到河水拦截后对下游土地的巨大影响而进行的一个地理工程。

41　错误地理认知引起的地理行为的后果成为新的地理演化的起点

由于地物的历史积淀性和演化的相对单向性，任何地理行为所改变的地物状态将成为该地物进一步演化的基础，或改变地物原来演化的速度，或改变其演化的方向。这种变化在错误地理认知基础上的地理行为引起的后果方面尤其明显。例如，干草原上的垦殖（认为该环境适宜农耕）和过度放牧（载畜量的错误估算）造成荒漠化，使该土地从草原的正向演化变为遵循荒漠化规则的退行性演化；大规模的湿地破坏（围垦或排污）造成湿地生态功能（指其物质、能量循环）的演变和作为“地球之肾”的服务能力的消失，改变了该区域的发展方向，形成了新的地理演化路线。

42　结构主义思想

从词义上讲，结构指物质系统组成要素之间相互联系、相互作用的方式，是物质系统组织化、有序化的重要标志。任何具体事物的结构都是空间结构和时间结构的统一，结构既是物质系统存在的方式，又是物质系统的基本属性，是系统具有整体性、层次性和功能性的基础和前提（夏征农，1999）。但不同学科对结构的理解并不相同，自然科学对结构的理解与上述基本一致，也未把按结构思维对事物的分析看作一种哲学思想，多数只是把它作为系统科学思想中系统的一个基础性要素来看待。而在社会科学中则形成一种结构主义的哲学思想思潮。其出发点的公理（或假设）是：对所观察现象的解释不能只通过对现象的经验研究得出，而必须在支持所有现象但又不能在其内部辨认的普遍结构中去寻找。结构主义认为，一般说来，事物结构可分成三个层次（图 2-4）：①表层或上部结构；②过程或下部结构；③控制或深层结构。在这三个层次中，只有第一层次可以明白理解。社会表层结构包括其社会、文化、政治及其空间组织。但社会表层结构不能用来解释自己的存在。创造上部结构的过程在下部结构中，下部结构如生产上部产品的机器，通过机器的运转过程而产生产品（上部结构），但在结构主义的大多数形式中，下部结构对上部结构不起决定作用，在同一过程中不同因素可以产生不同的结果，正如不同的产品一样。下部结构的运转过程是由深层结构控制的。结构主义认为，研究上部结构的各种形式可以通过研究下部结构的过程，并进一步去揭示深层结构的性质而达到（约翰斯顿，1999）。

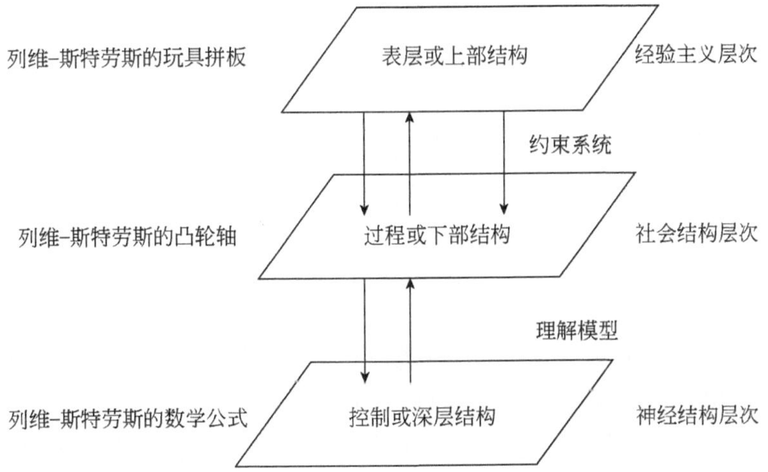

图 2-4　作为构成物的结构的概念模型

这一思潮值得注意的有三个方向：一是作为构成物的结构；二是结构功能主义的结构；三是作为过程的结构。作为构成物的结构主要是从特鲁别兹科和索绪尔的结构语言学到列维－斯特劳斯的结构人类学及皮亚杰的结构心理学发展而提出的。其基本思想是：在观察时看起来非常零散的各种文化现象，事实上是人类意识中非常普遍的几种基本结构的转换。文化现象和社会现象是人类深层意识所产生的结构模式在外部世界的投影。社会科学和人文科学的任务在于寻找这种内在的结构，由此形成结构分析法，包括结构模式的划分和结构层次的转换（约翰斯顿，1999，2000；王铭铭，2005；张汝伦，2003）。

结构功能主义主要代表有迪尔克姆、拉德克利夫－布朗、马林诺夫斯基、帕森斯、R.K. 默顿、K. 戴维斯、M.J. 利维、N.J. 斯梅尔赛等。其基本思想是认为社会是具有一定结构的系统，社会的各组成都是以有序的方式相互关联，并对社会整体发挥着必要的功能。20 世纪 40 年代帕森斯将社会系统视为行动系统的四个子系统（有机体系统、人格系统、文化系统和社会系统）之一，在社会系统中，行动者之间的关系结构形成了社会系统的基本结构，社会角色作为角色系统的集体，以及由价值观和规范构成的社会制度是社会的结构单位，社会系统为了保持自身的存在必须满足四个功能条件：①适应；②目标达成；③整合；④潜在模式维系。执行这四个功能的子系统是经济系统、政治系统、社会共同体系统和文化模式管托系统。这些功能在社会系统中相互联系，社会系统与其他系统之间、社会系统内部各亚系统之间，在社会互动中有输入－输出的交换关系，而金钱、权力、影响和价值承诺则是一些交换媒介，这样的交换使社会秩序得以结构化（图 2-5）（皮特，2007）。

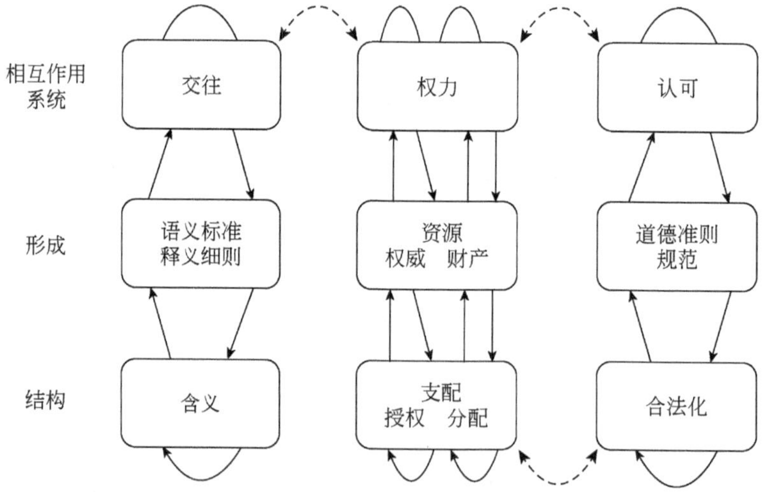

图 2-5　吉登斯本体论的二重性结构

作为过程的结构思想起源于 19 世纪中期马克思、恩格斯关于社会发展的理论和法国年鉴学派关于历史过程的理论，尽管当时并未冠以结构主义的名称。马克思认为，“人们在自己的生活和社会生产中发生一定的、必然的不以他们的意志为转移的关系，即同他们的物质生产力的一定发展阶段相适合的生产关系，这些生产关系的总和构成社会的经济基础，既有法律的和政治的上层建筑竖立其上，并有一定的社会意识形态与之相适应的现实基础。物质生活的生产方式制约着整个社会生活、政治生活和精神生活过程”（马克思和恩格斯，1975）。这里包含三方面思想：①将结构看作“关系总和”，经济结构是生产关系总和，社会整体结构则是人们的物质生活和精神生活关系的总和；②把社会结构视为矛盾关系体，社会结构是经济基础与上层建筑构成的矛盾关系体，经济结构是生产力和生产关系的矛盾关系体；③社会结构变化的动力源于社会内部的矛盾运动，正是这些矛盾运动推动整个社会发展变化。20世纪末，吉登斯提出系统和结构两个层次的“结构二元性”的结构化理论。他认为在社会实践中这两个层次（系统和结构）通过三种结构化的“形式”联系在一起（图2-5）（皮特，2007）。法国年鉴学派的布罗代尔和沃勒斯坦把时间和空间相结合，用结构的思想来分析历史过程，这也可以大致归为结构–过程主义思想。他们提出长、中、短三种时间尺度的历史时段说，把三种时间尺度的历史舞台放在三种空间尺度的地域（区域）范围内分析，而在每一个区域（地中海、法国等）或每一历史阶段（如资本主义阶段）均构建了其特定的社会经济结构（产业构成、生产组织等）及相应的空间结构特点（地理边界、核心、中间带、边陲区、控制力量及其特征变动等）（赖建成，2009）。

43　结构主义地理认知思想的形成

20世纪70年代初期，一部分青年地理学家开始对基于实证主义的数量–空间主流地理学思想提出质疑，认为由计量革命形成的地理思想是“空间拜物教”，“地理区位理论不加甄别地吸收了资产阶级社会科学理论基础框架”，认为这种地理思想“只能从总体上说明现有经济系统的合理性”，“与现实世界空间问题的形成过程之间的差距越来越远”，认为“唯一能用综合的、动态的方式处理诸如人口–资源关系问题的方法，一定是建立在马克思辩证唯物主义基础上的”（皮特，2007）。为此，越来越多的地理学家从马克思经典著作中寻找理论依据和分析方法，把研究建立在马克思主义思想及其后继（如法兰克福学派）发展的理论基础上，研究领域包括自然与社会关系问题（A. 施密特、N. 史密斯等），贫困、生态退化与社会问题（R. 皮特、M. 瓦茨、P. 布莱基等），空间与资本主义社会辩证关系问题（D. 哈维、L. 查特杰、H. 列斐伏尔等），非均衡发展问题（N. 史密斯等）（皮特，2007；约翰斯顿，1999；蔡运龙等，2011）。与此同时，一些社会科学家把结构主义思想与马克思政治经济学理论相结合，形成结构主义的马克思主义（皮特，2007）。随着马克思主义地理学对社会–经济与空间关系研究的深入，一些地理学家进一步发展结构主义的马克思主义思想，把马克思政治经济学中相当于过程结构主义思想的经济基础结构与上层建筑结构的对立统一发展理论与社会经济地域空间结构的形成和演化、发展联系起来分析人文地理问题，形成了结构马克思主义地理认知思想，代表性地理学家有H. 勒菲弗尔、D. 哈维、M. 卡斯泰尔、A. 利培茨、M. 桑托斯、R. 皮特、M. 邓福德、D. 佩龙斯、D. 梅西、P.J. 泰勒、R.J. 约翰斯顿、K. 巴赛特、A. 普雷德和I. 沃勒斯坦、A. 吉登斯等（皮特，2007；约翰斯顿，2000；列斐伏尔，2007；Lefebvre，1991）。

44 马克思主义地理学作为地理解释的新模式

把马克思主义用于分析地理现象是一种理论发展和创新的过程，其关键就是地域空间问题，因为马克思主义政治经济学和社会学基本是从总体上分析研究的，并未专门分析地域差异问题，故要把其用作地理分析的理论，必须一方面发掘分散于马克思经典中的地域差异论述，另一方面要从马克思主义理论的初始原理推导出社会经济结构发展演化的地域差异理论。这一理论创新主要是由 D. 哈维与其学生及 H. 列斐伏尔和受其影响的人完成的，他们“从分析资本积累之历史动力的矛盾，到在空间中证明这些矛盾，再重复这个过程，空间影响成为在不均衡发展中矛盾的主要方面”。其主要内容是：①区域内部危机的增长是由空间的外部运动表现出来的；②地域空间的社会关系理论化，成为更普遍的、符合内外辩证法的空间组织要素，用对立统一的辩证逻辑把地物（地理现象）的物类属性之间的关系和地域属性之间的关系联系起来进行动态分析，并企图克服基于经验主义地理学的有现象缺理论和“空间科学”有空间无物的状态，从而形成一种新的地理学分析研究模式（皮特，2007）。

45 空间的生产

《空间的生产》由列斐伏尔于 1974 年所著，也是他对马克思主义政治经济学和社会学理论在地理学领域的推论发展中所提出的核心观点。他反对把空间从实体中抽象出来的逻辑实证主义的空间观，提出了实际的空间生产的分析思路，认为空间是一种（社会）产物，每一种社会，每一种生存方式都产生其自己的空间。但是社会空间的生产不同于商品的生产，因为空间包含了很多不同的事物，它既是产出结果又是（鲜活的行为）方式，既是（由重复劳动创造）产品又是劳动（即一些独特的、原始的事物）。空间包含事物，然而它不是一种物质实体，它是事物间的一系列关系，是一个“超复杂体”。他用三种组合的空间概念去揭示空间的社会关系：①空间的实践，指生产与再生产隐藏于社会空间中形成了特殊区位和一种社会形式的固定物证；②空间的表现，指用语言和图形符号系统表达的空间的抽象概念；③再现的空间，倾向于使用非语言的象征和标记的系统所体现的空间，它以日常生活为情感中心，包括感情、行为、居住的环境。感知的、构思的及现实的三合一三个阶段，以辩证的关系结合在一起。列斐伏尔分析了三者之间的关系及其在特定生产方式和历史阶段的相互作用和运动，提出一定历史阶段的特定生产方式（特别是资本主义生产方式）的空间主导形式努力通过暴力的方式塑造主导空间。故变化的社会意味着变化的空间。其学生 E. 索加进一步用列斐伏尔的空间生产理论来分析社会和生产的地域分异与地域结构问题，论证有组织的空间在其发展中分裂为主要的中心和次要的边缘区，形成一个被地理概念称为不均衡发展的结构；用生产方式的同源性（对应）把空间关系和阶级关系关联起来，并系统研究了作为事物客观存在形式的“环境空间”（第一自然）至社会组织及生产的“创造空间”（第二自然）的区分和转化。这种方法称为“社会空间的辩证法”（皮特，2007；Lefebvre，1991）。

46 区域非均衡发展的结构马克思主义地理学分析

区域非均衡（不平衡）发展是马克思主义经济地理和社会地理研究的主要领域之一，其共同的观点是：①国家间发展水平的空间差异是资本主义的一个必要的构成要素，不平衡的空间发展是资本主义积累过程的一个先决条件，也是资本主义发展的必然后果。在世界尺度上，不平衡发展基本上将不同的国家分为中心和边缘及相互交织的半边缘的空间类型，中心由发达国家构成，边缘则是发展中国家和附属国家，前者吸收剩余价值，后者输出剩余价值，通过城市系统把剩余价值流连接起来。②在一个国家内部，不平衡发展体现在资本所有权的中心化和集中化，为资本主义转型趋势的特征，从而使一个国家也可划分为中心、边缘和半边缘区。③由于这些过程是通过城市的地域分异进行的，故城市化的结构主义分析就非常接近于区域差异分析。④进一步延伸至逆城市化的内城（空虚化）问题，认为这是在生产方式转换持续期被资本所抛弃的最后阵地。⑤史密斯将人类活动和空间在空间“自身”的概念层面上整合在一起，提出以空间非均衡发展的逻辑替换列斐伏尔空间生产的概念，认为生产力的发展在矛盾运动中把绝对的（自然）空间转变为相对的（社会）空间。生产力的发展将社会从趋于“平等化”自然空间的约束中解放出来，它仅仅通过将资本投入特定空间，便产生了“差异性”及相对化的空间。这些运动决定了作为综合结果的资本主义空间的具体形式：空间既不是客观存在的平等状态，也不是无差异的。他还提出“跷跷板”的非均衡发展理论，以解释区域跳跃性的不平衡发展现象（皮特，2007；约翰斯顿，1999，2000）。

47 城市内部居住地分离的结构马克思主义地理分析

对于城市中不同阶层居民居住区分离的现象，结构马克思主义地理学者反对区位理论所进行的“距离摩擦”和自由选择结果的解释，认为关于社会经济团体和其他（如种族）团体居住区分离的解释应建立在下层结构的分析上，它在上层建筑中的表象可以描述和模拟，但不能解释。资本主义社会城市社会区域的产生“至少在其广泛的面貌上是由从资本主义生产过程中发散出的力量所产生的，而不是人们自动地和自发地产生的偏好所构造的”。“那些偏好是由资本主义势力在社区环境内的社会化过程中编造出来的”（约翰斯顿，2000）。

48 年鉴学派及其区域发展和分异的结构主义分析

年鉴学派是当今世界上影响最大的史学学派之一。年鉴学派由法国吕西安、费弗尔和马克•布洛赫创立，因其主办的《经济和社会史年鉴》杂志而得名。其第二代代表人物F.布罗代尔力图把人类社会的历史作为一个整体和一个完整的体系来把握，并以该体系各组成部分密切相关、相互作用所形成的结构和功能关系再现处于动态过程中的历史总体。他用长时段－地理时间－结构、中时段－社会时间－局势、短时段－个体时间－事件的三时段模式来分析各种物质与非物质因素对历史发展的不同程度的作用，并把它与国际规模、国内规模（区内规模）和局部的地域空间尺度相对应（图 2-6）。他把影响历史进程的深层因素（各种结构）放在首位，其次是中层因素（经济局势），最后是昙花一现的“尘埃”（政治事件）。他将历史学与地理学结合起来，认为一个区域的特性“只能从长时段的深层历史中去寻找，如地理、人口、经济生活、国家、文化、社会等变化缓慢的结构，对区域特性的逐步形成起根本性的作用”。在这个被称为“地理历史结构主义”模式的基础上，布罗代尔提出经济世界的概念。其要点是：①每一个经济世界包括三个要素，即一定的地理范围、一个中心（心脏）、心脏以外的中间地区和边缘地区；②经济世界的心脏与中间和边缘地区的关系是不平等关系，是剥削与被剥削的关系；③以上三个要素并不是固定的，一个经济世界的地理范围可以扩大或缩小，中心可以转移，中间和边缘地带也可以改变；④经济世界的变化缓慢，与地理的变化缓慢相适应，在一种生产方式（如资本主义）下的阶段转变则在很大程度上取决于中时段的“局势”“经济周期”的演变，而“经济世界”的中心特征和传递（如意大利→荷兰→英国→美国）则无非是一些短时段的表面变化而已；⑤美国纽约州立大学布罗代尔经济、历史体系和文明中心主任 I. 沃勒斯坦补充提出，经济世界的范围并不等同于政治的地理范围，经济世界通常超越政治疆界，国家的角色对经济世界的维持与发展有重要功能。布罗代尔把 15 ～ 18 世纪的世界划分为四个经济世界：欧洲、俄罗斯、土耳其和远东，它们同时存在，相互进行有限的交往，他用上述地理历史结构主义模式对这四个经济世界进行系统的分析。I. 沃勒斯坦则进一步发挥和发展了布罗代尔的思想，用总体史学的理念剖析现代世界体系（资本主义世界经济体系）的发生、发展及其地域结构特征（布罗代尔，1996，2002；沃勒斯坦，1998；赖建成，2009）。R.J. 泰勒在沃勒斯坦研究的基础上集中分析了国家的国际体系和各国的相互关系，关注国家与民族主义，关注作为政治学习的特定关联域的地方性（约翰斯顿，2000）。

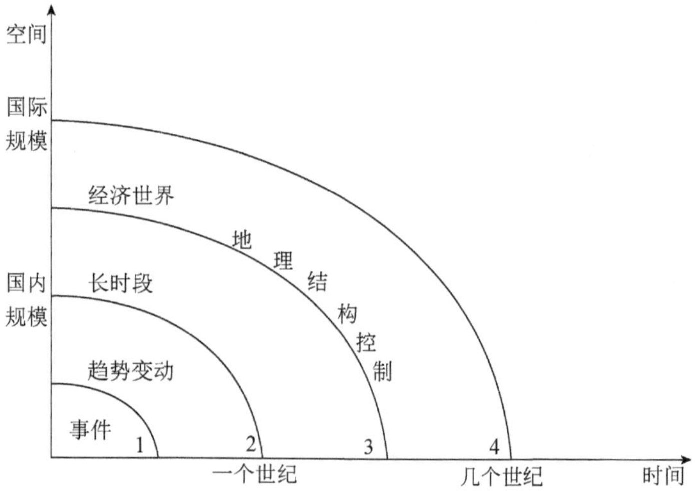

图 2-6　布罗代尔历史发展时空结构图

49 历史地理的结构主义地理学方法

历史地理的结构主义地理学方法指把“作为过程的结构”思想的基本命题（即作为基本内部自身过程与历史上早期转变的产物相互作用的结果的生产方式处于持续不断的变化之中）作为历史地理研究的基本框架进行动态的区域历史地理研究。为此，D.哈维将历史－地理唯物主义提倡为可调整的、辩证的研究模式去研究资本主义及其区域变化的历史地理（哈维称之为时空的历史地理学）；索加用资本主义崛起的区域过程对城市与区域的再现历史进行总结研究；普雷德把（历史的）时间地理与结构理论相结合，“把区域设想为一个过程，认为依赖于这个过程，社会和事物的再生、事物发展记录的构成以及自然变化得以持续相互适应，而同时特定的时间的活动与权势关系赖以不断地彼此对应”，他用这种理念进行历史上区域社会空间的变化研究，形成变化的（历史）区域地理学方向（贝克，2008；约翰斯顿，2000；哈维，1996）。

50 新区域地理

对于什么是新区域地理，不同人有不同的理解。克拉瓦尔认为，新区域地理是形成于20世纪50年代末期的、以逻辑实证主义决定论哲学思想为指导、以区域分析为核心、以空间经济学理论为解释概念框架的区域地理（Claval，1998；蔡运龙等，2011）；而R.J.约翰斯顿认为，新区域地理是由逻辑实证主义思潮导致原传统的经验主义基础上的区域地理衰亡后，在结构主义思潮或结构主义思潮与人本主义思潮相结合的基础上，在20世纪70～80年代复苏和重建的区域地理。由于“复苏”和“重建”均以人文地理为主要内容，故又称新区域人文地理，约翰斯顿认为新区域地理建立在结构论基础上，对区域演变过程的认识是辩证的而不是自然主义的（指简单的因果关系或自然决定论），还认为要认识在区域形成、重建和变革过程中人类作用的重要性。他还认为：①虽然各个社会进程是一个整体，但它们是在历史和地理的特定环境中运行的，因而对它们的认识需考虑地理变化（区域的马赛克结构）；②社会不是一成不变的，人类行为一直在对社会进行再创造活动，社会的再创造也是因时因地多变的；③地方的变革是在广泛的社会关系背景下进行的；④所出现的区域并不是固定的地域划分，而是变化着的社会结构；⑤地理学的一项主要目标是揭示区域的性质（约翰斯顿，1999）。

51 结构主义思想对自然地物研究的启迪

自然地物指在一定条件（不管是纯自然环境或人为控制的条件）下由完全按其自身本来（物理的、化学的或生物的）规律而运行的属性集合所确定的地物。按其主导的形成因素（纯自然的或人工的）或主导的控制条件（自然的或人为的）可分为第一自然（地物）和第二自然（地物）。第二自然（地物）属资源或环境，是生产力的组成要素之一。其运行、演化和发展在一定程度上或相当大的程度上被包含在人文社会区域系统中，因而也属人文地理结构思想的分析内容。例如，N. 史密斯、P. 奥克弗和 A. 施密特关于马克思主义自然观念及其在地理研究中应用的论述（蔡运龙等，2011）；年鉴学派关于长时段及其相应的宏观区域自然环境与其社会经济的相互作用及与中时段、短时段历史过程和相应的区域地理关系的研究（布罗代尔，1996）、结构主义的人地关系和政治生态学研究（皮特，2007）。对于第一自然（地物），结构主义思想似乎没有意义，但是，业已证明，有些自然地理现象，或包括自然地物和人文地物的地物整体也存在着结构主义赖以分析人文社会地理对象所具有的假设前提：客观的事物存在层级结构，其表层结构的特征由隐含的下层或深层结构（规则、关系）所控制，因而只能通过下层或深层结构的分析来认知。例如，许多地表事物的地域空间结构服从分形几何学规则（曼德布罗特，1998），河流网络、地震能量、中心地体系都隐含着可用相同幂律表示的标度关系（蔡运龙等，2011），自然地物和人文社会地物都存在一定的自组织结构（物类属性和地域空间属性相结合的自组织结构，可把其序参量看作是控制性结构参量），自组织结构的关联和演化规则的分析是认识地域结构稳定、渐变或突变的有效方法（蔡运龙等，2011）。因此，结构主义思想不仅对人文地理，而且对地理学各方面（包括自然地理）的研究可能均有普遍的启迪意义。

52　系统科学思想

系统科学思想指 20 世纪中期以来形成的以系统理论为中心的一系列用于概括、分析和调控自然、人文与社会领域各种事物和现象的普适性思想方法，主要包括系统论、信息论、控制论、运筹学、耗散结构论、突变论、协同学以及混沌理论、分形理论、超循环理论、大系统理论和复杂巨系统理论等。系统科学思想把其研究的对象作为系统进行研究。系统定义为处于一定相互关系中并与环境发生关系的各组成部分（要素）的复合体（集合）。一般系统都具有以下特性：集合性，相关性，层阶性，整体性，环境的适应性。

53　系统科学思想用于地理认知的必要性和适宜性

对于这一问题，陈彦光进行了全面且系统的论证。他认为，地理学研究的系统从来就不是简单系统，因为任何一个地理系统，无论是自然系统还是人文系统，都不可能通过还原论的方法来进行有效分析，与简单系统相比，地理系统的复杂性特征表现在七个方面：①地理要素之间的关系多属于非线性关系，不可满足叠加性，整体不等于组分之和，不能借助简单的比例关系定量地表示，其结构特征的刻画需要借助动力学分析工具；②地理系统基本属于不良结构系统，其机理不明确，难以用数学模型有效地描述，只能用半定量、半定性的方法，有的只能用定性的方法来处理，甚至要借助直觉来判断，来解决问题；③复杂系统研究侧重于动力学分析，而不是静态的结构分析，静态解释的思想不适应复杂性的动态分析，如从周期到灾变再到混沌变化，均属复杂系统的非均衡性问题；④无最优解，只有满意解；⑤非线性关系的不可还原性，不可以通过逐步简化的方法解释系统结构，如果强行将系统整体分解为各个部分，通过部分分析的结论也无法借助加和的方式给出整体的正确信息；⑥对于复杂系统，很难建立适当的数学模型，即使建模成功也不能求解析解，目前只能借助计算机模拟实验求模拟解；⑦复杂系统存在宏观不对称，用于描述的模型可以不是唯一的，在不同时空条件下可以采用不同的模型进行描述，也存在微观不对称，即其模型参数不是恒定的，而是随着时空条件而改变的。对称的本质是守恒律，从而有规律、普适性，而不对称不遵守守恒律，不能用传统的数学方法求解，故必须有复杂的理论、复杂的世界观和复杂的方法论。故陈彦光认为，“对于地理系统，我们找不到可以还原的领域”，以往的许多地理研究，是“用基于可还原的理论研究不可还原的问题”“以线性的方式处理非线性的系统”“用规则的几何图式规划不规则的空间系统”，故“地理学‘计量革命’后的‘理论革命’不了了之”，因而认为整体论的思维将会改进地理学研究方法，推动地理学进一步发展。走向复杂性是地理研究的必由之路，认为就弥补还原论的重要缺陷而言，系统分析方法“是最为可取的处理方法“（蔡运龙等，2011）。当然，陈彦光把复杂性理论视为不同于一般系统论的新的理论，但实际上钱学森早已把以耗散结构理论、协同论、突变论、分形理论、相变理论、混沌理论和趋循环理论等为代表的复杂性理论视为系统理论的新发展，属于更为深刻的系统理论纳入系统科学之中（苗东升，1990）。

54　钱学森关于用系统科学观研究地理系统的思想

钱学森认为地理系统是一个开放的复杂的巨系统：第一，“它是开放的，‘开放’就是与系统外有关联、有交往，既有能量物质的交往，又有信息的交往，而不是封闭的；第二，它是巨系统，就是子系统成亿、上百亿、上万亿、上亿亿；第三，它是复杂的巨系统，就是子系统的种类非常多。人是一种子系统，还有种类繁多的植物和动物、山山水水，以及地下矿产等。这就形成一个特点，即这个‘开放的复杂巨系统’内部层次、结构多变，而且我们很难分清、确定，今天你看是这样，再过一天又不是这样。这就给我们研究分析地理系统这种‘开放的复杂巨系统’造成很多困难”。“要研究开放的复杂巨系统的方法，要掌握且要发展从定性到定量的综合集成法”（钱学森，1991）。

55　系统科学范式在地理科学中的应用

早在1956年，贝塔朗菲在创建系统科学时就将系统思想引入地理分析（蔡运龙等，2011）。而随着20世纪中期系统科学思想的提出和逻辑实证主义的还原论及分解方法在地理学应用出现的局限性困境，一些地理学家逐步引入系统科学思想进行地理研究。1967年E. 尼夫（Neef）就明确地表述了地理系统作为地理研究对象的看法；G.R. 拉姆尼在1970年编写了《地理系统：陆地、海洋、大气的动态整体化》一书；R. 乔利和B.A. 肯尼迪1971年把地理系统分为形态系统、级联系统、过程–响应系统和受控系统（钱学森等，1994）；哈维（1996）在其《地理学中的解释》的结论前一章（第23章）跳出逻辑实证主义的分析框架，讨论系统概念在地理学中的应用问题，认为“系统概念绝对是我们在地理学中认识解释的关键”，讨论了地理学“建立在系统概念基础上的分析框架”；哈格特 1980 年编写了《地理学中的系统分析》一书（Hugett，1980）；索恰瓦 1978 年编写了《地理系统学说导论》（索恰瓦，1991）；Heinz 1983 年编写了《地理系统学导论》（Heinz，1983）；A.G. 威尔逊 1997 年编写了《地理学与环境——系统分析方法》（威尔逊，1997）。在地理科学的各分支学科中，特别是自然地理的各分支学科，比综合地理学更多和更早使用系统学科概念和方法进行研究，如特鲁吉尔（1985）的《土壤与植物系统》、国际气象组织提出的气候系统理论（林振山，1995）、耦合水气过程的水文气候系统研究（谢尔登，2011）、生态地理学家把生态系统理论在地域系统方面的拓展（郑度等，2008）、卡森和柯克拜（1984）的地貌系统与模型、奥德姆（1993）把其系统生态学方法延伸至自然景观系统、城市系统和多区域之间的系统关联。随着系统科学从老三论（系统论、信息论、控制论）到新三论（耗散结构论、协同论、突变论）及混沌理论、分形理论、超循环理论、大系统理论、复杂巨系统理论的发展，地理科学大量地引用这些以解决复杂的、非线性的、非常规动态过程问题为目标的方法来对各种地理现象进行研究，如自然地理学中的混沌理论（蔡运龙等，2011），各种地理系统的分形、分维、自组织和相变等问题的研究（蔡运龙等，2011），基于耗散结构的城市系统的复杂动力学演化模拟研究（迈因策尔，2000），藤田昌六、克鲁格曼和维纳布尔斯的空间经济学研究（藤田昌久等，2005）。

56 地域系统

地域系统也称地理系统，指在特定的地理边界约束下，一组结构有序和功能互补[这里的功能不仅指系统内部物质、能量、信息的传输、交换能力或状态，而且包括系统的各种能力（对物质、能量和信息的变换、映射、特征、传输、滞后、过滤、记忆等）、反应和对系统到事物的作用、影响、效用等意义上的功能]的要素集合。这些要素之间或与其周围环境之间不断进行物质、能量和信息的交换与传输，而且以“流”的形式（如物质流、能量流、信息流、人口流、货币流、经济流等）贯穿其间，既维系系统与环境的关系，又维系系统内部各要素间的关系，形成一个动态的、有等级的、有层次的、可实行反馈的开放系统（牛文元，见左大康，1994）。索恰瓦把地理系统限定于自然领域，定义为一切量纲的地球空间，在这些空间内，自然界各组成成分处于相互的系统联系之中，作为确定的整体宇宙圈与人类社会相互作用（索恰瓦，1991）。

57 地域系统（地理系统）的结构

系统的结构由元素及元素之间的联系构成。其中元素是系统的基本单元，由于我们是在一定尺度上设想系统运转的，因而元素的定义取决于我们构想的系统的尺度；而由于系统分析的目标不同，所涉及的事物的属性不同，因而必须把元素看成是某个研究个体的某种属性，而不是个体本身；元素之间的关系或联系提供了系统结构的另一组成部分，关系的基本形式有连续关系、平行关系和反馈关系三种，实际关系是这三种基本关系的不同组合（哈维，1996）。对地域系统来说，其元素指的是在所构设的地理系统（地域系统）定义和界线范围内地物的物类属性和地域属性，或由一定地物构成的一定地域尺度下单元地域的某种综合属性或假定的（统计上的）平均属性值。地域系统组成元素之间的关联包括物类属性之间的关联和地域空间之间的关联（地域属性的关联），以及层级结构和层级之间的关联。地域系统构成元素的关联通过物质流、能量流和信息流来实现，也存在平行关系、连续关系和反馈关系三种基本形式。而层级结构则通过单元元素（地物或单元地域）的系统化组织及上下层组织间的物质流、能量流或信息流的调控关系来实现。地域系统可按其物类属性或地域属性建构成有一定层级关系的地理类型结构或地理方域结构，二者又在最小的地域单元（局地地理元或 geotope）中结合在一起（索恰瓦，1991；Heinz，1983）。当系统元素之间的联系以一定的空间结构形式存在时，它们之间的物质、能量或信息的交流必定要克服空间分离（阻力或间质性因素）的限制，这种限制的作用有大有小，有的可以忽略不计，如生理学中各组织、器官之间的关系，社会学中政权组织与个人之间的关系，植物学中光合作用与环境要素（光、热、水、营养等）之间的关系，普通生态学中生物与环境的关系；有的则不能忽略不计，如气体运动和能量转换系统、波（地震波、水波等）的传播、河流水文过程、人口流动等。对不能忽略的间质性因素、不同学科或统一科学的不同认识模型中均采用不同的形式来表征，如牛顿力学采用直线距离和阻力，热力学第二定律采用体积的压力，化学元素或与分子结构采用电子层模型。所以空间不是绝对的，而是物质之间的一种关系形式，不同学科以不同的关系概念来表征。在地域系统中兼具物类属性和地域属性的各种地物组分间及其整体与外部环境间的物质、能量或信息的联系均受到地域空间性的作用和影响，这是不能忽略的，而且这种影响又受制于地物的物类属性，不能脱离物类属性而存在。物类组成与地域空间间性共同决定的地域结构决定了地域系统的功能、运动和演化特征，故地域结构是地域系统的存在形式，也是地域系统的本质性特征。

58 地域系统的界线

系统的界线指由研究的目标决定的处于系统之内的元素和另一些属于环境的有关元素之间的分界，以便明确系统的结构和行为（哈维，1996）。对地域系统而言，系统的界线指组成该地域系统（地理系统）的地物（物类属性 + 地域属性）的范围域，或地域系统单元的地域空间界线。这一界线依研究的目标而定，不同的研究目标涉及的地域系统组成元素不同，空间尺度不同，因而边界也不同。

59 地域系统的环境

系统的环境指与系统的运行有关（或与系统内的元素有关联），但又属于系统界线之外的一切事物。对于一个系统的子系统而言亦指对该子系统有影响（或者说与该子系统的元素有关联）的其他子系统及子系统所属的上一层级系统（哈维，1996）。对地域系统而言，相应的应指地域系统的界线之外，且对该地域系统有影响的一切事物，这一界线既包括物类属性界线，指构建系统的物类属性之外且对其有影响的其他物类属性，也包括该系统的地域属性界线，即该地域系统之外且对该地域系统有影响的外围地域（包括其他地域系统）及该地域系统所属的更大范围的上一层级地域系统。

60　地域系统的状态

一般而言，把系统的状态看成是在任一时间点上各个变量（元素）在系统内呈现的值。而在严格意义上系统的状态指任何非常确定的、若再发生就能被识别的状态和特征（值）。故系统的状态有瞬变状态和具有显著特征的各种均衡状态。变量所呈现的值与输出相对应（哈维，1996）。对地域系统而言，相应的系统的状态应指物类属性的值和地域特征的值，由于任何地物的地域空间都是有限的，因而地物所占有地域空间的量值（面积、地域空间分布特征值、边界的长度等）也可以成为地域系统的状态特征值。

61　地域系统的行为

系统的行为指连接系统各部分中行为的功能“法则”和环境输入（刺激）经系统的转化至系统输出（响应）的转化变换过程（模式），如由技术系数矩阵表达的一个经济系统中的生产资料的投入和产品的产出的投入－产出行为，一个生态系统由环境因素影响的由光能和水与二氧化碳通过光合作用而产出碳水化合物的光合作用行为等（哈维，1996）。对地域系统而言相应的系统的行为应是两种情况：①在相对稳定的环境支持下，地域系统内各元素相互作用从而导致系统特征发生变化；②环境的输入（刺激）导致地域系统某些特征变化（响应、输出）的转化或变换过程，如外环境水平衡变化或污染的输入产生的沼泽系统退化行为。地域系统中这种刺激－响应的转换行为往往是非线性的，而变化过程可能以量的变化形式响应，也可能以质的变化形式响应，还可能是规则的渐变，但在超过一定阈值之后，则可能发生突变的行为。

62　地域系统的参量

系统的参量指可能由环境或其他系统输入的且不受系统运转影响的变量，这些变量的量值由环境或其他系统来决定（哈维，1996）。相应的地域系统的参量指由被研究构设的地域系统之外的环境或其他地域系统对该系统输入的变量，这些变量的值由该系统之外的环境或系统决定，而不受所构设的系统运转的影响。例如，对一个研究的湖泊系统而言，从其汇流流域汇入的水量和水质；对一个特定的自然或人工生态系统而言，它所属的国家或大地区社会政治体系环境等。

63 规范性地理思维的提出

保罗·克拉瓦尔在《地理学思想史》中专门用一章来论述规范性地理思想。他认为，“地理学史多聚集在分析性和理性的知识层面，但地理思想并不仅限定于这类描述或解释。每一种文化都有其自己的方式来界定地点的方位和明确其位置，有自己的一套技巧来利用环境，也形成了自己的社会和空间相互作用的系统。它们时而明确，但经常稳而不显。它们依赖经验知识——一种前科学但确能根据某种标准对现实世界加以合理评估。为明了地理学在某一特定环境中的角色，应将其视野遍及所有形式的空间意识，如此方能显露追寻空间知识的原因及其解答方式，并显示不同空间理念形式之间的关系”。他将这些各种非来源于学术性地理研究的认识地物的思维方式统称为规范性空间思维，因为“它并不从分析世界开始，而直接基于对某种真理的掌握而后建立主要原则，因此各种抵达真理之核心的方式未必相同。真理经常透过宗教启示而显现，乃是宗教启蒙或沉思的结果。它可能根据人类心智而直达世界和生命的观念——这是古希腊以及早期现代理性形而上学的基础”（克拉瓦尔，2007）。自古至今，人类在地球上不停地进行地理活动（自己本身在地球上的行动及进行的大量的建设和破坏活动），这些地理行为有的是为特定的经济目标和生活目标而进行的（如垦殖、渔猎），有的则是为特定的信仰而进行的（如陵园建设、庙宇建设）。大部分地理行为均要基于一定的指导原则或规范（如原始居民的耕种地选择和限制，风水林保护，城市建设选址和规划，等等），这些代代相传的规范就成为指导地理行为的原则。这就是规范性地理思维及据以进行的地理行动。只有认识和研究这种规范性地理认知，才有可能全面认识我们面对的地理现状（克拉瓦尔，2007）。

64 服务于帝国战略的地缘政治学

地缘政治学是一个从全球的地理空间尺度，从各种复杂的相互关系的总体角度上来研究世界主要国家间或国家集团间政治上的相互关系与格局的政治地理学派别（王恩涌等，1998）。它是帝国主义世界战争开始以来与世界大国争夺世界霸权的军事、政治战略相应的一种地理研究（准确地说是谋划）领域。自1916年瑞典政治学家基伦首提地缘政治学概念及其理论框架以来，尽管不同时期、不同人的具体地缘政治谋略因国际政治格局和形势的变化及各人的政治和思想背景不同而不断变化，但地缘政治理论地理思维的出发点及其谋略的目标指向基本不变，对于这些出发点和目标尽管多未明确点出来，且多以客观的、中立的面孔出现。

65 风水说

根据《辞海》，“风水亦称‘堪舆’，中国的一种迷信。认为住宅基地或坟地周围的风向水流等形式能招致住者或葬者一家的祸福。风水也指相宅、相墓之法。《葬书》载，

‘葬者，乘生气也。经曰，气乘风则散，界水则止。古人聚之使不散，行之使有止，故谓之风水’”（夏征农，1999）。考察归纳各种风水说的理论源流、基本内容和实践方法，似乎可认为风水说是中国传统社会的一种基于“唯气论”和天、地、生、人合一思想体系的人地关系理论的世俗化转型，它通过对环境地物（或景观）的意象感知来推测地理环境对人事凶吉和族群命运的作用和影响，以指导阴阳宅（墓地和住宅）的选址，规范城池、聚落、住宅空间布局。风水说的发端大致可追溯到汉以前，文献载“始于黄石（秦末汉初）、续于郭璞（晋）、盛于杨公（唐代杨筠松）……”（俞孔坚，2000；汉宝德，2003）。风水说主要可分两派：一为形势宗；二为理气宗。形势宗主要以山川形势论断阴阳、五行生克之理，注重在空间序列上达到天地合一，注重在山川形势中“觅龙”“察砂”“观水”“点穴”“取向”等审辨环境程序，以推测其对人事祸福的影响；理气宗注重天心合运，效法天地，并在时间序列上达到天人合一，运用阴阳、五行、干支生肖、四时五方、八卦九风、三元运气等观念来分析人地关系，注重阴阳、五行、干支、九宫八卦等相生相克理论，并创立一个严密的现场操作工具——把指南针与方位、八卦、五行、干支等风水判断依据的刻度分割相结合的罗经，以判断环境的凶吉。

66　阿尔贝蒂的建筑四规则

阿尔贝蒂（1404～1472年）在15世纪中叶完成一本论建筑的书。该书直到19世纪中期都被认为是建筑师和城市规划者的手册。他受柏拉图哲学的影响至深，认为推理可以解释真实世界，进而使人洞悉概念世界，即和谐世界。以此方式，美的事物可以透过纯理论性达成，因此他提出四项规则作为赋予建筑品质的依据：①建筑需坚固；②建筑需顺应委托人所需，也就是符合功能；③建筑需和谐；④建筑需美观。四项可被视为具相同的基础。由于全部都是理性的，而且从最基本所推导，故属规范性的规则（克拉瓦尔，2007）。

67　《明日的田园城市》

《明日的田园城市》是E.霍华德1898年编写的一本书。该书针对当时英国严峻的社会问题：乡村停滞、衰退，城市畸形发展，环境日趋恶劣，居民相互隔离，贫富悬殊等，提出用城乡一体的新社会结构形态取代城乡分离的旧社会结构形态，建设新的人与人、人与自然和谐的政治文化组织“社会城市”的设想。该书出版后至今再版5次，并被翻译成多国文字，流传全世界，成为影响巨大的世界名著和城市规划者必读的参考书，并促成了世界性的田园城市运动（霍华德，2000）。

68　《雅典宪章》

1933年国际现代建筑协会在雅典开会，中心议题是城市规划，并提出一个“城市规划大纲”，这个大纲后来被称为《雅典宪章》。大纲第一次将城市及其周围影响地区作为一个整体来研究，指出城市规划的目的是保障居住、工作、游憩与交通四大活动的正常化进行。大纲第一次将城市规划由原来的二维平面空间设计引向三维空间，即主体空间的科学（亢亮和亢羽，1999）。

69 《马丘比丘宪章》

《马丘比丘宪章》也称为马丘比丘宣言。1978 年 12 月一批建筑师在秘鲁利马集会，对《雅典宪章》40 多年的实践作了评价，会后发表了《马丘比丘宪章》，提出了人类城市与土地资源、自然资源及自然环境和谐的问题，提出有机建筑的理念，强调人的社会活动对城市的作用，而不是一味地用城市去规划人的行为，在总体上开拓了城市和建筑理论的新方向。

70 《北京宪章》

1999 年 5 月国际建筑师协会第 20 届世界建筑师大会在北京召开，会上一致通过了由吴良镛教授起草的指导 21 世纪建筑发展的重要纲领性文献，该文献称《北京宪章》。宪章总结了百年来建筑发展的历程，并在整合 20 世纪的历史与现实、理论与实践、成就与问题以及各种新思路和新观点的基础上，展望了 21 世纪建筑学的新方向，提出了一个新的、21 世纪的建筑学体系——广义建筑学。宪章从地区、文化、科技、经济、艺术、政策法规、业务、教育、方法论等不同侧面思考这一问题，认为广义建筑学是建筑学、地景学和城市规划学的综合，即三位一体，形成了建筑与城市规划的新模式（吴良镛，2002）。

71 孙子兵法中的军事地理规范

《孙子兵法》为春秋末期（公元前 6 ～前 5 世纪）军事家孙武创作，被认为是世界最早涉及战略问题（包括战略地理问题）的理论著作。孙子把地视为决定战争胜负的五个因素之一："故经之以五事……地者，远近、险易、广狭、死生也……凡此五者，将莫不闻，知之者胜，不知者不胜。"故在《孙子兵法》的十三篇中，有地形篇、九地篇两篇及行军篇中大幅论述地理环境，特别是地形对军事战略布局和军事行动的影响，提出一系列在不同军事行动中不同地理环境，特别是不同条件下的军事行为规范（胡阿祥，2007；孙武，1999）。

72 中国古代官府和神庙的营造规范

中国古代帝王的京都、皇宫、陵寝、衙门、宗教的庙宇和家族的祠堂等建筑均基于神圣的理念和等级分明的规范进行布局和形制规范，主要特点是庄严雄伟、整齐对称，等级分明、监管有序，风水有据、意实相成，以期达到根基永固、绵延长久的目标。第一，在选址上多要延请著名的风水师依风水理论确定理想的宝地，至少要论证选址的合理合法性，并确定主建筑的方向定位。第二，在平面布局上均有一条明显的中轴线，在中轴线上布置主要建筑物，在中轴线两侧布置陪衬的建筑物，这种布局主次分明、左右对称，如北京的主要寺庙，在它的中轴线上从前至后依次为影壁（或牌楼）、山门、前殿、大殿、后殿（或藏经阁），在中轴线两旁布置陪衬用于管理服务的建筑，整齐划一，两相对称，主建筑最高大、最雄伟，加上采用拱云托月、绿叶衬红花等手法，更衬托出主要建筑的庄严雄伟。第三，在一个建筑群中，主建筑一定要高于其他单体建筑，都城规定所有民居均不得高过皇宫，而官员住宅的大小也按等级明确规范。第四，在都城和大的建筑群内（如故宫）均有明确的地域功能分区，以便于管理和各类人员活动的协调，在总体的神圣理念和等级的基础上兼顾实用的需要。第五，所有建筑均配有许多意象性的饰物和雕塑，这些饰物和雕塑或弥补风水上理想风水的不足，或强调某种神圣的喻意，使之与实体建筑的精神意义相辅相成。这种营造的规范完全满足了统治者和神佛教义对于礼敬崇高、庄严肃穆的需要，所以几千年来一直被沿袭，并且逐步被完善。

参考文献

奥德姆 H. 1993. 系统生态学 . 蒋有绪 , 译 . 北京 : 科学出版社 .

白光润 . 1989. 地理学引论 . 长春 : 东北师范大学出版社 .

邦奇 . 1991. 理论地理学 . 石高玉 , 石高俊 , 译 . 北京 : 商务印书馆 .

鲍尔曼 F H, Likens G E. 1985. 森林生态系统的格局与过程 . 李景文 , 石家琛 , 周晓峰 , 等译 . 北京 : 科学出版社 .

贝克 . 2008. 地理学与历史学——跨越楚河汉界 . 阙维民 , 译 . 北京 : 商务印书馆 .

彼列尔曼 . 1958. 景观地球化学概论 . 陈传康 , 王恩涌 , 陈静生 , 译 . 北京 : 地质出版社 .

彼列尔曼 . 1981. 后生地球化学 . 龚子同 , 徐琪 , 刘良梧等 , 译 . 北京 : 科学出版社 .

布罗代尔 . 1996. 菲利普二世时代的地中海和地中海世界 . 唐家龙 , 曾培耿 , 吴模信 , 译 . 北京 : 商务印书馆 .

布罗代尔 . 2002. 十五至十八世纪的物质文明、经济和资本主义 . 顾良 , 施康强 , 译 . 北京 : 生活·读书·新知三联书店 .

布热津斯基 . 1998. 大棋局——美国的首要地位及其地缘战略 . 中国国际问题研究所 , 译 . 上海 : 上海人民出版社 .

蔡运龙 , Wyckoff B. 2011. 地理学思想经典解读 . 北京 : 商务印书馆 .

蔡运龙 , 叶超 , 陈彦光 , 等 . 2011. 地理学方法论 . 北京 : 科学出版社 .

陈力 . 1990. 战略地理论 . 北京 : 解放军出版社 .

成素梅 . 2009. 逻辑实证主义的科学理论及其影响 . 社会科学 (1): 126-133.

承成 , 江美球 . 1986. 流域地貌数学模型 . 北京 : 科学出版社 .

段义孚 . 1998. 经验透视中的空间和地方 . 潘桂成 , 译 . 台北 : 台湾编译馆 .

戈列奇 , 斯廷森 . 2013. 空间行为的地理学 . 柴彦威 , 曹小曙 , 龙韬 , 译 . 北京 : 商务印书馆 .

葛兆光 . 2011. 宅兹中国 . 北京 : 中华书局 .

哈特向 . 1983. 地理学性质的透视 . 黎樵 , 译 . 北京 : 商务印书馆 .

哈特向 . 1996. 地理学的性质——当前地理学思想述译 . 叶光庭 , 译 . 北京 : 商务印书馆 .

哈维 . 1996. 地理学中的解释 . 高泳源 , 刘立华 , 蔡云龙 , 等译 . 北京 : 商务印书馆 .

汉宝德 . 2003. 风水与环境 . 天津 : 天津古籍出版社 .

汉森 . 2009. 改变世界的十大地理思想 . 肖平 , 王方雄 , 李平 , 译 . 北京 : 商务印书馆 .

赫特纳 . 1986. 地理学 . 王兰生 , 译 . 北京 : 商务印书馆 .

亨廷顿 . 2002. 文明的冲突与世界秩序的重建 . 周琪 , 刘绯 , 张立平 , 等译 . 北京 : 新华出版社 .
胡阿祥 . 2007. 兵家必争之地——中国历史军事地理要览 . 海口 : 海南出版社 .
胡塞尔 . 2004. 纯粹现象学通论 . 李幼蒸 , 译 . 北京 : 中国人民大学出版社 .
黄秉维 . 1960. 自然地理学一些最主要的趋势 . 科学通报 (10): 296-299.
黄鼎成 , 王毅 , 康晓光 . 1997. 人与自然关系导论 . 武汉 : 湖北科技出版社 .
黄正华 . 2008. 科学技术哲学导论 . 北京 : 社会科学文献出版社 .
霍华德 . 2000. 明日的田园城市 . 金经元 , 译 . 北京 : 商务印书馆 .
卡森 , 柯克拜 . 1984. 坡面形态与形成过程 . 窦葆璋 , 译 . 北京 : 科学出版社 .
亢亮 , 亢羽 . 1999. 风水与建筑 . 天津 : 百花文艺出版社 .
科恩 . 2011. 地缘政治学 . 严春松 , 译 . 上海 : 上海社会科学出版社 .
克拉瓦尔 . 2007. 地理学思想史 . 郑胜华 , 刘德美 , 刘清华 , 等译 . 北京 : 北京大学出版社 .
赖建成 . 2009. 布罗代尔的史学解释 . 杭州 : 浙江大学出版社 .
列斐伏尔 . 2007. 空间与政治 . 李春 , 译 . 上海 : 上海人民出版社 .
林振山 . 1995. 理论气候学 . 南京 : 南京大学出版社 .
马丁 . 2008. 所有可能的世界——地理学思想史 . 成一农 , 王雪梅 , 译 . 上海 : 上海世纪出版集团 .
马克思 , 恩格斯 . 1975. 马克思恩格斯选集 (第二卷). 北京 : 人民出版社 .
迈因策尔 . 2000. 复杂性中的思维 . 曾国屏 , 译 . 北京 : 中央编译出版社 .
麦金德 . 2007. 历史的地理枢纽 . 林尔蔚 , 陈江 , 译 . 北京 : 商务印书馆 .
米俊绒 , 殷杰 . 2008. 实证主义与社会科学 . 科学技术与辩证法 (3): 21-25,111.
曼德布罗特 .1998. 大自然的分形几何学 . 陈守吉 , 凌复华 , 译 . 上海 : 上海远东出版社 .
苗东升 . 1990. 系统科学原理 . 北京 : 中国人民大学出版社 .
牛文元 . 1992. 理论地理学 . 北京 : 商务印书馆 .
皮特 . 2007. 现代地理学思想 . 周尚义 , 等译 . 北京 : 商务印书馆 .
钱学森 . 1991. 谈地理科学的内容及研究方法 (在 1991 年 4 月 6 日中国地理学会“地理科学”讨论会上的发言). 地理学报 , 46(3): 257-265.
钱学森 , 等 . 1994. 论地理科学 . 杭州 : 浙江教育出版社 .
萨拉 •L. 霍洛韦 , 斯蒂芬 •P. 赖斯 , 吉尔 • 瓦伦丁 . 2008. 当代地理学要义 : 概念、思维与方法 . 黄润华 , 孙颖 , 译 . 北京 : 商务印书馆 .
孙武 . 1999. 孙子兵法 . 太原 : 山西古籍出版社 .
索恰瓦 . 1991. 地理系统学说导论 . 李世玢 , 译 . 北京 : 商务印书馆 .
特鲁吉尔 . 1985. 土壤和植被系统 . 赵磊 , 译 . 北京 : 科学出版社 .
特罗尔 . 1983. 景观生态学 . 林超 , 译 . 地理译报 (1): 1-7.
藤田昌久 , 保罗 •R. 克鲁格曼 , 安东尼 •J. 维纳布尔斯 . 2005. 空间经济学 . 梁琦 , 译 . 北京 : 中国人民大学出版社 .
汪应洛 . 1999. 系统工程理论、方法与应用 . 北京 : 高等教育出版社 .
王恩涌 , 王正毅 , 楼耀光 , 等 . 1998. 政治地理学　时空中的政治格局 . 北京 : 高等教育出版社 .
王姝彦 . 2015. 回望与反思 : 实证主义之于科学哲学的影响 . 晋阳学刊 (6): 11-16.
王铭铭 . 2005. 西方人类学思潮十讲 . 桂林 : 广西师范大学出版社 .
威尔逊 . 1997. 地理学与环境——系统分析方法 . 蔡运龙 , 译 . 北京 : 商务印书馆 .
沃勒斯坦 . 1998. 现代世界体系 . 尤来寅 , 刘新成 , 张文刚 , 译 . 北京 : 高等教育出版社 .
吴良镛 . 2002. 国际建协《北京宪章》——建筑学的未来 . 北京 : 清华大学出版社 .
夏征农 .1999. 辞海（编印本）. 上海 : 上海辞书出版社 .
谢尔登 . 2011. 水文气候学 . 刘元波 , 译 . 北京 : 高等教育出版社 .

杨吾扬 . 1989. 地理学思想简史 . 北京 : 高等教育出版社 .
伊萨钦科 . 1958. 自然地理学基本问题 . 陈传康 , 王恩涌 , 陈静生 , 等译 . 北京 : 科学出版社 .
俞孔坚 . 2000. 理想景观探源 . 北京 : 商务印书馆 .
约翰斯顿 . 1999. 地理学与地理学家 . 唐晓峰 , 李平 , 叶冰 , 等译 . 北京 : 商务印书馆 .
约翰斯顿 . 2000. 哲学与人文地理学 . 蔡运龙 , 江涛 , 译 . 北京 : 商务印书馆 .
约翰斯顿 . 2004. 人文地理学词典 . 柴彦威 , 等译 . 北京 : 商务印书馆 .
张俊波 . 2006. 论经济科学中的科学主义与实证主义 . 经济学研究 , 4(3): 40-43.
张汝伦 . 2003. 现在西方哲学十五讲 . 北京 : 北京大学出版社 .
赵松乔 .1983. 中国综合自然地理区划的一个新方案 . 地理学报 ,38（1）:1-10.
郑度等 . 2008. 中国生态地理区域系统研究 . 北京 : 商务印书馆 .
郑衡泌 . 2012. 民间祠神视角下的地方认同形成和结构——以宁波广德湖区为例 . 地理研究 , 31(12): 2209-2219.
中国大百科全书编委会 . 1987. 中国大百科全书 (哲学卷). 胡塞尔 . 北京 : 中国大百科全书出版社 .
周昌忠 . 1983. 逻辑实证主义的科学观 . 自然辩证法通讯 (5): 16-23,58.
周晓亮 . 2003. 西方近代认识论论纲 : 理性主义与经验主义 . 哲学研究 (10): 48-53, 97.
左大康 .1994. 现代地理学辞典 . 北京 : 商务印书馆 .
Tuan Y F. 1998. 经验透视中的空间和地方 . 潘桂成 , 译 . 台北 : 台湾编译馆 .
Claval P. 1998. An Introduction to Regional Geography. Oxford: Blackwell Publis.
Forman R, Godron M. 1986. Landscape Ecology. New York: John Wiley & Sons.
Haggett P. 1966. Locational Analysis in Human Geography. New York: st. Martis Press.
Harvey D. 1973. Social Justice and City. Baltimore: Johns Hopkins Universty Press.
Harvey D. 1990. Between space and time:Reflections on the geographical imagination. Annals of the Association of American Geographers, 8(3): 418-434.
Heinz K. 1983. Einführung in die Geosystemlehre. Darmstadt: Wissenschaftliche Buchgeselschaft.
Hugett R C. 1980. Systems Analysis in Geography. Oxford: Clarendon Press.
Kirk W. 1951. Historical geography and the concept of the behavioral environment. Indian Geographical Journal, 25: 152-160.
Lefebvre H. 1991. The Production of Space. Oxford:Basil Blackwell.
Lowental D. 1961. geography experience and imagination:Towards a geographical epistemology. Annals of the Association of American Geographers, 51: 241-260.
Passarge S. 1933. Einfürung in die Landschaftkunde. Leipig and Berlin: B.G.Teubner.
Schäfer F K.1953.Exceptionalism in geography:A Methodological Examination.Annals of the Association of American Geographer,43:226-249.
Taylor P. 1985. Political Geogrephy. London: Longman.
Tuan Y F. 1974.Topophilia.New Jersey:Prenfice-Hall Inc.
Tuan Y F. 1974. Topophilia:A stady of Englewood Cliffs.Upper Saddle River: Prentice Hall.
Tuan Y F. 1976. Humanistic geography. Annals of the Association of American Geographyers, 66: 266-276.
Wright J K. 1947. Terrace incognitae: The place of imagination in geography.Annals of the Association of American Geographers, 37(1): 1-15.

第 3 章　地理调查和测度

地理调查和测度指对地物的特征及其演绎的地理现象状态信息的采集，包括地物特征的测度、地物性质的判断和地理现象的观察调查。这是人们的地理感知过程，是进一步的地理分析、地理评价和地理行为的基础。地物二象性的本质特性要求地理调查和测度不仅要对地物的物类属性（质和量）进行判断和测度，而且要把物类属性定位于地球参照系的一定坐标之中，因而要同时确定地物的物类属性信息和地域属性信息，并对其作相对应（相映射）的表达。仅获得地物（地理现象）的物类属性方面的信息而未确定其在地域空间中的位置、关联或运动者，不属于地理调查和测度。根据上述地理的本体和基本范畴，地理调查和测度的基本内容包括地物（地理现象）物类质和量的测度和判断、地物（地理现象）地域分布的调查和测度、地物关联现象和关联中介物及关联条件的调查和测度、地物运动的调查与测度和综合地理现象与过程的调查。就方法而言，主要有实地地理调查和地理定位观测，相关文献与资料（包括统计数据、地图和图像等）的搜集和信息挖掘，数字地理信息技术，以及地理模拟实验等。

3.1　地物物类特征量值的测度和物类性质的判定

由于地物物类特征量值和物类的判定基本上均靠样品（样点、样区）的测定和判断，而样品又存在随机变异性、地域变异性和时间变异性，因而地物物类特征量值的测度和物类性质的判定必须特别强调地理代表性[1]、准确性[2]和可比性[3]。不论是自然属性地物还是人文社会属性地物，就其结构而言，可分为单一特征的地物和多特征综合地物；就判定对象而言，可分为个体地物、集群地物和定域地物；就其变化性而言，可分为易变性地物和相对稳定性地物。为达到测定和判定结果的代表性、准确性和可比性，对上述类别地物的测度与判断，可分别提出不同要求：①对于个体的单一特征的地物，以及多特征综合地物中各个特征的测度，基本可按各相应学科相同的手段和方法进行测度和判断，但需满足两个条件，即样本的选择要有代表性，测定的灵敏度和精度必须满足其在地域空间存在浓度可检出并可显示地域差异的要求[4]。②对于多特征综合地物，其物类属性的判定首先应有明确的统一的标准，用于判定物类性质的特征应可准确地测度[5]。③对于集群性地物，由于集群中个体之间的差异，因而首先必须进行科学的抽样设计，按设计要求进行样品采集和样品调查测试，然后用与该类群体的统计分布特征相适应的统计方法进行群体的估算和判断[6]。④对于定域地物，由于地物特征的随机变异性和地域空间变异性，因而应按两种随机变异的特征进行分层的科学调查（抽样）设计，按设计的要求进行调研、取样和测度，并用相应的科学方法估算或确定其总体的特征[7]。⑤由于地物的时间变异性，故还必须根据地物物类属性（特征）的时间变化特点（速度和规律）进行信息或样本采集的时间设计，使调查、测度的结果具有可比性。⑥地物的特征和性质，有的可以直接测定和判断，有的只能通过间接的指标进行推测和判断。对于间接判断的地物，应建立或选择明确的、相对准确的、可操作性的、与研究要求相适应的判断模型，并按统一的标准进行估算或判断。

3.2　地物地域分布的调查和测度

地物质和量的地域分布测度可分为直接法和间接法。直接法指在确定的地理坐标点位检测地物或采样至实验室通过仪器检测目标地物的特征。但人们不可能对研究区域的全部位置进行物类特征的直接测定确认，其他地点的地物特征量和质只能采用间接法确定。间接测定的前提假设是直接测定点位之外的其他区域地物存在，且其质和量与地理位置及已测点地物的质和量存在某种关系。间接法有三种：一是根据实测点位的地物信息及地物与地域空间的已知关系进行地物分布特征推理，采用各种地理插补法[8]（三角网格法、趋势面法、克里金法[9]，以及距离倒数、样条、最小曲线、方位加权等）确定地物在全研究区域的分布[10]；二是根据地物 A 与地物 B 的相关关系和地物 A 的已知实际地域分布特征，通过相关分析估算地物 B 在全研究区域中的分布[10]；三是根据多种地物或地物特征的已知地域分布进行综合推演，得出“新地物”特征的地域分布，如蒸发潜力的气候估算法、水文分布模型、水土流失量估算、承载力估算、经济综合实力估算、国力估算等[11]。

3.3　地物关联的调查

地物关联在表观上一般表现为两种地物状态（质、量）在地域空间分布趋势上或时间变化上的相关性，通过这种相关性，一般只能提出两种地物可能存在某种关联的假设，而这种假设，一般应经过机理的推导和检验实证才能确认。还有一些关联可能隐藏在其他因素的复杂关系中而未能显露出来，只能在排除其他因素的干扰后才能显现。故地物关联多需要依靠分析才能全面地认识。因此，地物关联问题调查的目的和内容一般包括三方面：一是为地物关联的分析提供必要的信息和数据，包括可能关联的相关地物的地域分布和同步或异步时间变化的信息及关联的中介（物质、能量、信息等）的状态（运动、变化、源、流、汇等）的信息[12]；二是为检验关联假设所需要的各种信息和数据，包括用于逻辑实证主义方法进行实证检验的异于作为假设的资料的新的独立的数据与案例[13]；三是为设计关联模拟实验提供与地物实际状况相应的设计参数、情景和模式、规范[14]。

3.4　地物运动的测度

地物运动的测度包括直接测度和间接测度。直接测度需直接测定运动地物在地域空间中运动的量、运动速率和运行中的变异特征。但是，由于地物特征存在不同的地域空间尺度和不同的时间尺度的同体问题，很多地物在大的地域空间尺度和中长期的时间尺度范围内的地域运动直接测定是十分困难的，甚至是不可能的。此外，由于地域运动是连续的时间和连续的空间过程，且很多属带状和面状运动过程，因而，即使是在短时间和小地域空间范围内，也难以跟踪地物运动的全过程。故在大多数情况下，地域运动特征只能靠间接测度。地域运动的间接测度主要有四种：标志物示踪法、同种地物异时地域分布特征差异推测法、计算机和地理信息系统虚拟模拟法及历史文献信息比较法。标志物示踪法通过在地物上附加便于感知（测定）的标志物，直接或通过遥测确定地物的地域运动轨迹，这是一种对时空尺度较小的地物运动的较好的间接测定方法[15]。同种地物异时地域分布特征差异推测法通过不同时段间隔（日、月、年）同种地物地域分布特征的变化推测地物的地域运动，但对于许多连续迁移的地物和具有回迁特征的地物而言，其地域分布的变化只是各分布点地物输入和输出的差值（平衡值），因而由此推测的地物地域运动量和运动速率远小于实际值，而且两个测定时间间隔时段的正、负向或运动停止状况并不清楚[16]。计算机和地理信息系统虚拟模拟法通过设置初始地域分布和关联信息，建立虚拟地域空间、地域运动环境和地物运动参数，以模拟地物运动，从而获得地物运动特征，是一种较好的地物运动测度方法。但是在模拟过程中，对地物运动环境进行了许多简化，地物关联和运动参数往往也是近似值，所获得的地域运动状况与实际往往有一定差异，因而必须进行严格的检验。此外，由于有些地物的地域分布信息只存于各种社会记载（统计、记述等）和历史文献中，特别是以往的人文地物特征的信息只能从历史文献的分析中得到，故在有些场合，历史文献信息比较法在还原过去的地物运动过程时也是很重要的。

3.5　地理实地调查

地理实地调查是地理研究的传统方法，也是它区别于许多（不是全部）其他科学研究的重要特点之一[17]。地理实地调查的主要目的有：①研究者（个人或群体）获得（建立）对其关注的实际存在的地物或地理现象的地理感[18]，以及了解作为研究对象的人群对特定地理现象的地理感[19]；②直接了解未知地域或未知地理现象，包括某些特定地理规则或地理界线[20]；③选取供地物分析或分类用的标准地物样本、区域或案例；④验证已提出的地理假设或根据其他相关因素作出的对地物的间接判断。地理实地调查一般包括以地物或地理现象为中心的个体案例调查和以地域为中心的整体调查两种形式。前者围绕特定地物或地理现象去追寻其地物特征与关系在地域空间中的表达及关联，后者围绕特定研究区域去研究分析所关心的地物或地理现象的总体概括性特征。对于个体案例调查，应特别注意：①整体观[21]；②尺度与调查目标相适应[22]；③代表性标志物和标志特征[23]；④关键性地域[24]；⑤特例、反例[25]和假象[26]等特异地理现象。对于区域的地理实地调查，不论是自然地理还是人文地理，大部分的调查实际上也不可能进行全覆盖性的调查研究，只能选择代表性的点（线、面）进行调查或把连续性的区域离散化分割处理后进行抽样调查，然后通过统计来估算或判断区域的整体特征。因此，调查点位（线、面）的地域空间设计就成为研究工作成败的关键之一。调查点位（线、面）的地域空间设计包括调查线路的设计和调查点（面）的布局、详查点（区）和观察比较略查点的设置、每点（面）调查项目的设置和必要的取样内容及样品数（特别是最低样品数[27]）的确定、观察与取样的规范、对调查中可能出现的自然风险的规避和人文社会方面的禁忌及限制、合适调查时间的设定及样品分析测定质量控制规范等。传统的地理实地调查通常根据研究者的经验和对调查区的预先了解，通过不同密度的线路、样带或不规则线路网进行考察来实地调查研究区的情况。通常要求调查线路沿地物变化最显著的梯度方向布设，其调查的注意事项与个体案例调查相同。现代地理实地调查更推崇抽样设计，把抽样理论和方法应用于地域空间研究点位（区）的布设上。首先，进行连续性地域空间的离散化分割处理，即把研究区整体地域空间按一定标准划分为一定量的基本单元，把每一个基本地域空间单元视为待抽样进行实地调查或样品采集的单位。然后，按抽样理论和方法从这些基本地域空间单元中选取样本点（区）进行实地调查和样品采集。地域空间的离散化分割可分为等面积的规则分割（栅格、三角形、六边形分割等）和不规则的多边形分割（按人类活动区细分，如最基层的行政区、工厂、居住区、商贸点等，或按自然单元细分，如小流域、土地单元及其他自然要素划分的小单元）两种。把这些基本地域空间单元进行编码，然后从中进行科学抽样。抽样的方法一般有随机抽样[28]、系统抽样（系统随机抽样[29]）和分层抽样[30]等。地理实地调查一般可按预备调查[31]、正式调查和补充调查[32]三步进行。无论自然地理实地调查（多称野外调查）还是人文地理实地调查（也称田野调查），尽管内容和侧重点不同，但一般都包括调查区（点）当下客观存在的地物（地理现象，包括自然地物和人文社会地物）调查和当地人的地理行为及地理感知调查（除非无人区）。自然地理学对于人文社会地物，以及人的地理行为的调查主要关心其对自然地物的作用和响应，有些也视之为人为创造的第二自然（如城市、农田）。自然地理学也通过对人的调查了解当地发生过但当下已见不到的自然地理现象。人文地理学对于自然地物的调查主要在于作为人文社会的环境及对人类活动的响应；对于人内心存在的深层的地理感，自然地理学关心其作为决定人的地理行为从而影响自然地物的因素，而人文地理学则视之为区域人文地理特征和过程所包含的重要要素。对人的地理行为和内心的地理感，现代地理学，特别是现代人文地理学提倡采用问卷调查、访谈和参与性观察方法进行信息采集和测度。

3.6 地理定位观测

地理定位观测可分单站定位观测和站网定位观测。单站定位观测尽管不能捕捉到地物的地域空间分布特征和区域间关联的时间变化，但可获得同一点位上不同地物间关联的时间变化特征，提供一定范围内、一定类型区域地物结构时间变化的检验和控制参数；站网定位观测能较好地获得地物地域分布特征和区间关联特征时间变化的控制及检验参数。从广义上说，气象（气候）站网、水文站网、环境监测站网、定位生态观测站网、地形形变观测点网、森林的固定林斑定期调查、固定行政区的各种社会经济和文化逐年统计与定点定户调查等均属地物特征的定位（定点、定区）观测站网。地理研究者在尽可能利用各种长期定位观测测定的地物信息外，还可根据需要进行站点的补充设置，或进行时间的加密观测。此外，还应根据自己研究的需要，设置专门的定位观测站，特别是设置综合性定位观测站进行定位研究，如美国哈巴德布鲁克北方森林生态系统定位实验站[33]、中国科学院禹城综合试验站[34]、福建师范大学三明森林生态系统与全球变化野外科学观测站等[35]。

3.7 文献资料搜集及其地理信息挖掘

文献资料包括现代文献，历史文献，政府和专业部门的各种统计、文件和规划资料，各种专业定位观测数据，遥感数据和影像，地图及其他有关地理的照片和音像资料等。文献资料搜集及其地理信息挖掘的主要目的是：①研究问题的筛选和方法的选择；②采集直接用作地理研究的基础数据和资料；③用作研究工作的工具[36]。

现代文献包括与所研究的地物或地理现象有关的已有研究报告、论文和著作。主要目的在于了解相关问题的研究现状、已有结论和有待解决的问题，以选择准确的研究方向和研究路线；比较现有研究方法，以确定科学的、可行的研究方法；筛选可进一步分析使用的参数、数据或资料。

历史文献不仅为地方历史自然和人文景观的复原提供丰富的基础信息，而且为现在区域地理状态的形成过程、因果分析及未来演化趋势的假设提供重要的分析素材，因而不仅是历史地理研究不可或缺的信息源，而且是现代自然和人文地理研究重要的辅助资料。中国是世界上历史文献最丰富和连续历史最久远的国家，尤其是自汉代以来丰富的地方志及其中的地理志资料，是世界上最完整的、最好的历史地理资料宝库，从中可挖掘出大量的极有价值的地方地理信息，有待于我们更深入地挖掘和利用[37]。

政府和专业部门的各种统计、文件和规划资料，如社会经济统计资料，文件和定期、非定期的各种调查资料 [如人口普查、工农业与企业调查、各种突发事件（自然灾害、社会事件] 的记载，以及各种规划资料，从来都是地理研究重要的信息源。

各种专业定位观测数据，如气象观测记录及其汇总的资料，水文站记录、地震的记录、潮位站记录、环境监测站的记录，以及森林标准样地生长状况的长期定位观察记录、农田土壤肥力多年定位测定记录、作物病虫灾害定点多年观测记录等，可为各种地理要素的时空演化特征研究提供可靠的科学数据。

20 世纪 50 年代以来的航空遥感和 70 年代以来的航天遥感数据、图像，反映了当时技术水平（空间分辨率、光谱分辨率、辐射分辨率和时间分辨率）下对地球表面宏观的实时客观感知，已经成为现代区域地理状态、演化及其地域空间规律研究的最重要信息源和手段。

地图一向是地理研究最重要的工具之一，是许多地理研究的重要信息源和地理研究成果表达的重要形式，因而利用地图是地理学研究的鲜明特色。地图是依据严密的数学法则，有条件地把三维地球类椭球体表面的地物通过投影转换，并经制图综合，用符号系统表现在二维平面上的图形。地图表现的恰恰是地球表层事物物类特征及其在地表位置的双重信息，即地物特征。根据地图上已知地理位置的地物特征信息，地图提供了其他新的地物地域特征测度的地理空间坐标系统和定位的参照物，为其他新的地物的地域分布特征提供了间接测度的基础条件，因而成为地理学研究的工具。另外，一旦地物的分布特征以符号的形式定位于地图上，人们可进一步据此进行信息挖掘，获得新的地物特征及地物之间关联和运动的测度。同一区域不同时期的对比还可获得地物运动、演变和地理过程的许多信息[38]。但地图在地域特征的测度上也存在一定的局限：受限于地图信息转换和容量的限制而不能同时兼顾方位和面积的精度，不能及时迅速地跟踪地物特征的变化；受制于制图综合而导致地物信息的损失和地物特征不同程度的失真；受制于存储方式而造成载体变形等。基于地图与地理信息系统（GIS）相结合发展的电子地图已大大改善了地图的性能，但尚未从根本上解决上述地图的问题。

文献资料的利用及其地理信息的挖掘应注意以下问题：①文献信息可信度的分析评估和可用资料的筛选；②文献适用范围和可比性评估；③文献规范化整理；④与研究有关的关键信息挖掘和干扰、错误信息的排除。

3.8 “3S”技术

遥感（RS）、地理信息系统（GIS）和全球导航卫星系统（GNSS）所形成的“3S”技术已经成为现代地物测度的最重要方法。遥感通过航空或航天遥感平台搭载的传感器接收地物发出或反射的各种波长的电磁波，获得各种电磁波不同辐射强度的地域分布特征，根据地物属性与各波段电磁波及其组合特征、地域结构、时相变化的关联，经反演来测度地物的质和量及其地域分布，并通过不同时段遥感数据解译的地物分布特征的比较，判断地物特征的变化。这种方法已成为实时高效大范围的地物测度和研究的重要手段[39]。地物特征遥感测度的精度取决于传感器的分辨率[40]，也受制于地物发出或反射的电磁波组合谱的可分离性。由于地物光谱的复杂性，许多地物存在异质同谱和同质异谱现象，且遥感空间分辨率的限制及传感器记录的规则分割的像元与地物实际分布区不规则多边形的矛盾，使许多像元的光谱信息是不同地物的混合光谱，加上地球大气状态和卫星环境的影响，使依靠遥感电磁波及其组合特征对地物的解译判读的结果存在许多不确定性[41]。故地物遥感的解译通常应与其他测度方法联合进行，特别是与地图、地理信息系统、全球导航卫星系统及地面实地调查相结合，通过相互参比以获得比较可靠的结果。地理信息系统指有能力采集、存储、处理和显示地理参数信息的计算机系统[42]。地理信息系统并未直接测度地物，但却是间接测度地物的重要工具，这是因为地理信息理论上可具有无限的对地物信息的存储空间，可同时存储多来源、多种类、多时相、多形式的地物信息及非地物信息，也可迅速地对所存储的地域空间信息（如地图）进行缩放和投影变换以及地理位置的校正，从而实现不同来源、不同形式、不同时相的各种地物或地域空间的匹配，还可对地物特征信息按一定规则进行科学的删减、插补和综合，分析地物之间、地物与非地物之间及地域之间的关联，从而可利用存储的已知地物信息来推测估算其他未直接测度的地物的质和量及其分布特征和分布规则，从而实现地物的间接测度[43]。卫星定位（导航）系统是利用多颗位置准确的工作卫星的信号，测量出待测地点至三颗以上工作卫星的距离，该时刻信号卫星的空间坐标，利用距离交汇原理算出测点三维坐标位置[44]。卫星定位系统具有定位快速、精度高、受干扰少、操作方便、可全天候作业的特点，已成为现代地物地域属性测度（地物定位和运动）最先进的技术，在全球大地测量，地壳形变，地球物理勘测，运输系统运动地物的监测、导航和管理，以及各种与地物定位及运动有关的研究中广泛应用。随着数字地理信息技术（参见 4.9 节）的快速发展，3S 技术的融合应用进一步为地物的间接测度提供了更为广阔的前景[45]。

3.9　地理模拟实验

地理模拟实验属人工控制条件下的地物测度。地理模拟实验既可用于地物特征的测度，也可用于地理假设的检验。地理模拟实验可分三种类型：实验室实体模拟、野外定位模拟和计算机虚拟模拟。作为地物测度的手段主要是指实验室实体模拟和野外定位模拟。实验室实体模拟是以缩小比例的地域空间进行地物关联与运动的模拟实验，如流水地貌模拟实验、风洞实验。野外定位模拟是直接在野外一定典型地域实地进行人为控制的模拟场模拟实验，如流域水文、水环境实验，小流域土壤侵蚀模拟实验，海湾水循环示踪实验，大气污染扩散实验，景观生态模拟实验，防护林带效应实验，以及在不同区域多点同时实施的品种对比实验及施肥实验等。模拟实验的设计必须是可重复及可验证的，实验结果应可与天然条件下的实测结果通过尺度转换进行匹配和参数修正，这样才有可能对实际条件下产生的地物特征和地理现象进行解释说明。自然地物特征的模拟实验，虽然由于实际情况的复杂性而受到一定限制，但毕竟可在一定条件下实施，而人文地物特征和人文地理现象的运动主体终极是人，因而原则上是难以进行模拟的。但某些实验性典型区的规划和实施，如经济特区、可持续发展实验区、生态实验建设区等，在某种意义上说，也属于模拟实验性质。

注　　释

1　地理代表性

一定类型的地物或地理现象都是具有一定地域空间的地物或地理现象的集合，这些地物和地理现象与实验用的以某一纯度为标准的物理材料、化学试剂及某些生物材料的样品不同。首先，地物物类属性和地理现象的各种特征（包括性状和量值）本身具有随机变异性、不同尺度的地域变异性和时间变异性。其次，地物个体之间和地理现象的各特征之间以及它们与外环境之间相互作用、相互影响。最后，人们不可能对整个研究区域全部地物都进行直接测定和性质判断，只能抽取其中典型的、代表性的样品或“样地”进行直接测试或调查判断，并用其代表该地域的整体特征。因此，“样品”或“样地”的典型性、代表性就成为研究成果可信度和研究成败的关键。故现代地理学特别强调地理学的科学采样设计和数据处理（徐建华，2004；杨士弘，2002；克里福德等，2012）。

地理代表性包括地域代表性、物类代表性和时间代表性。地域代表性指在研究的区域具有多种地物或地理现象时，选择最能代表该地域或对该地域覆盖范围最广的地物或地理现象的“样本”或“样地”。物类代表性指在一定地域中所研究的物类或地理现象的某特征存在变异或物类的一些个体存在从标准特征向邻近地物特征的过渡状态时，选择非变异的物类和避免过渡特性的物类“样本”或样地（除了为研究变异地物需要）。时间代表性指采集的样本的时间表现状态或进行样地研究的时间要与研究涉及的时间尺度及时间范围相一致。

在传统的地理研究中，地理代表性多靠研究者的经验和对地域的预调研来选择。其步骤是：大致比较研究区的各种地物和地理现象及地物变异的各种可能因素，筛选主要地物组和因素组及其分布状态，对综合性地物分析其代表性综合特征，寻找主导特征及其最强表现区域，避开边缘区（除非专为研究边缘区），剔除混杂区，最后确定代表该地域的代表性地物或地理现象的样点或样区。地理计算学从现代地理学中分化而来，其针对地理数据特征（不确定性、多时空尺度和多样性等），建立地理信息的采集、处理和评估、计算理论和规范方法，以确保信息的完备性和可靠性（徐建华，2004），但并未完全解决地理代表性问题，较可行的思路是把传统的经验方法与现代理论方法相结合，取长补短。

在考虑样本的代表性时，要特别注意样本代表性本身变异问题。例如，近 30 年来关于全球气候变化的研究中，对全球长期观测的气象站观测数据进行对比，虽然选用的气象站基本不变，似乎可以进行长时间变化的对比分析，但是，这些气象站原来多设在少受城市影响的开阔区域，这些区域现大多被包围在大中城市中间，受城市热岛效应影响明显，因而其观测数据已从原来总体上代表全球气温状态变成代表地球上城市化区域的气温状态，如果仅用代表性已经转移了的数据去和百年前数据对比，那么得出全球变暖的结论是值得怀疑的。

2 准确性

准确性指地物测度和判断的准确性，即在特定时空尺度下对地物测度的精度和判断的准确性符合研究目标的要求。为此，在进行地物测度和判断时，重要的是应有与研究目标相适应的工具、设备和方法并应获得足够的用于计算（估算）地物特征的数据和判断地物或地理现象的信息。在地域空间属性（位置、分布、面积等）的测度方面，要根据研究的地域空间尺度和分辨率要求，选择相应的定位工具。例如，在野外调查中，选择一定比例尺的地形图和专题地图，特别是大比例尺的地形图对于地理工作是十分重要的。现代的卫星定位系统是一种精确的定位工具，但是人们在实地调查中不可能对所研究区域的所有地点都带卫星定位仪去定位，只能在一定的距离外进行观察，这时只有依靠地图上标识的参照物来确定所观察的地物的位置。

很多地物物类特征的测度和判断要求有达到地物存在浓度范围的检测灵敏度和检测精度的设备和方法，如许多土壤理化性质的测定、区域污染物和微量元素的测定、生态系统生源物质代谢过程的测定、植物群的生理过程的测定、第四纪环境变化标志物（同位素、年轮、地磁特征、标志微量元素等）的测定，均要求有精密的设备。在人文社会地理领域，同样要求有与研究目标相适应的工具和手段，如许多短时间过程（时过程、日过程）的行为地理研究、文化与社会事件地理研究，需要能随时采集信息的摄像设备、监测设备。

遥感数据和影像的解译是现代地物地域属性测度和物类判断的重要手段，但在应用时要特别注意不同遥感信息不同的空间分辨率、光谱分辨率及数据质量与不同解译方法对地物地域属性和物类属性判断准确性的差异，使利用遥感手段进行地物特征判断达到研究的要求。

有些研究涉及的不是地物特征的瞬间状态或短时状态，而是多年的平均状态，如一个地区的气候指的是该地区天气要素的多年平均状态，因而要求各要素有多年积累的数据。多年积累的数据统计结果才能准确反映一个区域的气候特征，1 ～ 2 年的气象记录虽然精确，但对于一地的气候而言则属不准确数据；人文社会资料亦如此。当研究一个地方的经济发展趋势时，1 ～ 2 年的经济数据（如 1 ～ 2 年的增长率）是不能说明问题的，只有多年稳定状态的分析结果才可称准确的数据。

3　地物的可比性

地物的可比性指地物物类属性（特征）在地域空间上的可比性和时间变化上的可比性。一种地物物类属性（特征）往往是由多种因素影响而共同形成的，包括各种地域因素、时间因素和随机性变异因素。地物基本不能“提纯”，故其随机性变异一般通过选择典型代表性样品、样地或通过科学抽样和统计计算来减少；如果要比较地物物类属性（特征）的地域差异，必须控制地物的时间变异，如采集同时段的信息（样品）或进行时间系列校正，使其成为具有同时性的地域空间可比性的地物（特征）；而如果要进行地物时间变化态势或规律的研究，必须控制不同时间的地物在同一区域或地点或可把不同时间的地物物类属性（特征）订正为同一区域的属性（特征），使其具有时间的可对比性。例如，在利用多气象站多年气象记录编制一个地区的气象要素（气温、降水等）分布图时，如果各气象站观测的时间长短不一时，必须首先对气象记录进行同时序处理（校正），删去不同时间的记录，插补一些气象站中间空缺的记录，使各气象站记录具有相同的时间序列，成为具有地域可比性的数据，然后才能编制气候图；当研究某气象要素多年变化趋势时，则必须确保多年气象数据观测站的位置不变，一但其间观测场移位，则其数据就不具有时间可比性，必须对移位的观测数据进行空间位置校正，使其具有时间可对比性，然后才能进行变化趋势分析。对于社会经济或文化地理研究的地物信息，同样要求样本的地域可比性和时间可比性。例如，由于国民经济存在通胀或通缩问题，因而各年度国民生产总值的毛计算结果是没有可比性的，只有扣除通胀或通缩比例，把它订正到统一的价值标准上，才具有对比性，才能进行不同区域或一个区域不同阶段经济发展的比较分析。同样，进行人口地理、城市地理的研究，也要特别注意数据的可比性，要把不可比的数据删除或订正到统一的标准上，否则不可能得到可信的结论。

对影响因素复杂的地物信息，要做到在每一维度上分析的信息都具可比性，对其样品的采集应进行系统设计。例如，茶叶中的矿质元素受茶树种植的立地条件、茶叶品种、采摘季节、采摘标准（茶叶采摘的部位）和随机因素的巨大影响，因而存在明显的地域变异、品种变异、季节变异、采摘标准变异和采摘样品随机变异。为此，对茶叶矿质元素含量各维度影响的地理研究的样品采集必须进行系统设计，使各维度的对比样品都具有可对比性（郑达贤和沙济琴，2012）。

4 单一物类特征地物的测度和判断

单一物类特征地物指某一单一性质的自然地理要素（如气温、降水、土壤总氮、土壤有效性氮等）或人文社会地理要素（如人口、GDP、钢产量）或资源环境特征（如煤炭、石油、水中化学需氧量、大气中二氧化硫等）。这些地物的含义与相关学科的概念多是一致的，因而其测度和判断方法也多用相关学科的测度和判断方法。但有些地物在地球表层的含量很低，用常规的方法不能检测出来；有些地物的特征无法直接检出，要靠间接的手段检测。例如，环境中的微量元素硒含量一般很低，在 20 世纪 70 年代以前采用的 3,3- 二氨基联苯胺分光光度法检测的灵敏度满足不了土壤、植物和水中 Se 的检测要求，因而除了对高硒地质区硒中毒环境进行研究外，其他地区，特别是硒缺乏区难以进行准确的研究，到 20 世纪 70 年代末之后，发展了 2,3- 二氨基萘萤光光度法、原子吸收分光光度法之后，检测灵敏度提高了 2 ～ 3 个数量级，达到了大样品量土壤、植物硒含量检测的灵敏度要求，才有可能进行系统的硒的生物地球化学研究。再如，环境中有机碳赋存形态转化的生物地球化学研究有待于高效液相色谱、气相色谱和色质联用仪的出现及野外高精度检测仪器的出现。

有些地物（地理特征）无法直接检测测度（如蒸发潜力、人的地方感、土地承载力、人的气候舒适度感等），只能通过其他地理要素特征值与这些地物（地理特征）的关联研究，建立模型予以估测，或通过访谈或问卷调查，并根据访谈与问卷材料通过逻辑推导与统计进行判断。

5 多组分综合性地物物类属性的测度和判断

多组分综合性地物指由统一时空尺度范围内多种特征或多种类地物的集合所定义的地物。其所包括的多种或多种类地物称为“组分”。多组分综合性地物主要包括两种类型：一为由多种特征集合构成的地物（广义地物包括地理现象），如“湿润南亚热带”至少包含某范围的气温特征和某范围的干湿度特征，“城镇”至少包含集中性居民点的人口规模和人口中非农业人口比例两个特征，作为农业土地资源的“土地时空积”包含农地面积量和农地年植物可生长期长度两个特征指标；二为由多种类地物的集合构成的综合体，如“针阔叶混交林”至少包含针叶树和阔叶树两种植物，农业区至少包含农村聚落、农民和农田三种地物，而这些组成地物本身也是由特定的特征（特征群）所定义的。必须强调的是，多组分综合性地物的组成（特征或地物）集合必须是在同一时间和同一地域空间范围内的组分集合，而不是不同时间或不同地域空间范围的组分集合。尽管以多种地物组分为特征的各种地物实际占据的地域空间位置可以不同，但均属于该综合性地物总体时空范围内的区域，应视该综合性地物的总体时空范围为它们的共同时空域。对多组分综合性地物的测度和性质判断首先是对其组分的分别测度和判断，然后是对其关联与组成比例关系的测度或判断，从而对该综合性地物进行总体综合判断。

6 集群性地物物类属性的测度和判断

集群性地物指由离散型的个体构成的群体所定义的地物，如由不同性别、年龄、职业的人构成的“人群”，由多种生物或生物物质个体构成的生物群或生物质（如松林、果林、稻谷、小麦）以及由离散型物质集合物构成的地物（如由砂粒组成的沙地）。这类地物由于个体特征的变异（随机变异和各类地物的次分类群的变异），且不能对其全部组成的个体进行测度和判断，仅能把抽样的样本测度的结果作为总体的特征，故样本的抽样方法及样本测度结果的统计方法是这类地物物类属性确定的关键。通常首先要进行抽样方案设计，其内容包括明确调查的目的、确定调查指标、界定调查总体、确定调查对象、编制抽样框（抽样单位编号排序）和抽样单元、计算样本容量、配置分配、规定抽样方法、确定组织形式和估计方法、明确资料收集方式和时间分配等，并对抽样设计进行代表性和准确性检查。应根据研究对象的情况（主要是样本的分类分布和统计分布情况、可能的误差变异特征）选择适合的抽样方法和统计方法。一般的抽样方法有完全随机抽样、等距抽样、分层抽样、整群抽样和多阶段抽样等（范克新，2004；李沛良，2001；基钦和泰特，2006；克里福德和瓦伦丁，2012）。

7 定域性地物的测度与判断

定域性地物指在特定地理区域分布的地物。把单一特征地物、多组分综合性地物或集群性地物定义到特定地理区域时，也属定域性地物。这类地物具有特定的地理区界，范围有大有小，往往冠以地方名称，如北冰洋海水、毛乌素沙地、长江水系、北大未名湖水化学需氧量含量等。这一类地物的某一方面特征指的是该区域范围内该地物的该特征的整体，而不是其中随意一点或几点测度的结果。故特征测度或调查观测样点的选择和布设要考虑该特征的随机变异、地物内亚类别变异和在该区域范围内可能存在的地域变异。例如，太湖水体化学需氧量含量测试的样本必须从太湖入水口、出水口及化学需氧量含量可能变化的各区域进行科学布点采集；某一地区的常绿阔叶林特征测度应把该区域按常绿阔叶林种群结构及生长状况差异分为几个区域，在每一区域布设若干个样方，在样方中按植物群落分层进行结构测度，并在各种群中进行植物个体的抽样测量和样品采集，最后把这些结果综合起来判断该区域常绿阔叶林特征和性质（欧斯汀，1962）；某一个乡镇居民消费结构特征的调查要先进行该乡镇居民的区域划分（如农村和镇区等）和人群划分（如按经济水平或职业差异等），然后在划分的各群体中进行随机抽样调查，以获得可靠的结果。

8 地理插值

地理插值指根据地域空间一定点位地物已知的（实测或根据某种方法估算的）特征数据（样品数据、源格式数据集）按一定规则推导出其余地域空间该类地物的特征数据，从而获得该地物在所研究的地域空间中的分布状态的认知。例如，根据地形测量实测点的高程经插补推导出未测地面的高程，从而编制出地形图；根据资料，通过插补形成各气象要素（气温、降水、湿度、风力等）的分布图；根据居民点人口和地域空间距离因子编制购物中心商业潜力分布图。地理插值方法可以分为整体插值法和局部插值法。

整体插值法是一次性采用全部样点数据来拟合在分析空间中代表面模式的曲面（也称曲面拟合），包括插值和逼近两种实现方法。插值拟合曲面要求拟合的曲面通过所有样点；逼近法不要求拟合的曲面通过所有样点，但要求所拟合的曲面整体上要充分逼近实际的曲面。

局部插值法通常是假设地理变量在分析空间中符合某种规则（某一函数形式），然后根据待插点邻近的若干已知点数据用一定方法（待定系数法、最小二乘法等）确定待测点的值。其中，规则格网插值法是指样点在研究的地域空间按规则格网的形式分布于格网交点，根据这些规则分布的样点的数据推导整个面上的地物数据，一般采用双线性多项式插值法或双三次多项式插值法（样条函数法）；不规则格网插值法是指样点在地域空间中的分布呈不规则离散点集，在进行插值时首先把这些样点用直线连成不规则三角网（TIN），然后对不规则三角网内每一个待插点根据每一个三角顶点的已知数据，按某种函数，推导出待插点的地物特征数值，如用局部函数法、局部加权平均法或克里金法（郭仁忠，2000；毛政元，2004）。

9 克里金法

克里金（Kriging）法为南非矿业工程师 D.R.Krige 首先提出使用并由法国统计学家 G.Matheron 理论化和系统化，是用于在有限区域内对区域化变量的取值进行无偏最优估计的一种方法。经多年发展，克里金法已经根据各种区域变量的特征，发展成一系列类型，成为一簇地域空间局部插值模型的总称。其一般原理是：

假设 $Zv^*(X_i)$ 为研究区域待估点 x 周围几个实测点 X_i 的实测值，则待估点 X 的待估值 $Zv^*(x)$ 可通过该待估点受影响范围内几个有效样本点的样本实测值 $Zv(X_i)(i=1, 2, \cdots, n)$ 线性组合来表示，即 $Zv(x)=\sum_{i=1}^{n}\lambda_i(x)Z(x_i)$，$\lambda_i$ 为权重系数，是各已知样本 $Z(X_i)$ 在估计 $Zv^*(x)$ 时影响大小的系数。而估计 $Zv^*(x)$ 的好坏主要就取决于怎样计算和选择权重系数 λ_i，估计量 $Zv^*(x)$ 就是实测点实际值 $Zv(x_i)$ 的克里金估计量。这样，问题就转化为如何求各点的权重系数。在求权重系数时必须满足两个条件：一是使 $Zv^*(x)$ 的估计是无偏的，即偏差的数学期望为零；二是最优的，即使估计 $Zv^*(x)$ 与其实际值 $Zv(x)$ 之差的平方和最小，从而使 $Zv^*(x)$ 成为 $Zv(x)$ 的线性无偏、最优的估计量。这两个条件可表示为（徐建华，2004；赵大鹏，2004）

$$E[Zv^*(x)-Zv(x)]=0$$

$$\mathrm{Var}[Zv^*(x)-Zv(x)]=E[Zv^*(x)-Zv(x)]^2 \rightarrow \min$$

10　根据地物相关关系进行地物分布的估测

根据地物相关关系进行地物分布的预测指根据待测地物与已知分布状态地物的相关关系，推测待测地物在其未测区域的特征数值，或者说待测地物特征值在研究区内的分布。例如，陈加兵等（2007）根据福建省 71 个气象站 30 年的年均气温与经纬度及高程的关系，建立了用经度、纬度和高程推算的三元二次趋势面拟合方程，求得拟合结果与实测值之间的复相关指数 0.981，$P<0.0001$，然后对残差部分用通用克里金法进行插值，作为小地形影响的订正值，最后把每一栅格的订正值与趋势面值相叠加，获得经小地形订正的全省多年平均气温分布图；王春菊和汤小华（2004）以 2000 年第五次人口普查数据为基础，分析了福建省各市县平均人口密度与高程、土地利用、河网密度、道路网密度、距海岸线距离及居民点密度之间的相关性，运用多元数据融合技术，绘制了福建省 30m × 30m 空间分辨率的人口密度分布图。

11　根据多种地物的已知分布推测由其综合而成的“新地物”的分布

这种“新地物”分布的确定一般有两种方法：一是在多种地物的原始测定点上根据其原始测定数据按构成“新地物”的模型计算这些原始测定点位上“新地物”的量值，然后以其为出发点按上述插值法推导出“新地物”的分布趋势；二是把已知分布状态的各相关地物分布图叠置，用研究区面上待测各点位上相关地物要素的集合估算“新地物”在各点位上的量值，形成“新地物”的分布图。前者如利用各气象站相关气候资料估算各站点的蒸发潜力，然后通过插值法编制研究区蒸发潜力分布图；后者主要用于当估算“新地物”的原始要素分布图来源不同时，只能用分布图叠置来取得测区各共同点位上相关要素的对应信息，如植被初级生产力估算，既涉及源于气象站的气象信息，又涉及通过地面实地调查形成的植被分布图和土壤分布图的信息，只能靠地图的叠置处理获得研究区待测点位对应的各有关要素的信息来计算各点位的植被初级生产力。由多种人文社会经济要素构成的“新地物”的地域分布状态大多也靠这种方法来确定。

12　可能关联的地物调查

为研究关联而设计的地物调查一般包括：①可能关联的两种或两种以上地物地域分布态势或时间变化态势的调查，其中地域分布态势的调查，包括地物物类量值的地域分布态势调查和物类性质的地域空间分布格局的调查，其调查方法与 3.2 节地物地域分布的调查和测度方法相同。两种或两种以上地物时间变化态势的调查也有两种情况：一是同一区域内不同地物变化态势的调查，一般要求在相同的时间尺度上调查才能分析其关联的可能性，当然两种相关联的地物在时间变化上可能是同步的，也可能是异步的；二是两个区域相同或不同地物可能关联的时间变化调查，也应注意时间尺度上的一致性。②可能相关的两种或两种以上地物关联机制和关联链的调查。这往往涉及其他学科已研究获得的事物间关系的规律认知，对于地理而言，重点在于调查这些相关关系规律（规则）在其特定研究地域环境条件下作用的条件和可能性，只有在相关规律作用的条件存在时，才可能推导出所关心的两种或两种以上地物之间存在关联的机制。不少地物之间的关联是通过中间许多相衔接的环节来实现的，有些地物之间的关联是通过关联网络实现的，每一个环节都有其特定的关联机制，因而关联链和关联网络的调查是地物关联调查的重要内容。任何一个环节的缺失就可能造成关联的中断。③关联中介的调查。中介也属地物之间实现关联的条件，但属条件中最重要的、不可或缺的要素。如果没有中介，地物之间的关联不可实现。中介包括各种性质的物质、能量、资本和信息，与生物有关的关联还可能包括集物质、能量与信息于一体的具有意识的自主运动的生物体本身及其携带的生物信息（如基因等遗传信息）。中介的调查一般包括中介的性质及中介的源、流、汇的量值和强度。

13 用于实证检验的关联地物的调查

用于实证检验的关联地物的调查不同于用作推导关联假设的关联地物调查，主要区别是：①不能重复使用用于推导地物关联假设的地物样本；②地物调查范围一般要大于导出假设的样本范围，应尽可能涵盖假设的规律适用区的外延之内的所有关联域；③要特别注意调查可能对关联假设证伪的地理现象或地物（包括可用以现象证伪、机制证伪和条件证伪的事物）。

14 为设计关联模拟实验的地物调查

地物的地域空间有限性特征决定了每一种地理现象和每一类地物无论是物类属性还是地域空间属性均属有限域，因而地物之间的关联也只能是在有限域中的关联，具有一定的有限的关联形式。因此，关联模拟实验要求在符合实际客观地理现象的存在范围内进行，离开这一范围的模拟实验是无意义的。在模拟实验设计之前必须先调查拟进行模拟实验的地物关联的可能存在域、存在形式及其相关参数。例如，在设计土壤侵蚀强度与地形、降水、土壤性质及土壤覆被关系的模拟实验时，必须先确定地形坡度和坡长范围、降水强度和历时的变化范围、土壤类型及其与侵蚀有关的土壤性质的变化范围以及相关的植被覆盖类型等，才有可能进行切合实际的模拟实验设计。至于人文社会经济地物关联的模拟实验一般只能在计算机上进行虚拟模拟实验，但要求事先调查设计用的关联地物的客观实际的存在域和相关参数，才能使模拟实验符合客观实际。

15 标志物示踪法测定地物运动

标志物示踪法测定地物运动指利用检测运动地物中的标志性示踪物的信息来测度地物的运动。示踪物可分三种情况：①在运动地物中加入某种可随地物运动而运动的示踪物，利用检测示踪物的运动轨迹而测度地物的运动。例如，最早在流水中投放漂流瓶，通过检测漂流瓶的运动轨迹或其不同时间的位置来测度水流的运动；利用稀土元素（REE）与土壤之间紧密结合、多数情况下背景含量甚微、植物富集有限、淋溶迁移不明显，且属稳定同位素、对环境无损害的特点，用稳定性稀土元素（La、Ce、Nd、Sm、En、Dy、Yb 等）作为示踪剂加入土壤中，定期采样并用中子活化技术测定样品中REE 含量，以研究土壤侵蚀和泥沙沉积中土体的运动规律（郑永春等，2002；李勉等，2002）；采用GPS标识法测度野生动物运动轨迹，即把GPS发信器挂在动物的脚环（带）、颈环或鳍肢上，或者把小芯片植入动物皮下，通过追踪信号方式来跟踪测度动物的运动；在社会经济领域，采用 GPS 跟踪技术来测度车辆、飞行器或货物的运动轨迹等。②利用运动地物中包含的可检测到的某种物质或属性，把其视为示踪物，对其运动轨迹或不同时间的分布特征进行测定，以测度其所依存的地物的运动。例如，利用海洋遥感图像上海水中的示踪物（如叶绿素、海表亮温）在海流作用下的变化来测度海流运动态势（何宜军等，2015）；利用环境中 C、N 稳定同位素示踪法研究环境中不同物态的有机物的来源、运转和转化（孙玮玮等，2009）。③利用地物中吸附的特定事件来源的外源性示踪物质含量的变化测定地物的运动。例如，利用大气核试验或核事故产生并在土壤环境中赋存和蓄积的 ^{137}Cs 的含量来测试土壤侵蚀和泥沙堆积的多年过程（郑永春等，2002；郑永春和王世杰，2002）。

16　由地物分布格局变化判断地物运动

由地物分布格局变化判断地物运动指由前后不同时刻（时段）同种地物因区间迁移引起的分布格局变化来判断地物在地域空间上的运动。地物分布格局的变化可能由多种因素造成，主要包括地物的区间运动（包括正向运动和负向回流）、地物的就地变化（增长或减缩）和地物在地域空间运动过程中的变异、积淀、耗损或补充重新运动，地物运动还可能是无规则的非匀速运动或运动速率具周期（准周期）性变化的运动。例如，一个相对封闭的内陆流域区化学物质分布格局的变化可能由侵蚀剥蚀（溶蚀）区的风化变异过程、暴雨径流固体侵蚀迁移过程和溶质化学迁移过程及迁移中的淀积、变异与活化再迁移过程，以及沉积盆地物质的沉积、淀积和化学物质的再变化过程所形成，此外还有沙尘暴和降水挟带的物质补充输入。因此，该区域两时段化学物质分布格局的变化反映的是上述全部过程的总结果，只有排除了物质迁移运动以外的其他因素作用的结果后，才能估算出化学物质运动的量。再如，人口的分布格局主要取决于就地人口出生和死亡之差的自然增长率和迁入迁出之差的机械增长率，只有扣除了自然增长率后的格局变化才能分析人口的迁移运动。因此，由地物分布格局的变化来判断地物的运动必须注意：①扣除地物质和量的就地变化份额；②对地物迁移运动中的损耗或增殖进行修正；③理清地物运动速率的周期、准周期和非周期变化因素与用于比较的时段的关系；④了解在比较时段区间内有些地物可能存在的回流运动。

17 地物实地调查

地物实地调查指研究人员到研究对象地物或地理现象存在或发生的区域对地物或地理现象进行直接的调查，以获取地物或地理现象信息的第一手资料。自古至今，特别是从地理大发现以来，地理实地调查一直是地理研究不可或缺的手段。许多地理学家一再强调地理实地调查的重要性。赫特纳认为，“地理学的观察工作必须在野外现场去做，在研究室或实验室里的工作只能起补充作用”，“在清楚的视野以外，自己的观察必须和调查结合起来，只有认识到科学问题的所在，人们才能够向自然提出尖锐的问题”，“地理者也因而必须自己担任自己领域的旅行家和观察家”。“如果地理学放弃观察研究，或者把它交给相邻的科学部门，那就是放弃科学的独立自主，而成为别的科学部门的附庸”（赫特纳，1986）。美国国家研究院地学、环境与资源委员会和地球科学与资源局重新发现地理学委员会（2002）在对20世纪最后30年美国地理学的综合评估中，认为“对现象和事件的观测是地理学精确表述真实世界所关心的中心问题，仍在广泛使用的传统观测方法是地理学家和对象间通过野外观测和探查进行直接的‘现场’接触”，“地理研究主要实验室是野外”，“野外观测深入的案例比较研究，是理解地理学家专门研究的地域间变化的核心”。“地理学中野外工作永恒的重要性超越了研究领域而延伸到教育方面”（PRC，1997，2004）。B.L 贝里认为，“我们必须扩展而不是拒绝我们对实践领域的承诺与依赖……因为对于未来地理学的探索而言，这一领域必定是对于往日地理探索而言的野外观察”（蔡运龙等，2011）。哈特认为，“只有经过亲身考察和检验，地理学家才能理解一个区域”（蔡运龙等，2011）。

18 地理感

地理感（geographical sense）为人本主义地理学的概念，指人对与其有某种关联的地方的客观地物或地理现象的主观的情感。“地理感是人透过其感观机能而对环境的识觉和产生经验，继续依据经验的概念对环境产生评价功能，最后依据所评定的价值去回应环境，整个地理感的流程存在于人与环境在时空架构中互动的关系里”，因此，地理感虽因“人”的评价选择机能而对环境有不必相同的“感的回应”，但任何回应都是有理性意义的，地理感为“sense”（而不是 feeling），由识觉环境的感官（sensong organs）至对环境产生价值意义（make sense），都是实在的和地理学的意义（Tuan，1998）。从这一概念出发，地理感产生于人对实地的地方客观地物和地理现象的感知过程中，如果把这里的 “人”定义为地理工作者或地理学家，则他们在实地调查中，也必定从他们的地理素养出发，对该地方的地物和地理现象产生一种本能的意向性的感知，如地貌学家对于河谷、阶地、冲积扇等地貌现象，植物学家对于各种植物群落，人文地理学家对于各种人文地理特征标志均会特别的关注。正如赫特纳所说，“只有知道关键在什么地方，就是说只有认识到科学问题的所在，人们才能够向自然提出尖锐的问题。只有粗线的现象才会直接表演出来，观察中只有小部分是无意识看到的一些事物，大部分则是回答有意提出的问题。外行人对于河谷阶地这样突出的现象也熟视不见……而地理学者都为此不断地寻找这些现象”（赫特纳，1986）。因此，似乎可以把地理感引申到地理学者在其实地调查中对其研究的客观地物和地理现象产生的意向性的感悟。这对于地理研究而言是独特的，也是十分重要的，没有地理感的地理研究很难成为成功的地理研究。

19　作为研究对象的人的地理感和地理认知

人本主义地理学把“人的地理感”作为其研究对象。“人本主义搜集‘人对地区的地理感资料’，以说明地区的主观的空间感及地方感，而问题就出于这些地方感的资料方面，地理感的资料存在于人的心灵之内，只有各人自省而心知肚明，不像客观地理资料显而易见，这使人本主义地理学研究比较困难。然而，比较困难也仅止于比较不直接运用地理区的资料而已，因为藏在人的心灵深处的地理感，即是他对环境经验所演化成的价值观，这一价值观终必以行为表达在生活环境之中，因为人绝不可能完全与实在的时空环境脱离关系，而人本主义地理学者便可凭借‘人对环境价值回应行为’所表述的资料而透视人的地理感，从而阐述地理区主观的空间感和地方感”（Tuan，1998）。按段义孚的意思是由经验的研究而透视出空间感和地方感。

20　未知地域和未知地理现象的实地调查

未知地域和未知地理现象的实地调查属探索性调查，这类调查包括：①对未知区域所有地物或地理现象的全面普查记述，并在一定程度上定性分析地物之间的关系或地理现象的成因，这在地理大发现时期最盛行，称为地理探险。后来这种调查逐步减少，现主要在南北极及少数荒原区域进行，大多数为多学科专家共同进行综合考察。②专门地理问题调查，其内容集中在专门地理现象、地理问题及其相关因素上的调查，如斯坦普的英国土地调查、撒哈拉沙漠边缘荒漠化的调查、南美热带雨林开发生态问题调查、李希霍芬的中国黄土调查、中国 1950 年以后为发展农业进行的一系列综合考察、黄土高原土壤侵蚀问题研究、为水利建设进行的集水区调查等。特定的地理规律和地理界线调查，如垂直地带性研究、河流阶地与海岸阶地研究、热带－亚热带界线考察、亚热带－暖温带界线考察、农牧交错带调查、城乡交错带结构研究、人口迁移规律调查、人群的空间行为规则调查等。现在“未知”地域和“未知”地理现象调查已经和地理大发现时代的“未知”大不相同。实际上除了少数地物（如新发现的物种、古生物、地层）和少数地理现象的详情外，均非“未知”，而是“未详知”而已。因为通过遥感，已可掌握地球上任何地方的地形和自然外貌，通过已知自然地物相关和一般分布规律，已可大致猜测“未知”地方可能存在的地物和地理现象。至于人文地理现象，既有人的存在，当然很多情况是“已知”的，只是其详情、因果关系不尽清楚而已。而一些地理规律、地理界线，在很多情况下已可以作几种假设，然后进行实证。故这方面的实地调查，主要是实证性调查，并非完全未知的、探索性的调查。所以，现在的实地调查，多属在初步判断基础上的选择性和实证性调查，这类调查的成果多取决于预先针对性的条件准备、区域的可达性和交通条件、检测设备的精度和准确性水平以及调查人员对调查区域特定的地物和地理现象的感知判断能力（赫特纳，1986；詹姆斯和马丁，1989；马丁，2008；克拉瓦尔，2007；陆大道，1999；克里福德等，2012）。

21　地理整体观

任何地物及其演绎的地理现象均是人们在特定的地理认知中从客观的世界整体抽取出来的所关心的某些物类属性与地域属性相结合的二象性事物（参见 1.1 节）而不是客观世界的整体，只是整体客观世界的部分。但在客观世界中，任何从其中抽出（抽象出）的部分特征都不是孤立存在的，而是与其他特征（性质）相互关联、相互作用的。因此，任何地物及其演绎的地理现象也不是孤立的，而是与客观世界中其他不为地理认知所关注的特性相互关联、相互作用而存在的。此外，任何地物及其演绎的地理现象也都不是固定不变的，而是在不同时间尺度上或快或慢变化着的事物，但在地理实地调查中所观察到的地物或地理现象仅仅是其变化过程中的片段。因此，地物和地理现象的认知，特别是在有限地域和有限时间进行的地理调查要充分认识上述特点，以整体的视角，把地物置于普遍联系中和变化的过程中来认识，才能避免认识的片面性和错觉。赫特纳用“构想”这个概念来概括地理认知中的“整体观”。他认为，“地球上各个不同地点并不是互相不相关地彼此接壤的，而是这样或那样相互联系着，组成复合体或者体系，理解它们是科学的最重要任务之一”，“因为这个复合体和体系都是真正的实体”，所以要用“构想”来认识这些关联，“这关系到建立和理解真正存在的联系”，“地理学在一切时代都进行构想”，“永远必须让整体的本质的设想来掌握构想”。他把地理学的“构想”分为四种：“关于运动系统的构想”、关于“形成规律”的构想、“根据形成理论来构成的构想”和“借助于其他自然或别的现象联系的观察”以认识“所研究现象的成因或结果”（赫特纳，1986）。A.B. 莱涛归纳 Naveh 与 Lieberma、de Leo 与 Levin、Androp 与 Tress 等的研究，认为“许多现代的景观生态学家认为若要了解景观元素之间的关系，必须以一种整体性（holistic）的概念来看待景观”，“每个景观元素的重要性与意义来自它们在整体中所居的位置或是在整体中所扮演的角色（Leitão，2011）。地理实地调查的整体观包含三个层面的内容：①把研究关注的物类属性置于客观世界的整体物类属性的关联中认识，关注其与其他物类属性的关联；②把研究的地域（地点）置于更大范围地域空间中，关注其与更大范围地域空间的关联；③把调查观察到的地物和地理现象视为变化过程的片段，关注其所代表的时间尺度范围及其与历史演变的关联和可能变化的趋势。

22　尺度与调查目标相适应

由于地物的多地域空间尺度同体性和多时间尺度同体性（参见 1.1 节），人们在实地调查中所见到的地物及其演绎的地理现象的特征（性质或量值）往往是多时间尺度和多空间尺度特征叠加的结果。但人们对地物的认知，特别是研究工作的目标，则往往仅在于认识特定地域空间尺度和特定时间尺度上的状态或规律，而不是全部空间尺度和所有时间尺度上的特征、状态和规律。因此，必须在对地物初步整体认识的基础上，将非关注的空间尺度和时间尺度的叠加信息作为“噪声”消去。这种消除，在地域空间角度上相当于遥感信息处理的“高通滤波”和“低通滤波”，在时间角度上相当于对气象水文数据按一定时间长度的滑动平均处理。当然在地理实地调查中，这种“滤波”和“滑动平均”只能在调查人员的研究设计和实地调查观察的意识活动中进行。这就涉及使调查研究的地域空间规模和调查时间范围的尺度与调查目标相适应，否则可能浪费大量资源且可能达不到研究的目标。对这一问题，克里福德等在《当代地理学方法》的第一章和第十四章、第十五章中进行了比较全面的分析。他首先引用塞耶的研究，把地理研究的设计区分为集中性的研究设计和广延性的研究设计，区分两种研究的适应目标及其作用和局限（表 3-1）。

表 3-1　集中性的研究设计和广延性的研究设计比较

项目	集中性的研究设计	广延性的研究设计
研究问题	某一场合或案例中的如何、什么、为什么	如何表征某种群体的特征、格局或属性
解释类型	通过集中细查和解释阐明因果关系	通过重复研究或大样本产生代表性的概括
典型研究方法	案例研究、人种学方法、定性分析	大尺度调查、问卷调查、统计分析
局限	所揭示的关系可能不具代表性，或无平均 / 一般性	解释就是概括，这很难照顾到个体观测，概括只适用于所研究的组团 / 种群
哲学	方法与解释依赖于发现各种事件、机制和因果性质之间的关联	解释基于各分类学组群的相似性和认同性的正式关系

对于广延性研究设计，克里福德认为：①目标的总体界定是关键的一步，即一开始就要清楚地界定研究单元（要做概括和抽样的对象），由于地理变异性，界定总体是一个反复的过程，其中要思考“所关注总体的各种特征如何在时间和空间上变化？根据研究目标的需要，将它们包括进来还是排除在外？在资源限制条件下，有可能囊括所有特征吗？遇到实际困难时能更改研究目标吗？”一系列问题。②要说明目标总体的空间范围和时间范围。例如，如果只涉及目标总体的很小一部分，即研究的区域或产生的样本就不具代表性。同样，仅在洪水上涨时段对河流悬浮质浓度进行抽样，得出的平均值对整个洪水期来说就太高了。另外，如果在空间范围、时间边界或内部结构范围上对目标总体做过多的抽样，则浪费资源且增多变异性，反而没有什么益处。③进一步做科学的研究或抽样设计，从而使研究的尺度与调查目标相适应（克里福德等，2012）。另外，从测度尺度看，所选择的测度尺度应与所研究的目标地物特征的本征（时、空）变异尺度相适应。例如，用于遥感解释的遥感数据的空间（像元）、时间和波段分辨率要与地理认知目标地物特征的本征（时空）变异尺度相适应，才能测度出该尺度下目标地物的真实特征，才能达到需求的精度。

23 代表性标志物和标志特征

指在地理实地调查时应特别关注与所研究目标相关联的标志物和标志性特征，以便更好地认识所研究的地物和地理现象。在地理实地调查中，寻找、观察、分析和记述与所研究目标相关联的标志物和标志性特征是地理研究的重要内容，能否抓住这些标志物和标志特征来认识所研究的地物和地理现象，取决于研究者知识面宽窄和知识水平高低、野外（田野）工作经验多寡和研究技巧，这是研究者地理感的标志，也是地理研究人才培养的重要内容。在地理实地调查中通常关注的标志物和标志性特征主要可分以下几类。

（1）当下不能或不易直观的地物和地理环境的标志物，如用于判断对土壤性质或气候环境等生存环境的具有特殊严格要求的指示植物或植物群落，代表地方居民宗教信仰文化特征的庙宇或教堂，代表地方社会文化生活特征的民居建筑和居民服饰、种植和养殖的生物，表征常年风力强盛的旗状树冠和匍地灌丛，等等。

（2）当下地理现象或地理过程的标志性特征和标志物，如判断流域土壤侵蚀强度的河水清浊状态，判断水体富营养化水平或污染的水体藻类生长状况和海洋赤潮，可追溯野生动物活动过程和路线的动物粪便、足迹和散落毛羽，标明洪水过程的水位痕迹，等等。

（3）地理界线性标志物或标志特征，如标志农牧界线的农田与草原（草场）分布界，标志南亚热带北界的龙眼、荔枝、菠萝分布界，标志古海岸线的古贝壳堤 、海蚀平台和海蚀洞的上界，标志各种气候垂直带界线的植被类型转换带，标志冲积扇缘的地下水出露带，等等。此外，如长城、台湾的土牛界残迹代表着一个历史时期某种特定的社会历史区界。

（4）历史性地理事件的残存标志物。在人文社会方面，如古战场、古窑址、古矿场、古人类遗址、古城垣、古关隘、古道、历史碑刻、古港残迹；自然方面，如古土壤，第四纪古动物化石，脱离了现河流或海水作用的阶地、牛轭湖，远离现冰川区的冰漂砾、冰川终碛，山坡上的醉倒木，水平位移的不连续溪谷，不自然转折的河道，孤立分布的生物种群，等等。

24 关键性地域

关键性地域指在地理实地调查中对所关心的地理问题的认知具有关键作用的区域。选择好关键性地域和对关键性地域进行重点调查往往是地理实地调查成败的关键。关键性地域通常有五类：一为控制研究所关注的某种区域地理过程的结点（节点）区域，如交通枢纽区、商贸中心区、军事上的战略核心区、生物和人类迁徙的廊道区；二为地理过程的转换区，如山地平原接触带的半山区、河流出山口区、城乡交错区；三为最集中体现研究所关注地物之间关系的区域，如不同文化的接触交融区、某种经济体制的典型区、某种生态系统的核心区；四为地物地域空间变异梯度最大的区域，如地理环境的骤变、突变带、冰川进退的边缘区；五为地物时间变化规则、规律最清晰的区域，如迁徙性动物（候鸟、迁徙性动物群）的集中栖息地、季相变化明显的植群分布区，层次分明具有长时间尺度未受干扰的连续沉积物（沉积剖面）分布区、生长于接近生态极限从而生长速率对气候变化敏感的树木年轮标本分布区，等等。关键性地域的确定视研究目标而定，对于地理规则、规律的研究特别注意那些干扰性影响因素相对较少、地理因果关系相对单纯的区域，而对于区域综合特征的认知则多选择地物的各特征指标同时存在的代表性区域，特别关注其主导因素或主导性地物作用明显、地物之间或地理要素之间关系清淅的地域（赫特纳，1986；克里福德等，2012）。

25 地理现象的特例、反例

由于地物具有历史积淀性和多时空尺度的的同体性，因而地物或由地物演绎的地理现象中往往包含其长期变化中以往某一时段、某一特定条件下、某一地域尺度和时间尺度演化结果的特征，一旦这种特征在研究区的某一局部地域表现特别明显，甚至严重干扰当下地理过程时，该局部地域就可能显现出与整个研究区不一致的特征，甚至与认知的一般地理规则不一致的特征，从而构成普遍地理现象中的特例，而不能作为该区域地理特征的代表。另一种情况是，由于许多地物和地理现象是由多种因素共同作用形成的，而这些因素的存在及其结合既有其一定规律性，但有的也存在相当的随机性，因素状态的随机分布既包括大量的众值范围的状态，也可能出现某种极小概率的状态，一旦某一地点地物或地理现象由这种极小概率的状态及其组合所控制时，就形成罕见的特例，如南方高山上的冰期孑遗物种分布区，现代社会大海中的孔家庄园。一旦这种特例表现出与原来普遍认识的规则或规律相反或严重不一致时，则构成反例，即对于已知规则或规律的否定，这种否定可能构成证伪的依据，从而可能通过进一步的深入研究，对原来的地理认知进行修正、补充，甚至否定。

26 地理假象

地理假象指引起错误地理认知和地理判断的地物或地理现象。地理假象一般有三类：一为标志性假象，即一些造成错误地理认知或地理判断的标志性地物。例如，暖热多雨的南方硬质岩石河床上为漩涡水流夹带石砾挖凿而成的壶穴群或被洪水挟带而来并相互摩擦而具有刻蚀标志的巨型砾石曾被认为是该地曾受第四纪冰川作用的标志；人为扰动过的文化层被作为原文化发展层序进行分析；因某种原因被抛掷到远方的某种标志性地物被作为当地某种地理现象的标志；等等。二为相关性假象，指两种无因果关系的地物或地理现象在地域空间或时序上呈现相互关联的趋势，而被误为某种因果关系，或一种地物（地理现象）对另一种地物（地理现象）仅可能是多种关联因素之一，但被夸大为决定性的，甚至是唯一的影响因素。一般而言，两种地物（地理现象）在空间或时序上的关联必须找到其机理上的关联，才能确定其关系，否则只是一种假设。这种假设，有的可能被证明是一种相关假象。三为感知性（或幻觉性）假象，最典型的如海边和荒漠中出现的“海市蜃楼”，这在现代虽早已不被认为是真实地理事物，但类似假象依然经常出现而被误判。例如，有些地方人们在特定的斜坡位置上观察，可能因而对的两斜坡的对比关系而对其中一个微斜平地的坡向做出与实际相反的错误判断，形成所谓“水向坡上倒流”“车朝坡上倒滑”的现象。因此，在实地地理调查中，必须善于识别地理假象，才能获得正确的地理认知。

27　样本容量

样本容量指抽样设计中在一定置信度要求下起码应抽选的样本量。在区域整体调查中样本量（特别是定量测定数据的样本量）的确定是抽样调查和抽样判断的前提，在抽样方案中占有重要地位。它直接关系到抽样推断的精确度及投入调查的工作量。根据统计学规律，样本容量越大，那么调查结果的精确度越高，但调查工作量和相应的费用就越高，故样本量应考虑以下因素：①总体的变异程度（方差）及其统计分布特征；②抽样精度要求；③调查经费所限定的工作量；④调查的应答率；⑤抽样估计方法等。

28　随机抽样

随机抽样指遵循随机原则，通过某种随机过程从总体中抽取样本的抽样方法。从理论上讲，它能保证样本数据对总体参数的代表性，而且能将调查误差中的抽样误差控制在一定范围内，随机抽样样本可以将其统计量推断到总体，因而是一种最理想、最科学的抽样方法。对于区域调查（采样）样本的随机抽样，一般是在区域的完全离散化分割之后，给每一个被分割的地域（或地域中心坐标）赋以唯一的编码，然后从这些编码中随机抽取样本，直到样本数达到所要求的样本量（参见注释 27）。通常的方法有两种：一是将编码制成编码卡片放入摇码箱，在充分摇匀条件下抽取一张号码卡，并置入一张空白卡（使余下的号码卡的抽出概率保持不变），再次摇匀和抽卡，如此依次抽取，直到抽出有号码的卡数达到所需样本数为止，然后把抽出的卡片编码所对应的地域（地点）确定为调查的样区（点）。二是在地域分割编码之后，根据统计学编的随机数表顺序依次来确定抽样的号码，把所确定的号码所对应的区域（地点）作为调查的样本区（点）（克里福德等，2012；李沛良，2001；范克新，2004）。

29　系统抽样

系统抽样也称等距抽样、机械抽样、系统随机抽样，指按抽样单元的相等间隔或某规则的间隔要求（编码间隔或实际地域空间间隔）抽取样本的抽样方法。对于区域调查（采样）样本的系统抽样是在区域完全离散化分割之后，依地域空间顺序给每一单元一个唯一的顺序码，再根据所需的样本量（参见注释 27）确定抽样的顺序间隔（总单元数除以样本数），然后按随抽样法抽取第一个样本的编码，之后根据间隔要求，依次抽取样本的顺序码，使样本在抽样单元中均匀分布。对于等面积规则分割的区域而言，则意味着样本在区域中均匀分布。有些地物在地域空间中（或在分割的单元中）存在周期性的变异，一旦这种周期性变化的节律与抽样的间隔一致或接近时，样本的统计量与总体的特征之间将产生系统误差，需要在间隔抽样的一定量后，重新随机抽取一个样本，然后按间隔依次抽样，以消除周期性变异对样本代表性的影响（克里福德等，2012；李沛良，2001；范克新，2004）。

有些地物的质或量在研究区中呈现对于距离的非线性但有一定规则的变异特征，如密度非线性递增或递减，因而均匀的抽样获得的统计量不能代表总体的特征，为此，在地理调查抽样设计中，有时采用自适应抽样方法（视为系统抽样的变种），即根据地物特征在地域空间的变率来调整抽样的量，变率大的地方抽取较大样本量，变率小的地方抽取较小样本量。对于均匀分割的地域空间而言则意味着地物特征变化大的区域样点密度较大，而地物特征变化小的区域样点密度较小（毛政元，2004）。

30　分层抽样

分层抽样也称分层随机抽样，指根据某些重要特征将总体分成若干性质不同的亚类或层，然后对这些亚类或层中的单元进行随机或系统的抽样。对于区域调查而言，即把离散化分割的地物分成若干不同的物类亚类或地域亚类进行分别抽样。分层抽样主要用于总体内部亚类分异清晰、地位都重要，但在总体的占比差别较大的事物，这种情况使随机抽样可能导致一些亚类被忽略甚至被遗漏。分层抽样一般有三种做法：一为按比例分层抽样或系统抽样（定比随机分层抽样），即从不同层中随机抽取的样品数与该层在它们占总体的真实样本数成比例；二为异比分层随机抽样，即对于在总体中占比很小的类层给予较高的随机抽样比例，以保证样本的调查测试结果对该层有可信的代表性；三为分层等量随机抽样，即不考虑层的真实相对比例（层的样本数占总体比例）大小，而随机从各层中抽取数目相同的单元。当用这种方法抽样调查测定的结果来估算总体参数时，可能会产生偏差，为此，可结合适当的赋权重技术进行修正（克里福德等，2012；李沛良，2001；范克新，2004）。

31　预备调查

预备调查也称勘查、踏勘，指正式实地调查之前预先进行的对调查区情况的初步勘察，为调查方案制定做准备，或调查方案制定之后对调查方案的可行性进行检查和为调查人员工作的统一性做准备。预备调查主要有两种：一种是通过勘查了解区域待查地物或地理现象的大致性状特征，与调查点布设有关的地物或地理现象在区内的变异态势及相关的环境状态，区域的通过性及各种对实地调查的实施有影响的自然和社会经济状态，对调查的时间安排有关的气象水文状态的可能时态变化等。预备调查通常以穿越调查区的线路勘察方式进行。另一种预备调查是在调查方案制定之后进行小区域的试点调查，目的是检查调查方案的可行性，通过试点调查对调查方案进行修改、补充和完善。一般应组织所有拟参加调查的人员或者分组负责人共同进行试点调查，以便集思广益，并在实践中统一正式调查时的具体实施方法和标准，使将来分组调查结果有可比性。

32　补充调查

补充调查指在正式实地调查结果初步整理之后对调查中遗漏的问题、新发现的问题、不协调的问题和有争议的问题进行补充调查，以进一步证实和完善调查研究成果。调查的范围一般包括调查区内和调查区外围相关的地域。

33　哈巴德布鲁克森林生态系统定位实验站

该实验站位于美国东北部的新罕布什尔州白山地区哈巴德布鲁克河谷，建立于20世纪60年代，研究区为一完整的小流域，面积3000hm^2。该实验区的设计特点是：①采用小集水区技术，集水区为一完整的小流域，与相邻区有明确的分水岭界，底层为一完整的不透水层，因而水的径流支出及所挟带的化学物质的支出均流经集水区出口处在基岩上修筑的拦河堰，使研究区与相邻区域间没有物质的输入和转移，从而使区域水分和物质平衡的计算大为简化和准确。②集水区的下面有一致的地质条件，从而使区域地质地理过程（如风化作用）的速率研究结论不致因区域地质条件的混杂而混淆。③研究区的植被为1909～1917年采伐后天然更新的次生北方阔叶林（温带落叶阔叶林），具有较一致的可估算的起点，且与周围大范围的植物群落相一致，从而具有很好的代表性。该实验站半个世纪以来持续地进行温带落叶阔叶林生物地球化学过程和森林生态系统格局与过程的研究，获得了丰硕的成果（鲍尔曼和Likens，1985；Likens et al.，1977）。

34　中国科学院禹城综合试验站

该试验站位于山东省西部黄淮海平原上的禹城市，建于1979年。其重点研究任务是进行农田水文、农业气象、气候、遥感、植物生理生态、土壤水分和生物地球化学过程观察数据的长期积累，以水、土、气候、生物等自然资源的合理利用和区域可持续发展为目标，深入开展地球表层能量物质输送和转换机制、模型建立和空间尺度转换方法的实验研究；进行测定方法的革新与仪器的改进和研制；结合地理学、生态学和农学的理论、方法和手段，研究农业生态系统的结构与功能，开展生态系统的管理模式和配套技术的试验示范。40多年来，该试验站在农田蒸发、作物耗水规律与农田节水理论研究、农田生态系统的水量转换机理、水分循环和水盐运动研究、实验遥感技术的应用和农业试验区的试验示范等方面取得了一系列创新成果（陆大道，1999）。

35　福建三明森林生态系统与全球变化野外科学观测站

该站位于福建省西部武夷山脉东侧的山地区域，属湿润中亚热带气候区，年均温为19.5℃，年降水量为1700mm。区内土壤以花岗岩、沙岩发育的红壤和黄壤（湿润老成土）为主。植被属中亚热带常绿阔叶林，以壳斗科、樟科为主，此外有部分杉木、马尾松和毛竹等人工林。该站在湿润亚热带具有很好的代表性。实验观测始于1989年，主要针对我国应对气候变化和生态文明建设的战略要求，以国际生态学和全球气候变化研究的前沿领域为目标，采用全球变化模拟控制实验与山地气候垂直梯度及地域空间人为干扰梯度相结合的方法，长期监测全球气候变化背景下湿润亚热带区域森林生态系统的环境要素和生态过程，以揭示亚热带区域典型森林生态系统对气候变化和人为干扰的响应、适应机理和生态系统稳定性机制，以及提供相应管理理论和技术。该站包括三类观测和研究平台：①自然观测场，包括自动气象观测场、天然常绿阔叶林结构与功能长期观测样地和水文长期观测场；②全球气候变化对森林生态系统影响研究平台，包括大型森林土壤增温试验平台、森林土壤氮沉降试验平台和森林隔离降水试验平台；③土地利用变化（人类干扰）对森林生态系统影响试验平台，包括森林转换系列试验平台、人工促进天然更新试验平台、同质园试验平台和红壤侵蚀地植被恢复试验平台。目前正在建设双通量塔移动观测平台，并结合无人机遥感和激光雷达观测研究亚热带山地区域森林碳、氮、水和能量通量动态。该站建站以来，其研究者开展了 70 多项国家项目研究，获得许多重大成果，发表 400 多篇科学论文，并进行了许多国际合作，具有广泛的国际影响。

36　地理文献搜集和阅读的理由

Blaxter 列出研究工作中阅读文献的 20 个理由，尽管有些烦琐，主要是针对地理专业的学生说的，但也全面。现录于下：①能给予你思想；②能帮你改进写作作风；③ 有助于了解本领域内其他研究者做了哪些工作；④能拓宽你的视野，弄清你的研究背景；⑤仅凭你个人的工作总是不够的；⑥你的导师或上级希望你这么做；⑦当你把研究付诸文字时有助于你进行引注；⑧这是一项有趣的工作；⑨能证明你的观点的正确性；⑩能使你改进研究思路；⑪ 作者（你将是一个）需要有读者；⑫ 让你了解本学科的传统；⑬ 能提高你的阅读能力；⑭ 能培养你阅读文献的兴趣；⑮ 能让你有效地评价他人做了什么；⑯ 这是一种不用接触社会而获得信息的方式 ；⑰ 能了解那些你从未到达过的地方；⑱ 使你不必出门而知其事；⑲ 能多学些研究方法及其在实际中的应用；⑳ 使你找出未曾研究的领域（克里福德等，2012）。

37　中国古代地理文献

中国古代地理文献浩如烟海，是世界上其他任何一个国家所不能比拟的，有如下特点：①历史久远。从先秦时期的《尚书・禹贡》《山海经》《管子・地员、度地、地图、地数》《尔雅・释地》《穆天子传》《周礼・职方氏》《孙子兵法・地形、九地、行军》等算起有 2000 多年历史。②具很强的连续性和完整性。自汉代地理志作为正史的组成部分至清代，24 部正史中有 17 部包括地理志，即使战乱分裂的南北朝和五代十国，其中也有地理志，从而使中国的许多历史自然地理和历史经济、文化地理研究可从中挖掘出千年长时间的文字记录信息。例如，竺可桢（1973）根据中国古代地理文献，建立了中国近 5000 年的气候变化曲线，这是世界其他地区难以做到的。③数量巨大。例如，正史中的地理志和相当于地理志的州郡志等有 20 余部数千卷，宋以后的各地地方志有 10 000 多种。除此之外，有像《元和郡县图志》《太平寰宇记》《大唐西域记》《诸藩志》《水经注》等大量区域地理专著及大量的地图、图志和其他论著中也有有关地理的信息。④内容极为多样。其涉及的内容包括自然地理有关的山川、水系、水文、气象、生物、土地和人文地理方面的行政区域、人口、居民点、城廓交通、种植业、工艺、民俗、文化、政治、军事地理等各方面内容，为各领域地理研究提供历史状况、区域状况的文献资料。⑤大量历史地理信息往往良莠参杂，正误相混，特别是不以现代地理学系统框架和认知理论为基础而记录存在，因而西方近现代地理传入中国后这些历史地理信息备受诟病、歧视和冷落，在近一个世纪中被视为非科学的东西而抛弃。但现在认真检讨，其保存的大量与地理有关的信息，恰恰是研究当代地理环境的重要历史资料源，是我国极为宝贵的文化财富。中国的古代地理文献主要有：①《禹贡》《山海经》《穆天子传》《周礼·职方氏》《管子·地员、度地、地图、地数》《孙子兵法·地形、九地、行军》等先秦地理文献；②《汉书·地理志》以降的正史地理志；③《元和郡县图志》《太平寰宇记》《元丰九域志》《舆地广记》《方舆胜览》《舆地纪胜》《大元一统志》《大明一统志》《大清一统志》等大量地理专著；④《史记·河渠书》《水经注》《河防一览》等大量水文、水利、海道地理著作；⑤《华阳国志》《大唐西域记》《蛮书》《岭表异录》《岭外代答》《诸蕃志》《岛夷志略》《星槎胜览》等区域和边疆地理论著；⑥《史记·货殖列传》《天下郡国利病书》《肇域志》等经济地理文献；⑦《徐霞客游记》等喀斯特地貌和其他地理问题的专著；⑧《读史方舆纪要》等军事地理专著；⑨ 10 000 多部的地方志中大量的区域地理信息资料；⑩地图编制方法和大量的区域地图（蓝勇，2004；王育民，1987）。

38　地图信息挖掘

地图信息挖掘指根据地图所表现的地物物类属性与地域属性的可视信息，采用一定方法与手段，特别是应用数学理论和空间信息技术，进一步寻找蕴含于地图表观信息背后可能存在的新的地物、地物的规则或规律、地物物类属性或地域属性间可能的关联特征和发展演化趋势。主要内容有：①揭示地物新的地域属性特征。例如，通过进一步的制图综合、高通或低通滤波、趋势面分析或小波变换等技术，揭示不同空间尺度下的地物地域空间分异特征；采用空间分割和空间计量相结合计算各种地理景观的各种景观生态指数。②提示地物间可能蕴含的物类属性关联特征。例如，把生物种群分布图与各种生态环境要素分布图（气温、降水、地形、土壤、地质等）叠置比较，揭示生物种间及与其环境要素之间的可能关系。③揭示地物运动变化特征。例如，把不同时段同类地物（如城市、土地利用、气象要素、生物种群分布界线）地图叠加，揭示地物的空间运动（扩散、迁移）特征。④揭示地物分布所隐含的某种地理规则或规律。例如，把山地区域生物、土壤、气温分布图与地形图叠加，揭示出地物的垂直分异规则（规律）；克里斯塔勒把不同规格的居民点与其之间的地域空间距离关系进行分析，得出居民点分布的规律；魏格纳在大西洋两岸陆地岸线轮廓比较基础上，结合其他证据，提出大陆漂移假设。⑤揭示可能存在的新的地物。例如，把地质图与地形图叠加制作地质剖面图，可揭示一系列区域地质构造特征（褶皱、断层等）；通过地形图三角面特征线或水系不自然平移转折线的分析，可分析出可能存在的活动构造线；通过残存贝壳堤的分布连线，可能找到曾经存在的古海岸线；等等。⑥通过地图中多要素的综合可能构建出新的概念地物。例如，气温、降水及其他气象要素图相结合构造出新的气候干湿度概念及其分布图；胡焕庸先生根据中国人口分布图提出中国的爱晖—腾冲的人口分布界线（胡焕庸线）；林观得先生根据台湾海峡海底地形图提出第四纪冰期可能存在的大陆与台湾的陆路通道——东山陆桥等。

39　遥感

从词义上讲遥感泛指从远处探测、感知物体或事物的技术，即不直接接触事物本身，从远处通过仪器（传感器）探测来自目标物体的信息（电场、磁场、电磁波、振荡波等信息），经过信息的传输及其处理分析，识别物体的属性及其分布等特征的技术。现在“遥感”基本上专指空对地的遥感，即从远离地面的各种工作平台上（高塔、气球、飞机、火箭、人造卫星、宇宙飞船、航天飞机等）通过传感器，对地球表面的电磁波（紫外、可见光、红外、微波等）信息进行探测，并经信息的传输、处理和判断分析，对地球的资源和环境进行探测和监测的综合性技术。

从地物测度角度，遥感的机理和流程如图 3-1 所示。

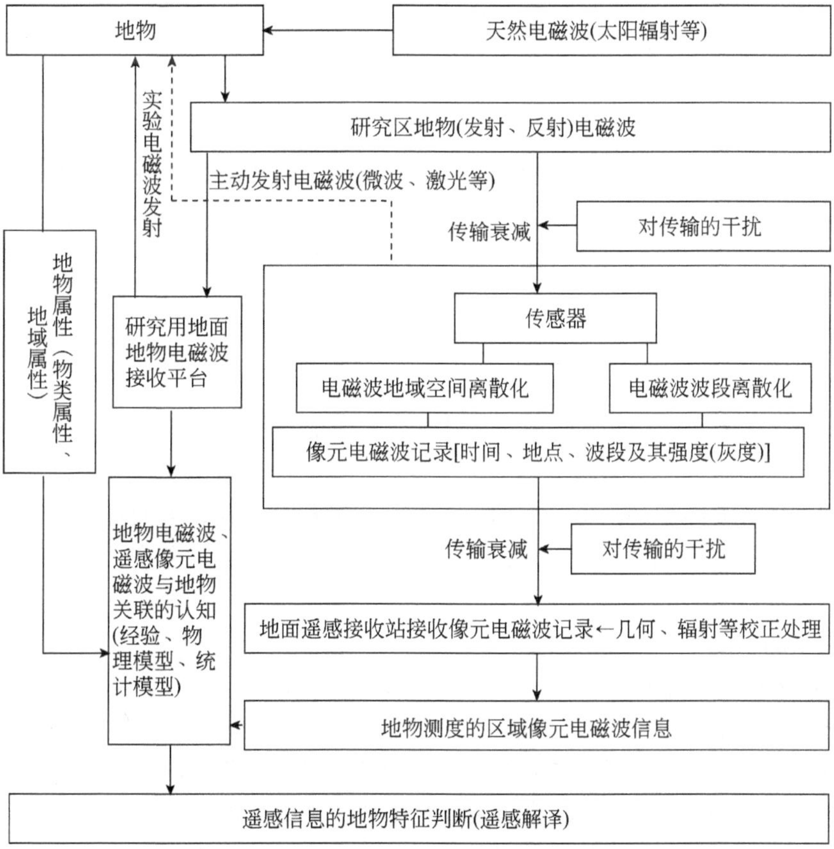

图 3-1　遥感的机理和流程

遥感在地物测度上有如下特点：①感测范围大，具有综合、宏观的特点；②信息量大，具有手段多、技术先进的特点；③获取信息快，更新周期短，具有动态、实时监测的特点（吕国楷等，1995；周成虎等，1999）。

40　遥感影像的分辨率（精度）

遥感影像的分辨率为遥感成像系统对地物发出电磁波信息细节分辨能力的一种度量，也是图像中目标细微程度的指标，它表示遥感影像中表示的景物（地物）信息的详细程度，包括空间分辨率、光谱分辨率、辐射分辨率和时间分辨率。空间分辨率指像素（像元）所代表的地面范围大小，即图像目标（地物）的空间细节在图像中可分辨的最小尺寸。光谱分辨率指传感器在接收目标辐射的光谱时能分辨的最小波长间隔，间隔越小，分辨率越高。早期的陆地资源卫星传感器只有 4 个波段，其波段间隔为 100 ～ 200nm，20 世纪 90 年代的美国国家航空航天局（NASA）发射的 LEWIS 小卫星的成像光谱仪有 384 个波段，波段间隔很小，为高光谱分辨率的成像光谱。辐射分辨率指传感器接收波谱信号时能分辨的最小辐射度差。时间分辨率指对同一目标的序列图像的成像时间间隔，即遥感信息采集的时间频率，也称重访周期（周成虎等，1999）。

41　遥感测度地物的不确定性和局限性

遥感技术的机理和流程（参见注释 39）表明，遥感测度地物是一种间接的测度方法，其依据在于对遥感信息——经离散化接收并经对特征进行整理的遥感像元电磁波信息（对应的地域空间位置）、波谱（波段及其灰度值）与对象地物特征（地域属性和物类属性），即地面地理信息之间关联的认知。这一关联的不确定性和局限性，导致了用遥感技术测度地物的局限性和不确定性。

（1）由于地物的物类属性与地物的光谱特征或光谱组合特征多不存在明确的一一对应关系，因而可能造成同质异谱和同谱异质的现象。

（2）遥感传感器记录的像元光谱是对发出光谱的地面离散化分割的地域空间（如由扫描时间分割而进行的相应地域分割）整体发出或反射的综合电磁波光谱，这些像元对应的地域空间可能并非纯单一的地物，而是多种地物的混合单元，因而像元光谱记录的往往是多种地物发出的混合光谱，这种光谱难以进行针对单一地物的分离，只能靠与单一地物光谱特征的近似度来判断，像元对应的地面单元越大（遥感空间分辨率越低），混合性越高，地物判断的不确定性就越大。

（3）地物反射或发出的电磁波经长途传输至传感器过程中一方面会不断衰减，另一方面会受环境条件的各种干扰导致变异，从传感器传出至地面接收器的像元光谱信息也会在传输过程中受到干扰而变异，二者结合可能导致信息一定程度的失真。

（4）传感器本身的性能稳定性和灵敏度受到各种因素的影响，导致其记录的像元信息存在一定程度的变异，导致用其记录的像元信息判断地物可能出现失真现象。

（5）只有占据一定地域空间的实体地物才能反射或发出电磁波，因而遥感可测度的地物只能局限于可通过一定发射或反射光谱属性予以分离的实体地物及通过其予以相关推断的非实体地物。对于地理学研究的大量非实体地物对象，遥感是无法测度的，是有其局限性的（周成虎等，1999；马蔼乃，2000；庄逢甘和陈述彭，1999）。

42　地理信息系统

地理信息系统通常泛指用于获取、存储、查询、综合（编辑）、处理、分析和显示与地球表面位置相关的数据（地理数据）的计算机系统，其组成包括计算机、地理信息系统软件、空间数据库、分析应用模型、用户界面和系统人员。

地理信息系统可分为业务处理系统和决策处理系统。业务处理系统侧重于往来业务的记录和处理；决策处理系统侧重于处理、模拟和分析，为决策者提供与地域空间有关的决策服务。它与其他信息系统的主要区别在于其存储的信息是经地理编码的，地理位置及与该位置有关的地物特征属性信息成为信息检索和处理、分析和显示的重要内容。在地理信息系统中，现实世界被表达成一系列的地理特征，这些地理特征至少有空间位置参考和非位置信息两个组成部分（相当于地物的地域属性和物类属性两种不可分割的属性）。地理信息系统主要应用如下：①地形制图；②基于电子地图的导航系统；③交通网络模拟和设计、管理；④资源（矿产资源、水资源、土地资源、气候资源、生物资源等各种自然资源和人口、社会经济、文化资产等人文社会资源）的清查业务、评价、规划和管理等；⑤环境和自然灾害的监测、评价和区域管理；⑥专题地理制图和演示；⑦地理空间事物的模拟、教练和教学；⑧一切与地域空间有关的人类活动的决策；⑨地理表象所隐含的或多种地物（地理特征）所构成的新地物或地理现象的提取和挖掘；⑩地物物类之间和地域之间关系的分析；⑪ 地理规则或规律的提取(陈俊和宫鹏，1998; 廖克等，2007）。

43　基于地理信息系统的地物间接测度

基于地理信息系统的地物间接测度指利用地理信息系统技术，根据地理信息系统中存储的已知地物信息和一定的分析软件，分析和估测出地表客观存在但未能测度的地物或地理现象特征，或者新提出的某种概念地物。主要有八个方面。

（1）对缺实测资料区域地物或地物特征的空间插值（参见注释 8）。

（2）两期面状地物实测之间间隙期地物地域分布态势的估测。

（3）地物地域分布态势在一定时间之后变异的修正。例如，对于 20 世纪 80 年代用大量测站（包括标准正规测站和更大量的辅助、短时测站）资料准标准化后编绘的降水量分布详图，用较少的标准测站资料对之后 30 年降水量变化强度空间态势图进行修正，估测出 30 年后区域降水量分布。

（4）地物地域空间结构指数的测度。例如，根据地物或景观类型的分布图，测定估算各类景观或整个区域的景观生态指数（Leitão，2011）。

（5）利用两期或多期地物地域分布图叠置分析，进行地理空间运动（地物扩散或迁移）的测度（参见注释16）。

（6）地物关联的估测，主要根据地物分布上的关联提出地物物类关联或因果关联的假设。这种假设要通过机理上的关联予以实证。

（7）表观地理现象下隐含的地物（地理特征）的测度，如气象卫星云图在热带、副热带区出现的旋涡状云团所隐含的热带低压、热带气旋，在冷暖气团交界常出现的云团隐含的锋面，水系分布特征所隐含的地质构造特征等。

（8）多地理要素构成的新概念地物的测度，如降水量分布和径流量分布构成的径流系数，多种气候要素的地域分布按蒸发力模型估算的潜在蒸发分布图等。

44　卫星定位（导航）系统

卫星定位（导航）系统指利用工作卫星信号来确定地物位置和为运动的地物导航的系统。目前世界上正式运行的有美国的全球卫星定位系统（GPS）、俄罗斯的GIONASS导航卫星系统和我国的北斗卫星导航系统（BDS），以及欧洲空间局的NAVSAT导航卫星系统。以GPS为例，卫星定位系统由三部分组成：一为空间星座部分，由不同轨道的24颗人造卫星组成，使地面上任何地点至少能同时接收到4颗卫星的信号。二为地面监控系统，由分布于地球各地的5个地面站构成，其任务是：①采集数据，推算编制导航电文；②提供全球卫星定位系统的时间基准；③调整卫星运动状态，使之沿预定的轨道和正确的姿态运行；④在工作卫星失常时启用备用卫星，以保证整个GPS的正常工作。三为用户设备，包括GPS接收机、数据处理软件、个人计算机及其终端设备，用户依靠GPS接收机获取其所在位置的信息。GPS定位的基本原理是，GPS工作卫星发射测距信号（测距码）和导航电文，导航电文中含有卫星位置信息。用户用GPS接收机在某一时刻同时接收3颗以上的GPS卫星信号，测量出测站点至3颗以上GPS卫星的距离并解算出该时刻GPS卫星的空间坐标，据此利用距离交会法解算出测站点的位置。GPS定位的实际操作法有伪距法定位、戴波相位测量定位法和差分GPS定位法三种，差分GPS定位法可削减GPS定位中的许多误差，改善用户GPS的定位精度。GPS提供两种定位服务：一为标准定位服务，主要面向一般的普通用户；二为精密定位服务，主要面向美国军方和特殊用户（廖克等，2007）。

45　“3S”相结合地物测度

“3S”相结合地物测度指把“3S”中两种或全部三种技术方法相结合对地物进行测度。这对于大面积的多种地物调查和测度，或对地物特征的专题提取以及综合制图均有独到的优势，可以较好地提高测度的速度和精确度。例如，区域土地利用/覆被调查中通常把遥感、地理信息系统和全球导航卫星系统与野外实地调查结合进行。其简化的基本流程如图 3-2 所示。

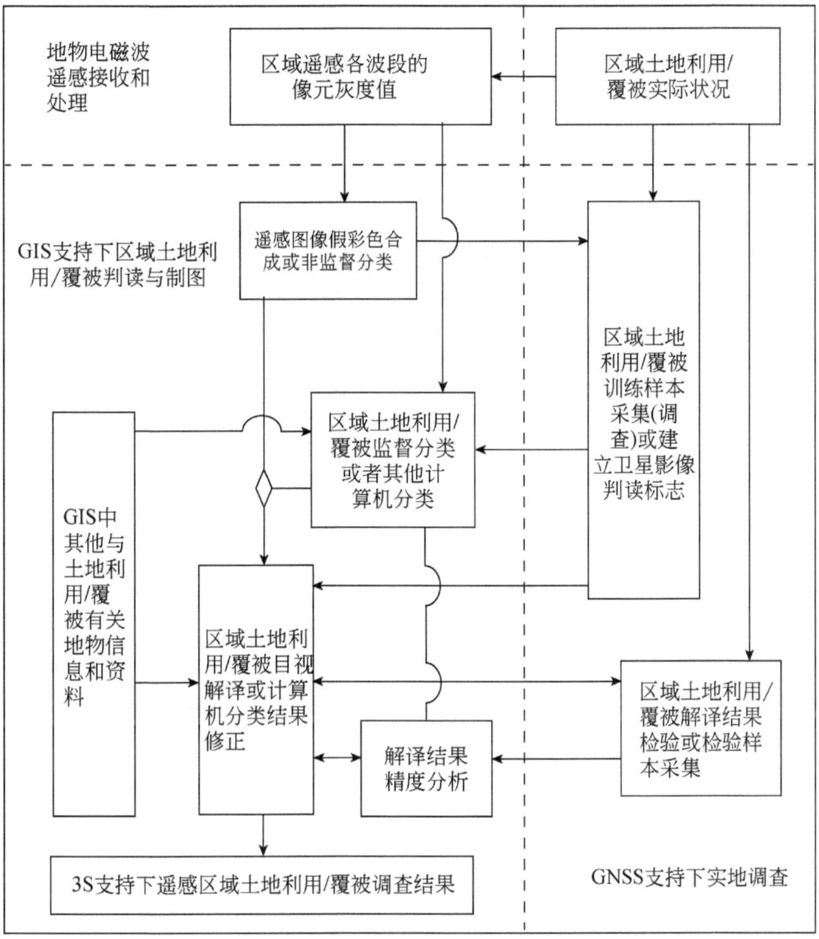

图 3-2　“3S”结合地物测度流程

参 考 文 献

鲍尔曼 F H, Likens G E. 1985. 森林生态系统的格局与过程 . 李景文 , 石家琛 , 周晓峰 , 等译 . 北京 : 科学出版社 .

蔡运龙 , Wyckoff B. 2011. 地理学思想经典解读 . 北京 : 商务部书馆 .

陈加兵 , 励惠国 , 郑达贤 , 等 . 2007. 福建省年均温空间分布模拟研究 . 亚热带资源与环境学报 , 2(1): 1-5.

陈俊 , 宫鹏 . 1998. 实用地理信息系统——成功地理信息系统的建设与管理 . 北京 : 科学出版社 .

范克新 . 2004. 社会学定量方法 . 南京 : 南京大学出版社 .

郭仁忠 . 2000. 空间分析 . 武汉 : 武汉测绘科技大学出版社 .

何宜军 , 刘保昌 , 张彪 , 等 . 2015. 海面流场卫星遥感方法综述 . 广东科学 , 22(3): 294-300.

赫特纳 . 1986. 地理学 . 王兰生 , 译 . 北京 : 商务印书馆 .

基钦 , 泰特 . 2006. 人文地理学的研究方法 . 蔡建辉 , 译 . 北京 : 商务印书馆 .

克拉瓦尔 . 2007. 地理学思想史 . 郑胜华 , 刘德美 , 刘清华 , 等译 . 北京 : 北京大学出版社 .

蓝勇 . 2004. 中国历史地理学 . 北京 : 高等教育出版社 .

李沛良 . 2002. 社会研究的统计应用 . 北京 : 社会科学文献出版社 .
李勉 , 李占斌 , 丁文峰 , 等 . 2002. 黄土坡面细沟侵蚀过程的 REE 示踪 . 地理学报 , 57(2): 218-223.
廖克等 . 2007. 地球信息科学导论 . 北京 : 科学出版社 .
陆大道 . 1999. 地理学发展与创新 . 北京 : 科学出版社 .
吕国楷 , 洪启旺 , 郝允充 , 等 . 1995. 遥感概论 . 北京 : 高等教育出版社 .
马蔼乃 . 2000. 地理科学与地理信息科学论 . 武汉 : 武汉出版社 .
马丁 . 2008. 所有可能的世界 . 4 版 . 成一农 , 王雪梅 , 译 . 上海 : 上海人民出版社 .
毛政元 . 2004. 空间模式的测度及其应用 . 北京 : 科学出版社 .
美国国家研究院地学、环境与资源委员会 , 地球科学与资源局重新发现地理学委员会 . 2002. 重新发现地理学——与科学和社会的新关联 . 黄润华 , 译 . 北京 : 学苑出版社 .
尼古拉斯 • 克里福德 , 吉尔 • 瓦伦丁 , 等 . 2012. 当代地理学方法 . 张百平 , 孙然好 , 译 . 北京 : 商务印书馆 .
欧斯汀 . 1962. 植物群落的研究 . 吴中伦 , 译 . 北京 : 科学出版社 .
普雷斯顿 • 詹姆斯 , 杰弗雷 • 马丁 . 1989. 地理学思想史 . 李旭旦 , 译 . 北京 : 商务印书馆 .
孙玮玮 , 毕春娟 , 陈振楼 , 等 . 2009. 稳定同位素示踪技术在环境领域的应用初探 . 环境科学与技术 , 32(9): 88-92.
王春菊 , 汤小华 . 2004. 基于 GIS 的福建省人口统计数据空间化 . 地理与地理信息科学 , 20(4): 71-74.
王育民 . 1987. 中国历史地理概论 . 北京 : 人民教育出版社 .
徐建华 . 2004. 现代地理学中的数学方法 . 北京 : 高等教育出版社 .
杨士弘 . 2002. 自然地理学实验与实习 . 北京 : 科学出版社 .
赵大鹏 . 2004. 定量地学方法及应用 . 北京 : 高等教育出版社 .
郑达贤 , 沙济琴 . 2012. 中国茶园土壤与茶树中的矿质元素 . 北京 : 中国环境科学出版社 .
郑永春 , 王世杰 . 2002. ^{137}Cs 的土壤地球化学及其侵蚀示踪意义 . 水土保持学报 , 16(2): 57-60.
郑永春 , 王世杰 , 欧阳自远 . 2002. 地球化学示踪在现代土壤侵蚀研究中的应用 . 地理科学进展 , 21(5): 507-516.
周成虎 , 骆剑承 , 杨晓梅 , 等 . 1999. 遥感影像地学理解与分析 . 北京 : 科学出版社 .
竺可桢 . 1973. 中国近五千年来气候变化的初步研究 . 中国科学 , 3(2): 168-189.
庄逢甘 , 陈述彭 . 1999. 遥感与新世纪 . 北京 : 气象出版社 .
Leitão A B. 2011. 景观测量 . 张俊彦 , 林裕彬 , 张琪如 , 等译 . 台北 : 五南图书出版社 .
Likens G E, Bormann F H, Pierce R S, et al. 1977. Biogeochemistry of A Forested Ecosystem. New York: Springer-Verlag.
Tuan Y F. 1998. 经验透视中的空间和地方 . 潘桂成 , 译 . 台北 : 台湾编译馆 .

第 4 章　地理分析与综合[1]

地理分析与综合包括对地理调查记录、采集和测度获取的地物信息（地理信息）进行条理化整理（包括审校）和表达、基于地理信息科学的地理分析与综合、地物的地域分类与区划、地理现象（过程）深层控制因素的挖掘、复杂地域系统的综合性分析，以及地理专有模型——专题地图的编制等。D. 哈维将其大部分内容归为地理学中的解释[2]。

4.1　地理信息条理化整理和表述

不论是传统的地理学研究还是现代的地理学研究，地物信息的条理化整理和表达都是地理信息处理的第一步工作。其主要任务是对调查、采集和测度获取的地物资料、数据和初始图件进行审校，从地理学角度进行整理，分析地物的特征（组成、结构、分布、关联、运动和演化过程等），推测地物形成的原因，以便为与地域有关的决策和行动提供依据。

4.1.1　地物信息的评估和审校

经调查、搜集和测度获取的大量第一手和第二手地理信息，广义上称数据，包括资料、图件等，是进一步分析与综合以解释地物和地理现象的依据，其准确可靠性和可用性（统计学上称信度和效度）是地理认知正确性的基础，故在分析与综合之前应对其进行认真的审查和校订。其主要工作包括：①时、空和标准统一性的审查和校正[3]；②不同源信息一致性的审校[4]；③信息内部逻辑关系的审校[5]；④资料、数据科学性的审校和奇异数据的核查或剔除[6]。

4.1.2　地物属性信息组织结构的分析与整理

从分析角度，一般可把地物属性分解为物类属性和地域属性分别进行分析[7]。对于地物物类属性，应根据地理认知的目标梳理地物物类属性的结构，包括物类属性构成要素（特征）质的结构和量的结构。在质的结构方面，区分所进行的地理认知的中心目标要素及作为中心目标要素存在和演化条件的相关要素（环境要素），整理成一个以认知目标为中心的各要素相互关联的层级结构（网），使所建构的物类属性结构与地理认知的目标相适应[8]。在量的方面，首先要区分地物的物类属性数据（资料）的标度类型，因为标度是规范变量取值和运算方法的标准。地物物类属性数据的标度可分为四类，即名称标度、顺序标度、区间标度和比率标度[9]。其次要估算地物物类属性的特征参数，主要有频次分布状态、代表性数值、离散趋势和统计分布特征四个方面。不同标度的地物物类属性的特征参数应该用不同的方法计算和不同的概念表述，如名称标度、顺序标度和区间标度（包括比率标度）的代表性数值分别用众值、中位值和均值（算术均值或几何均值）表达，其离散趋势分别用离异比率、四方位差和变异系数表达[10]。四类标度在逻辑运算上存在层次关系，从比率标度至区间标度至顺序标度再至名称标度可依次顺序转换，但逆向的转换是难以进行的（除非有某些附加条件），也往往是没有意义的。数据转换成次一层次的标度，就可以按次一级的数据运算处理方法进行运算和处理。

地物的地域属性结构包括地物地域空间分布类型特征和分布参数两部分。地物的地域属性信息有三层内容：一为分布对象地物在研究地域空间（线或面）上的分布特征；二为分布对象地物本身的几何空间特征（点、线、面的特征）；三为地物的分布方式（连续型或离散型，离散型中的不同分布类型等）。根据这三层内容的组合，地物的分布类型特征按九种类别进行分析：①沿线状空间分布的离散分布地物点，如公路上的汽车，河流上的船舶，边界线上的关隘、哨所，山峰点，海岸线上的港口等；②沿线状空间分布的连续点状地物，如河流的流速、高速公路的车流量等；③沿线状空间分布的离散型线状地物，如河流上的防洪堤坝、城市街道上的林荫道和公共汽车线路等；④面状地域空间上分布的离散型点状地物，如居民点、城市、火山、泉眼等；⑤面状地域空间上分布的离散型线状地物，如河流水系、交通网等；⑥面状地域空间上分布的连续型线状地物，如大气运动、污染物扩散等；⑦面状地域空间上分布的离散型面状地物，如草场、农场、沼泽、湖泊等；⑧面状地域空间上分布的连续面状地物，如行政区、人口普查区、土壤类型等；⑨面状地域空间上分布的连续面（定距地物），如地形、降水等（郭仁忠，2004；毛政元，2004）。在各类地物下根据调查测度获取的地物地域属性和相关联的物类属性信息，计算地物的分布参数作为地物地域属性结构的表征，同时把初步整理的信息编绘在适当比例尺的地图上供进一步分析研究使用。

地物的分布参数是概括地物地域分布特征的特征值，主要有：①分布规模（面积或长度等）[11]；②分布密度[12]；③分布中心[13]；④分布轴线[14]；⑤离散度[15]；⑥空间分布类型[16]；⑦空间形态[17]；⑧分维数[18]；⑨空间分异趋势特征，可用趋势面分析[19]、小波分析[20]和区域化变量变异函数分析[21]等。

4.2　地物物类属性特征的关联分析

地物物类属性特征的关联包括地物物类属性构成要素之间的关联、地物物类属性与非地物属性之间的关联、地物地域之间物类属性的关联。地物物类属性各要素之间或地物与其他非地物物类属性之间的关联就其区内性质而言是暂不考虑地域差异的，假定匀质地域空间内的地物物类属性关联。这种关联通常也属于其他学科（如生物学、生态学、经济学、历史学、社会学等）研究的内容，并不专属于地理学的研究范围，但其作为一个区域区别于其他地区的地物关联特征而言又是由所同时具有的具体地理位置所限定的，因而是比该区域更大范围的地物特征分析所不能缺的。这一方面的分析尽管可能借助于其他学科的研究成果和研究方法，但地理学研究者必须用地理学关于地域空间的视角和目标来利用这些成果，修正和补充其方法，或按自己的需要设计研究[22]。同一地区内地物关联的分析首先应按地理学研究的目标集中关注主体地物和与之相关的环境事物，尽管其主体在其他学科的研究中可能并非主体。根据地理学研究的对象，主体地物可以是有形的实体地物，也可以是政治、文化、精神等无形的抽象地物。当然，抽象地物必须依托实体地物而存在（如人、精神标志物等），但其所依托的实体地物已被赋予另外的新的含义。物类属性的关联分析一般从三方面着手：①直观上的关联定性分析；②统计学上的关联分析；③关联条件和关联机理的分析。

4.2.1　地物属性定性关联分析

地物属性关联的定性分析是传统地理学地理信息整理、分析和表达的主要方法，也是现代地理关联分析不可或缺的初始环节。在传统的地理研究中，这一定性分析通过分类、比较、归纳、演绎及空间关联构想等方法来实现[23]，现代地理学除沿用传统地理研究方法外，也借鉴社会科学的定性数据分析与解释的规范模式来进行[24]，而作为统计学的定量关联分析的准备工作和预认知环节，更多的则是在上述地物物类属性结构特征和地域属性结构特征分析的基础上，围绕具体地理认知的目标，把与目标相关的物类属性和地域属性组成关联比较系统，通过表格、图示或地图进行直观地表达，通过直观地表达对可能的关联进行初步的判断[25]。

4.2.2　基于统计学的关联分析

基于统计学的关联分析是现代地理认知的主要方法之一。在地物物类属性关联方面包括关联指数的测度和关联置信度的检验。不同标度类型的地物物类属性的关联应该使用不同的测度和检验方法[26]。对于两种物类属性之间的关联，在名称标度物类之间及名称标度物类与有序标度物类之间的关联用 λ 指数[27]或 tau-y 指数[28]测度，用 X^2 检验法[29]；在有序标度的物类之间用 G 指数[30]、d_y 指数[31]、T 指数[32]或斯皮尔曼 rho 指数（r_s）[33]测度，用 Z 检验[34]或 t 检验[35]；在间距标度的物类之间用积距相关系数 r（或指数 r^2）[36]或相关比率（又称 eta 平方系数）指数 E^2 测度[37]，用 F 检验[38]或 t 检验；在间距标度物类与名称标度或有序标度物类之间用 E^2 测度，用 F 检验或 t 检验。对于多个物类属性自变项与一个物类属性因变项之间的关联，在间距标度的变项之间采用多因回归分析[39]，关联程度用复相关系数 R（或指数 R^2）表征，关联置信度用 F 检验，在多个有序标度或名称标度与一个间距标度之间可将有序标度或名称标度变项的类目转为数值型的虚拟变项，然后用多因回归分析[40]；也可用数量化理论 I 进行分析[41]，相关程度用复相关系数 R（或指数 R^2）表征，相关的置信度用 F 检验。对于多要素构成的自变量和多要素构成的因变量地物之间的复杂关联可用典型相关分析、对应分析或冗余分析[42]。

4.2.3 地物关联条件和关联机理的分析

尽管从直观上和统计上可以看出地物物类属性相关关系，许多样本的相关还可以从统计学上推导出相关的置信度，即其相关对于总体而言的代表性的可信程度，但是，应特别强调，这些相关仍然是表观上的相关。要确定地物物类属性之间的关联，还应该分析关联存在的条件和关联机理。关联存在的条件包括研究区域该关联形成的必备的外环境和关联之所以能实现的物质、能量或信息连接或传递系统。不存在关联形成的必备条件，就不可能存在以该条件为基础的关联。这些条件是具体的，依存于具体的研究区域，而不是假想的，或一般概念性的条件，因而是特定地域对关联的约束条件。在关联机理方面，主要根据其他相关学科（物理、化学、生物、生理学、经济学、政治学和社会学等）已有研究成果来实证和演绎推导在一定区域约束条件下，地理现象所展示的地物属性之间关联的机理，涉及具体的物质、能量、信息或资本在相关地物或属性间传递的路径、介质、量值、作用（包括干扰）的条件和作用（干扰）– 响应机制。应区分单向的直接因果关联、通过传递链的间接关联、具反馈相互作用的关联、由上一层次第三者控制的共因性并列关联以及具有网络关系的复杂关联；区分共时性的关联、滞时性的关联和历史积淀性的关联。通过关联的条件分析和机理分析达到两个目的：①确证直观定性和统计学定量分析获得的关联认知的可信性（信度）；②加深对地物关联内涵的质的认识。

4.3 地物的地域空间关系和关联分析

应当区分地物的地域一般空间关系和地域空间关联的概念。地域的一般空间关系指从地物在地球表层相对位置的角度来分析地物间的关系，这是几何关系在地理中的具体表现。这种关系只是提供地物之间可能存在关联的规定和地理规则，并不表明地物间一定存在相互关联关系。地物空间关联不仅表现在地域空间关系上，且要同时体现物类属性上的关联，因为地物的二象性，不存在只有地域属性关联而无物类属性关联的地物地域空间关联。地物的地域空间关系和关联可分一般的地域关系与关联和地物尺度关系和关联。

4.3.1 地物的几何空间关系

地物的几何空间关系有拓扑关系、距离关系、方位关系和空间相似关系。拓扑关系是不考虑度量和方向的物体空间关系。虽然拓扑学是从地理问题的数学研究（哥尼斯堡问题[43]）发展起来的，但现在其内容已远超出地理学范畴，因而地理学的拓扑关系仅限于地球表层空间这一范围内的地物拓扑关系。拓扑关系有相邻、相离、严格包含和相交四种基本类型，四种类型可用集合论关系式来表达。把四种基本类型与地物的点、线、面三种基本形态相结合，可组成 19 种基本的地域空间拓扑关系。19 种关系可用代数式或集合论来表述[44]。

距离关系指地理空间距离，是基于地理位置的、反映地物间几何接近程度的度量关系概念。地理学上主要包括点状地物之间的距离，点状地物与线状、面状地物之间的距离，线状地物之间的距离和线状与面状地物之间的距离，以及面状地物之间的距离。这些距离在较小的研究区域范围内以地理面上的直线距离或地球参考椭球体投影面上的直线距离计算，在地球上大的研究区域范围内则以地球参考椭球体大圆弧线上的距离计算[45]。

地物方位关系是以参照地物位置为中心，以穿过参照地物的基准方位线方向（如北向的方向线、人的向前视线）为标准，由参照地物位置向目标地物发出的射线与基准方位线的夹角（或相当于夹角的方向概念）所表征的两地物的相对位置关系。地物方位关系是人类最早的地理认知的重要概念之一，也是每一个人生长过程中形成的最早的地理概念之一（段义孚，1998）。参照地物的位置和基准方向是决定目标地物与参照物方位关系的两个基准。由于参照地物和基准方向都有两种状态——固定态和变动态，因而地物的方位关系有四种类型：固定参照地物的位置和固定基准方向的方位关系，固定参照地物的位置和变动基准方向的方位关系，变动参照地物的位置和固定基准方向的方位关系，变动参照地物的位置和变动基准方向的方位关系[46]。对于两个点状地物的方位关系可以精确地度量。在测量学中将球面上 B 点（目标点）相对于 A 点（参照点）的方位定义为过 A、B 点的地球大圆平面与过 A 点的子午圈平面的夹角。对于非点状地物而言，因地物面积规模的大小、形态和距离远近的不同，往往是一个较模糊的概念，多依靠概略的描述而非精确的测度。在这种情况下，应注意两地物面积规模上的匹配和平衡以及二者大小之差对于二者间距而言可以忽略[47]。一旦这些方位关系由特定地物物类属性实体所指代，这些方位就往往具有特定的地理含义，故方位关系是地理关系的重要内容[48]。

空间相似关系指地物的地域空间分布形态或空间结构上的相似程度。形态相似在很多情况下是进一步分析地物实质性关联的基础。分布空间的相似分析有两条途径：一为在相似变换下分布形态吻合度分析[49]；二为基于形态参数的相似性分析[50]。基于空间结构的相似性分析通常成为地物形态分类的基础。

4.3.2 地物的一般性地域空间关系

上述地物的一般几何空间关系是地物地域属性的一个抽象。当把这些关系用具体地物（群、类、个体）代入之后，就构成实际地物具体的地域属性特征。这些属性特征在地理学中有两大功能，一是作为地物二重性特征认知的不可或缺的内容之一，不管这些空间关系对地物之间相互关系而言有无意义和有何意义；二是作为认知（研究）地物之间整体关系的基础。作为后者，地物之间的一般性地域空间关系有两种情况：地域分异关系和地域关联关系。

地域分异关系指由地物空间分布特征所体现的地物（地物集合或地理现象）的地域空间分异。地物的地域分异关系是地物物类属性和地域属性关联的体现和表征，是地理学特有的地物地域分类或区划的依据（参见 4.7 节地理区划）。地物的地域空间分异有三种情况：一为同质地物在不同地区分布密度（强度）的差异；二为不同质的地物在地域空间分布上的分离；三为多种关联要素（特征）构成的地物的组分结构在地域空间上的分异。传统地理学多以不同区域地物物类属性平均状态（如样本测度值的平均值）的差异来表征地物的地域空间差异。但由于地物的分布密度在不同地域空间尺度上多存在不同的随机变异，因而一定观察尺度的区域内部物类属性的量值本身是一个一定范围的变异值，两个区域地物样本测度值平均值的差异能否真正表征地物的区域差异是值得怀疑的。为此，现代地理学多根据两个（多个）区域地物的平均测度值、标准差和统计分布类型进行差异性统计检验，来判断地物地域差异的显著性。对于正态分布型地物用参数型检验（如 t 检验），对于非正态分布型地物用非参数型检验（如 X^2 检验）（参见注释35、29），只是这里的判别方向与相关性判别相反，即以一定置信度下的不相关来判别地物地域空间分布差异的显著性。

地物地域关联关系指地物之间存在直接或间接的受地物地域空间分布特征影响的物类属性联系纽带。地物地域关联有三种概念：一为物类分布地域空间交叠区域内的物类属性关联；二为分离地域间物类质或量结构的相似性；三为不同地域间地物（物质、能量、信息或资本）的流关联。交叠区地物属性关联指不考虑空间间隔性因素作用的物类属性关联。地物在地域空间可能是连续分布，也可能是离散分布，地物的特征可能是名称标度、有序标度、间距标度或比率标度（参见注释 9）。不管何种分布和何类标度，交叠地域地物物类属性关联分析的方法原则上是先对两种地物分布区之交的区域范围进行空间离散化处理，以离散了的全部地域单元为样本，或按一定量抽样原则抽取其中一定量的代表性地域单元的样本，分析样本中不同地物物类属性数据的相关性，分析方法同地物物类属性特征关联的分析方法（参见注释 22 ～ 40）。分离地域间物类质或量结构的相似性，指分析地球表面相分离的不同地域斑块的物类属性的组成结构相同或相近性，以判别相同或相近的地物。例如，两片相互隔离的湿地，它们具有相似的平浅低洼地形、相似的常年或季节性积水水文状态、相近的还原型多泥炭土壤特征和相似的水生生物。再如，在相近社会经济水平和条件下，一个个城市具有相似的经济结构和市域功能分区。这种物类质或量结构的相似性可能是相同或相近因果关联关系的表现，属同因性因果关联。分离地域质或量的相似性如果物类单纯，与周边物类界线清楚，可以进行直观定性判断。但如果特征复杂、交叉，则一般通过聚类分析进行判别[51]。如果已有标准的地类特征，则可通过判别分析把相近区域提取出来[52]。分离地域间物类质或量相似性的分析是地物地域分类的重要依据。地域间地物的流关联指区域之间通过地物（物质、能量、信息或资本）的传输而相互作用和相互影响，传输过程受到区域间间隔性因素的作用和影响。地物的传输可以是常态性的，也可以是偶发性的。常态性的传输可能是持续性的，也可能是间歇性的，可能是平稳态的、随机态的或周期、准周期态的，也可能是线状的、网状的或面状的流。流关联的核心是源、汇和通道的问题。H.T. 奥德姆采用能流分析方法来分析生态系统各功能单元之间的物质、能量、信息、资本的流路。如把其功能单位视为地理学的地域单元的话，其基本思路、理论、模型和方法可以借鉴、改造和发展成地理区域之间流关联的一种很好的分析方法[53]。

4.3.3　地物地域空间结构性关联分析与综合

地物地域空间结构性关联指地物在地域空间通过特定的机制形成一个相互关联的整体结构，在这个结构中以特定的地域类型为子系统。子系统之间通过流的关联而构成一个上一层级的大系统。不同类型的地物有不同的地域空间结构形式和关联流的形式，这是地理学地物认知的一种特有的重要方法。应区分地物的地域空间结构分异与地域空间结构性关联概念的不同。前者指的是地物属性在地域空间结构上的差异（或差异形成过程），分异的区域单元之间不一定存在物质、能量、信息或资本流的关联（或者说不用考虑这些关联），属地物分布和地域类型组合的概念。后者虽然地物在地域空间分异成不同的区域，但区域之间存在物质、能量、信息或资本流的关联，这些关联是分异区域存在的必要条件，且把各分异区域联结成一个整体，这是地域系统结构的概念。地物地域空间结构性关联分析包括地域空间结构性地物个案的研究、类别的研究和抽象的共性结构性关联特征的研究三个层次，前者属于区域地理（个案）、部门地理（类别）研究的内容，后者应属通论地理或理论地理研究领域。三种研究都是地理科学研究不可偏废的内容，不能说哪一层次的研究是科学的，哪一层次的研究不是科学的，是经验描述性的。正如生物学研究的每一生物个体、每一类群和生物整体共同的新陈代谢规律及控制性基因一样，也如化学研究的每一具体元素或化合物、每一类群化合物和整体的化学结构的功能规律一样，均有其客观的需求和新的发现及科学成就与贡献。地理通论的地物地域空间结构性关联分析包括结构性关联的要素、机制、形式、状态和演化等。

（1）地物地域空间结构性关联要素主要有结构性元素、纽带和地理场。结构性元素指相互关联的基本地域空间单元，如景观生态学的拼块、廊道和基质，枢纽区型经济区域的经济中心（枢纽）和吸引范围（腹地），内陆水文区的汇水区、河道和积水湖沼区，宗教区域的宗教中心、次中心和信众区等，地球化学景观的自成景观、过渡景观和从属景观等构成的共轭景观，应分析各要素的特点及其在结构中的作用。纽带指把结构性元素（基本地域单元）联结在一起的因素，主要是各种地理流，即物质流、能量流、信息流或资本流，应分析各种流的特征（流量和流态）、影响流的因素及流的作用。除了流以外，有的结构单元中还蕴含着一些特定的联结因素，如共存的生物基因、文化基础（语言、习俗等文化基因）、共同的控制性规则和法规等。地理场指由区域空间结构性地物的行为或效用在特定地域范围内产生的某种物质性或精神性要素的连续分布状态（如城市热岛效应产生的区域温度场、由生产与消费产生的污染物扩散场、购物中心的区位效应场）和关联性区域的共同的连续性外环境（如气候、外部政治与经济环境、景观生态元素依存的地形等）。

（2）地物地域空间结构性关联的形式指空间结构单元之间相互作用的特点。其基本形式有：①枢纽型关联结构，如社会经济的中心城市－网络－吸引范围（腹地）结构、景观生态的拼块－廊道－基质结构、行政区的政治中心－次中心－管辖区结构、宗教中心－信仰空间结构；②汇聚型关联结构，如集水区－河道－聚水区（湖沼、河口）结构；③单向作用型关联结构，如景观地球化学的自成景观－过渡景观－从属景观共轭结构、风沙地貌的风蚀区－输沙区－堆积区结构；④相依型关联结构，如宗主国－殖民地关联结构；⑤网络型关联结构，如依赖于交通线网的物流结构。各种关联形式还可分为亚型。不同的关联结构均以特定的纽带特征相联结。有些关联结构是由多种形式复合构成的。

（3）地域空间结构性关联的机制指地物地域空间结构性关联赖以形成和维持及运行的机理和条件，总体上有三种机制：一为外生机制，如中国南方农区盆地外围山坡森林景观—盆地缘茶果景观—盆地中部稻蔗经作景观在经济资源和生态上的关联结构的形成首先依赖于地貌条件的地域分异；相邻且对立的两大军事政治强国之间过渡带各种功能区之间的结构性关联及其变化受制于其外部两大强国的政治军事战略；殖民地海港中心与其腹地产业的关联取决于宗主国的经济状态与需求的变化。二为内生机制，主要是在特定外环境条件下区域内部自组织过程发展的结果，如社会经济发展所形成的城乡分异及其关联以及向城镇化进程的不断演化、干旱区域在特定风沙条件下的各种沙丘类型结构。三为内外因共同作用的分异关联机制，如外部经济环境的变化和区域内产业与社会经济演化的响应共同造成一定区域内社会经济空间结构的分异及其关联与演化、福建省晋江就地城镇化的地域空间分异与关联。在宏观的机制作用下，每一个和每一类群的地域空间结构性关联均由许多具体的机制和过程来实现，这是研究工作必须深入分析的。

（4）地域空间结构性关联的状态和演化主要指关联量值的输入输出平衡状态及因输入输出不平衡状态引起的结构稳定性变化和变化趋势，这都需要进行具体的分析。

4.3.4 地物的空间尺度关系和关联

地物的空间尺度关系是地物多尺度时空特征同体性性质中地域空间特征的体现。在分析尺度关系时，应区分本征尺度和非本征尺度及各自的次级类别[54]。在遵循观察尺度和测度尺度与研究目标地物本征尺度相适应原则（参见注释22）进行地理测度获取地物信息之后，从分析和综合的角度研究地物空间尺度的关系和关联主要有：①尺度与地物空间异质性的关系[55]；②地物本征尺度与地物地域空间级序分异的关系[56]；③地物本征尺度与地物地域空间特征的关联[57]；④地物本征尺度与地物功能效应的关系[58]；⑤观察尺度与观察者地理感知的关系[59]；⑥在地理过程中地物本征空间尺度和本征时间尺度的关系[60]；⑦观察尺度和地物认知尺度的转换关系[61]；⑧地物测度尺度与地物地域空间特征认知的关系[62]。地物的空间尺度分析主要是把同体结合的不同时空尺度的地物特征按尺度分解开来或提取出来，研究它们之间的关联关系或在各尺度内的分异特征，然后按一定规则将特征进行重新综合，从地域空间层级结构的角度认识地物的整体结构特征，并为地物地域分类和区划提供依据。

4.4 地域系统的状态分析

地域系统的状态主要指地域系统的稳定性或易变性（脆弱性），二者是一个问题的两个方面，但观察的中心、目的和方法不尽相同。

地物和地域系统的稳定及其演化趋势取决于地域系统内部的结构所形成的功能及其抗

衡外部干扰的能力与外部干扰力之对比。地域系统内部的结构和功能指特定区域内各特定地域系统的地物组成（自然和人文地物系统之组成）、这些组分之间的关联（物质、能量、信息的关联及政治、经济和文化精神因素的关联）和区域内各特定地域系统之间的地物运动（物质、能量和信息的交流）。地域系统是开放系统，故存在与系统之外部环境（相邻其他地区的地域系统、非地域系统及地表层以外的系统）的联系。与外部环境的正常关联（物质、能量、信息交流）是地域系统存在与稳定的外部条件，但外部环境的变化使这种关联超出了正常的范围就变成对所研究地域系统的干扰。故地域系统的稳定就取决于其结构和功能对抗这种干扰的能力。地域系统内部的结构和功能构成了一个区域地域系统与其他区域地域系统不同的形成、消失过程或新陈代谢过程的特征，即内源性稳定性或脆弱性的依据，同时也决定了其抗衡外部干扰的能力。如果干扰造成的是地域体系物质能量的损耗，抗干扰能力则为体系的物质能量的恢复能力，那么稳定性就取决于物质或能量的补充（特别是存储库库容及其补充能力）或恢复速率与损耗速率之比。从热力学的角度看，系统的稳定性取决于系统结构的复杂性和有序性。多样性导致稳定性。而作为开放系统，其有序性在许多情况下需要靠外部输入的“负熵流”以抵抗其内部的“熵增”。对于无机自然系统而言，补充或恢复速率又取决于体系物质、能量流与物质、能量库之对比关系。对于生态系统和人文社会系统而言，其补充和恢复速率同时又取决于生物的生长能力或社会经济的再生产能力。对于起控制作用的思想精神体系，抗干扰能力取决于其思想精神体系与社会经济历史及现实基础的协同适应状态。地域系统的抗干扰能力往往不是固定不变的，许多地域系统并非消极地承受着干扰，其抗干扰能力随干扰的大小而变化。有些地域系统对干扰有正反馈机制，其抗干扰能力随干扰的加强而加强，干扰的影响可以通过对干扰的反作用来降低或消除。但也有些体系具有负反馈机制，其抗干扰能力随干扰的加强而减弱。地域系统对干扰的反应还存在临界点、临界状态的问题。临界点（状态）可能起两方面作用：其一，当越过临界点（状态）时，起着促进和增强干扰的效应；其二，当越过临界点（状态）时，可导致减弱干扰的作用。此二者可称为无恢复力临界点（状态）和致反作用临界点（状态）。干扰之后的恢复大致有四种模型：迅速的直线型恢复、缓慢的直线型恢复、指数曲线型恢复和对数曲线型恢复。对于连续多次干扰，则存在干扰速率与恢复速率对比问题，从而产生体系的波动。一旦波动达到临界点（状态），则将触发抗干扰能力的突变，从而引起体系迅速恢复，或导致体系不再恢复，形成不可逆的变化。多组分体系的稳定性往往首先取决于最薄弱组分或最脆弱环节的稳定性。此外，还应区分高能量、高循环代谢运转条件下的稳定和低能量、低循环代谢运转条件下的稳定，这两种体系虽然同为稳定，但具有完全不同的功能效用。

4.5　地理过程分析

地理过程仅指包括地域特征变化的地物随时间的变化过程，而不是泛指地球表面所有事物的变化过程（参见 1.7 节）。地物是一个庞杂的事物总概念，既有单纯的单一特征地物，也有多要素构成的非常复杂的地物；既有仅几平方米规模的地物，也有千百万平方千米的陆地或海洋，但不论简单还是复杂，不论大小，均处于或快或慢的变化过程中。因地物千差万别，因而可分各种过程（参见 1.7 节）。作为地理通论，不应是各种地理过程具体方法的罗列，而应该是各种地理过程共性问题和共性分析方法的归纳。首先应把“地理过程”区分为地物（地理现象）客观的运动与演化过程和研究观察者认知中主观界定与在意识中概念化了的地理过程。客观的地理过程是地物物类属性和地域属性不可分的相互关联运行和演化的过程，多数地理过程都是多要素、多机制、多特征和多时空尺度结合在一起，且受多种外部因素控制和影响的整体变化过程。对于这样的过程，不加分解是难以深入认识的，但作为整体运动演化的客体，本身是不能分解的，而只能在研究者的意识中加以分解，把它分解成认识主体界定的和认知的地理过程进行分析。故地理过程的分析就是指把客观的地理过程转变为研究者主观认知的地理过程所进行的分析。这一转化一般（除连续观测和实验外）包括两个步骤：一为对客观的地理过程进行调查和测度，将其转化为认知的定时片断性地理状态信息，其中时间的确定是关键。除了实时观测的地理现象和具有历史时代记载的地物外，许多地理现象要通过各种测定方法进行定时。地理学的研究时间尺度是全新世以来万年尺度内的地理事件，因而定时尺度要能区分研究时段内地物的演化。二为把片断性地理信息重构为地理过程的认知，前者属地物的调查和测度任务，后者一般有三种形式：一为将测度的信息直接转为地理过程的认知；二为把测度获得的信息先直接转为整体过程的信息后再行分解，从不同角度研究分解后的过程，然后进行综合获得整体地理过程的深层次认识；三为先把获取的信息分解为不同的过程信息再进行综合，认识整体地理过程。这些形式大致上通过以下主要转换与分析综合来实现：①把有限时空获取的片断性地物状态信息转化为一定时段动态地理过程的认知；②对地物的地域和物类二重属性进行分解后进行各自过程的分析和再综合；③地理过程时间尺度的分解与再综合；④复合地理过程的分解分析；⑤地理过程特征参数的提取和地理过程类别的判定。

4.5.1 片断性地物信息向动态地理过程认知的转换

除了少数地物的自动连续观测外，大部分地理调查和测度获取的片断性地物信息主要有三类：①等时间间距测度的地物信息，如非自动记录的气象观测和水文观测数据、每年的国民经济统计、5 年一次的人口普查等；②多次（至少两次）的非等时距的重复调查（包括地区的重复调查和对象的重复调查，社会学上称重复调查或重复截面调查）；③一次性调查获取的地物信息（社会学上称截面研究）。将这些信息转化为地理过程认知，根据信息的精细程度和标度特征，一般以三种形式表达：①以时间矢量为自变量的地物特征连续变化形式；②以连续的时段顺序的地物代表性特征（平均量值或性状）及相邻时段之间关联性论证的过程表达；③以间隔（非连续）时段时序顺序的地物代表性特征及前后时段关联性论证的过程表达[63]。不同片断性地物信息转变为不同的地理过程认知及其表述方式是有条件的，其转化形式和可能性均受一定限制。等时段记录的地物信息转为地理过程的认知一般可通过地物特征对时间的回归拟合分析（线性、非线性回归或多项式拟合）来实现，以函数或模型的形式来表达。但必须认识的是，所拟合的过程表达的是以该观测时间间隔的测度尺度所获得的地理过程认知，比该时间尺度小的地物特征的变化已被筛滤而丧失[64]；多次非等时段同区域或同对象调查获得的地物信息向地理过程的转换一般达不到等时段测度（特别是短时矩等时段测度）信息向地理过程认知转换的精度，但却是地物过程研究不可或缺的常用方法。这一转换的关键在于：①发掘截面信息中具有时间意义的信息；②探讨地物发展变化的机理和规律，提出地物发展变化的模型；③以不同时间测度获取的信息作为出发点和实证检验依据。对于一次性截面调查获取的地物信息向地理过程认知的转化，关键在于挖掘截面信息内存储的时间信息数据，结合地物关联的认知，将其转化为地理过程的认知[65]。就一般方法而言，从片断性地物性状特征信息向地理过程认知转化的主要方法有：①演绎性推导法，指根据地物发展变化的机理和实测的地物初始状态或某一时刻（时段）的状态，以及地物赖以发展的区域环境条件，建立地物随时间变化的模型，推导出某地区某时段地物发展变化的地理过程，并用实测数据进行验证，如热力学、动力学模型法[66]；②统计推导法，指根据片断观测获取的地物变化特征的统计参数和区域条件参数，推导出地物性状发展变化过程的方法，如马尔可夫链分析法[67]和纵贯数据分析中的追踪数据模式（描述变化的模式）[68]；③统计插补法，指根据前后实测时段的地物数据或过程规律推测插补其中间时段未测的地物变化过程；④历史地理记录或遗迹考证还原法，指根据历史文献记录、实地采集的地物样本中所包含的时间信息、时间序列顺序信息及地物历史积淀性（参见第 1 章注释 19）所积淀的地物特征信息和瓦尔特相律，构建历史阶段的地物发展变化过程，如历史地理的资料时间序列重新构建法[69]、考古的时间序列考证法、第四纪地质与历史气候学的过程分析法和根据瓦尔特相律的时空转换法[70]；⑤时序相关推导法，指根据地物之间在时间矢量轴上的变化过程的相关或相似性，从一种（或几种）地物（地物特征）已知的发展变化过程推导另一种与其相关但又未经测度的地物的发展变化过程，如多变量时间序列回归分析法；⑥地理信息系统地理过程模拟法，指利用地理信息系统强大的信息处理功能，模拟建构地物时空发展变化的过程，如地理元胞自动机模拟法[71]。不论何种方法，均应遵循以下原则：①以实际调查测度的地物状态信息为出发点和依据；②符合地物运动和发展所遵循的物理学、化学、生物学、生理学、心理学、人文社会科学、经济学和地球科学（地球物理、地球化学）等已知科学理论和规律；③地物物类属性和地域属性偶联运动和演化原则；④与地球表层区域表生环境（包括人文社会环境）相适应原则；⑤地域空间和时间有限性原则；⑥实证原则。

4.5.2　地物的地域、物类二重属性分解及其过程分析与再综合

针对客观地理过程存在的三种机制——区域地物内生演化机制、区域间地物转移运动与再分配机制及地物区间转移 - 区内演化联合机制，在地理过程的认知中把地物整体分解为以下过程分析：①固定区域内的地物物类属性演化过程分析；②固定地域间地物（物质、能量、信息、资本等）转移过程和再分配过程分析；③地物物类属性演化和转移交互作用过程分析；④相应地物地域属性变化过程分析；⑤地物物类属性与地域属性变化过程的对应综合分析。

4.5.3　地理过程的时间尺度分解与综合

针对客观存在的地物多时间尺度地理过程的同体性，把多时间尺度特征叠加而表现出来的混合地理过程信息（地物物类特征的数据）用数学方法分解为不同时间尺度的过程特征数据，然后分别分析各时间尺度下的地理过程，主要内容有：①用数学方法将多时间尺度过程混合信息数据分解为不同时间尺度的特征数据，如采用不同时段长度的滤波和滑动平均法分解多时间尺度叠加的地理过程数据[72]；②分析不同时间尺度的地理过程特征；③比较不同尺度过程对总过程的贡献及之间的关系；④分析不同尺度地理过程的主导影响因素，并把相近主导因素的地理过程相叠加，组成新的关联地理过程。

4.5.4　复合作用因素引起的地理过程分解与分析

针对一些地理过程或地理过程中一些特征变化是对多种持续作用力（影响因素）作用过程的响应，需对目标地理过程与作用因素作用过程的关系进行分析，主要内容是：①提出作用过程的假设及作用力变化过程的时间变化特征；②把目标地理过程，特别是已经分解了的地理过程与其中一个作用因素的时间变化过程进行对比或相关分析，提取作用因素决定的地理过程的变异量，再把残差与其他作用过程对比与相关分析，即把地理过程分解为由不同作用因素作用的结果；③根据分析，筛选出地理过程的主导作用因素，并进行地理过程的机理分析。

4.5.5　地理过程特征参数的估算和地理过程类别的判断

不同地理过程可用时间矢量轴上地物属性特征（物类属性和地域属性）的质或量的变异状况来表征。分析这些变异的特征参数作为特定地物地理过程的特征参数。根据特征参数可对地物的不同地理过程类别进行分类判断。

4.6　地理因果关系分析

因果关系是逻辑学的一个重要范畴，指一个（或一些）现象的产生会引起或影响另一个（或一些）现象的产生，前者是后者的原因，后者是前者的结果。亚里士多德将事物的原因分为形式因（formal，本因）、物质因（material，物因）、效力因（efficient，动因）和目的因（finalcause，极因）[73]。因果关系有恒常伴随性、共存性、先后性和复杂多样性四个特点。从上述因果概念和自古以来人们的地理因果视角[74]可以看出，地理因果关系指“因”和“果”中至少有一项涉及地物（地理现象）的因果关系[75]。这历来是地理学最关心，也是在地理解释中最具争议的问题之一。在人类历史长河中，地理因果关系的认知，不管正确与否，往往是指导人们地理行为的依据，而行为的结果又多积淀于其后的地物中，故对这些地物的认知亦需追溯之前人们对地理因果关系认知所采取的行动。人们对地理因果关系的认知方式与其地理思维密切相关。自古以来地理因果关系的认识途径主要有基于规范性思维的（极因）途径、基于经验主义思维的以探索物因为主的发生学途径、基于逻辑实证主义思维以分析地物（地理观念）的形成过程（动因）和基于结构主义思维探索地物本因的途径。

4.6.1　地理因果分析的规范性思维途径

规范性地理思维是指从某种理念出发来推断地物的因果关系或指导人们的地理行为。由于地物的历史积淀特性，许多地物的特征和分布带有规范性地理思维的烙印，故在许多情况下，要用规范性地理思维去认识和理解地物的因果关系。规范性地理思维与地理因果认知的关系主要表现在以下方面：①直接用规范性思维来解释地物发展变化和地域分异的因果关系，也可称为理性主义的地理因果论，相当于亚里士多德的“极因”，如李特尔的自然目的论、中国风水说关于“风水”与人生联系的理论。这种解释是用规范性地理思维来说明地理现象的“因”与“果”[76]。②以规范性地理思维的规则或模式来指导人们的地理行为，地理行为的结果作为地物特征积淀下来，甚至影响后继的地物发展和地理现象。在这种情况下规范性思维本身就是“因”之一，而受作用的地物则为现实状态的“果”[77]。③从局域时空归纳得出的因果性地理认知在未进行运用条件比较的情况下局部之外的推广解释地理现象的因果关系，这是近现代社会生活中，甚至在地理论著中经常出现的，可称局域地理因果认知的泛化应用，也属规范性思维的地理因果分析[78]。

4.6.2　地理因果关系的发生学分析途径

发生学分析为解释现有或历史上某一地物（地理现象）而追溯其起源及形成因素，大致相当于亚里士多德的“物因”。这是传统地理学基于经验主义思维从描述走向解释的主要内容和方法。在近现代地理研究中发生学原则也为地理区划的重要原则之一。发生学分析的重点在于追溯地物或地理现象的“物因”，附带阐述其形成过程，主要方法有归纳法、演绎法和地理比较法，以及这些方法的交叉使用与相互印证。归纳法根据两种地物多次的共存或相随出现，通过归纳得出二者相互依赖性，进而推导出其因果关系。实验方法和统计推导法亦属归纳法的两种特殊形式。演绎法以一种地物存在为前提，根据其特征及已知的地物（事物）发展一般规律，提出其形成的一个假设原因，然后从这个原因出发，追溯事物发展过程，以推导解释现有地理现象，或从现有地理现象出发推导其可能的发展结果，然后寻找实证证据予以检验。地理比较法从观察或地图、文献研究开始，归纳各种地物各个案例分布空间，建立各种地物的种属概念并划分类型，通过比较获得经验的通例，然后发挥空间关联构想，提出地物因果关联的假设，通过实证来论证假设以解释地理现象[79]。

4.6.3 地理因果关系的逻辑实证主义分析途径

逻辑实证主义分析是现代地理因果分析的主要途径，其重点在于分析地理现象形成的动力学演进过程，大致相当于亚里士多德的“动因”，并定量地认识各种因素在地物（地理现象）形成中的作用。其基本方法如下。

（1）定义因果的逻辑关系。地理因果关系的逻辑表述为A→B（A导致或引起B），并规定非自反（即B↛A）、非对称（即B不能先于A），且可传递（如果A→B，B→C，则A→C）。在这一基础上建立因果传递形式：①直接传递形式，A→B；②因果链形式，A→B→C→D；③多重原因结构形式，

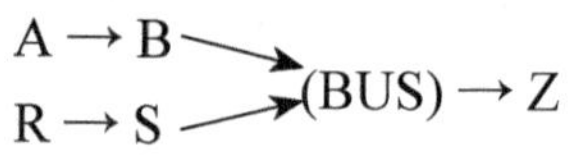

④多重结果结构形式，

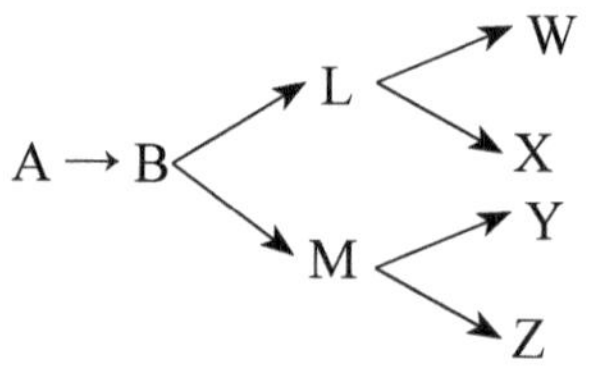

从这四种形式可以组合拓展为其他各种复合形式，形成因果关系网结构[80]。

（2）分解因果关系的基本要素。将最基本的因果关系分解为五个基本要素：因源体、作用、传递链、受体（因受体）和响应，并规定因源体和受体中至少有一项属于地物。用因源体→作用→传递链→受体→响应来分析地理现象的作用—响应过程[81]。

（3）分析“因”（作用）对于“果”（响应）的意义和状态。从对受体响应的意义而言，因可分四类：必要且充分的、必要但非充分的、充分的但非必要的、A对B仅是部分必要和/或部分充分的。从对于受体的状态关系而言因可分为支撑因和干扰因。从因在时间上的表现而言，可分为稳定持续态、周期态、旋回性变化态和突发态[82]。

（4）分析传递链对作用的影响，包括维持、增强、削弱和改变形式，视关联介质而定[83]。

（5）分析受体的响应状态，共有八种基本态：①稳定平衡态；②稳定上升态；③质变增长态；④发展型新稳态；⑤持续退化态；⑥不稳定退行性变态；⑦恢复态；⑧不可逆质变态[84]。

（6）把地理现象具体的因（因源体、作用）、链（传递）和果（受体、响应）各环节连接起来，建立因果关系模型，进行地理因果关系分析[85]。

许多地物的存在状态和变化是由多种因素共同作用而形成的，这些因素可能既包括支撑因，也包括干扰因，而受体的响应也并非都是被动的，在不少情况下还存在主动的对抗或寻求支撑空间，特别是生物和人类社会。因此，有的地理因果关系是十分复杂的。对于多因素的因果关联，现多用因径分析（路径分析）法来分析[86]。

4.6.4　地理因果关系的结构主义分析途径

结构主义的地理因果关系分析主要用于人文地理领域，但对具有层级结构并隐含普适性自然规律性控制作用的自然地理现象因果关系的分析也有启迪作用。结构主义地理思维认为，地物具有相互关联的不同的层级结构，其层级结构可分为基础结构（深层结构）和上层结构（参见 2.4 节及其注释），地物处于结构内部不同层级及各要素之间以及与外环境的复杂关系中，可把这些关系分为外部的和内部的。地理现象的因果关系既不是孤立的原因与结果之间的关系，也不是对事件发生方式的解释，而是在内部相互作用的因果力量所形成的机制基础上，外部环境力量激活的结果。内因是必然性的依据，外因是作用条件，只有通过深层结构的分析才能从本质上认识地理现象的原因和机制[87]。

4.7　地理区划

地理区划即地理区域划分，指根据一定目标和原则对地物分布的地理区进行划分。广义的地理区划包括对定量标度（间距、比率和有序标度）地物的分级区划及对定性（名称）标度地物的分类区划和分区区划。地理区划的根本依据是地物属性特征在地域空间中分布的不均匀性、空间有限性和物类属性与地域属性的不可分割性[88]。地理区划的对象是地理区，即地物在地球椭球参考面上的投影所形成的、以特定地物（一定物类属性与地域属性相结合的集合）为表征的连续的有限延广的地理面[89]。其实质是从地理空间视角来认识地表事物中那些物类属性的质和量的分异与地域属性相关联的地物特征及其所形成的地理现象，这是地理学所特有的分析－综合研究方法[90]。不同地物地理区划的原则不同，但均从目的性、科学性和可操作性三方面提出具体原则[91]。根据区划的体系结构，地理区划可分为分级区划、分类区划和分区区划。

4.7.1　地物分级区划

地物分级区划指对定量和定序标度的地物按其量值的级序及其与地域空间的关系进行分布区的划分。分级区划主要有三种。

（1）单要素地物的分级区划。指对在地域空间离散分布且密度不等或连续分布且强度不同的地理区进行级序划分或对原有序标度地物的原级序向区划级序转化。区划地物级序的划分根据区划的目的、数据的结构特征及其与地域空间的关联规律而定。对于以纯科学认知为目标的地物分级区划，主要依据地物物类属性数据统计分布特征来确定级界（如按四分位来定界[92]），或依据其在地域空间中分布的变化情况（如根据高程曲线图的特征来确定地面高程分级[93]）；以实践需要为主要目标的地物分级主要依据目标地物物类属性量值数据对实践目标的意义或作用的大小，如根据积温对植物生长的意义划分气候的温度带[94]。

（2）多定量标度要素地物分级区划。多定量标度要素构成的综合性地物的分级首先要把多个定量要素的量值转化为单要素量值，再按单要素地物的级序划分方法进行分级，其转换可用函数模型（如蒸发潜力估算及干燥度或湿润度分级[95]）或用统计模型降维分级[96]。

（3）多定性标度要素地物的分级区划。这类分级区划一般属实践目的的地理区划，即根据地物各定性要素整体的某种综合效应的强度或对某种作用的响应强弱程度而确定的级别与地域空间的关联所进行的地域划分，如根据对农业生产适宜程度的土地质量分等区划、根据降水特征（量值与强度）和地表（土壤、地形、植被覆盖）抗蚀能力的土壤侵蚀等级区划。故这类区划首先应确定地物作用或效应的对象目标，其次根据地物各要素与该目标的关联建立评估模型，最后根据各地理位置上各要素的组合特征按模型进行评估分级，根据各级的地域分布划分区划界线。这一过程基本上属地理评价过程。

4.7.2 地物分类区划

地物分类区划指根据定性标度（名称标度）地物在地域空间上的分异（可重复出现但不可交叠、覆盖或包含）而进行的地物类型面状连续型地理区的区域划分。根据定义，地物分类区划有如下特征。

（1）分类的目标地物属定性标度地物，划分的类别之间没有量值大小高低的级序之别[97]；

（2）分类区划划分的不同类型的地理区（类型区）是面状的连续型的地理空间（参见注释 88）；

（3）分类区划划分同级（同层次）的不同地理区之间的拓扑关系只有相邻或相离关系，不能有交叠、覆盖或包含关系[98]；

（4）同一类型地物的地理区在地域空间上可以分离，即同一类型的类区可以在地球表面上不同地理位置重复出现[99]。

地物分类系统一般可从三条途径获得：一为把与地物物类属性特征相关联的其他学科的分类系统改造转化为地物的地域分类系统，因为其他相关学科对其研究对象的分类并不完全符合地域空间划分的需要，或仅部分特征要素与地域有关，因而只有把其与地域空间有关的指标筛选出来按一定原则重新组织，才能建立用于地理分类区划的分类体系。例如，彼列尔曼把与地表化学元素的存在形态和迁移转化有关的化学反应条件分类与地表元素地球化学特征相结合，建构地表表生（后生）地球化学的区域分类系统[100]。二为地理各分支学科对其特有对象的分类，如各种气候分类系统、地貌分类系统、土壤分类、植被分类、产业区分类、国家政体分类等。三为根据各学科的分类或多地物要素的地域特征综合形成的综合地理分类，如土地分类、景观分类、生态系统分类等。所有地理分类区划的分类系统的建构均要服从区划的目标（目的）。为纯科学认知的区划和为某种实践应用目标的区划对地物要素的选择、要素结构组织形式及类别标准均不相同，地物的命名也不一样[101]。对于以多量值要素为特征的地物分类也可用统计聚类分析法进行分类（参见注释 51），但需强调的是必须对聚类的结果进行类别性质的解释，而不是使人不明白其意义的数学游戏。分类区划的方法主要有要素图叠置区划法[102]、类型图叠置区划法[103]和制图单元要素特征指标判别归类法[104]。

4.7.3　地物分区区划

地物分区区划指根据区域地物属性特征的独特性、内部相似与关联性和区间差异性进行的地物地理区划分。其特点除了与分类区划的特点（1）、（2）、（3）相同外，最主要的还有：

（4）区划所划出的区域是独特的，其地物整体组合特征不同于其他区域，因而对各区域特征的分析强调其特殊性特征及其区内的关联性。

（5）分区区划划出的各区在地域空间上的不可重复性，故强调区域共轭性（联系）原则。

（6）分区的区域具明确的地理位置，并在区域名称上冠以地理位置名称。

地物分区区划以地理学区域地理学派主要观点为理论基础，主要有：

（1）地理学的研究对象是区域（参见第 1 章注释 7），故首先必须根据区域地物特征的差异来划分。

（2）每一区域是独特的、在地球表面独一无二的地域空间（参见第 1 章注释 18）。

（3）区域由特定认知目标来定义。特定目标定义的综合性地物（如自然地理综合体）一般由多特定要素组成的地物或地物集合构成，一个区域作为特定综合性地物构成成分的各地物属性之间相互关联，构成一个开放的具有一定内在发生学因果联系和对外地域空间差异的地域综合体，这一综合体在总体特征上与地球表层其他区域相区别[105]。

（4）地理区有两种结构类型（均质区型和枢纽区型[106]），均可以特定原则和方法进行区域划分。

（5）区域特有特征的地理认知是社会的需求，也是地理学服务社会和立足于科学之林的主要研究领域之一[107]。

地物分区区划的主要途径有：

（1）自上而下的演绎法途径[108]；

（2）自下而上的归纳法途径[109]；

（3）上下相结合的综合途径。

地物分区区划的一般程序是：

（1）确定区划目标；

（2）提出区划原则；

（3）研究区划对象与区划目标的关联、区划对象内部组成地物和要素之间的关联及其地域分异特征；

（4）提出区划系统结构方案；

（5）分析和确定区划指标体系；

（6）确定区划方法；

（7）实施区划工作；

（8）阐述分区特征，形成区划报告。

4.8 经由地图信息的地物分析与综合

在地理学的分析与综合和表述的形式中，地图是一种重要的模型，是所有地理学研究普遍使用的工具[110]。地图的编制和使用过程实质上是把地物物类属性和地域属性信息相结合进行分析、综合，将其转化为地图信息，即以地图为载体的图形模型信息，然后地图使用者（读者）把这些模型化的信息与其头脑中的地理知识相结合转化为新的地理认知，并指导其地理行为的过程。因此，要从地图信息的形成、传输和转化角度来认识地图这一地理学重要的认知模型工具。

4.8.1 地图信息的形成和传输过程

地图信息的形成和传输过程是以地图为中心的地理信息的传输过程。以地图为中心（载体）所传输的信息称地图信息。广义的地图信息包括地图学采用计算机技术后把模型地图转化为数字地图信息及地图使用者把地图作为信息源依据自己的需求意向性获取的地理信息。地图信息除了具有一般信息的基本特性（对客观世界的映射、可传递和交换性、可感知性和传输过程中的衰减和变异性等）外，还具有其独有特性：严格的地域空间定位性、以符号或数据为载体、二维空间特性、兼具可直接感知的整体表象性和不可直接感知的隐形间接信息特性等[111]。地图信息的传输过程包括（图 4-1）：①制图者对地理客体的认识——信源；②将认识的客体符号化——编码；③编制地图——信道（通道）；④读图者译出符号——译码；⑤接收者对地理客体的新认知——信息的恢复[112]。

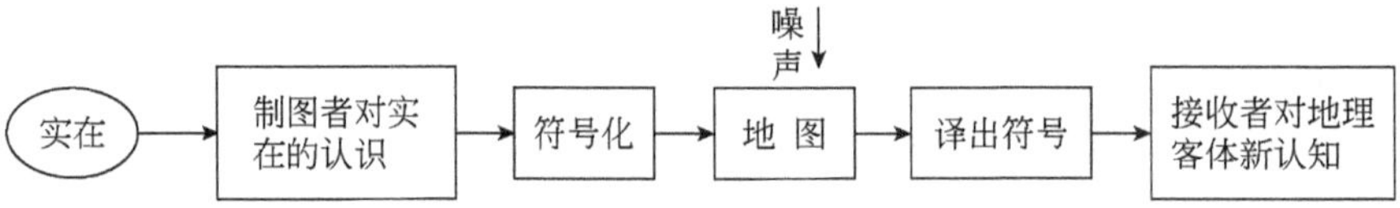

图 4-1 地图信息传输过程示意图

4.8.2 地图信息传输过程的三个转换和转换中地物的分析与综合

在地图信息传输过程中有三个转换：①将客观的地物和地理现象信息转化为理解了的地理信息。这一步是通过实地测量、统计资料、遥感及编辑资料的结合，进行地物的调查与测度和分析综合来实现的（参见第 3 章和 4.1 ～ 4.5 节）。②将测度和分析与综合而认知的地理信息转换成地图。这是利用制图抽象的原则（选取、分级、简化、符号化）来实现的[113]。③地图使用者通过阅读、分析和解释地图，把地图转化成其新认知的地物或地理现象的映象[114]。

4.9　基于地球信息科学的地物分析与综合

地球信息科学（geo-informatics）是 20 世纪 90 年代才兴起的新兴科学，是在信息科学和地球系统科学基础上，由卫星遥感、全球导航卫星系统、地理信息系统、计算机制图与电子地图、数字通信网络、多媒体技术与虚拟技术等集成的科学技术体系。地球信息科学是涵盖范围比地理学大的应用基础科学，但其形成和发展与地理学关系密切。至今为止，其研究的领域，除信息学的相关理论和计算技术系统外，实体对象相应大部分仍属地理及与地理有关的问题，因而成为地理学研究的最新手段，在很大程度上促进地理学的最新发展。地球信息科学与地理学相关的领域主要有：

（1）地物的测度及在连续实时地物测度基础上的地表过程（生态过程、广义环境过程等）监测。

（2）多要素地物和地理现象的分析与综合。

（3）地物的综合评价（参见第 5 章）。

（4）区域性复杂事物的决策和管理（参见第 6 章）。

在多要素地物与地理现象的分析、综合和表达方面，地球信息科学主要运用于地理空间分析与综合、地理过程虚拟模拟、复杂地理系统（地域踪合体）的分析、多媒体地图[115]与网络地图[116]的编制和应用，以及地学信息图谱的研究与运用[117]等。

4.9.1　基于地理信息系统的地理空间分析与综合

基于地理信息系统的地理空间分析与综合实质上是把地物物类属性和地域属性的关系与关联分析、地理过程分析、地理因果分析及地理区划的有关分析与综合工作主要通过地理信息系统来进行。地理信息系统一般被定义为一个获取、存储、编辑、处理、分析和显示地理数据的系统。其内容除了一般计算机通用的软硬件系统外，还必须有：①图形（图像）输入和输出的硬件设备，如图形扫描仪和图像打印机；②地理空间数据库；③地理信息分析软件库；④把计算机操作系统、地理空间数据库、地理信息分析软件（模型库）及图形输入、输出设备相结合进行地物与地理现象信息获取、存储、更新、编辑、处理、分析和显示的地理信息系统软件。基于地理信息系统的基本工作有两项，即地理数据库建设和地理分析与综合。地理数据根据地物的地域分布特征按不同格式存储，连续分布的地物（GIS 称为地理现象）用栅格数据格式[118]，离散分布的地物用矢量数据格式[119]，二者可以相互转化。基于地理信息系统的地理分析方法主要有空间信息量算[120]、空间信息分类[121]、覆盖叠置分析[122]、网络分析[123]、缓冲区分析[124]和空间统计分析[125]。随着互联网的发展和数字地球的建设，地理信息系统已迅速发展成 WebGIS 和网络地理信息系统（Grid-GIS），逐步实现地理信息的公众共享和使用，从而有力地促进了地理科学的大众化普及。

4.9.2 地理现象的数值模拟

由于许多地理过程的复杂性，许多地理现象不可能在实地进行再现实验或实体模拟实验，因而数值模拟实验被实证主义的地理学研究认为是地理理论建设和地理现象解释的主要方向（参见第2章注释22、23）。非线性数学、系统理论和地理信息系统的发展为地理过程的数值模拟提供了可能性[126]。地理模拟应建立在对研究对象的概念、术语、命题关联的规范化、科学抽象和符号化表述基础上。地物概念、术语和关联的规范化要求对研究的地物有明确的概念，各个概念应有明确的定义、内涵与外延，应可以通过一定方式确定其质的规定性和测度其存在的量值，要能提供其在地域系统中存在与表征的参数和标志，特别要求概念的外延边界应具明确的界线，相关联的概念逻辑关系应明确、正确。通过概念、术语和关系的规范化，应进一步对专指的具体地物的概念、术语进行科学的归纳抽象，提出合理的涵盖域大的普适性概念和术语。命题应准确表述把概念联系在一起的关系，其关系应符合逻辑性原则的要求。把概念联系在一起的关系可以是定性的或定量的表述。定性的表述也应是可以确认并能准确论证和推理的关系，而不应是含糊的关系。而定量的关系应表述为关系式和具有可测度的量值参数。地理学的模型是把一定范围地物普适性概念通过各种普适性关联式联系在一起的表达式，广义上地理的模型可以是定性的表达、定量的表达和图形的表达。但一般而言，只有建立用符号表述的定量模型才有可能进一步进行严格的推理论证和检验。地理学的模型可分为因果模型、过程模型、功能模型和系统模型[127]。地理数值模拟可按经验分析—模型求解—模拟实验集成分析法（EMS）进行[128]。

对于一个区域内由多要素相互关联作用构成的复杂系统，在把其视为封闭系统，忽略区域间的相互作用（只考虑封闭系统边界内各要素之间物质流、能量流、信息流的无空间间质影响的关联），并假设系统外部因素不给系统行为以本质的影响，也不受系统内部因素的控制的条件下，可用系统动力学的方法来分析其系统的结构和行为[129]。例如，米都斯把全球作为一个系统整体，用系统动力学模型研究其资源、环境与经济发展的关系问题，形成罗马俱乐部的第一份研究报告《增长的极限》[130]。由于系统动力学模型的“封闭系统”假设不符合开放的地理系统，以及纯粹的定量动力系统模型对于定性与定量共存的地理数据在应用时要做不少主观的假定，因而系统动力学模型应用于地理学研究是有条件的，且应做许多修改。

对于极端复杂的地理系统，钱学森先生提倡用定性到定量的综合集成法。此方法强调的是从多方面的研究者对地物和地域系统的集体感知出发，根据地域系统的实际构建系统框架和分析模型，进行人机对话的计算模拟和仿真运算与调试，并进行地物信息的定量分析，再由专家集体对定量分析结果进行讨论和判断，使理性的及感性的认知过程、科学知识和经验知识相互补充，进而通过不断修改和调整参数，直到结果符合实际[131]。这一方法实际上是用系统科学的方法模拟人们对地物的认知过程去分析地域系统的运行过程，把经验主义地物认知、实证主义和人本主义地物认知结合到系统研究中，从而可以取得比较好的地域系统分析效果。

注　　释

1　地理分析与综合

地理分析与综合是地理学研究（系统性地理认知或分析性地理认知）的一个重要环节。在一些地理学书中通常也用“分析”概括，如 R. 基钦的《人文地理学研究方法》和克里福德等（2012）的《当代地理学方法》中均把地理学研究分为三大部分（克里福德等，2012；基钦和泰特，2006）：课题规划与设计、地理调查与数据采集和地理数据的分析与表达。克里福德根据 Haring 和 Lounburg，提出“科学地理学研究”形式界定的步骤为：①形成要研究的问题；②界定假说；③确定要素集的数据类型；④采集数据；⑤分析和处理数据；⑥陈述结论。

他们的“分析”实际上包括分析与综合的内容。许多地理学家均强调地理学的特点是区域性和综合性（钱学森等，1994）。陈彦光认为，“地理学研究基本可以说是由分析过程和综合过程两大部分组成的”（蔡运龙等，2017）。故本书将这一部分内容以“地理分析与综合”为标题进行概括。

2　地理的解释

大卫・哈维在《地理学中的解释》一书（哈维，1996）中关于地理学研究的逻辑框架把地理认知（研究）过程的基本问题用“解释形式”的概念归纳为六个方面：

（1）认识性的描述——研究现象如何整理和归类；

（2）形态测定分析——现象如何以它们的空间结构和形式组织起来；

（3）因果分析——现象是如何引起的；

（4）解释时间方式——现象如何发生和发展；

（5）功能的和生态的分析——特殊现象如何与一般现象发生关系并相互作用；

（6）系统分析——现象如何组成一个紧凑的系统。

哈维从逻辑实证主义的思维角度把解释作为地理认知的方法论的逻辑程序与过程和地理学研究的目标。当然这一逻辑框架并未能包括地理认知过程的全部内容，如人本主义地理认知和据以进行的地理行为的解释以及哈维后来自己转向为结构马克思主义地理学家后所采取的结构马克思主义地理认知的方法与认知过程，也未包括社会公众基于规范性地理思维而采取的地理评价和行为的分析。尽管如此，哈维的地理解释所体现的分析与综合正是地理学研究（分析性认知）过程的一个重要环节，故在这一意义上“解释”和“分析与综合”是同义的。

3　地物信息的统一性审校

地理调查研究初期获取的大量地理信息，特别是其中的二手信息，因源于先前不同的研究或记录的目标，其涵盖的空间范围、时间范围与时下的研究不一定一致，其对地物性状或物类判定的标准也不一定一致，因而需认真审查和校订。例如，一个行政区的地区生产总值（GDP），由于行政区范围的变化，虽然区名未变，但其不同年代GDP所代表的空间范围是不同的；文献记载的某一区域（地点）的土壤特征数据，与现在实测的土壤特征数据可能因代表的地域范围不一致而难以比较；不同时期气候记录可能因观测场的变动而需要校正到同一地点；由于潮汐的周期变化，海岸线的位置及相应的陆域轮廓线也相应变化，故在用遥感影像信息做海岸线和滨海湿地精细解译时，如遥感影像反映的是不同的潮汐时相，则其获得的信息有不同的时相范围，必须认真对待；一个区域某年的人口数据，应明确指的是年末数据还是年初数据，其涵盖的时间范围和尺度是不同的，必须调整订正到统一的时段标准上；特别是很多地物在不同时间、不同研究者、不同的基础资料和不同部门之间有不同判别标准，因而含义是不同的，没有经过校订是难以进行对比研究的。例如，一个地区的GDP，按现价计算和按某一基年的可比价计算结果是不同的，按不同基年的可比价计算结果也是不同的；林业部门调查的林地和土地利用调查的林地也是不同的，林业部门20世纪80年代对森林调查的有林地和90年代中期后调查的有林地标准也是不同的，80年代调查的草地标准和土地利用调查的草地标准也不相同；不同概念下的城市化水平是不同的，不同时期公布的城市化水平标准在很多情况下也是不同的，中国第三产业的内涵和国外第三产业的内涵也不完全一致，因而第三产业的增加值及其比例不相同。此外，用空间分辨率较低的TM影像和分辨率较高的ETM影像、SPOT影像解译得到的土地利用数据在未校正到统一的标准前也是不能进行精细比较的（郑达贤和陈加兵，2008）。因此，对各种资料、数据和图件，要认真分析其确定、计算和编制的依据，其概念的内涵和外延，注意比较其统一的一面和不统一的内容，采用一定技术和方法把它们转化为具有统一时、空代表性和统一标准的资料。

4 多源地物信息的一致性审校

从实地调查和各方面获取的二手地理信息往往是多源的。不同来源的地理信息往往由于采用的方法、判别的标准或精度的不同，而对“同一”地物的记录不尽一致，如水文气象部门的水文气象灾害记录与民政部门相关的水文气象灾害记录可能不一致，遥感解译的土地利用/土地覆被资料与土地利用现状实地测量调查的信息可能不一致，不同文献记载的区域历史地理资料不一致，甚至不同组人群对同一个地区同一种地物的地理现象调查的结果也可能不尽一致。对于这些不尽一致的资料应进行认真的相互参比研究，去伪存真，形成一致性的地理信息。

5 地物信息的逻辑性审查

遵循逻辑规则应贯穿于地理学研究的始终，包括命题、陈述、归纳、演绎和论证的整个分析过程。而在分析之前对于获取的地理信息的逻辑审查则集中在各种信息之间的逻辑关系方面，主要有三方面：①信息的分类系统结构是否符合逻辑，如同一层级地物的各种属之间的内涵不能相互包含、交叉；各种属的外延不能相互重叠；上一层级的概念要能涵盖其下一级所有种类的公共属性等。②组分之间及组分与总体之间的数据量值的逻辑关系是否合理，如总体应等于全部组分量值之和、整体量值应大于其所包含的任一组分的量值等。③案例、区域的类型归属是否符合逻辑学的同一律、排中律和矛盾律，如同一性质的案例区域是否被判入两个不同的类别中；一个区域的类别的确定性特征中是否存在其否定性的特征等。

6　地物信息的科学性和可信性审查

由于各种原因，自己测度获取的或别人以前记录的地理信息（数据、资料等），可能夹杂错误，包括地物性质判断的错误和地理数据的错误。对于这些错误，一般可通过是否符合该地物存在的条件，是否与其他相关地物对其否定的信息并存等进行定性判断。当一些测度的数据超出该区域整体数据均值的一定量信度范围时，一般可根据格拉布斯法进行判断予以剔除：令 α 为危险率，即误判非可疑数据为可疑数据的判错概率，一般取 α=0.05，令 X_k 为被检验的可疑数据，计算 $T^*=\dfrac{X_k-\bar{X}}{S}$，式中，$\bar{X}$ 为样本平均值；S 为样本标准差；给定样本数 n 可查表得检验临界值 $T_{a.n}$，若计算值 $T^*>T_{a.n}$，则判 X_k 值为可疑值，应予以剔除；$T^*=T_{a.n}$，可视为奇异值，可通过稳健处理以消除其影响（赵鹏大，2004）。但同时应注意，有时这种奇异数据代表一种新的有意义的地物或地理现象，应进行认真分析，以从中获取新的地理认知。

7　地物物类属性关联和地域属性关联的分解

地物是物类属性和地域属性相结合的事物（参见第 1 章注释 13）。但从地理认知的分析角度，两种属性又是通过不同的途径来决定和影响地物性质的。地域属性以特定的地域空间位置（地点或地域空间类型）来决定地物具体的客观实际的物类属性及其与周边相关区域地物的关联，物类属性则取决于其与其他物类（要素）的关联。地域关联首先连结的一般是两个区域的同类地物，且一般必须考虑间质性因素（距离、通过能力或者阻力、传输损耗等）的作用，物类关联连接的是两种不同的物类，通常不考虑连接的距离因素，把不同物类之间的物质、能量和信息传递与交换按接触传递与交换处理。当把一个区域作为地物分析的最小单元时，则把该区域视为整体，视为“均质区域”，用区域内地物的平均状态（平均值、代表值）作为地物的特征数据来进行区内不同地物之间关联分析，而不考虑区内不同地域的差异（邦奇，1991），只把区与区之间的关联视为地域关联才考虑地域空间间质因素的作用。这样，就可以在复杂地物的认知中理清思路，进行科学的关联分析。

8　为研究而建构的地物结构与地理认知目标相适应

地物的关联分析指的是地理认知目标的主体地物与其相关地物的关联分析，故为此建构的结构应是以目标主体地物为中心的事物结构。认知的目标不同，结构也必然不同。故地物的结构既是客观的，也是认识者主观建构的。例如，当地理认知的目标是农田生产力时，则目标中心地物为植物的同化作用，所建构的结构为同化作用各要素构成的系统结构，还包括植物种类及其同化能力，参与同化作用的太阳能流、二氧化碳、水分和营养流等要素，以及影响这些要素状态、传输和作用的环境条件（气候、土壤等）一起构成的光合作用系统；当地理认知的目标是一条河流的水文时，为此建构的系统是环绕河流水文特征和水文过程的各要素的（水系、河床、降水及影响其入渗和蒸散发的各要素）相互关联构成的结构；当地理认知的目标是钢铁工业时，建构的地物结构是以钢铁的生产和流通为中心的相关要素和环境构成的系统（包括各种原料生产、加工和消费各环节以及控制钢铁工业的社会经济条件）。只有以地理认知的目标为中心建构的地物结构才能成为目标地物关联分析的基础。

9　地物属性特征数据的标度类别

事物的特征以数据（广义的数据，包括文字、数字、图件等，统计学上也称变项）的形式表征。为识别事物，必须对数据进行比较，而为了比较，必须有一定标准，这一标准称为标度（也称尺度，但与地理学等学科的时、空尺度概念混淆，故称为“标度”。统计学上也用“层次”，以强调四种类型标度在数学形式上的单向性转换关系。毛政元用“标度”来表征，似乎合适些）。不同类的事物用不同的标度标准来识别比较。Stevens 认为人类在比较事物中可分别用四种标度：名称标度、有序标度、间距标度和比率标度。地物物类属性的标度类别就是按比较地物属性特征差异的不同标度而划分的地物属性类别。地物以物类属性和地域空间属性相结合的二重性为特征，物类属性和地域属性均可按这四类标度进行区分。名称标度、有序标度、间距标度和比率标度四类标度的形式，后者可依次转换为前者，并按前一类的判别和运算方式进行比较，但除非有特殊附加条件，不能逆行转换。标度是规范变项取值的标准，也是选择变项之间相关或差异表征指数及假设检验方法的依据。

10　地物物类属性要素特征的结构分析和表述

地物物类属性要素特征的结构分析和表述指把地理调查和测度获取的大量地物物类属性信息（定性和数值）转化为地物物类属性的特征参数。其内容包括频次分布状况、代表性数值、离散趋势、统计分布特征等。这些特征参数的估算方法及表达形式根据地物物类属性信息的数学特质而定（表 4-1）。

表 4-1　地物特征参数表达与估算法比较

特征参数	定类变项	定序变项	定距、比率
频次分布状况	次数分布、比例、比率、对比值	累加次数、累加百分比	组限、组距、组中点
代表性数值	众值	中位值	均值（算数均值或几何均值）
离散趋势	离异比率、质异指数	四分位差	极差、离差、离差平方和、方差与标准差（几何偏差）、变异系数
统计分布特征	二项分布	泊松分布	偏度、峰度、分布类型（正态、偏态、指数分布、均匀分布等）

资料来源：李沛良，2004；范克新，2004；徐建华，2004；赵鹏大，2004；基钦和泰特，2006。

11　分布规模

分布规模指地物单体（如一个居民点）或集合体（如松树的集合体松林）具有的地域空间范围（面积、长度）。多指地物在地球参考椭球面上的投影面积大小或长度，也可指在地理面（参见第 1 章注释 37）上实际的面积或长度。对于离散型的地物而言，也可指一个区域离散型个体分布区的包络线范围的面积。

12　分布密度

分布密度为单位分布区分布对象地物的数量，是两个比率标度类数据的比值。分布对象可以是离散型地物物类属性频数的量值，如人口数、居民总数，也可以是连续型物类分布区的地域空间规模，如森林面积、某类交通线长度。分布区可以是面状的分布区域，如行政区、研究区、按某种指标划分的类型区等，也可以是线状地物，如河道总长、海岸线总长、交通网总长等（郭仁忠，2004）。

在地理学研究的地物信息中，有些指标直接用某种单位的特定量值表示，如以毫米表示的降水量，以立方米表示的径流模数，以厘米表示的土层厚度，实际上也可视为分布密度，因为降水量（mm）可视为降落水体体积除以降水范围地面积的商，径流模数则是区域径流总量除以区域面积（km^2）的商。

13　分布中心

分布中心有四种类型：

（1）算术平均中心（$\overline{X}$，$\overline{Y}$），为离散分布的地物各分布点位置（X_i，Y_i）的坐标 X_i 的平均位置（$\overline{X}$）和坐标 Y_i 的平均位置（$\overline{Y}$）所构成的点位（$\overline{X}$，$\overline{Y}$）。

$$\overline{X}=\frac{1}{n}\sum_{i=1}^{n}X_i,\ \overline{Y}=\frac{1}{n}\sum_{i=1}^{n}Y_i$$

式中，n 为总点位数。

（2）加权平均中心（X_w，Y_w），为以离散分布地物各点位物类属性的某特征值或特征值的函数为权重的分布中心。加权平均中心坐标 X_w 和 Y_w 按下式计算：

$$\overline{X}_w=\sum_{i=1}^{n}(W(P_i)-X_i)\Big/\sum W(P_i)\ ,\ \overline{Y}_w=\sum_{i=1}^{n}W(P_i)\cdot Y_i\Big/\sum W(P_i)$$

式中，$W(P_i)$ 为 P_i 点上地物物类属性特征值决定的权值。

（3）中位中心（X_m，Y_m），为离散地物分布区中的一个点，该点到该类地物的所有分布点 P_i 的路径（距离）之和最短，即分布中心坐标 X_m 和 Y_m 由下式决定：

$$\sum_{i=1}^{n}\sqrt{(X_i-X_m)^2+(Y_i-Y_m)^2}=\min$$

（4）极值中心（X_e，Y_e）。极值中心为离散地物分布区最小外接圆的圆心点位置。大致相当于地物分布点相互距离中距离最远的点对连线的中点位置的坐标（X_e，Y_e）（郭仁忠，2004）。

14　分布轴线

分布轴线指非圆型的分布区离散型地物点群分布区长轴的走向。在较小的区域范围内，可把地物点群分布区的经纬坐标视为以相互垂直的 x 轴、y 轴构成的平面直角坐标。根据地物在这一坐标之中的散布状态进行 $y=a+bx$ 的线性回归，该回归线即为该地物的分布轴线（图 4-2）（郭仁忠，2004）。

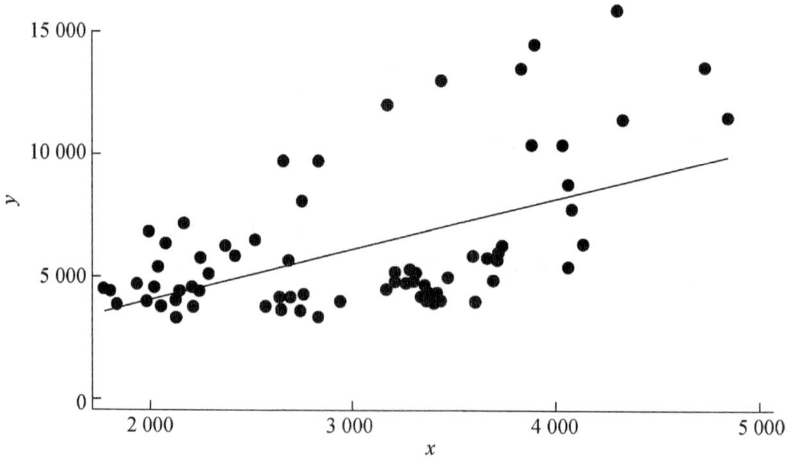

图 4-2　地物分布轴线示意图

15　地域空间离散度

地域空间离散度指离散型分布地物的各分布点对其分布中心的分离状态。主要有四种计算方法，如下。

（1）平均距离：

$$\overline{d}=\frac{\sum_{i=1}^{n}(W_{P_i}\sqrt{(X-X_m)^2+(Y_i-Y_m)^2})}{\sum_{i=1}^{n}W_{P_i}}$$

式中，W_{Pi} 为 P（X_i，Y_i）点权重；X_m，Y_m 为分布的中位点坐标。

（2）标准距离（d_s）：

$$d_s=\frac{\sum_{i=1}^{n}(W_{P_i}((X_i-\bar{X})^2+(Y_i-\bar{Y})^2))}{\sum_{i=1}^{n}W_{P_i}}$$

式中，$\bar{X}$、$\bar{Y}$ 为算术平均中心坐标。

（3）极值距离（d_e），指离散分布的所有点 P_i 与极值中心 P_e 的距离中的最大值：

$$d_e=\max d_i$$

$$d_i=\sqrt{(X_i-X_e)^2+(Y_i-Y_e)^2}$$

式中，X_e，Y_e 为极值中心坐标。

（4）平均邻近距离（d_n），指离散型分布的地物所有分布点 P_i 与其余点的相互距离中的最小值的平均值（郭仁忠，2004）：

$$d_n=\frac{1}{n}\sum_{i=1}^{n}\min(d_{ij}|i\neq j,j=1,2,\cdots,n)$$

16　离散地物的空间分布类型

离散型分布的地物在地域空间的分布可分为三种类型：均匀分布、随机分布和集聚分布，一般可用邻点指数（R）来判断。

$$R=\frac{\overline{d_a}}{\overline{d_n}}$$

式中，$\overline{d_a}$ 为离散分布点 P_i 与其最近点之间距离的平均值；$\overline{d_n}$ 为离散分布各点之间的平均距离。

$$\overline{d_a}=\frac{1}{n}\sum_{i=1}^{n}\sum_{j=1}^{n}\min\left(\sqrt{(x_i-x_j)^2+(y_i-y_j)^2}\right),\ i\neq j$$

$$\overline{d_n}=\frac{1}{n^2}\sum_{i=1}^{n}\sum_{j=1}^{n}\sqrt{(x_i-x_y)^2+(y_i-y_j)^2}=\frac{1}{2}\sqrt{\frac{A}{n}}\ ,\ (i\neq y)$$

式中，n 为分布点数；A 为区域面积。

当 $R\leqslant 0.5$ 时，为集聚分布型；$0.5<R<1.5$ 时为随机分布型；$R\geqslant 1.5$ 时为均匀分布型（祝国瑞和张根寿，1992）。

17 线状或面状地物的地域空间形态特征

线状地物的空间形态（不考虑其物类属性）根据线的延伸特征（规则或不规则）及线与结点的关系可分为六种类型（表 4-2）。

表 4-2 线状地物形态特征

线与节点关系 延伸状态	路径（无节点，无回路）	树（有节点，无回路）	网络（至少一个回路）
规则	海流、风	渠道	交通网、管网、电网
不规则	动物迁徙路径、海岸、堤坝	河流水系	平原上河网、不规则区界

对于不规则线路还可以用相对曲率（W_1）、总轮廓曲率（W_2）等来标识曲线的形态特征：

$$W_1=\frac{L}{L'}$$

式中，L 为曲线长度；L' 为平稳（绕过）曲线长度。平稳曲线是通过曲线变曲拐点（变向点）内插的平滑曲线，也可用单位长度上的弯曲频数来表示线的弯曲程度，即 $\delta=n/L$，或平稳曲线上的弯曲频数，即 $\varepsilon=n/L'$。

总轮廓曲率 $W_2=L/d$，d 为连接线路两端点的闭合线长度。

面状地物形态有多种指标，应根据实际情况选用，其中许多指标是可以相互转换的，因而只是同种指数的不同形式而已（表 4-3）。

表 4-3 在地学研究中应用的形状测度

	指标	模型
测度	延伸性	$E=W/L$
	圆度	$C_1=\sqrt{L\cdot W/L^2}$
		$G_S=P/L$
度	（粒状）形状指数 形状系数	$SF_1=P_0/L$ $SF_2=(P/P_0)\times 100\%$
	圆度	$C_2=4A/P^2$ $C_3=4A/LP$
积的测度	紧凑度	$K_1=(2\sqrt{\pi A})/P$ $K=P^2/4\pi A$
	瘦度率（带状）	$TR=4\pi(A/P^2)$
度	紧凑度指数	$C_4=\sqrt{A/A_e}$ 或 $C_4=A/A_e$
	形状指数	$SF_3=A_i/A$
		$SF_4=(A_0-A_i)/A$
		$SF_5=(A/A_e)\times 100\%$
域长度	形状率	$FR=A/L^2$

续表

	指标	模型
域长度	椭圆指数	$EI=[\pi(1/2\ L)L]/A$
	圆度	$C_S=\sqrt{D_i/De}$
	平均半径	$\bar{R}=\sum R_j/n$
	平均方差	$S_R^2=\sum(R_j-\bar{R})^2/n$
	平均边长	$\bar{S}=\sum S_j/n$
	边长方差	$S_S^2=\sum(S_j-\bar{S})^2/n$

注：A 为物体的面积；A_e 为最小外切圆面积；A_i 为最大内切圆面积；D_e 为最小外切圆直径；D_i 为最大内切圆直径；L 为长轴长度；P 为物体的周长；P_0 为与物体有相同面积圆的周长；R_j 为物体的第 j 个的半径（从中心向边度量）；S_j 为物体的第 j 边的长度（看作多边形）；n 为边数（看作多边形）；W 为物体的宽度（或短轴长度，垂直于长轴）（祝国瑞和张根寿，1992）。

18　分维数

分维数指具有分形特征的系统在用不同的尺度（标度）进行测定时，测定的结果之间通常具有幂指数型的统计关系，这种幂指数型统计关系的指数值称为分形维数，简称分维数。分形，指的是其部分以某种形式与整形相似的几何形态，或指在限定的尺度范围内，无特征尺度都有的自相似或相仿的一种现象。唯有具备自相似结构的那些几何形体才是分形。研究表明，许多地物的地域空间结构具有分形几何特征，因而可用分维来分类和标识。

分维数：

$$D_0=\lim_{r\to 0}[\ln N(r)/\ln(1/r)]$$

式中，r 为测量尺度；$N(r)$ 为作为地物特征（如结构、属性）的测量尺度 r 的某种函数的特征值，对地物地域属性而言，可视为某种可仿射的、稳定的空间结构，如景观结构、沙丘形态、海岸线长度、水系结构等。例如，徐建华分析了甘肃黑河流域荒漠－绿洲景观镶嵌体各主要景观要素的镶嵌结构，计算了各景观要素镶嵌结构的分维值 D 及稳定性指数（$SK=|1.5-D|$）。

19　趋势面

趋势面指地物的分布密度等地域分布强度指标在其分布的地域空间中变异的规则性趋向。趋势面反映的是地物在区域空间上变化的主体特征，它忽略了地物强度在空间上的局部的随机变异。或者说，趋势面分析是把地物属性的地域空间变化分解为规则项和随机项，通过数字拟合方法表达地物空间变化规则项的趋势变化参数。趋势面是揭示面状区域连续分布现象变化规则的理想工具。离散型分布现象经适当处理也可用趋势面来描述。趋势面一般可用二维多项式拟合或正交多项式拟合来实现。以正交多项式拟合为例：

$$\hat{E}=f(x,y)=\sum_{r=0}^{m}\sum_{s=1}^{n}a_{rs}x^{r}y^{s}$$

式中，$\hat{E}$ 为地域空间位置（X_i，Y_i）上的地物特征模拟值；a_{rs} 为具 r 次的坐标 x 和 r 次的坐标 y 的分解因素系数。可根据地域空间多点的地物属性测度值 $f(X_i, Y_i)(i=1, 2, 3, \dots, n)$，采用最小二乘法原理确定出多项式的系数 a_{rs} 值（祝国瑞和张根寿，1992；赵鹏大，2004；郭仁忠，2004；周启鸣，2008；徐建华，2004）。

20 小波分析

小波分析是根据（假设）任何一个波状的面都可以看作许多不同级的正－余弦波面的叠加，不同级的波面可能反映地物在地域空间上由某一因素引起的某种特征结构，因而各级傅里叶函数的系数就可作为地物地域空间结构的参数值。

21 区域化变量的变异系数分析

区域化变量指在一定研究区域内以时空坐标为自变量的随机场 $E(w)=E(t, x, y, z)$，即依赖于时间（t）和地理位置（x，y，z）的地物特征信息的集合。这一信息有如下特征（属性）。

（1）时空局限性，即限定在一定时空范围，具有地域性。因而可作地域的代表。

（2）连续性，即可用变量的变异函数来表达，故变异函数可成该区域的结构表征。

（3）异向性，即区域化变量在各个不同的研究方向上具不同特征参数。这些特征参数正好成为该地物空间方向性结构的参数。

（4）具有特定的变程，即只在一定范围（变程）内才存在时空相关，这一变程也是其空间结构的表征。

（5）具有套合结构，这种套合结构（即多时空同体性结构）反映了地物历史积淀的阶段特点，通过变异系数的分解，可能把积淀的历史特征进行分解认识。

现已发展了 10 种测度区域化变量变异系数的方法：①半变异函数法；②互半变异函数法：③非遍历协方差法；④相关函数法；⑤广义相关半变异函数法；⑥两两相对半变异函数法；⑦对数半变异函数法；⑧半方根变异函数法；⑨半一阶变异函数法；⑩指示半变异函数法（赵鹏大，2004；周启鸣，2008；徐建华，2004）。

22 从地理认知的视角进行地物物类属性的关联分析

地物物类属性的关联虽然通常也是其他学科认知的范畴，可用其他学科的方法进行分析，但从地理认知角度，应从特定的地域属性进行规范，主要是应根据认知的地物的地域属性来确定其物类属性的质和量的范围。例如，当分析的是中亚热带常绿阔叶林生态系统（或景观）的物类关联时，其相关联的物类不是一般植物与其环境要素，而是以常绿阔叶林为中心的相关联的生物群及中亚热带气候各要素和相应的土壤类型；当要分析的是某区域的地方文化物类属性关联时，所分析的关联并不是各文化要素一般意义上的关联和文化要素与其形成条件的关联，而是以该地方为地域属性的各实体文化要素的关联及该地域文化与其他政治、经济和社会要素的具体关联。此外，在一定条件下，可通过物类分布的地域相关来估测物类属性之间的可能关联，如根据某种植物的分布与盐碱土分布空间的关联来推测该种植物生长（生理过程）与土壤盐分成分之间的关系。

23　传统地理认知（研究）地物物类属性关联的定性分析

传统地理认知物类属性关联的分析主要基于经验主义认知路线，大致范式如图 4-3 所示。

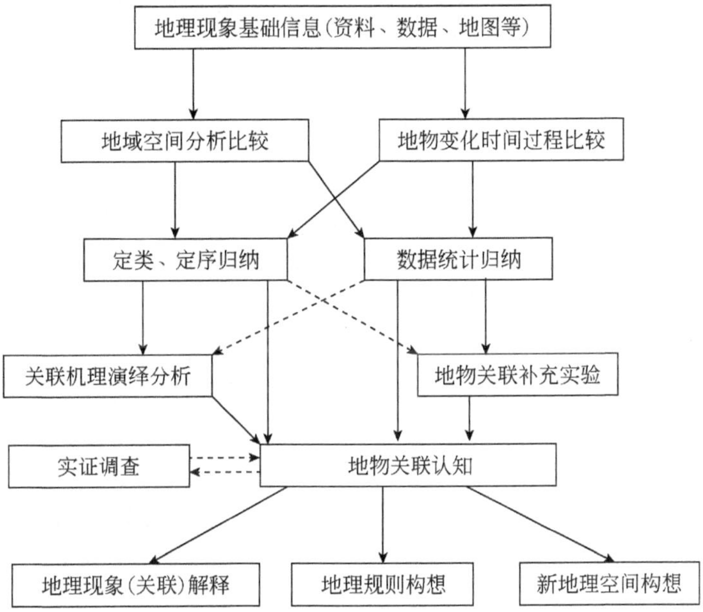

图 4-3　基于经验主义地物关联分析路线示意图

这一范式主要是根据 A. 赫特纳地理研究中地物关联研究方法的论述梳理的，基本要点如下。

（1）比较是分析地物关联的最主要方法，虽然其他一些学科也要用比较的方法，但地物的独特处侧重于地物空间分析的比较。从地物的地域分布空间的一致性和相近性来导出地物物类属性关联的假设是地理研究的特殊形式。在一定条件下，不同地物物类属性变化过程的规则性关联也是地物的物类属性相关性的标志。

（2）归纳是获得地物关联认知的基本途径。通过比较，从众多的地理数据（资料、量值、地图）中归纳出在多个样本区的地域分布中普遍存在的某些地物属性之间规则性的分布关联（一致、相近或相反等），或时间上同步或滞后异步的变化，从而可构成地物物类属性之间具有关联的初步判断。

（3）通过归纳获得的地物相关的认知一般还属于表象性的认知。这种认知有时并不完全正确，一般还必须通过借助于其他学科的这些物类属性之间关系的理论来进行机理的演绎论证来确认，或进行实验论证来确认，必要时还可通过实证性的地理实地调查来证实。

（4）地物关联的认知目的在于对地理现象关联（或因果关系）的解释，或未知地域地理特征的构想（赫特纳，1986）。

24 借鉴社会科学方法的地物关联定性分析范式

R. 基钦建议用戴提出的规范方法对人文地理中地物关联进行定性分析，实际上对自然地物属性关联的定性分析也可参照该范式。该范式的实质是借助计算机通过对调查获取的数据（信息）进行逻辑性的整理来梳理事物属性之间存在的相互关系。其核心工作包括数据的转录、信息构成要素的分解和分类再组织、相关联要素的辨析和地物整体关联的再建构。

（1）转录。指以一种简易解释方式来整理地理调查测度（以及经结构整理）的数据，尤其是深度访谈获得的记录资料，把获得的信息按情景内容和行为者（按访谈者）的意图和意义依一定的规范性的目录框架罗列。情景内容包括时间、地点、环境、行为者、活动（行动）、行为的对象、发生的事件、行为的目的、行为的意义以及事件的时间序列、行为者的感觉、意图及意义等。意图和意义指从调查中获得的行为者（被访谈者）的真实意图或意义，而不完全是被访谈者自己描述的意图和意义。转录的方法有两种：一为把情景内容列为问题，然后以依题作答形式转录。二为用计算机字段的记录形式按规范化编码转录。现在多用专门的计算机软件转录和处理这种定性信息，如 NUD-IST 软件。

（2）分解和分类拼接。指依据研究的方向和目标，把转录的信息分解成各项构成要素，并分派到相应的类别中。分类的类别应与研究的问题、拟达到的目标及分析的逻辑程序相适应，每一类应有明确的标准，使获取的信息能准确地归类，而标准则应与研究的焦点相关联。各类型不但应有明确的内涵，且应考虑与其他类别的关联，通过分类，使所有的信息要素形成一个有组织、有层次的相互关联的分类树。分解指根据分类树的结构体系，把经转录的信息集进行分选再分解成各项与分类系统要素相对应的信息集，形成围绕关联要素项的新的关联信息组织，以供地物关联的分析之用。拼接指把相互关联的类别拼接在一起，成为进一步系统分析用的综合体，以寻求不同主题如何纠缠在一起并相互作用的方法。

（3）关联性辨析和实证。关联性辨析指辨析经分类的不同类别之间的关系。包括不同类别之间的相似性与差异性和类别之间的相互作用。主要包括类别的关联与沟通及类别关联的实证。关联与沟通是把按类别分解与拼接的离散化的数据段及其关联结构用最初的未经分解的原始信息来还原，以理解这些数据关联结构的性质，理解地物是如何关联（指单向性作用）或相互作用（指双向作用）的事实，并从中分析地物间的实质性联接，包括内在的必然性联结和外在的非必然性的联结、显性的联结和隐性的联结。实证是通过交叉检验等方法来强化关联的认知，以避免关联认知的主观性和片面性（基钦和泰特，2006）。

25　地物物类属性关联分析的数据分类表整理和图示与地图的直观表达

数据分类表指根据物类属性关联分析的目标和逻辑程序将地物物类属性数据按类汇总，建立数据表。这是一种概括整理大量地物信息的典型手段。数据表的行一般按离散的样本项组织，样本项系离散的具有特定地理坐标的样本点，或被视为均匀区的以地理中心表征的地域，样本项的顺序通常按地域属性的地域空间层级结构关系和地理位置顺序组织；数据表的列序一般按地物物类及物类下的属性（特征）结构进行组织，数据表列之间数据的对比显示地物物类属性之间的差异或关联，行之间数据的对比显示地域之间特定的差异或关联。

图示直观地显示地物属性之间的差异和关联，是定性认识或表达地物关联的重要手段，一般可用线状图、茎－叶图、箱－须图、散点图、概率图、偏部图、散点图矩阵、聚类图、调节图等来表达（克里福德等，2012）。

地图是地理学特有的表达地物地域空间特征的模型，当把地物不同物类属性特征值（分布密度值）标示在地图上时，可以通过空间分布区的相似性或相异性推测地物物类属性的可能关联。这也是地理学辨析物类属性关联的特有手段（祝国瑞和张根寿，1992）。

26　两地物物类属性之间关联的统计学分析与检验

相关和回归分析是用于研究因多因素影响而具有不确定性关系（如未能建立确定性的函数关系）的事物之间可能存在关联的统计学方法。其中相关分析采用关联程度指数及其置信度概率来判断，回归分析则把事物之间的关系分解成结构项（机制项、预测项或概括项）和未知的随机项（误差项、残差项或干扰项），并对结构项的关联假设进行置信度概率检验（谢宇，2010；李沛良，2004）。由于地物多存在复杂的相互关联，且具不可还原性，地物物类属性的测度观察值是多因素共同作用的结果，其数值既包含待确定的关联因素的作用，也包含未明确的未知因素的影响，因此，地物物类属性之间的关联不可能像物理学的物质特性那样可以还原抽象出来，用确定的函数关系来表述，只能是在复杂的关联中，通过统计学的方法对具有可能的关联因素进行相关判断和分析。

由于地物物类属性的数学特质不同，因而物类属性之间关联的分析方法也不同。以两类物类属性相关为例，根据数学特质，物类属性有三种类型：定类层次、定序层次和定距层次（包括定比层次）（参见注释 9），故按两两相关的组合共有 6 种情况，这 6 种情况适用的主要相关分析方法如表 4-4 所示。

表 4-4　不同标度类型数据的相关分析与检验法

相关联的物类	关联指数（PRE）	相关假设检验
定类－定类	λ，tau-y	X^2 检验
定类－定序	λ，tau-y	X^2 检验
定序－定序	G，dy，tau-a，tau-b，tau-c，rho，r	Z 检验，t 检验
定类－定距	E	F 检验，t 检验
定序－定距	E	F 检验，t 检验
定距－定距	r，E（用于非线性的定距变项相关）	F 检验，t 检验

关联指数用削减误差比例来表达，即假定两类地物具相关关系，则用一种地物（x）的存在状况来预测另一地物（y）的存在状况时比不知道x时预测（y）可以减少的误差比例。假定预测y的总误差数为E_1，知道x时预测y的误差数为E_2，则由x来预测y而削减的误差比例PRE=$\frac{E_1-E_2}{E_1}$。

相关假设检验为检验由样本数据分析获得的相关性判断对于事物总体相关性判断的置信度（李沛良，2004；范克新，2004）。

27 λ相关测量法

λ为古德曼的可预测系数。其基本逻辑是假设以一个定类变项的值来预测另一个定类变项时，如果以众值作为预测的准则，可以削减多少误差。削减的比例越大，表明二者相关越强。设调研中获得的样本中x属性（x变项）的各类别（x_j）特征和y属性（y变项）的各类别（y_i）特征交互存在的样本数（n_{ij}）结构如表4-5所示。

表4-5　λ相关测量列联表

y变项类别（i）	x变项类别（j）					
	1	2	3	…	C	$\sum n_{i*}$
1	n_{11}	n_{12}	n_{13}	…	n_{1c}	$\sum n_{1*}$
2	n_{21}	n_{22}	n_{23}	…	n_{2c}	$\sum n_{2*}$
3	n_{31}	n_{32}	n_{33}	…	n_{3c}	$\sum n_{3*}$
⋮	⋮	⋮	⋮	⋮	⋮	⋮
r	n_{r1}	…	…	…	n_{rc}	$\sum n_{r*}$
$\sum n_{*j}$	$\sum n_{*1}$	$\sum n_{*2}$	…	…	$\sum n_{*c}$	$\sum n_{ij}$

当x与y相互作用时，

$$\lambda=\frac{|\sum\max(\sum n_{i*})+\sum\max(\sum n_{*j})|-[\sum\max(\sum n_{*j})+\sum\max(\sum n_{i*})|}{2n-[\max(\sum n_{*j})+\sum\max(\sum n_{i*})]}$$

当x单向作用y时，

$$\lambda_y=\frac{|\sum\max(\sum n_{*j})+\max(\sum n_{i*})|}{[n-\max(\sum n_{i*})]}$$

式中，max( )为众值；$n=\sum n_{ij}$为样本总数（李沛良，2004；范克新，2004）。

28 tau-$y(\tau_y)$相关指数

tau-y(τ_y)指数为Goodman-Kruskal提出的相关指数，用于测定一个定类变项(自变项x)

对另一个定类变项变量（因变项 y）的不对称相关程度的指数（李沛良，2004；范克新，2004）：

$$\tau_y=\frac{E_1-E_2}{E_1}=\left[n\sum_{i=1}^{r}\sum_{j=1}^{c}\frac{n_{ij}^2}{(\sum n_{*j})}-\sum_{i=1}^{r}(\sum n_{i*})^2\right]\Bigg/\left[n^2-\sum_{i=1}^{r}(\sum n_{i*})^2\right]$$

式中，E_1 为不知 x 时预测 y 时产生的全部误差；E_2 为用 x 预测 y 时产生的误差；n_{ij} 意义如注释 27；r 为 y 变项的类型数；c 为 x 变项的类型数。

29　X^2 相关检验

X^2 检验适用于检验两个定类变项 x 与 y 之间或转化为定类变项的定序变项、定距变项之间，以及不具正态分布特征的定距变项（转化为定类变项）之间相关置信度的非参数型检验。

设样本的 x 特征（变项）分为 c 类，y 特征（变项）分为 r 类，x 变项各类（j）与 y 变项各类（i）在各样品中的交互组合样本数（N_{ij}）分布矩阵（x_j 与 y_i 的组合分布）如表 4-6 所示。

表 4-6　X^2 相关检验列联表

y_i	x_j					
	1	2	3	…	c	$\sum N_{i*}$
1	N_{11}	N_{12}	N_{13}	…	N_{1c}	$\sum N_{1*}$
2	N_{21}	N_{22}	…	…	N_{2c}	$\sum N_{2*}$
3	N_{31}	…	…	…	…	…
⋮	⋮	⋮	⋮	⋮	⋮	⋮
r	N_{r1}	…	…	…	N_{rc}	$\sum N_{r*}$
$\sum N_{*y}$	$\sum N_{*1}$	$\sum N_{*2}$	…	…	$\sum N_{*c}$	$N=\sum_{i=1}^{n}\sum_{j=1}^{c}N_{ij}$

根据 x 与 y 的关联分布表（列联表）计算统计量 X^2：

$$X^2=\sum_{i=1}^{r}\sum_{j=1}^{c}\left[N_{ij}-\frac{(\sum N_{i*})\cdot(\sum N_{*j})}{N}\right]\Bigg/\frac{(\sum N_{i*})\cdot(\sum N_{*j})}{N}$$

确定否定 x 与 y 相关假设的概率 a，如 0.05、0.01 等，然后查统计学书中的 X^2 分布表中自由度（$r-1$）（$c-1$）时相关假设否定概率 a 的 X^2 临界值 $X^2a_{(r-1)(c-1)}$，判断 X^2 与 $X^2a_{(r-1)(c-1)}$ 的大小，当 $X^2\geqslant X^2a_{(r-1)(c-1)}$ 时，可判断两变项在（$1-a$）的概率水平（置信度）上具相关关系（李沛良，2004）。

30　G 相关测量法

G 为 gamma 系数，是 Goodman-Kruskal 分析一个定序变项与另一个定序变项对称性相互关联的指数。其思路是通过统计所有样本相互交叉对比的全部样本对中其特征要素（定序变项 x 和定序变项 y）的级序对比关系相同的对与相异的对之差占全部样品对的比例来判断该物类属性中特征 x 与特征 y 的相关关系（李沛良，2004；范克新，2004）：

$$G=\frac{N_s-N_d}{N_s+N_d}$$

式中，N_s 为样本的特征要素 x 与 y 的级序对比关系（>、< 或 =）相同的样本对数；N_d 为相异的样本对数。

31　d_y 相关测量法

d_y 为萨默斯（Sommers）分析一个定序变项（x）与另一个定序变项（y）单向的不对称相关关系的指数（李沛良，2004；范克新，2004）：

$$d_y=\frac{N_s-N_d}{N_s+N_d+T_y}$$

$$T_y=\sum_{i=1}^{r}N_{i1}\left(\sum_{i=1}^{r}\sum_{j=2}^{c}N_{ij}\right)$$

式中，N_s 和 N_d 同注释 30G 指数的说明；T_y 为只在依变项 y 上同分的对数。

32　tau 相关测量法

tau-a、tau-b、tau-c 为肯德尔通过计算样本对中定序变项 x 和定序变项 y 的同序对数与异序对数之差在全部可能对中所占比例来判定 x 与 y 的相关关系指数，适宜分析对称关系。如 x 和 y 上都没有同分对，用 tau-a 计算，如有同分对，且 $r=c$ 时（r 和 c 分别为交互列联表的行数和列数），用 tau-b 计算，tau-c 则适于一切情况（李沛良，2004；范克新，2004）：

$$\text{tau-}a=\frac{N_s-N_d}{\frac{1}{2}n(n-1)}，\text{tau-}b=\frac{N_s-N_d}{\sqrt{N_s+N_d+T_x}\sqrt{N_s+N_d+T_y}}，\text{tau-}c=\frac{2m(N_s-N_d)}{n^2(m-1)}$$

式中，N_s、N_d 和 T_y 同注释 30、31 的说明；T_x 为只在 x 列上同分的对数；n 为全部个案数目；m 为交互分类表的行数（r）和列数（c）中的较小者，即 $m=\min(r，c)$。

33　rho（r_s）相关指数

rho（r_s）指数为斯皮尔曼相关指数，用其计算每一样本对称相关的两个特征变量以上的等级时，不仅区别二者的高低差异，而且考虑二者差异的大小（李沛良，2004；范克新，2004）：

$$r_s=1\frac{6\sum D^2}{n(n^2-1)}$$

式中，D 为每一样本特征 x 的级序和 y 的级序的差异值；n 为全部样本数。

34　Z 检验

Z 检验为用于检验两个定序变项之间相关假设的置信度的检验方法（李沛良，2004；范克新，2004）：

$$\text{统计量}Z=\frac{G}{\sqrt{1-G^2}}\sqrt{\frac{N_s+N_d}{N}}\;;\;G=\frac{N_s-N_d}{N_s+N_d}$$

式中，N_s 为样本对中 x 变项级序与 y 变项级序对比关系相同的样本对数；N_d 为 x 与 y 级序对比关系相异的样本数；N 为样本总数。当样本量较大时（$N \geqslant 30$），在确定否定 x 与 y 相关假定的概率 a（如 0.05、0.01 等）后，查统计书附表 z 检验表（或正态分布表）中相关假设否定概率 a 的临界值 Z_a，比较统计量 Z 与 Z_a，当 $Z \geqslant Z_a$ 时，可判断两变项在（$1-a$）的概率水平上具相关关系。当样本量较少时，采用 t 检验法。

35　t 检验

t 检验用于检验具有正态分布特征的两定距变项或样本数较少的两定序变项 x 与 y 之间相关假设置信度的参数型检验方程（李沛良，2004，范克新，2004）。

当用于检验两定距变量 x 与 y 的相关时：

$$t=r\sqrt{\frac{n-2}{1-r^2}}$$

式中，r 为 x 和 y 的相关系数（见注释 36 积距相关系数）；n 为样本数；自由度 $df=n-2$。

在确定否定 x 与 y 相关假设的概率 a（如 0.05，0.01 等）后，查 t 检验表中 $df=n-2$ 条件下的临界 $|t_a|$ 值，当 $t \geqslant |t_a|$ 时，表明在（$1-a$）的概率水平上 x 与 y 具相关关系。

当用于检验两种地物同一特征定距变项量值差异的显著性时，$t=(\overline{x_1}-\overline{x_2})/S_e$，$\overline{x_1}$ 和 $\overline{x_2}$ 分别为两组地物某定距变项的均值，S_e 为均值的标准差，当样本数较大时，$S_e=\sqrt{S_1^2/n_1+S_2^2/n_2}$，$S_1$ 和 S_2 分别为两种地物 x_1 和 x_2 的标准差；n_1 和 n_2 分别为两种地物 x_1 和 x_2 的样本数；当样本容量较少时，

$$S_e=\sqrt{(n_1 s_1^2+n_2 s_2^2)/(n_1+n_2-2)}\cdot\sqrt{(n_1+n_2)/(n_1\cdot n_2)},$$

以自由度 $df=(n_1-1)(n_2-1)$ 查 t 检验表，当 $t \geqslant t_a(d, df)$ 时，则两种（组）地物 x 特征量值 $\overline{x_1}$ 和 $\overline{x_2}$ 在（$1-a$）概率水平上具显著差异。

36 积距相关系数 r

积距相关系数 r 或决定系数 r^2 为测定两个对称线性相关的定距变项 x 和 y 之间相关关系的指数（李沛良，2004；范克新，2004）。皮尔逊（Pearson）的积距相关系数如下：

$$r=\frac{\sum(x-\bar{x})(y-\bar{y})}{\sqrt{\sum(x-\bar{x})^2}\sqrt{\sum(y-\bar{y})^2}}=\frac{n\sum xy-(\sum x)(\sum y)}{\sqrt{n\sum x^2-(\sum x)^2}\sqrt{n\sum y^2-(\sum y)^2}}$$

对于非线性相关，可通过双曲线变换、幂函数变换、指数变换、对数变换或 s 曲线变换将数据转化为线性相关，然后计算积相关系数（李沛良，2004；范克新，2004）。

37 相关比率 E

相关比率 E 又称 eta 平方数，为用于计算定类变项与定距变项之间相关的指数，或两个非线性相关的定距变项之间相关的指数。

$$E=\sqrt{\frac{\sum(y-\bar{y})^2(\sum y-\bar{y}_1)^2}{\sum(y-\bar{y})^2}}=\frac{\sum n_i y_i^2-n\bar{y}^2}{\sum y^2-n\bar{y}^2}$$

式中，y 为每一样本定距依变项（y）的值；$\bar{y}$ 为所有样本 y 平均值；$\bar{y}_i$ 为各类定类自变项（x_i）上的依变量 y_i 的均值。当计算定序变项与定距变项相关时，把定序变项的各级序作为定类变项看待（李沛良，2004；范克新，2004）。

38 F 检验

F 检验也称回归系数的假设检验方法，为依据地物两个定距变项 x 和 y 之间相关系数 r 及样本自由度 $df_1=1$ 和 $df_2=n-2$ 两个参数来判断其相关假设的置信度的参数型检验方法。

$$F=\frac{U}{Q/(n-2)}=\frac{r^2(n-2)}{1-r^2}，df_1=1，df_2=n-2$$

式中，U 为回归平方和（线性回归的影响指数）；Q 为剩余平方和；r 为相关系数。

在设定 x 与 y 非相关假设的置信度 a 之后，查 F 分布表中该置信度下自由度 $df_1=1$、$df_2=n-2$ 位置上的临界值 $F_{a(df1=1,\ df2=n-2)}$，当 $F\geqslant F_{a(df1=1,\ df2=n-2)}$ 时，表明 x 变项与 y 变项在 $1-a$ 概率水平上具相关关系（李沛良，2004；范克新，2004）。

39 多因线性回归

多因线性回归用于多个间距标度的自变项与因变项之间线性关系的相关分析。线性回归方程为

$$y=\sum_{i=1}^{k} b_i x_i + \varepsilon$$

转化为标准化多因回归方程为

$$\hat{y}'=\sum_{i=1}^{k} B_i \hat{x}_i$$

式中，k 为自变项数；B_i 为各自变项对因变项 $\hat{y}'$ 的净（偏）标准回归系数。

相关程度用复相关指数 R^2 表征，R^2 为各因变项的净标准回归系数 B_i 与净（偏）相关系数 r_{yi} 之积的总和，即

$$R^2=\sum_{i=1}^{k} (B_i \cdot r_{yi})$$

相关置信度用 F 检验，方差的统计量$F=\dfrac{R^2}{1-R^2}(n-k-1)$；$k$ 为自变项数；n 为样本数，变项自由度 $\mathrm{df}_1=1$，样本自由度 $\mathrm{df}_2=n-k-1$，当 F 大于或等于置信度 $1-a$ 及自由度 df_1 和 df_2 条件下的标准 $F_{a(\mathrm{df}_1,\ \mathrm{df}_2)}$ 时，该相关在置信度 $1-a$ 的水平上显著（李沛良，2004；徐建华，2004）。

40　虚拟变量的多因回归

虚拟变量的多因回归指给名称变项或有序变项赋予一定的数值参以多因回归分析，求出复相关系数 R（或指数 R^2）作为相关程度的表征，用方差 F 或 x^2 检验法检验相关的置信度（李沛良，2004）。例如，郑衡泌在研究妈祖信仰的地域分布与信仰环境的关系时，以统计单元（县，n=2422）妈祖庙分布密度为因变项，把 4 项影响的因素（与海洋关系的区位条件、距信仰发源中心的位置、距离福建的位序和地方语言）的类目赋值转化为虚拟变量，进行与妈祖庙分布密度之间的多因回归分析，求出各项影响因素的偏相关系数，以及总的复相关系数 R=0.427，经 F 检验，P<0.001（郑衡泌和俞黎媛，2007）。

41　数量化理论 *I*

数量化理论为林知已夫等提出的处理定性数据的多元统计分析方法，其中数量化理论 *I* 相当于回归分析，其数学模型为

$$y_i=\sum_{j=1}^{m}\sum_{k=1}^{r_j} \delta_i(j,k)b_{jk}+\xi_i \qquad (i=1,2,\cdots,n)$$

式中，y_i 为基准变量，即间距标度表征的因变项；$\delta_i(j,k)$ 为“反应”，为每一基准变项 y_i 样本与各自变项的每一类目（x_{jk}）的对应关系（1 或 0），每一样本（基准变量 y_i）在每一个项目（自变量 x_j）的类目（x_{jk}）中只有对一个类目反应为 1，其余为 0；b_{jk} 为依赖于 j

项目（m 项以名称标度为表征的自变项）和 k 类目（各自变项 x_j 的类别 x_{jk}）的系数项；ξ_i 为第 i 次抽样的随机误差。采用最小二乘法，通过等效式

$$\hat{y}=\hat{b}_0+\sum_{j=1}^{m}\sum_{k=1}^{r_j}\delta_i(j,k)\hat{b}_{jk}$$

求系数 $\hat{b}_{jk}$，用 $\hat{b}_{jk}$ 作为转换变项值对每一个类目 x_{jk} 赋值，构成以名称标度的自变项与间距标度的因变项之间的关系式，然后可以计算相关系数 R 来表征这些自变项与因变项的相关关系，用 F 检验来检验相关的置信度（赵鹏大，2004）。

42　冗余分析

冗余分析(redundance analysis，RDA)是一种回归分析结合主成分分析的排序方法，也是多响应变量回归分析的拓展。从概念上讲，RDA 是由多要素组成的响应变量矩阵与多要素组成的解释（影响）变量矩阵之间多元回归拟合矩阵的主成分分析。或者说是通过原始（响应）变量与典型变量 [指在一定条件下选取系列线性组合反映两组变量（响应变量和解释变量）之间的线性关系所选出的线性组合配对] 之间的相互关系，分析引起原始（响应）变量变异的原因。当以原始（响应）变量为因变量、典型变量为自变量建立线性回归模型时，则相应的确定系数等于因变量与典型变量间相关系数的平方。它描述了由因变量和典型变量的线性关系引起的因变量变异在因变量总体变异中的比例。

43　哥尼斯堡七桥问题

18 世纪东普鲁士的哥尼斯堡有一条普列格河从城中通过，河中有两个小岛，有七座桥联接小岛和两岸（图 4-4）。有人提出，能否从某一位置出发走不重复的路线通过每一座桥后回到原点？很多人做了尝试均不成功，但也说不出道理。1730 年数学家欧拉到哥尼斯堡旅行，人们把这一问题请教欧拉解答。欧拉把它抽象为网络的点线关系，用数学证明这是一个无解的命题。随后，随着其他类似问题的研究，形成一门独立的数学分支——拓扑学。

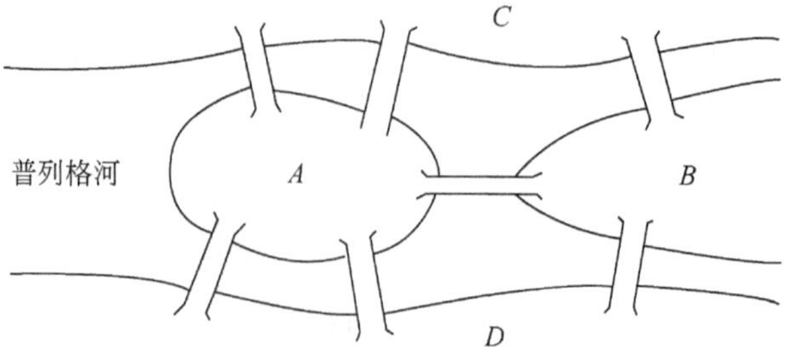

图 4-4　哥尼斯堡七桥示意图

44　地域空间的一般拓扑关系

地球表面上两种地物之间的基本拓扑关系有四种：相邻、相离、包含和相交。

这四种拓扑关系与地表的点、线、面三种形态相结合，形成地表点、线、面之间 19 种基本拓扑关系（郭仁忠，2004）。王家耀从地图信息处理角度，把拓扑关系拓展为 24 类。

45　地理空间距离

地理空间距离是在地球表面上基于地理位置上的地物几何接近程度的度量，是地物地域属性的重要共有特征之一。它不同于其他一些学科概念上的距离，如物理学中基本粒子的距离、化学分子结构中原子的距离、天文学中光年距离、相对论中与时间关联的相对距离等。按地物在地表面上表现的点、线、面、体 4 种基本形态组合，可概括为点 – 点、点 – 线、点 – 面、点 – 体、线 – 线、线 – 面、线 – 体、面 – 面、面 – 体的 9 种距离形态。在地理学上，一般把地物体投影到地面上，除特殊情况，不作为专门的体形态，故地理学中距离主要有点 – 点、点 – 线、点 – 面、线 – 线、线 – 面和面 – 面 6 种形式。

地理学中点 – 点之间距离在严格意义上是沿过两点的某种地理面上延伸的两点之间所有连线中的最短距离，这个地理面可能是平面、有规则的曲面或无规则的曲面。当两点投影（映射）到地球参考椭球面上时，两点的水平距离就视为两点的地理坐标（x, y）的函数，大致是地球参考椭球体上通过该两坐标点的大圆上两点之间的短弧弧长，通过球面三角公式求出其长度，而不是平面直角坐标系中两点之间的欧氏距离。但对于小区域而言，一般按欧氏距离计算，如包括高程，则距离$\mathrm{d}_{ijz}=\sqrt{(x_i-x_j)^2+(y_i-y_j)^2+(z_i-z_j)^2}$。

点 – 线的距离为相离的点线之间距离的最小值，即 $d_{pl}=\min(d_{px}), x\in L$。对直线而言是点与其在直线上的垂足的距离，而对曲线和折线而言，则要经复杂的计算。

点 – 面的距离指在同一地理面上的点与面的距离，包括最短距离、最长距离和中心距离，分别指与面相离的点与面边界所有点距离的最短者、最长者和与面中特定代表中心点（形心、重心）的距离。

线 – 线和线 – 面的距离指在同一地理面上相离的两线或线面之间的最短距离，面 – 面的距离指同一地理面上相离的面之间的距离，也可分为最短距离、最长距离和中心距离三种概念。最短距离和最长距离分别指两个面的边界线上所有点间距离的最小值和最大值，中心距离指两面上某种中心点（形心、重心等）之间的距离（郭仁忠，2004）。必须强调的是，严格意义上这些距离均非欧氏距离，而是地理曲面上的距离，只在小的区域范围内才按欧氏距离近似计算。

46　地物方位关系的类型

地物方位关系以参照地物的位置和通过参照地物的某一基准线的方向（基准方位）为标准来确定。由于参照地物（观察者本身或观察者之外某地物）可分为固定的（如固定不动的山、房屋、树木）和移动的（如飞行的飞机、航行的船），基准方位也可分为固定的（如北极星、指南针北向、中午阳光的影子线－子午线）和可变的（如人的前后随人的旋转而变化，山前方向随山的坡向而改变），因而可分为四种类型。

（1）参照物的位置和基准方位都固定的方位关系。例如，一个居民点对另一个相邻的居民点的东、南、西、北方位关系，是指以一个固定的居民点为参照物，以固定的子午线方向为标准的方位关系，这种关系也可以指南针北方为参照，按顺时针方向的方位角来定位，按 360° 划分来确定另一地物与参照地物的方位关系。

（2）参照地物位置固定，基准方位不固定的方位关系。例如，山前、山后、山左、山右的方位概念随参照点（山）至观察点（人）的连线（作为基准方位）的改变而改变，或随山体向外（如平原）的坡向（作为基准方位）的改变而改变。

（3）参照物位置变动，而基准方位明确固定的方位关系。例如，飞机和航船（作为参照物）的位置不断变动，但它们均以对北极星、太阳中午子午线或罗盘指北针的固定方位为定向标准，则它们所经过的周边地物对它们的方位关系也不断变化。

（4）参照物位置和基准方位均变动的方位关系。例如，河流的左岸、右岸、河源方向和河口的方向以移动的河床位置和变动的河水流向为标准，因而上述方位关系就是一个因地而异的概念。

47　面状地物方位关系的模糊性

面状地物是具有一定地域空间规模的事物，而准确的方位又是从参照点至目标点的矢量方向，因而用面状地物作为参照点和目标点，其间的矢量方向随面状地物空间规模的扩大和两地物间距离的缩短及地物空间形态的复杂化而逐渐模糊，难以确定，甚至变得没有意义。因此，面状地物间的方位关系要注意两地物在空间规模上的匹配和平衡，注意两地物间的距离有足够的大小才有地理意义。

48　地物方位关系的地理意涵

地物的一般方位关系是地理实体方位关系的抽象，一旦把实体地物（地物类或个体）代入抽象化的方位关系，这些方位关系马上转化为具有特定地理意义的关系。不同的地物在同一类方位关系中可能具有完全不同的意涵和关系。例如，由于地转偏向力的作用，河流的左岸和右岸具有不同的侵蚀堆积倾向，是不对称的概念（杨景春和李有利，2005）；热带风暴移动方向的前、后、左、右具有不同的动力和水热状态，因而产生不同的天气过程（陈瑞闪，2002）；南下的冷气团前锋不同方位上具有迥然不同的空气动力学特征（伍荣生，1999）；自然地理交界带前后左右具有不同的景观（李克煌等，1996）；中外建筑的空间布局左、右、前、后、中均具有特定的权利意涵（Tuan，1977）。

49　地物地域空间分布形态的吻合度

吻合度一般在地图上通过地理信息系统进行分析。两种地物的地理分布关系的分析可分两种情况：一为相交或包含形式分布的地物；二为相邻或相离形式分布的地物。对于前者，可将两种地物（A，B）分布点（线、面）绘在同一地图上，把两种地物分布的区域（包络区范围）按一定尺寸进行网格单元分割（即对地物进行空间离散化处理），计算（测度）各网格单元内两种地物各自的空间量值（点数、长度或覆盖面积），然后以网格单元为样本，各单元内两地物的空间量值为变量，分析两种地物空间变量之间的相关关系，并用 F 检验或 x^2 检验来判断相关的置信度（祝国瑞和张根寿，1992）。对于后者，则要通过分布区在地图上的位置、变形转换和拼接来对比其吻合度，现在通常在计算机上通过地理信息系统的空间处理来实现。例如，Bullard 等用计算机实现大西洋两岸陆地轮廓线的吻合程度分析，作为大陆漂移学说的重要依据之一（郭仁忠，2004）。

50　基于地域分布形态参数的相似性分析

基于地域分布形态参数的相似性分析可根据几何相似原理。

例如，地貌学的流域，A. N. strahler 将此原理具体化为：如果不考虑流域大小区别，仅就其几何形态而言，若两个流域内相应的地貌要素以及它们的量纲具有同一比例的话，则两个流域的几何形态应该是相似的。Strahler 比较了 Blounville 流域与 Pennington 流域和 Blounville 流域与 Clinch 流域的相似程度，表明前两个流域的几何形态是比较相似的，后两个流域则很不相似。

51　聚类分析

聚类分析的基本思想是：假定研究的各对象样本间存在不同程度的相似性，根据观察样本找出并计算一些能够度量样本间相似程度的统计量（如相似系数、相关系数等），按相似性统计量的大小，将相似程度大的聚合成一类，关系疏远的聚合成另一类，直到把所有样本都聚合完毕，形成一个由小到大的分类系统。对地理学的地域空间地物物类属性相似性比较而言，样本即空间离散化了的单元地域，相似性统计量即从各单元地域物类属性各特征的数据计算出的相似统计量。相似统计量有多种形式，如距离系数（d_{ij}^{s}）、相似系数（$\cos Q_{ij}$）、相关系数（r_{ij}）等。聚类方法有系统聚类法、动态聚类法、模糊聚类法等（赵鹏大，2004；徐建华，2004；煤炭科学院地勘所，1981）。遥感数据的非监督分类就是用聚类分析方法对各像元的相似程度进行分类（周成虎等，1999）。

52　判别分析

判别分析是根据已知类别的分类数据特征，计算未知类别样本的观察数据与已知类别数据特征的相似性，然后对未归类样本进行类型判别的统计学方法。对地理学地域空间地物相似分析而言，已知类别分类数据特征应定义为一定地理区域代表性的典型地物物类属性特征数据集（定距标度数据、比率标度数据、名称标度数据或定序标度数据及它们之间的特征组成关系和特征结构关系）。待判别的统计单元样本为在地域空间中离散化了的空间单元，待定类的样本观察数据即为各地域单元观察得到的与已知类别物类属性特征数据集相应的信息。对于未知类别的地域单元的判别应建立判别模型进行分析，对于在两类已知标准地物中类属的判别采用费歇准则下的两组线性判别模型，对于在多类已知标准地物中类属的判别可采用贝叶斯准则下的多组线性判别模型（赵鹏大，2004；范克新，2004；煤炭科学院地勘所，1981）。遥感解译中的监督分类实际上就是以已知地物类型分布区域（训练区）各像元的各遥感波段灰度集特征集合为标准，用判别分析方法来判别其他未实地调查的地点各像元的遥感信息与训练区的相似性，来推断未分类区域对已有分类的归属关系（周成虎等，1999）。

53　奥德姆的系统生态学理论

H.T. Odum 于 20 世纪 50 ～ 70 年代，以自己的丰富研究成果和世界上大量生态学具体研究理论和实例为基础，运用系统理论、系统分析和模拟手段，借鉴物理学力能学的理论方法，对生态学问题进行系统、全面地抽象化、概念化理论改造，创建了系统生态学。他提出了系统生态学的内涵、任务、理论和方法体系，创建了一套系统生态学语言，以各层次的生态系统的丰富实例阐明系统的结构、库和流、自催化、交互作用、能质、能等级以及能分配、信息、序等功能特征和过程，以新的观点论述生态系统的整体性、复合性、空间格局、多样性和演化等，而且涉及有人类活动参与的城市、地区、国家及世界范围的自然社会经济模型。这在现代生态学理论和应用发展上具有里程碑意义。

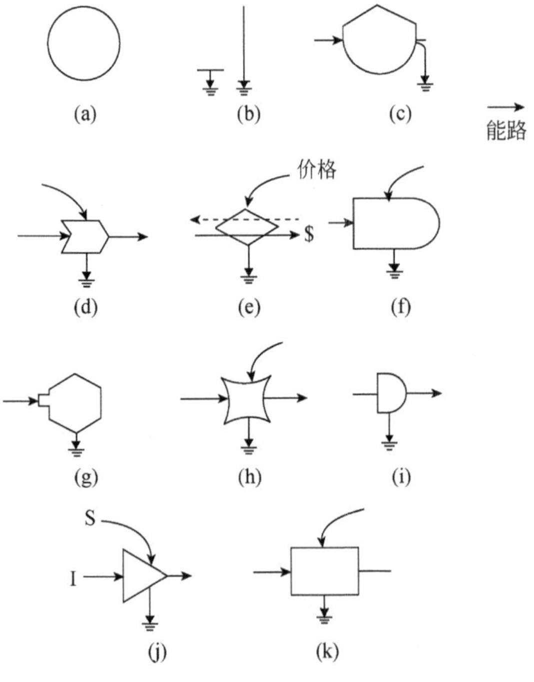

图 4-5　能路语言的一些符号（转引自奥德姆，1993）

能量语言符号：（a）源；（b）热汇；（c）储存；（d）相互作用；（e）交易；（f）生产者；（g）消费者；（h）开关双系统；（i）自限的能量接收器；（j）恒定增益放大器；（k）箱

在系统生态学中，作为物质、能量、信息等传输和相互作用总体抽象概念的能路分析是其最重要的一部分内容。Odum 设计了一套能路语言符号，给出了明确的概念和定义。主要能路语言的符号、概念和定义如图 4-5 所示。

由能路语言表示的各种通道类型如

图 4-6 所示。

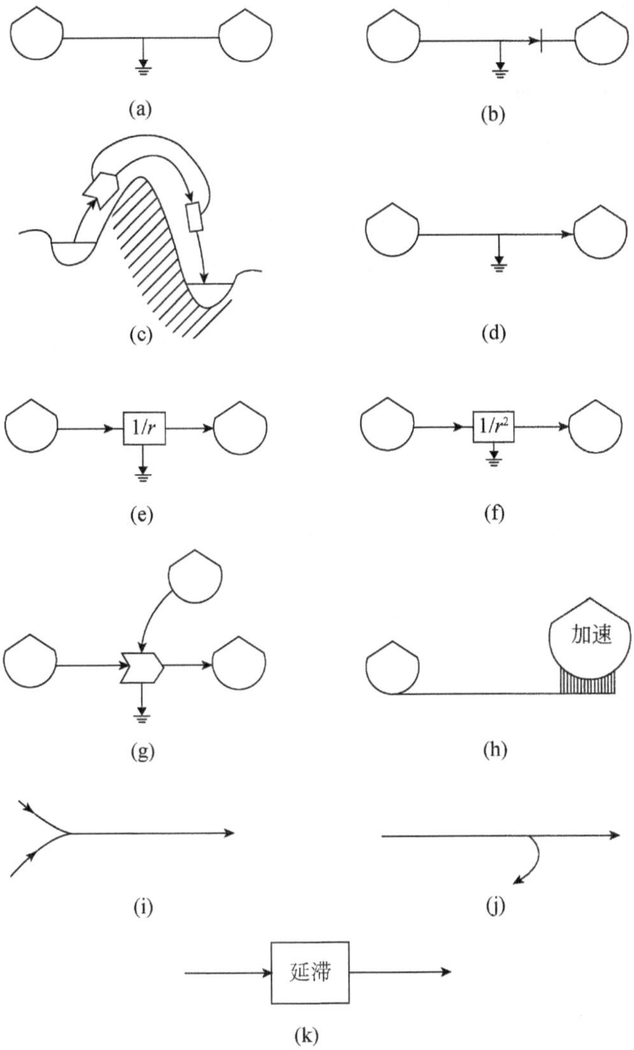

图 4-6　由能路语言表示的各种通道类型

（a）与向前力和向后力（反向力）之差成比例的流；（b）阀，除了阻止反向力之外，与（a）相同；（c）能障碍，它阻止由作用的流的储存产生反向流；（d）没有来自下游储存的反向流；（e）与距离 r 成比例的通道阻力；（f）与距离成平方倒数的流减少；（g）由另一类的第二个作用的流控制的流；（h）由加速储存不断增加能的加速通道；（i）两个流之和；（j）流的分流；（k）有时间延滞的流

54　尺度

尺度是当下地理学使用频度很高的一个概念。中文“尺度”的词源有两个含义：一为计量长度的定制；二为标准（夏征农，1999）。相应的英文 scale（scales）是一个多义词，其中作为名词的含义有规模、等级、衡量标度、衡器、地图（图表、模型）、音阶、鳞片、水管内或牙齿上的积垢等（霍恩比，2014）。scale 在地理学上最初用于地图的比例尺，即用其衡量标度的概念，中文地图译为比例尺。后来人文地理用 scale 来区分研究

的地域空间范围或研究对象的地域空间规模及不同规模研究对象与研究结果之间的关系，并形成初步尺度转换概念（霍洛韦等，2008）。气象气候学用 scale 来区分或表征大气过程的时间跨度（林振山和杨修群，1995）。自然地理学用 scale 概念来区分不同等级和规模自然地域空间的自然地理研究对象及其相互关系（霍洛韦等，2008）。这些都从规模和等级意义上来使用 scale 的概念，开始并未对其进行明确的定义，也未认识到这一概念对地理学有何特殊的意义。而遥感科学则把 scale 概念中的衡量标度含义用作其各类数据精度的总体概括性概念（周成虎等，1999）。随着研究的发展，人们逐步发现 scale 这一概念对地理学的许多问题的认识和分析有其特殊的意义，因而推动 scale 逐渐成为地理研究的常用概念和一些地理理论的构成要素。我国地理学界把所有这些地理学应用的 scale 概念，除地图学原译为比例尺或比例外，均译为“尺度”。尺度概念的多义性，造成了使用上的混乱，故李双成等提出应厘清尺度的概念，把尺度区分为本征尺度和非本征尺度。本征尺度指地物本质客观存在的、隐匿于地理实体单元、格局或过程中的真实尺度，非本征尺度是为观察（研究）和表达地物与地理现象而主观设定的地物时空尺度观念（李双成和蔡运龙，2005）。本征尺度可分三类：一为地物类群的总体时空尺度，指一定类群的地物整体在地球表面所具有的和运行的时空规模与范围；二为地物单元时空尺度，指一定类群地物在地表空间不断重复出现的每个地域空间结构单元规模和过程运行的时段长度；三为地物时空特征的分异尺度，指地物在一定地域空间结构单元和时间周期单元内特征变异的尺度。非本征尺度可分为研究尺度、操作尺度（观察尺度）、测度尺度和地图尺度（表达尺度）。研究尺度指根据研究目标所涉及（确定）的地物地域空间规模或过程的时间跨度，操作尺度（观察尺度）指研究工作实际进行的地物地域空间规模和过程的时间跨度；测度尺度指作为研究标尺的最小分辨率的空间和时间尺度；地图尺度（比例尺）指地图所表达的地物在地图上的单位范围（长度、面积）与其在地球表面实际规模之比。

55 尺度与地物空间异质性的关系

尺度与地物空间异质性的关系有两个视角：一为本征尺度与地物空间异质性的关系；二为观察尺度与地物空间异质性的关系。从本征尺度看，一般情况下，地物空间异质性随本征尺度的缩小而降低，直到最后成为一个在一定条件下或一定地理认知标准下地物空间异质性可忽略的“匀质区域”，成为基础地域单元或地理意义上的最小地域空间尺度。例如，我国社会经济状况的地域分异，在几平方千米的地域尺度下，只是城市社区之间或农村相邻不同村落之间的差异，就其单位面积生产率而言，最多可能仅有几倍差异；在几万平方千米尺度上将显示出城乡的差异，单位土地生产率可能要相差百倍，而至全国尺度，则呈现出发达区域与发展中区域的巨大差异，单位土地生产率可能要相差千倍。再如，土壤性质的地域差异，在土种覆盖的空间尺度下，土壤性质差异很小，如 pH 可能只在 1 个左右单位上变动，而至土类覆盖的中等空间尺度，土壤性质差异明显，pH 可能在 2 ～ 3 个单位变动，至全国所有的土壤覆盖范围，土壤性质则呈不同土纲或亚纲的巨大差异，pH 可能在 5 ～ 6 个单位变动（郑度，2015）。

从观察尺度看则相反，一般而言，地物空间异质性随观察尺度的扩大而降低。这是因为，随观察尺度的扩大，在地理感知中地物的许多细节会被忽略，人们比较多地关注空间的整体特征，正如在万里高空只能肉眼看清地表的大致轮廓一样。此外，空间格局和时间过程是我们研究尺度大小的函数，当尺度增大时，非线性特征减弱，线性特征增强（李双成和蔡运龙，2005）。

56　本征尺度与地物地域空间级序分异的关系

级序分异是地物地域空间有序结构的表征（牛文元，1992）。许多地物物类属性在地域空间中的变异均存在级序特征。地物属性特征，特别是定序特征依级序的下降而逐级细分，可能每级均有其特定的主导因素和相应的主导特征，甚至可分辨出主导的过程。这种主导过程、主导因素和主导特征在级序之间往往是跳跃性的、不连续的。这种级序的变化可能是地物在不同历史阶段发展特征积淀的结果，也可能是地域空间规模效应或过程发展跃变的结果，或是同时受制于不同作用因素的结果。但不管成因如何，地物特征均在一定级序中以一定的地域空间规模的分异特征出现，使一定级序与一定空间尺度相对应，构成地物地域空间级序关系与本征尺度的关联，并隐含着尺度与主导地理过程或地物空间规模效应的对应关系。例如，地形的不同分级主导分异特征的规模往往分属于不同的尺度，而其成因则往往分别与地球内力主导的区域大地构造、局域地质过程和外力主导的侵蚀堆积过程相对应；全球尺度的气候分异受制于地球形态与地球运动相结合的纬度性热力和动力过程的分异及其与大洲大洋海陆分布特征相结合形成的水分热量平衡状况，地方尺度的气候分异则主要取决于与区域位置相关联的区域大气环流与区域地形相结合的综合因素（NASA，1992）；全球尺度、国家尺度和地方尺度的社会经济特征分别与国际间、国内不同区域间及地方内部不同层级的社会经济发展基础、条件和过程相对应。本征尺度与地域空间级序分异的关系是地物地域分类和区划的依据。

57　本征尺度与地物地域空间特征的关联

本征尺度与地物地域空间特征的关联指相同类别（类群）的地物在不同本征尺度上具有不同的地域属性特征，包括空间的几何形态和结构状态的变化。这种变化，多是由主导性作用因素的不同所造成的，因而也往往折射出地物特征形成的复杂因果关系。例如，中国的地貌格局在最上一级的地域空间尺度上呈现三级阶梯的特征，在次一级的地域空间尺度上，呈现出由近东西向和北东向（北北东向）交叉的山文结构与被其包围或隔开的大型盆地组合构成的镶嵌结构格局，而在下一级的领域空间尺度上，则呈现出不同的气候水文条件下的侵蚀－堆积地貌组合特征（郑度，2015）。在地域空间特征与本征尺度关系的分析中应特别关注的是，尺度的变化伴随着地物主导地理过程的变化。例如，在小流域尺度范围内，主导地理过程是间断的降水—坡面水分配—坡面汇流过程，而当本征尺度增大到流域水系尺度时，主导地理过程变为不同流域的基流过程与次降水径流叠加的河网汇流过程，二者应该用不同的模型来进行分析。

58 本征尺度与地物功能效应的关系

本征尺度与地物功能效应的关系指随地物地域空间规模的变化，其对外（其他地物或非地物、其外部其他地域空间）作用的非线性变化。值得注意的有：①对外作用量上的非线性变化，特别是随尺度变化的作用量的跃迁性变化。如研究表明，在相近环境条件下，火山岛的鸟类种数与海岛的规模尺度大致是幂函数关系：$S=CA^b$，S 为鸟类种数；A 为海岛面积；b 为幂指数，约 3/4；C 为转换系数（Diamond，1974）；河流的径流变率随流域规模的扩大而呈指数下降态势。②一定地域空间规模的地物与其特定的效应（质的特征）相关联，如社区尺度、城市尺度和城市群尺度具有完全不同性质的社会经济效应。本征尺度与地物功能效应的非线性关系可能是空间的规模效应（各要素的协同作用）、地域内部分异与自组织的作用，或地域间相互干扰作用造成的，也可能是不同尺度上地理过程或外环境影响因素的不同造成的。

59 观察尺度与观察者地理感知的关系

地理认知是在地理感知的基础上在头脑中对感知的信息加工的结果（参见第 2 章注释 1），而地理感知要在一定地域空间尺度上进行。赖以感知的地物或地理现象在空间上一般以两种形式出现：一为观察者直接感觉（看到、接触到等）到的客观地物或实体地物；二为已转为图像（照片、地图等）的间接地物。人们在地理观察中所获得的信息既与观察者的“意向性”有关，也与意向对象显示的特征有关。而对地理学而言，这些特征及其显示的形式与地物的观察尺度有关，因而不同观察尺度下所获得的地物信息不同，形成不同的地理感知。因此，地理感知是观察者的地理意向性和一定尺度下地物客观存在并显示的特征相结合的产物。具有一定本征尺度的地物特征只能在与其本征尺度相适应的观察尺度和一定的地理意向下才有可能被认知。例如，魏格纳在关于大陆漂移思想的形成过程中写到：“我在 1910 年观察世界地图时，产生了对大西洋两岸吻合的直觉印象，那时在我的头脑中就出现了大陆移动的初步想法……1911 年秋天，我偶然获得一份综合报告，从中得知关于巴西和非洲之间以前存在过陆地通道这个古生物学结论，这是我以前所不了解的。它促使我先概略地浏览了那些地质学和生物学领域中与此有关的研究成果，后来得到了这些重要的证据，令我对大陆移动原则的正确性深信不疑”（魏格纳，1997）。显然，全球的观察尺度是形成大陆漂移认知的基本条件。历史上不少地理学说思想也是在一定观察尺度下，在对地物或地理现象的直观感知的启发下经进一步研究而形成的。

60　地物本征空间尺度和本征时间尺度的关系

有些地物（不是全部）在一定的本征尺度上呈现空间尺度特征与时间尺度特征的偶联（图 4-7）。例如，地质时期长时间尺度的气候变化所涉及的空间范围（本征空间尺度）往往是全球性的，而季风过程的年周期尺度变化所涉及的空间范围为相应的季风气候区，而不是全球，一个气旋（热带气旋或温带气旋）过程无论是空间尺度还是时间尺度都要小得多，似乎两类尺度的规模有相应的大小顺序。但两类尺度的大小顺序并不一定都相对应。例如，由地球自转导致的日天气变化（气温等）过程（短时间尺度）却是全球性的（大空间尺度）。在社会经济领域，时间尺度与空间尺度的关联在年鉴学派的历史模式中有很清楚的表述（参见第 2 章注释 48），但是，现在短时间尺度的经济风暴也往往涉及全球范围。因此，没有必要总把空间尺度的规模大小与时间尺度的长短相对应。但有一点是应该明确的，凡涉及地理过程的空间尺度总要与一定的时间尺度相对应，二者的联合分析是分析这类问题的重要途径。

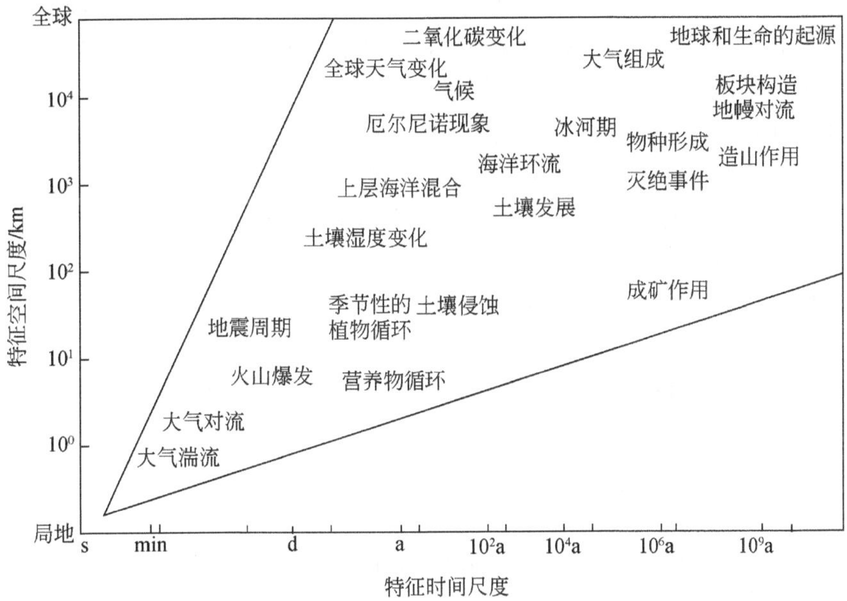

图 4-7　地球系统过程：特征空间尺度和特征时间尺度（NASA，1992）

61　观察尺度和地物认知尺度的转换关系

一些地物在地域空间上呈现如下的层级结构关联状态：一种地物（一项或多项特征表征的地物）的总体分布区可划分为多个相似的不断重复的基本空间结构单元，每个结构单元由相近类别的不同特征的结构元素按一定关联规则构成，这样就形成一个由三级相互关联的地域空间尺度构成的关联层级结构。这三级尺度可分别称总体尺度、单元尺度和变异尺度。例如，一个水系流域水文系统有其总体分布区域（总体尺度），这个总体分布区域又可分为多个由分水岭分割的相似的小流域单元（单元尺度），每个小流域单元均由汇水的面状坡面和聚水的线状小谷地两种不同性质的元素（变异尺度）构成，这样一个流域就具有关联层级结构特征。人们在进行流域水文研究时，往往由于各种条件（资金、时间、和可达性等）限制，不能进行流域全面考察（特别是对大面积的水系），这时只能在较小的操作尺度（观察尺度）范围内进行研究，然后把研究成果上推至整个流域，即进行研究成果向上的尺度转换。对于这种具有关联层级结构特征的地物，如果研究时能以中间的单元尺度为操作尺度（观察尺度），并以与变异尺度相匹配的尺度为测试尺度，选择代表性的典型单元进行研究，则研究获得的地理认知在一定程度上可以上推至对该地物整体尺度特征的认知。但是，这种向上的尺度转换必须注意的是：①从理论上说，地域系统是一个开放的巨系统，作为系统的本质特性，由于单元之间的相互作用和外环境的作用，总体不等于部分之和（第 2 章注释 52、55 ～ 62），故从单元研究结果转化为整体时，必须根据各种关系的作用进行修正；②一个地物整体的不同单元之间，其特征仍有差异，因而以代表性典型单元研究结果代表全部单元的，需要进行置信度检验。

地物的地域空间层级结构关联是对一定尺度下的研究结果进行尺度转换的必要条件和可行性依据。上述的层级结构关联只是地物特征地域空间层级结构关联的一种形式（或类型），地物还存在其他形式的地物空间层级结构关联，如有的单元尺度还可分为几个级序关联的层级；有的层级之间的作用不是单向的，而是交互作用；有的单元尺度的地物特征还可分为几类，各类的变异项性质不尽相同；等等。但不管何种形式，一种地物在一定观察（操作）尺度下的研究结果只能在其关联层级结构的范围内进行尺度转换，在转换中还必须进行转换参数的校订（律定）。例如，分布式水文模型以小流域或按一定规则分割的单元区域为基本操作尺度进行水文分析，当对各单元水文按模型分析之后，还要用代表整个流域的水文站水文观测结果进行律定，即求出尺度转换系数，这个系数实际代表由子系统转换为大系统时其他非线性因素的作用，解决总体不等于部分之和的系统特性问题。

62　地物测度尺度与地物地域空间特征认知的关系

地物测度尺度是人们用于认识地物地域空间特征的标准和工具。在地理研究中，测度尺度实际上有三种不同的概念：①逼近尺度，指用单元直线或单元规则图形（单位方形）去逼近实际地面上无法拉直的曲线（如海岸线）或不规则地面（如海岛），以测定地物规模的最小测定单元；②分割尺度，指用于测定空间离散性地物（如居民区、树木株数）的分布密度的地域变异或连续地物强度（气温、生物量）地域变异而对地面进行规则分割的地域空间最小分割单元，如按公里划分的网格、最小行政区、遥感观察的像元等；③筛滤尺度，指为屏蔽或抽取多尺度时空特征集中于一体的地物中某一尺度范围内的地物空间特征而设置的筛滤网眼的大小，如遥感非监督自动分类中设置的高通滤波或低通滤波参数、地面上不同面积地物规模分类或特定级别以上或以下地物筛选提取中是与否判定的标准等。地物的地域空间几何形态特征主要是点、线、面，并以离散型或连续型分布出现。地物测度尺度与地域空间特征认知的关系就是上述三种测度尺度对地域空间特征认知的关系，主要关系见表 4-7。

表 4-7　地物测度尺度与地物地域空间特征认知的关系

测度尺度	地域空间类型和测度目标	尺度变化与测度目标的关系
逼近尺度	地理曲线或不规则地理面的规模（长度或面积）测定	测得量值对客体的接近程度随尺度的缩小而提高，但多非线性关系，对许多地物测度在一定范围内具分形关系，如海岸线长度 $L(\varepsilon) \sim F\varepsilon^{-D}$，$\varepsilon$ 为测定尺度；F 为测到的单位尺度总段数；D 为由海岸形态特征决定的分维数（曼德布罗特，1998）
分割尺度	离散型地物计量或连续型地物强度的地域变异性	在一定尺度范围内变异性的测定精度随分割尺度的缩小而提高
筛滤尺度	面状或线状地物地域空间几何特征的认识	一定的筛滤尺度与一定的地域层级结构中一定本征尺度范围内的地域空间特征的筛滤目标相对应

63　非连续信息的地理过程的关联表达和认知

有些地理过程的表述因为数据缺陷或标度特征（名称标度、有序标度等）关系而不能用连续时间变化的函数或图像来表述，只能用连续或间断的时段顺序来表达。在这种情况下，前后时段的地物特征之间是否有自前向后的关联性（即是否是一个地理过程的表现），仅靠其顺序的前后排列是不能表达出来的，后一时段的地物不一定是前一时段地物演化的结果，因而不能视为一个地理过程。例如，一个区域先前为低地沼泽，后因山地塌方或火山灰堆积成一个小丘，这两种地物虽然在同一地点前后相继，但不能把后者视为前者演化的结果，即不能把它们的序列视为一个过程。不少人文社会现象前后时段的差异也是如此。因此，对于用连续的或间隔的前后时段顺序来表达的地理过程，应当补充从前者演化为后者的机理和条件的论述，即对其关联进行论证，才能构成一个过程的完整的认知。例如，在两种土壤之间的某一交界区域，其土壤类型在前后时段不相同，只有同时论述其相邻两侧土壤类型发展变化引起的空间消长关系及其发展变化的条件（气候、生物、地形等），才能充分阐述该交界区前时段土壤类型向后时段土壤类型演化的过程。

64　由等时间隔记录的数据转化为过程认知的尺度阈限

尺度阈限指由观察尺度或测度尺度的关系而造成的对一些具有尺度依赖关系的地物特征的认知限制。等时间隔的地物性状特征记录未能记录间隔时段内更短时间地物状态的变化，因而间隔时间的长短对地物性状特征变化过程测度的详细程度影响很大，间隔时间长短就成为过程状态的测度尺度。显然，随着尺度的加长，短时间变化的信息损失增多。因此，等时间间隔记录的数据只能反映该尺度及其以上尺度地物变化的特征，用它转化为过程的认知当然也不能反映该尺度以下地理过程的特征，故成为过程认知的尺度阈限。例如，用日均气象数据通过模型建立的气象要素变化过程（如气温、湿度等）不能反映真实过程的日内变化，一日 4 次的观测数据不能反映 6h 时段内的过程特征；多年年末人口记录数据可以归纳出人口特征的逐年变化过程，但不能反映年内时段的人口过程特征。

65　截面调查地物信息中时间信息的采集和挖掘

由于地物的历史积淀性特性（参见第 1 章注释 19），有些地物本身就带有形成时的时间烙印，通过一定手段可以把其时间信息挖掘或采集出来，从而建立地物性状特征的时间变化系列，认知地物的发展变化过程。这些时间信息一般以三种形式存在：①一个样本本身包含的多时间和相应的不同特征性状，如树木年轮、石灰岩洞穴中的石笋淀积层；②具有明显先后沉积顺序的地层或历史堆积，如沉积剖面、文化层；③按瓦尔特规律有序的地域空间散布形式存在的历史残留物或残留特征。地物的时间信息可用多种方法测定或分析挖掘而获得，不同方法测定的测度尺度不同，适应的地物也不同。地理过程的研究时间尺度上限一般在全新世万年尺度以内，在这一范围内可用的定年方法（龚高法等，1983；威廉斯，1997；王铮等，2000）。

66　地理过程的热力学、动力学模型法

这是一种机理明确的确定性演绎模型，其基本前提是假定地物发展变化过程的作用因素明确，且作用因素与地物运动演化的关系已有一定的定理或原理可以被利用，因而可以通过确定性数学演绎和逻辑演绎来建立地理过程的数学模型，如气候演变过程的能量平衡模式（EBM）、一维辐射对流模式、大气环流模式和二维纬向的平均动力模式等。以能量平衡模式为例，地球纬圈零海拔地平面温度与其影响因素的关系如下：

$$C\partial T/\partial t = Q(1-a) - \Delta I - \mathrm{div}F$$

式中，C 为地球和大气的热惯性；$\partial T/\partial t$ 为湿度随时间的局地变化率；Q 为进入的太阳辐射；a 为反射率；ΔI 为向空间长波辐射的净损失；$\mathrm{div}F$ 为在一个纬度带上由大气（及海洋）动力过程所造成的净能量通量辐散。据此，根据 Q、a、ΔI 和 $\mathrm{div}F$ 的时间变化来计算 T 的变化过程（林振山和杨修群，1995）。又如，未考虑人口迁移作用的区域人口自然增长模型为

$$P(t)=\int_0^a L(a,t)\mathrm{d}_{ia}\text{；}\ \partial L(a,t)/\partial t+\partial L(a,t)/\partial \mathrm{a}=-\mu(a,t)L(a,t)$$

$$L(0,t)=\int_{a_1}^{a_2}\beta(a,t)k(a,t)\mathrm{d}_a\text{；}\ L(a,0)\mathrm{d}_a=\Phi(t)$$

式中，$L(a, t)$ 为 t 时刻的人口年龄分布密度，即 a 岁人口占 t 时刻总人口的比例；$\Phi(a)$ 为初始人口年龄分布；$k(a, t)$ 为 t 时刻 a 岁女性人口占 a 岁人口的比例；$\beta(a, t)$ 为 t 时刻 a 岁育龄妇女生育率；a_1、a_2 分别为育龄区间的下限、上限年龄；$\mu(a, t)$ 为 t 时刻的 a 岁人口的死亡率；$\Phi(t)$ 为 t 时刻人口的出生率。根据这些模型可估算区域人口的自然增长过程（王铮等，2000）。

67　马尔可夫过程

马尔可夫过程指某一时刻发生的事件只是在有限时段内产生影响的随机过程，或者说，在某一时刻的事件，仅仅只是受过去有限时间内某事件影响的随机过程。当把一定时期的地理过程划分为逐步变化的小阶段的逐步演化过程，每一小阶段有条件地被视为仅受前一阶段或前几个阶段状态的影响，且其转移概率稳定，即序列中所含的任一部分，都具有相同的转移概率特征时，可用马尔可夫链模型来描述这一地理过程。

68　纵贯分析

纵贯分析最早用于人口分析，指根据不同时间的个案或案例调查搜集到的可比较的数据，分析事物从一个时期到另一个时期之间的变化或差异，其目的是描述事物变化的模式或建立事物因果关系的方向。在调查方法上，描述性分析包括追踪研究和趋势研究，纵贯分析须满足以下条件：①变量数据要在两个或两个以上的不同时间（截面）上搜集；②不同时间的个案或对象要相同或至少可以比较；③分析要包括比较不同时间的数据。

69　历史地理资料的时序建构

历史地理资料的时序建构指根据历史资料建构地物或地理现象的时间过程。由于历史记载均不是为地理过程认知而设计，因而将其转为地理过程认知的基础数据应特别审慎。

竺可桢先生用中国历史资料建立 5000 年来中国气候变化的时间序列，侯仁之先生把历史文献与考古研究相结合研究历史时期毛乌素等地环境演化过程和北京城市演化过程，是用历史文献研究地理过程的典范（竺可桢，1973；侯仁之，1979）。

70　基于瓦尔特相律的地理过程分析

瓦尔特相律认为，某点上的地层在时间上出现的系列关系必然为空间所重复。反之也可以说，地域空间的历史遗存，当具有可以寻觅的时间系列顺序时，可为地理过程分析提供客观依据。这种分析构成了空间换时间的研究方法，即在最古老的遗存区获得事物最早的状态，再按时间推移的遗存中获得其后逐步变化的状态，构成事物发展的时间过程系列。这是生态学常用的方法，因为人们一般不可能去追踪记录一个生态系统在几万年间随人类活动的演化过程，而是选择相近环境条件（地质、地形、气候、水文、土壤等）下受到不同程度破坏的区域的生态系统，比较其组成、结构和功能特征，从而建立生态系统的演化系列。例如，现代汉语的演变过程，除了根据历史文献及古文字记录外，还要从其残留的古汉语方言区（如闽方言、粤方言）去追溯其原始的语言元素（音韵、语言结构），从而一起构建其演化过程。

71 地理元胞自动机模拟法

元胞自动机是一个在计算机上模拟由离散、有限状态的元细胞组成的元胞空间上按一定局部规则、在离散的时间维上演化的动力学数学模型系统。模型由空间元素（元胞、元胞空间、邻居）状态和定义于该空间的变换函数（规则）组成。地理元胞自动机是在元胞自动机的框架下，针对复杂地理现象及其演化过程，集成多种理论和方法构建的一个模拟和分析空间复杂系统的概念性和方法性模型。地理元胞自动机是对元胞自动机的构成要素进行相应扩展和地理化，并与地理研究系统集成的一个用于地理过程模拟与分析的运行系统。

（1）用离散地理实体（如人、交通工具）或连续地理现象（如土地、城市、植被）赋予元胞单元，用地理实体或现象的状态作为元胞的状态变量。

（2）用地理空间赋予元胞空间，从而把元胞空间赋予地域空间尺度的特征，借助空间尺度和栅格模型，把元胞空间与空间数据库、航空航天遥感影像、图像等相匹配，以便进行数据转换工作。

（3）用相邻单元地域空间的相互影响等空间关系来定义元胞邻居。

（4）以各种地理规律或规则来定义元胞自动机的规则 / 变换函数。

（5）通过一定形式（如分散耦合型、紧密耦合型、嵌入型等）把地理元胞自动机模型（Geo-CA）与 GIS 集成，从而建立一个居于元胞自动机框架的地理信息系统，用于模拟地物运动和地理现象的演化过程，如城市中的交通流、森林火灾蔓延过程、城市动态演化过程等（周成虎，2001）。

72 多时间尺度叠加的地理过程的滤波分解

多时间尺度叠加的地理过程的滤波分解指采用数字滤波方法将具有多时间尺度的地物按不同时间尺度的过程分解开来，以便分别进行时间过程特征的研究。

73 亚里士多德的因果概念

因果关系是人类自古以来对事物认知的重要内容之一。亚里士多德把其作为哲学的重要范畴来阐述，认为“原”（ἀρχή）指事物的所由而成，或所从而来，或所由以说明之初始出发点。它可以内含于事物之中，也可以在事物之外。“原”是事物的本性及事物所由以认识并由此变动的本原；“因”（αἰτίσ）与“原”相通，有四方面的含义：①事物所由形成的原料（物因）；②事物的基本定义或本质原理（本因，相当于老子的“式”，故亦译为“式因”）；③事物变化或停止变化的最初所由（动因）；④事物因以达到某种目标的方法或工具（极因）。他把由“因”而形成或变动的事物或现象称之为果，分析由“因”及果的各种理解（亚里士多德，1995）。因此，亚里士多德关于因果的概念是广义的，包含事物之所由成和变动的各种因素。

74 地理因果关系的主要视角

地理因果关系是人们（公众或专业地理工作者）对地物之所由成或地物之可能效应的关联认知。主要有四种视角：①规范性视角，如中国古代的风水地理观，认为家族或家族人群的居住环境（住宅、聚落或城镇）或其先人的安息环境（墓地等），按照一定的风水规范，对其后代生存繁衍有重要影响，或其生息现状可以追溯其居地或其先人安息区域的风水原因。又如，地理大师李特尔关于上帝的意旨对地球上地理现象（地理类型）决定作用的目的论因果关联的阐述（詹姆斯和马丁，1989）。②地物物类形成的本原视角或发生学视角（物因或动因），如赫特纳把自然地理因果关系区分为三个系列：一为构造原因系列，即出自地球的内力在不同地点产生不同作用和由此造成的构造差异性及其在地表的表现，地理考察把它作为现成事实接受下来；二为古地理过程系列，系由过去的古气候过程在地球表层固体形态和植物区系分化中保留下来的结果并影响到现代的因果联系；三为现代原因系列，包括现代气候为主导的自然界各要素相互作用的因果联系和人类对自然的适应与反作用所体现的因果联系（赫特纳，1986）。③从地理环境作用和人类响应的规则（本因或式因），即人地关系角度看待的地理因果关系，先后出现地理环境决定论、或然论、适应论和人类生态学等理论（杨吾扬，1988）。④从地物或地理现象的动态关联（动因）角度来分析地理因果关系，如哈维等认为因果关系是把一个特定事件（或一系列事件）与一个特定结果（或一系列特定结果）联系起来的因果联系（因果链接）的概念。而当把因果关系用特有的定律或陈述（即一种普通陈述）时，则成为因果原理（本因或式因），而断言因果原则具有普适合理性的学说就是因果决定论或因果论。为此，哈维建立了因果分析的逻辑结构，并用因果模型进行地理因果关系由因至果动态的系统分析（哈维，1996）。

75 地理因果关系的基本条件

从亚里士多德哲学上的因果概念到地理认知上各种因果视角可以推论出，地理因果关系应理解为地物（地理现象）之间或其与其他事物之间的一种作用（影响）–响应（效应）链的关联方式。这样的理解说明：①这是与地物有关的因果关联，是各种事物因果关联中专指地物的因果关联，因而只能以地物作为关联的承载体，即因果两端至少有一端是地物，故应有具地域属性的地物原因或物类属性与地域属性耦联的对应响应（效应），这是地理因果关系的充分条件，缺乏这一条件，不能视为地理关联。②地理因果关联只是地理关联的一种形式，并非地理关联都具有因果关联性质，当两种地物（地理现象）同时受到某种外来因素的作用而发生关联性变化时，这两种地物虽具有变化上的关联，但它们之间并无因果链关系，如东西半球的涨落潮关联同时受制于月地（日）的引潮力，东西半球涨落潮之间并无因果关系，故作用（影响）–响应（效应）传递链是地理因果关系的必要条件。同时，由于因果是有先后顺序的，即便是瞬间的因果响应，也是有顺序的，所谓互为因果，也可分解为两个相对的因果链来分析，故顺序也可视为因果关系的充分条件。

76 直接用规范性思维解释地理现象的因果关系

直接用规范性思维解释地理现象的因果关系是西方古代地理学和中国传统社会解释地理现象因果关系的一个途径。它从与地理有关的某种未经证实的理念认知出发，来解释地理现象的存在（地域分类现象及地物变化），或用某种理性观念来预测地物引起的效应。主要有两种形式：一为地理目的论，如德国地理大师李特尔研究的地理现象都作为上帝计划的证据，造物主、全能的上帝被认为是建造人类家园的设计师。二为地理神力论，如中国的风水理气派对地理现象的因果解释。

77 规范性思维的历史地理积淀因果分析

规范性思维的历史地理积淀因果分析指基于规范性思维的地理行为所积淀的地物形成的因果分析。在这种情况下，地理行为背后的规范性思维是“因”，相当于亚里士多德的“极因”，即“事物之所成为事物的目的”“一切事物所企向的终极与本善”（亚里士多德，1995）。而人们的地理行动则是这些积淀形成的直接动因，地理行为所形成的事物为“果”。例如，由中国风水说的规范实施的许多地理行为：许多帝都、宫庙、陵园、城池、聚落的选址和营造及相应的风水林、地理景观的保护和建设；世界上许多圣地的维护和遗存，许多宗教建筑的选址和建设；中西方按各自建筑规范形成的建筑格局，等等。对这些地理现象，用现代“科学”的地理理论是不能解释和理解的，只有论证当时行为者的地理思维，才能准确地认识其形成的原因。

78 局域性地理因果认知的泛化应用

局域性地理因果认知的泛化应用指把局域性时空范围内研究获得的地理因果认知未经普适性实证而作为规律和理论，在对局域以外地理现象进行因果分析时，未针对其因果关系进行具体分析而直接套用。例如，用地理环境决定论分析特定地域存在的人（人类社会）与自然的因果关系；许多人以现在欧美的社会经济作为标准去规范全世界所有国家与地区的社会经济发展进程，解释一切地区社会经济现象复杂的因果关系。

79 传统地理学地理因果分析途径

A. 赫特纳对传统地理因果关系的分析方法进行了详细的阐述。他认为，主要有三种方法及其混合交叉使用：第一种是归纳法，即当要解释的地理现象总是和某些别的现象一起出现时，通过比较归纳，得出两种现象相互依赖关系的结论，随后从原因出发，通过追溯事件过程进行推导，得出其因果关系的结论。但单纯的归纳法可能会根据不确实的类推虚构出某些联系，从而得出不确实不可靠的结论。归纳法还有两种特殊形式：一为实验，即通过简化条件的实验结果来归纳出条件与结果的因果关系；二为统计方法，即以大量的相关联事实的统计检验，推导地物之间的因果关系。第二种是演绎法，指根据某种直觉（或事物的一般规律或类比），对待解释的地物提出一个假设原因，然后从这个原因出发，通过思维追溯事物的发展过程，以推导要加以解释的地理现象。他认为，要把两种方法相结合，只有运用了两种方法而得到同样的结果时，认识才可视为可靠的。第三种是比较法，实际上指的是区域的比较法。他认为，比较法在地理学方面所表现的特点是它的特殊形式，这种形式产生于地理学的区域特性：地理的比较是一种不同地点的比较，附带的问题是，需要解释的现象所表现出来的地区分布是否与预想的条件一致。比较法从通过观察或者地图研究、文献研究的确定事实开始，这时首先要做的是暂时地，也就是说，只根据记述来建立种属概念或划分类型，通过比较获得经验的通例（不是规律）。其次，提出（因果）假设，这一假设要求研究者发挥空间联系的构想，包括运动的构想和起源的理论构想，把要解释的对象与其他的事实联系起来。最后，就分布的实际情况仔细地检验研究，把想象和判断联系起来，就事实批判地检验其形成的假说，得出因果关联的结论。比较法使用的前提条件是被研究的现象必须是大量存在的，而不是单个的案例，因为只有大量存在的样本才有可能归纳出类别，也才可能使用比较法去推导地理现象的因果关系（赫特纳，1986）。

80 地理因果关系的逻辑表述

通常把因果关系的“因”区分为作为“果”（因之受体的状态，变化）的受体事物之外的外因及其内部的“内因”。然而，从系统论的角度看，内因和外因是相对的。任何事物（特别是地物）均同时处于不同级序的系统之中，对于一个子系统而言，其他子系统对其作用属于“外因”，而对于其所属的上一级系统而言，各子系统之间的相互作用则属“内因”。故反之，一个事物变化的内部相互作用的“内因”，对于其内部不同要素而言，则属“外因”。所以，为了进行因果关系的分析，可把“因”的概念限定在“外因”的意义上，把因果关系讨论的“内因”亦作外因看待，以便把发出作用的“因”之源体与产生果（响应）的受体分开来进行因果关系的逻辑分析。D. 哈维从逻辑结构的角度来建立地物因果关系的陈述形式，他认为各种事物的因果陈述可用统一的逻辑关系来表述（哈维，1996）。

81 地理因果链的要素

根据地理因果关系的基本概念，地理因果关系有5个基本要素：因源体、作用、传递链、受体和响应，其中，因源体和受体至少一项属于地物。因源体为发出作用（影响）的事物（地物或非地物）。作用有4种基本形式：物质、能量、信息或资本。传递链指把因源体发出的特定形式的作用传递给受体的介质或中间环节。受体为接受作用并做出响应（果）的事物（地物或非地物）。响应（影响）为因果关系的“果”。故完整的因果分析是因源体→作用→传递链→受体→响应的分析。

82 地理因果关系中“因”的意义和状态

地物或地理现象多为多种原因共同作用，构成复杂的原因系统。从推理逻辑角度，可把原因系统视为产出结果的条件，把原因视为各种条件的集合 *A*。根据各条件 *A* 对于结果 *B* 形成的意义，按必要条件和充分条件来定义，共分四种情况：① *A* 对 *B* 是必要且充分的条件；② *A* 对 *B* 是必要的条件，但不是充分的条件；③ *A* 对 *B* 是充分的条件，但不是必要的条件；④ *A* 对 *B* 仅是部分必要或部分充分的条件。把 *A* 定义为包含 *B* 的所有必要条件和充分条件的集合，就可以通过概率分析来建立地物复杂关系的因果模型。

“因”在时间表现上有四种状态：稳定持续态、周期态、旋回性态（专指地学上多次出现的非周期性，非稳定性的作用力）和突发态。不同时间状态的“因”（作用）会造成不同时间状态的“果”（响应）。

相对于受体的状态（现状和自身运动变化趋向）的关系，地理因果关系的因可分两类5态：①支撑因，指支撑受体现状存在或与其协调的因素或条件。可分为基本平衡态、不充分的支撑态和超需求的支撑态。②干扰因，可分为破坏态（对受体组织结构的破坏性干扰作用）和功能干扰态（只干扰受体的功能，不破坏受体的组织结构）。

83 因果关系的传递链要素

因果传递链指把因源体发出的作用传递给受体的途径及在途径中的变化。在地理因果分析中往往把因源体发出的作用（“因”）直接与受体的响应（“果”）关联在一起分析，不考虑其间途径中的变化。然而，在许多情况下，由源发出的作用在至受体的途径中发生不少变化，忽视这些变化，无法正确解释因果关系。H.T. 奥德姆在系统生态学的能路分析中，在由“源”至“生产者”（受体）之间的“能路”中设置多种功能单元，以模拟能流在传输途径中的变化（参见注释53）（奥德姆，1993）。在地理因与果之间的物流、能流、信息流和资本流的流程中，也存在许多类似的机制（可视为功能单元），导致由源发出的作用在至受体的过程中发生衰减、增强或形式的变化，或保持不变。这种状况，在因果分析中是必须关注的。

84 地理因果关系的受体和响应

“果”为受体对“因”的响应，即其在“因”作用下的状态和变化。这种状态和变化，既依“因”而异，也随受体状态不同而不同。受体的状态有两种：“代谢”运行态（包括速率）和储备容量，二者决定了受体对不同支撑因和干扰因的响应状态。从地物受体的角度，主要有8种响应（“果”）状态。

稳定平衡态，稳定上升态，质变性增长态，发展型新稳态，持续退化态，不稳定退行性质变态，恢复态，不可逆质变态。

85　地理因果关系分析的“作用－响应”模式例举

对于一些多因素作用的地理因果关系可通过作用－响应模式（范式）进行分析，现试以一个南亚热带季风气候条件下年降水量 900mm 左右的半湿润红壤区域的生态系统演化的因果关系进行说明。设这一区域生态系统变化的因果关系要素为以下 5 项（为说明起见，对其复杂的因果关系项进行极大的删略简化）：①因源体为气候和人类；②作用为降水（支撑因）和人类活动（干扰因）；③传递链为控制降水过程的途径和影响人类作用过程的因素（如交通和干扰工具）；④受体为生态系统（为简化起见，以植被和土壤为表征）；⑤响应为植被及土壤的性状与演化。根据已有研究结果，上述要素可能产生如下因果关联。

在未受人类活动干扰或干扰作用极低时，在上述半湿润亚热带季风条件下，可发育一定厚度（1 ～ 2m 至数米）的红壤，生长原生性的半旱生半中生性常绿硬叶林，生态系统基本稳定，处于稳定平衡态。

如果气候朝较湿方向变化，降水量会增加，而人类尚未干扰，则植被生产力相应增加，中生性树种比例有所提高，但生态系统性质未变，处于稳定上升态。

若暖湿气候提供更多降水，达到 1300 ～ 1600mm，在人类未加干扰的条件下，生态系统可能发生部分质变，土壤发育加速，植被成分大量由中生性树木所替代，生态系统开始发生质变性响应，转变为质变性增长态。

若长期保持暖热湿润气候，降水量保持在 1400 ～ 1600mm 甚至更多，生态系统将稳定在湿润亚热带常绿润叶林的顶极群落和土壤有机质略高、矿质元素循环相对较快的暗色老成土状态，成为发展型新稳态。

与上述情况相反，半湿润亚热带季风条件下的半旱生半中生常绿硬叶照林这一相对脆弱的生态系统在降水量这一支撑因素下降的条件下，或人类干扰活动加强条件下，生物总量和植被生产力出现下降，开始时生态系统仍保持原来的性质未变，出现持续退化态响应。

当人类干扰作用进一步加强，或降水量进一步减少，或因传递链的改变使降水变率更大，或人类干扰方式因工具的发展而改变，植被遭受严重破坏，区域开始出现裸露土壤，土壤侵蚀从面蚀发育到沟蚀、崩岗侵蚀，土壤有机质和营养储存大量丧失，水分蓄积和调节能力也大大下降，部分森林将被半旱生灌丛和草地所替代，生态系统处于迅速的质变之中，但尚未达到不可恢复态，这就出现不稳定退行性质变态反应。

这时，如果停止干扰，或者加上降水量的增加，生态系统将慢慢地恢复，出现恢复态。

如果人类干扰进一步加强，台地上的红土被侵蚀殆尽，成为基岩裸露的石蛋景观，每次降水都立即成地表径流流掉，土壤亦丧失肥力，这时，即使气候条件不变，地面也难以成片生长植物，仅在石缝间生长稀疏的植被，土壤侵蚀也因土层薄而减弱，生态系统发生难以恢复的质变而变成另一种新稳态的生态系统。

许多地理现象的因果关联都可以用这种范式来分析，如草原第四纪暖湿期向森林草原的演化和现代人类干扰下的荒漠化，城郊土地利用从农田向都市用地的演化，传统地方文化在一定社会历史条件下的兴衰，等等。

86 因径分析

因径分析也称路径分析（但不同于 GIS 的地物地域空间运动的路径分析），是一种在经研究提出的因果关系网假设基础上，确定各定距变量（自变量、因变量）之间的假设的因果关系是否存在及因果关系强弱程度的多元回归统计方法。它把详细分析判别变量间因果关系的逻辑方法和多元回归估算比较各自变量影响力大小的统计学方法相结合，以分析所假设的因果网变量之间的复杂关系。其基本路线如图 4-8 所示。

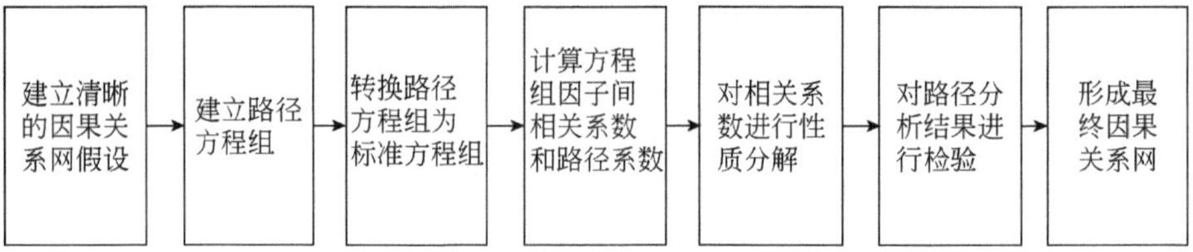

图 4-8　因径分析路线图

87 地理因果关系分析的结构主义途径

结构主义的地理因果分析主要在人文地理领域，但对自然地理中具有层级结构且受深层普适性规律支配的自然地理系统的因果关系认知也有启迪作用。结构主义认为，地物具有相互关联的不同的层级结构，其层级可分为基础结构（深层结构）和上层结构（参见 2.4 节及其注释 43 ～ 51），地物的发展变化和地域分异的根本原因应从地物结构各层级各要素的对立统一运动中去寻找和分析。由结构主义发展而来的“现实主义”认为：①事物均处于关系之中，关系可分为外部的（或偶然的）和内部的（或必然的）；②内部相关事物或实践活动称为“结构”，持久的社会结构有其特定的作用机制，这些机制不依赖于占有结构的个体；③一定的社会结构同相关的资源、限制因素或准则结合在一起就会再生产出决定事件的新的社会结构，对于通常的思维而言，结构是不可见的；④因果关系既不是孤立的原因与结果之间的关系，也不是对事件发生方式的解释，而是事物的诱因（或缺陷）、作用方式与机制；⑤物体的性质与因果力量是内在联系的，但这种力量是否被激活，以及什么时候发生作用，则取决于环境，这些环境的组成是偶然的，因此，必然与偶然的连接关系很复杂，具体的研究工作就是探讨所有这些结合在一起时会发生什么；⑥经验性规律（按实证主义分析所获得的事物表观上的相互关系的陈述）的发现只是关于因果系统一系列深入问题研究的开始，经验性规律是事物的内在的因果力量与外部环境条件二者持续作用的结果，结构主义的“现实主义”所指的规律是其内在必然性的因果机制，而不是指作用机制产生规律性的偶然条件；⑦故结构主义的“现实主义”关于因果分析的途径是进行“理性的归纳”，把事物的内部和外部、必然与偶然、力量和条件区分开来进行具体分析，从中剥离出具有统一的和自洽能力（由内在结构决定的自主控制和发展能力的内因）的决定性因素（原因）（皮特，2007）。

88　广义的地理区划

地理区域划分一般仅指根据地物性质的地域空间差异进行的地域空间划分，甚至仅指分区区划，即把地物的分布空间划分为性质各不相同的地区，而不包括分级区划。我们把地理区划广义地理解为根据一定目的（目标）和原则对地物分布的地理区所进行的一切区域分割，这是根据地物的基本性质——地物二象性、分布的不均匀性和地域分布空间的有限性（参见 1.1 节）所进行的地理认知。地物地域分布的不均匀性包括离散分布的地物个体在地表空间分布密度的不均匀性、连续分布的地物量值（间距标度、比率标度和有序标度地物的数值）的强度和地物性质（名称标度地物）在地表空间的不均匀分布。地物二象性指地物物类属性和地域属性的不可分割的关联，正是这一不可分割的关联使地物物类属性的质或量的变化必然在地域空间中表现出来，而地物地域分布空间的有限性则使人们对某一定义域的地物可以找到其地域空间的边界线，从而把它在地域空间中标度出来而与其他区域的地物分开。故根据这三项基本性质所进行的地物分布区的分割，均应视为地理区划，不管是按质的差异进行的区划还是按量的差异进行的区划。必须强调这里的地物分布的地理区是一个连续面的概念，与每一个地理实体实际具有的地域空间或其空间在地球参考面（俗称地面）上实际投影区的概念不同。因为许多离散型的地物个体在地球参考面上投影的斑块（点）也属离散分布，地物投影斑块（点）之间存在的间隙不属该离散个体地域空间范围。但作为地物整体的分布区（地理分布区）不仅包括这一离散个体的实际地面投影空间范围，而且包括这些投影斑之间的间隙，是一个连续的面状空间，地理区划的区指的就是这种连续的地理面。

89　地物的地理分布区

地物的地理区指根据地物在地球参考椭球面上的投影而确定的连续的地理面。一切实体具象地物都具有一定的实际几何空间，一切非具象地物（如宗教信仰、语言、法律等）均依存于一定具体的实体地物而存在，因而也以其所依存的实体地物的几何空间为存在空间。地物所具有的实际几何空间本身并非地物的地域属性特征，只有这些几何空间与地理参照系（绝对的地球参照系或相对的地方参照系）相结合构成的地理位置和结构状态才构成该地物的地域属性，其地理位置的内容包括这些地物的几何空间在地球参考椭球面（参见第 1 章注释 26）上的投影的地域空间（称地物地域空间）。由于地物有连续型分布的地物和离散型分布的地物两种（参见第 1 章注释 29）。连续型分布的地物投影的地域空间是连续型的有限延广的面。离散型分布的地物投影的地域空间是离散型的面（对于小比例尺的投影面可能为离散的点）。人们把该地物一定群体的各离散个体的全部地域空间及其间隙地域按一定原则和方法用闭合线（如包络线）圈围起来，形成一个连续的地理面，在这个地理面内既包含该地物各个体所投影的地域空间，也包含这些地域空间外的间隙空间。这样，地理学把连续型地物投影到地球参考椭球面形成的连续地域空间和离散型地物投影到地球参考椭球面上的全部离散型地域空间及其间隙空间一起用闭合域圈围起来的连续地理面称为地物的地理分布区。以人口为例，每一个人都有一定的几何空间（高矮和形态等），每一个人在一特定时刻均在地面（地球参考椭球面）上有一投影区域，即每一个人的地域空间。当把一定人群在地面上的全部投影地域空间连同其间隙空间一起用一条外围线圈围起来时，就建立了一个该人群的地理分布区。

90 地理区划的实质

地理区划的实质是把地物物类属性的质和量的分异与其地域分异相关联来研究地物特征及其所形成的地理现象。并非地表所有事物的物类特征分异都有对应的地域分异，如生物的遗传分异所形成的科、属、种分类系统多不存在相对应的地域分异。但有些事物的物类属性分异表现出对应的地域分异，从而形成地理学的研究对象——地物。把地物物类属性的质和量的分异与其地域空间的分异关联起来认识地物的组织结构特征，正是地理学所特有的视角和研究方法，即根据地物物类属性特征的分异分析和地域空间分布的分异分析进行二者关联的综合，构成地理学特有的视角——地理视角。正如施密特所指出，每一门科学“只要留意其对象在地球上的地区分布，到头来都必然要回到地理方法，它必须阐述其对象与地区的关系上的差别，因而必须利用地理比较的思想方法，作为获得本领域内的一般概念和洞察其本科学的科学性质的重要手段”（哈特向，1996）。赫特纳（1986）认为，地理学现象的“关联性或因果关系有两类：在一个地方不同现象之间的相互关系，以及不同地方诸现象的关系或联系”，“只有当时间或空间处于突出地位并且构成科学考察工作的连续纽带时，历史的或地理的观点才会具有决定性的作用”“只有我们把这些现象（指地表事物的物类属性特征）视作地球空间的特征时，我们才是在从事地理学探究”。B.A. 阿努钦认为，“区划问题与地理学共同的主要方法问题密切相关，按实质来说，区划是地理学方法最具体的表现，因而也是所有地理学共有的方法。区划就是揭示客观存在的整个地域自然条件和社会条件，也就是揭示地球景观壳和区域综合体”（阿努钦，1994）。

91 地理区划的原则

原则指观察问题、处理问题的准绳（夏征农，1999）。地理区划原则指进行地理区划时应遵循的总的准则要求。地理区划原则一般从三个方面来确定：一为从区划目标提出的原则。地理区划通常可分两种目标：纯科学认知的目标和实践应用的目标。前者应从区划对象整体客观形成、发展和分异的特征的认知出发来提原则，如综合自然区划的发生统一性原则，后者则从实践应用的目标来规范区划工作，如中国生态地理区划以生态保育为目标，故以与全球环境变化相联系为原则之一。二为从科学性角度提出的原则。主要关注区划对象地物最基本的科学关联和规律的把握，如中国综合自然区划的地带性与非地带性相结合的原则，分区区划基于区域独特性和内部关联性认知的区域空间（连续）共轭性原则。三为从方法和操作可行方便角度提出的原则。其中包括区划工作本身的可操作性和应用区划时的可操作与便利性，如多要素区划时的综合性和主导性相结合原则，与一定尺度的行政区界协调的原则（赵松乔等，1988；黄秉维等，1999；郑度等，2008）。但值得注意的是，对一些具体区域、具体对象所进行的区划时提出的一些原则，在区划工作中有时会发生一些原则之间不相容的情况，如按科学原则进行的客观的区域划分与行政区不一致，由综合性原则确定的区域界线在一些线段上与主导性因素界线不尽一致等，这在区划设计和提出原则时应有事先估计，在原则执行的优先顺序上应有事先规定，或在不相容时如何处置应有所规范，才不会使区划工作与原则脱节。

92　四分位数

四分位数指把样本按其量值数据从低到高（或从高到低）顺序排列并把样本数划分为四等分时，第一、第二、第三 3 个分位点（称第一、第二、第三四分位）的变量（数据）值。如果各样本所占据面积相同或相近，则四分位法所划开的四级地物的面积相同或相近。第一级、第二级区域的地物强度或密度低于（或高于）该地物强度或密度的中位值，第三级、第四级区域则高于（或低于）中位值。

93　依高程曲线特征的地面高程分级

地面高程曲线指以区域地面等高线相对高度（h）与区域地势高差（H）之比 h/H 为纵坐标，以等高线所切水平断面面积（a）与区域总面积（A）之比（a/A）为横坐标所画的曲线（图 4-9）。高程曲线概括了一个区域地势和地形发育的总体特征（承继成和江美球，1986）。

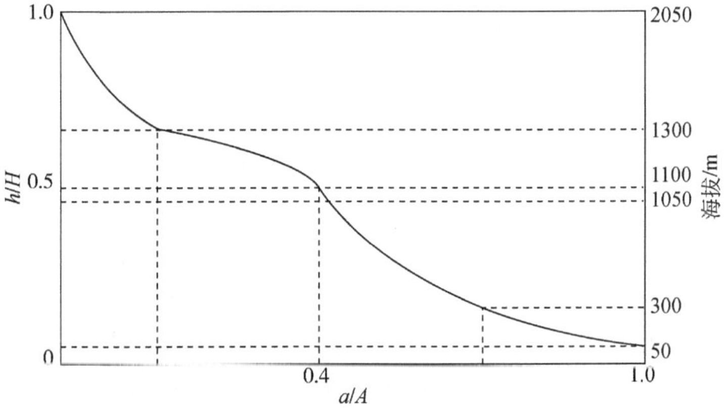

图 4-9　依高程曲线的地面高程分级示意图

94 地物量值按实践目标的意义分级

地物量值按实践目标的意义分级指根据地物在地域空间中的强度量值分异对某种区划目标的意义进行分级。例如，由气温数据计算的积温值是植被状况的重要指标，将中国生态地理区划把≥ 10℃持续期的日数或积温数值与植被带及植物生产力的关联作为各温度带主要划分标准进行级别划分。

95 用函数模型降维地物分级量估

用函数模型降维地物分级量估指用多要素函数关系式计算或估算某种单要素值，然后用于地物分级。例如，区域的干湿状态既受制于区域降水量的多寡，还受制于由温度、湿度、太阳辐射等决定的潜在蒸发力的高低，因而人们多用降水和蒸发力的比值来表现一个区域的湿润或干燥状态。

96 多定量要素用统计模型降维分级

多定量要素用统计模型降维分级指根据多定量要素地物数据的内部关联结构特征，把原来由性质相互交叉的多个变量组成的地物特征集合转化为较少量的彼此相对独立的指标，并根据这几个指标对地物整体特征的贡献率大小加权加和估算出一个总的特征值，然后进行分级。主要有主成分分析法和因子分析法。

97 分类区划的地物是定性标度（名称标度）地物

定性标度地物指用于分类区划的目标地物是以其性质差异来划分的地物，划出的各类地物之间没有强弱高低级序之分。这里要注意两种情况下的定量与定性之分：一是多要素地物整体的标度性质与其构成要素的标度性质之分，一些多要素地物的构成要素部分甚至全部以量值标度（定距、比率或定序标度）为特征，但当按一定原则和方法（如经验性的要素交互组构法或统计学的聚类分析法）把这些特征组合成综合性地物时，这些综合性地物的整体之间就不存在级序之分，只有性质之别，只能按类别命名，如以气温、降水等气象要素的量值及其时间变化过程所划分的气候类型，如柯本的气候分类法、桑士威特的气候分类法等（么枕生，1959），均属气候性质的类型划分，其类别已转化为定性标度的地物。二是为了某种应用目标，把定性地物的特征（通常为多要素的定性或定量特征）针对特定应用标的适宜性、效用、影响力进行综合分级评价，划分为定量等级（如土地对农业的适宜性等级、降水侵蚀力等级等），这时把定性地物转化为用于分级区划的量值标度地物，已经不是分类区划的地物了。故分类区划的地物本质上是定性标度的地物，或指向的是地物定性标度特征。

98　地物类型区之间的拓扑关系

地物类型区之间的拓扑关系指区划分割的同一层级的类区之间不能有相交或包含的拓扑关系，这是区划原则要求规定的。这表明，地理分类区划所分的地理区（称类型区）与用于区划的定性地物的分布区及地球上该地物所具有的地域空间概念的内涵和外延并不相同。为此，首先应明确区分地物分布有关的四种空间概念：一为实体地物（包括非具象地物，如文化所依附的载体实体地物）所具有的实际几何空间（如一个人的形态空间、一块碎石的形态空间），这些几何空间本身并非地域属性特征，只有这些几何空间与地理参照系相结合的地理位置和结构特征才构成该地物的地域属性；二为实体地物在地球参考椭球面（俗称地面）上投影的地域空间（称地物地域空间）；三为地理学研究者把该地物的一定群体的各个个体的全部地域空间按一定原则和方法用闭合线（如包络线）圈围起来的地理面，称该地物的一个地理分布区，在分布区内既包含该地物所投影的地域空间，还包含其投影地域空间之外的其他间隙空间；四为根据同类地物在同一层级中性质的地域空间分异按一定原则和方法进行分类区划划分的不同性质类别的区域，称地物的分类区划区（地理类区）。根据区划的原则，类区是不能相互包含、相互覆盖和相互交叠的，因此，分布区内相互交叠的同类而不同性质的种别的地物，在分类区划划界之后，以 a 种名称命名的地理区域的一部分可能也是 B 地理区的 b 种地物分布区的延续区，而 A 地理区的 a 种地物的分布区也可能延续至 B 地理区。故某种地物的地理类区指的是以该种地物为主导的地理区域，不一定是该地物的全部分布区，也不一定是该地物的纯分布区。以人口为例，每一个人都有一定的几何空间，包括其高矮和形态。每一个人在特定时刻在地面上有一投影区域，为每个人的投影地域空间。而一定种类人群所有个体的地域空间面外侧包络线所包围的区域为该人种人群的地理分布区，不同种人群的地理分布区可能是相互交叠的，这不仅因为不同人种的人员个体在地域空间上可交错分布，且就基因而论，一些人个体就包含两种以上不同种族人的基因。故在人种学这一层面上人种的分布区在地理上是交叠的，在人种的地理分类区划中，要在其交叠区中划出一条分区界线，使界线的一边区域为一种人的主导区，另一边区域为另一种人的主导区，一种人的主导区实际上包含有另一种人的分布，即该区的一部分可能是另一种人分布区的延续部分。

99　地理类型区的可重复性

地理类型区的可重复性指地理分类区划划出的一类地物的类型区可在一定条件下在地球表面分离的不同地区出现。这是地理分类区划与分区区划所划出的区域在地域属性特征上的根本区别。地理类型区可重复性的依据在于地物概念的含义。我们所指的地物是指人们所感知的地表事物的某些物类属性与地域属性相结合的特征的集合，而不是人们平时所定名的某种东西全部属性的整体（事物的全部属性信息是不可穷知的）（参见 1.1 节）。地理学不同分支和不同视角根据其研究方向确定其认知的特定特征并命名为各种地物。各种地物的各个个体中包含的物类属性特征都不是唯一的，而是可按类划分的。而其地域属性特征有两类：一是其在地球参照系（地球参考椭球面）上的绝对的、唯一的位置特征，这是不可重复的；二是相对的地域属性，如地域空间结构特征、地物间的拓扑关系等，这些是可重复的、可按类划分的。因此，如果不考虑地物的绝对的、唯一的、不可重复的地理区位，只抽取其他可重复的特征集来定义地物，如果不用大量的复杂特征来建构一种复杂的综合性地物，仅用一部分属性特征来定义某些地物，则这些地物的分类区划所划出的类区在地球表面一定条件下是可重复出现的。即使最坚持区域独特性的哈特向也不否定类型划分，他说："按类型来给地区分类的稳妥的逻辑系统，必须只以一个要素或（实际）要素复合体为基础。因此我们可以任取一个在地理上有深刻意义的自然要素或文化要素，把世界各地区归入大小不同的类型"（哈特向，1996）。

100　表生地球化学类型

表生地球化学类型指把不同自然条件下景观的化学组成、结构及其特定的迁移转化方式与其形成因素相结合进行归类的一种地球化学分类系统。组成景观各要素的化学成分主要通过大气迁移和水迁移过程而紧密结合在一起，其中酸碱条件和氧化还原条件对元素的景观地球化学分异影响最大，因此，彼列尔曼以共同存在于水中的空气迁移元素和水迁移元素的一定结合为特征划分后生（表生）地球化学过程的基本类型，并把这些类型中的 13 种基本类型与土壤、风化壳、大陆沉积物及含水层联系起来分析各种景观中的元素构成特征和迁移方式（表 4-8 和表 4-9）（左大康，1990；福蒂斯丘，1995；彼列尔曼，1975）。

表 4-8　后生过程的基本地球化学类型（彼列尔曼，1975）

水迁移元素	空气迁移元素			
	O_2		CO_2（CH_4）	H_2S
	氧化型		无硫化氢的还原型	硫化氢型
	在含还原剂的岩体中	在不含还原剂的岩体中		
H^+、SO_4^{2-}（Fe^{2-}、Zn^{2-}、Cu^{2-}）	硫酸型	—	—	硫酸 – 硫化物型
H^+、HCO_3^-、有机酸	由酸性水氧化	酸性型	无碳酸盐潜育型	—
Ca^{2+}、HCO_3^-、Mg^{2+}	由中性弱矿化水氧化	中性碳酸钙型	碳酸盐潜育型	—
Cl^-、SO_4^{2-}、Na^+	由中性弱矿化水氧化	氧化物 – 硫酸盐型	盐渍潜育型	盐渍 – 硫化物型
Ca^{2+}、Na^+	—	石膏型	石膏潜育型	
Na^+、HCO^{2-}、OH^-、SiO_2	由苏打水氧化	苏打型	苏打潜育型	苏打 – 硫化氢型

表 4-9　后生过程的基本类型的分布（彼列尔曼，1975）

垂直亚带	后生过程					
	硫酸型	酸性型	中性碳酸盐型	氯化物 – 硫酸盐型	石膏型	苏打型
土壤	硫化物矿床的矿体上的土壤	生草灰化土，红壤，灰色和棕色森林草原土，脱碱土	草原黑土、栗钙土、灰钙土、黑色石灰土	草原和荒漠的某些盐土的上层	阶地古盐化土	碱土

续表

垂直亚带	后生过程					
	硫酸型	酸性型	中性碳酸盐型	氯化物 – 硫酸盐型	石膏型	苏打型
风人壳	硫化物和硫化矿床氧化带。黄铁矿黏质页岩和黏土的风化壳	湿润温带和热带的无碳酸盐岩石风化壳	草原和荒漠的风化壳	含盐岩体和盐矿的风化壳	盐矿的石膏帽	—
大陆沉积物	—	湿润气候区的坡积物	干旱气候区的坡积物和洪积物	荒漠中的含盐沉积物	—	红色沉积物
深埋后生作用（catagenesis）* 亚带（含水量）	被含氧水淋洗的含硫化物岩体	湿润气候条件下的无碳酸盐岩体	含碳酸盐体（石灰岩、泥灰岩、黄土）	含盐岩体，荒漠中的地下水层	深层氯化钙水同近地表层硫酸盐水接触处	森林草原地带和黑土草原地带的复矿砂岩，有自流水的深砂层

垂直亚带	后生过程						
	无碳酸盐潜育型	碳酸盐潜育型	盐渍潜育型	石膏潜育型	苏打潜育型	盐渍 – 硫化物型	苏打硫化氢型
土壤	冻原沼泽土、泰加沼泽土、热带沼泽土	北方草原的草甸和沼泽土；森林和冻原地带的碳酸盐草甸土和沼泽土	具有弱还原环境的盐土	草甸土（石膏层）	苏打草甸碱土	盐土的底层	碱化土、碱土
风人壳	北泰加和冻原的平原区的风化壳	—	—	—	—	—	—
大陆沉积物	湿润气候区的冲积物	森林草原和北部草原的冲积物	具有弱还原环境的盐湖淤泥	—	苏打湖的淤泥	具有强还原环境的盐湖淤泥	—
深埋后生作用（catagenesis）* 亚带（含水量）	主要为湿润气候条件下的无碳酸盐岩体	含碳酸盐和不含硫酸盐的岩体	干旱气候条件下的岩体	石膏层中的含水层	—	石油矿床的深层	被破坏的石油矿，受弱矿化水淋洗的沥青质石灰岩和页岩

101　地物分类系统与分类目标的关系

地物分类区划是地理认知的重要手段，随认知目的的不同，人们关注的地物特征不同，特征之间的关联和结构关系也不同，因而分类系统也不相同。以土地分类为例，土地是一个自然综合体概念，指的是地表环境中某一地段，包括地质、地貌、气候、水文、植被、土壤等全部自然地理要素长期相互作用，并包括人类活动影响在内所形成的综合体。对这一综合体进行分类区划，有不同的目的：纯科学认知、对某种目标的开发利用或对现有利用进行分析和管理等。为此就必须针对分类的目的选择相关的要素，按一定原则和方法各自建构相应的在地域空间可划分得开的不同分类方案，分别形成土地类型、土地资源和土地利用三种分类系统。

土地类型分类系统，又称土地自然分类系统，其分类目的是认识土地这个自然综合体的特征，其依据主要是土地自然特性的地域差异，可按某一自然特性划分类别，也可按多自然特性的关联组合关系进行综合特性划分。例如，中国 1 ∶ 100 万土地类型图按气候 –

地貌－土壤－植被的关联组合关系及其地域分布规律建立分类系统并对各类进行相应命名，如湿润南亚热带高丘竹林红壤土地、半干旱中温带高平原羊草黑钙土土地、湿润暖温带低山杂木疏林灌丛淋溶褐土土地等。

土地资源分类系统，又称土地评价系统，是针对某种利用目标的不同类别的适宜性的地域差异而建构的分类系统。例如，针对各种农业利用的适宜性和限制性的地域差异制定的分类系统；以地面坡度、地表积水和排水条件、植物生长的气候条件及干旱、冻害、风蚀、盐碱害等威胁程度，以及土壤各种肥力指标的关联组合与地域分异规律建构土地适宜类别、质量等级和利用限制型三级分类系统。

土地利用分类系统是用于土地利用调查和管理的分类系统，这一分类以土地利用现状的地域分异特征为依据，根据土地用途、经营特点、利用方式和覆盖特征等要素的差异进行类型划分。例如，中国土地利用分类系统划分为 8 个一级类别（耕地、园地、居民工矿用地、未利用地等）、88 个二级类别（如耕地下划分灌溉水田、望天田、水浇地、旱地、菜地等）（赵松乔等，1988；黄秉维等，1999；登特，1998）。

102　地物分类区划的要素图叠置区划法

地物分类区划的要素图叠置区划法指把地物的构成指标要素用相同投影、相同比例尺底图分别制图，把要素图进行叠加，然后根据分类系统各级各类别的要素特征组合划分出类型区。例如，柯本分类系统的气候类型区划先分别编制不同级别的气温分布图和不同级别的降水分布图，把二者叠加按分类系统指标确定各叠加区的气候类型（么枕生，1959）。

103　地物分类区划的构成地物类型图叠置区划法

这一方法用于对由多种已进行过类别区划的构成地物类型图进行综合以形成新的综合性地物的分类区划。例如，用地貌、气候、水文、植被、土壤等的类型图叠加进行景观类型区划、生态类型区划，用经济、社会、文化等类型图叠加进行综合社会经济类型区的划分等。必须强调的是，这类区划工作并不是把用于进行综合分类的构成要素地物类型图简单地叠加所能完成的。

104　地物分类区划的单元区特征分类判别法

这一方法用于综合性地物的实地调查和分类制图，如土地类型的调查与制图、水土流失的调查与制图、森林类型的调查与制图。其方法是：①在初步调查与研究基础上制定地物分类系统及确定各类别的判别指标；②根据地物各特征的相互关联及其分异因素，以可观察到的主要标志（如地形）把调查区域划分为许多调查制图单元；③对各调查制图单元的特征，特别是分类的判别指标进行调查并确认或修正相邻制图单元之间的界线；④根据调查获得的各制图单元特征数据，采用直接经验判断或统计判别方法，对各制图单元进行地物定类判别；⑤归并相邻的相同类别的制图单元，划出各类地物的分类区域界线，形成地物类型分布图，完成分类区划（登特，1998）。

105 分区区划对象的地理区域

分区区划对象的区域是由地物的概念所规定的。地物是指人们关注并感知的以物类属性与地域属性的结合为特征所构成的事物，而不是泛指构成某一区域的人们看到的所有事物（参见第 1 章注释 4）。故作为分区区划对象的区域仅指人们关注并感知的一些特征所构成的地物在地球参考椭球面上投影所形成的连续地理面（参见注释 89）。人们根据不同的目标进行地理区划，因而所选择的地物（或地物集合）及地物要素特征是不相同的，但就每一种区划而言，其所选择的地物（地物集合）之间及其构成要素之间存在某种特定的关联关系，而不是随机的无关联的组合。各种区划的组成地物和组成要素之间的关联构成特定的地域综合体（参见第 1 章注释 64）。对于以纯科学认知为目标的区划对象，其最主要的关联是具有一定发生学关系的因果关联从而构成特定的地域综合体，如自然地域综合体、景观、社会经济地域综合体等。而对于以实践应用为目标的区划所选择的区划要素首先要以区划目标事物为中心建立关联关系。例如，服务于农业生产（布局、发展）目标的自然区划，必然要选择与农业生产有关的要素地物和自然特征作为区划的内容，构建这些要素与农业生产的关联，同时考虑这些要素之间的自然联系及其与地域空间的关联，建构一种地域农业生产条件地域综合体作为区划对象。所以，分区区划对象的区域必须具有内部的结构关联性和对外的差异性特征。这正是赫特纳在其《地理学》专著中所强调的（赫特纳，1986）和 R. 哈特向在其《地理学的性质》（哈特向，1996）专著中所详细论述的。

106 区域结构的两种主要形式

惠特利西提出，区域可分两类，即匀质区和枢纽区（节点区）。匀质区具有单一的面貌，根据区划的标准，其特征在区内各部分都同样表现出来（即其各部分特征的差异限制在标准的上下限范围内，而不是绝对的“均匀”）。枢纽区的形成取决于内部结构或组织的协调，这种结构包括一个或多个聚焦点（即中心），以及环绕聚焦点的地域，两者被流通线路所联结，区的边界处于联结的末梢。这种区域多为同四周联系密切的中心的经济和社会区，如商业区、医疗卫生区等（杨吾扬，2000）。这是对区域结构的重要认知，因为其主要认识来自经济地理，因而用枢纽区和匀质区的概念。实际上具有地域空间关联结构特征的区域不仅社会经济现象，许多自然现象也有，故如果把这一思想扩大到整个地理领域，似乎可归纳分为两种形式：一为以地域空间属性关联为主导的结构形式，简称为地域结构区，如上述经济上的枢纽区（枢纽－网络－引力区）、政治上的行政中心－管理区关联的行政区、景观生态的拼块－廊道－基质关联区、水文上的流域（集水源）－水系（水流路）－积水区（湖、河、海等汇）的水文关联区、大气上的气团－锋面－气旋自组织系统区域和表生地球化学的自成景观（残积景观）－过渡景观（过渡残积和过渡水上景观）－从属景观（水上景观或水域景观）

的共轭景观区。二为以地物物类（属性）关联为主导的结构形式，可称物类结构区。这种结构的各个区域内部以相似的特定物类组分之间的关联为特征，如以气候要素的组合为特征的气候区、以特定农业生产形式为特征的农业区、各种自然要素构成的综合自然区和景观区、各种经济要素特征组合构成的经济区等。因此，区域内部的相似性和关联性在不同分区区划中的内涵和地位作用不尽一致，在具体区划的原则和方法上应予以明确和具体界定。

107　区域特有特征的认知是社会的需求

哈特向认为，“世界所显然期待于地理学的，而地理工作者所应努力提供的，是同时对世界各地区本身以及对作为一个整体的世界，进行现象以及组成地区之现象综合体的解释性描述”（哈特向，1983）。这一观点连同其区域独特性（独一无二性）的观点是备受攻击的观点，也是20世纪50～60年代一些青年地理学者把哈特向视为“使地理学遭到了非科学，甚至反科学思想的入侵”罪人的依据。然而哈特向所指的“解释性描述”并非指地理表象的罗列，而是指：①在尽可能独立于观察者的实验观测基础上，用最大正确性和肯定性来描述现象；②在这一基础上，尽可能用一般概念或普遍性将现象加以分类；③合理考虑这样取得的事实，并通过分析和综合的逻辑过程（包括一般原理或关联法则的建立和应用），达到现象的特殊相互关联的最大理解；④建立有次序的系统，从而把已知引向未知的边缘（哈特向，1983）。如果认真分析地理学发展史，则可以看到，从古代人们认识地球，经地理大发现到现在，地理学在人类社会发展中的作用，多建立在对区域特殊性的认知上，特别是对地球上作为人类生存发展的资源、环境的地域独特特征的认识上，包括作为国际关系的许多战略区位的认识上。

108　自上而下的地物分区区划途径

自上而下的区划指根据多级分区区划方案，从最高级别、控制面最大的区域划分开始，依次逐级细分至最低区划单元的方法。这一途径在逻辑上属演绎法，即从最高一级涵盖面积最大的两个至几个区域内少数几种普遍性特征的认知和区间的差异开始，在逐级区划的不断分割中增加地物类别特殊性及区间差异性的认知，直至获得基层单元区域由所有区划指标特性特征构成的个性特征，也就是从一般（普遍）到特殊、从整体到个体的演绎过程。这一途径的特点是：①主要用于进行大范围的中高层级的分区区划，如全球的、各大洲的和大国国内的分区区划；②以宏观的要素（大尺度气候，大中地貌、植被、土壤等多要素特征的地物）分析为基础，并多采用主导因素指标及地理相关法；③区划界线多较粗略；④这样的区划能较客观反映和把握地物地域分异的总体规律与宏观性特征。例如，中国综合自然区划首先根据中国大地的三级构造地貌结构划分为青藏高原区、蒙新高原区和东部区，其次在每一区内按南北温度带和东西水分带的分异为主导的综合自然（气候、植被、土壤等）特征划分为自然带和自然区，最后在每个自然区中主要以中地貌类型组合为主导因素并结合地域自然要素结构特征划分自然省（黄秉维，1959；黄秉维等，1999；赵松乔等，1988；郑度等，2008）。

109　自下而上的地物分区区划途径

自下而上的地物分区区划指从地物分级分区系统的最低一级单元区域的划分开始，根据单元区域地物具有的整个区划系统划分所需要的全部指标特征，按一定原则逐级归并，直到最高一级区域划分的区划途径。这一途径在逻辑上属归纳法，即从个体包含的全部各具不同大小范围的特征开始，通过归纳逐级认知该级别尺度范围的区内共性特征和区间差异，直到最高一级各区内共性（普遍性）最大的特征认知，即从特殊到普遍，从个性到共性的归纳认知途径。这一途径特点有：①较适于较小范围（如中国各省区市）内的分区区划；②分区界线从区划开始就明确确定，向上逐级归并时均保留归并后外侧小区的外界，不用重新划界；③向上归并时可根据邻接共轭性原则按区位的相邻特征进行分区区划归并，也可忽略共轭性原则和区位特征而进行分类区划；④分区方法多采用区划统一指标框架下单元类型组合法；⑤区划的最小基础单元可用两种方法生成，一为一定尺度和分辨率下特征要素分级或分类图叠加形成单元“匀质区”作为基层单元区；二为一定尺度的界线明确的小地理区作为基层单元区，如一定尺度的小流域区（以分水岭为界）、一定尺度的小地形单元区、由拼块 – 廊道 – 基质构成的单元景观区、一定级别的行政区，等等（黄秉维等，1999；赵松乔等，1988）。

110　地图是地理学特有的重要模型

地图是按一定数学法则、运用符号系统和地图概括原则，缩小地表示地球上各种自然和人文现象的地域空间的图形表现形式。其基本性质是将地球上各种兼具物类属性和地域属性的事物通过公式化（数学基础）、抽象化（地图概括）和符号化（符号系统）缩小表现在平面上，是一种经简化和概括了的再现客观世界的地域空间模型，或者说是反映自然和社会现象的地域空间分布、组合和联系及其时间变化、再现客观世界形象的形象 – 符号模型，是人类认识世界的三种基本模型（物理模型、数学模型和图形模型）工具之一。自古以来，地理学与地图学一直密切关联、不可分割，并在相互促进中共同发展。早在公元 1 ～ 2 世纪，托勒密的《地理学指南》就是一本把地理与地图结合在一起的著作，他认为，“地理学就是对地球的整个已知部分及一切与它有关的事物所进行的描绘”，其任务是“在一幅地图上观察整个地球”。地理学为地图提供表达内容的科学基础和主要资料，地理认知的许多理论和地物分布的规则，也是地图抽象、概括和表达形式的理论依据。而反之，地图是地理学等区域科学的“第二语言”，也是地理学野外实地调查必不可缺的工具。在某种意义说，多数地理调查是从地图开始，而到地图结束的。而且地图还是地理学分析研究的重要手段，包括利用地图方法进行规律总结、综合评价、预测预报和规划设计。故现代把地图和地图学定义为“地图是地理现实世界的表现或抽象，是以视觉的或触觉的方式表达地理信息的工具”（蔡运龙等，2017；廖克，2003）。所以在地理学通论中，地图是不可或缺的部分。例如，赫特纳的经典名著《地理学》中地图占有 1/10 的份额（赫特纳，1986），地理空间学派代表作之一邦奇的《理论地理学》几乎完全建立在地图空间分析的基础上（邦奇，1991）。

111　地图信息

地图信息是以地图为载体的地理信息。地图信息除了具有一般信息学的信息特征外，还有其独特的特性。

（1）具有严格的地理空间定位特性。

（2）以符号或数据为载体。

（3）具二维空间信息特点。

（4）地图信息不仅指图上各个单独的符号，更重要的是这些符号形成的地图表象，构成地图符号→地图表象→地图信息关系。

（5）地图信息还隐含着地图表象本身呈现的可直接感知的地物信息之外的未能直接感知，但可通过读图者的思维推理构想的“隐形”信息（王家耀等，2000）。

112　地图信息的形成和传输过程

地图信息传输的观点是捷克地图学家柯拉斯尼 1969 年提出的，其模式如图 4-10 所示。

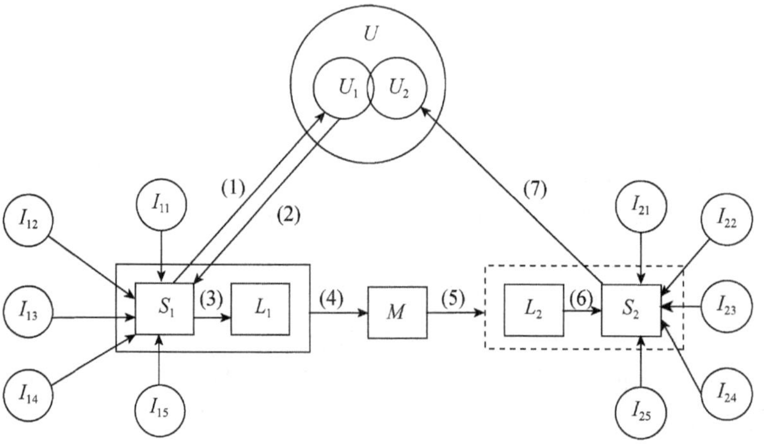

图 4-10　地图信息形成与传输过程示意图（王家耀等，2000）

U 为“实在”，即制图者和用图者外的地物（信息，包括实体和其他制图资料）；→为传输过程；I_{ij} 为影响过程的因素；$S_1, \cdots, S_2$ 为转换的信息

（1）制图者按一定目的观察了解“实在”。

（2）制图者从“实在”中获得信息，构成他脑中的信息模型 S_1。

（3）制图者根据制图原则将脑中多维的信息模型 S_1 转化为二维的制图语言 L_1。

（4）制图者将二维制图语言具体化（物化）用地图符号表达出来，转化为地图信息 M。

（5）用图者将地图上的符号转译为他认知的地图概念 L_2，$L_2 \neq L_1$，因为他可能只选取地图中的部分地图信息，而不是全部。

（6）用图者根据自己对 L_2 包含信息的理解，形成用图者脑中对“实在”的多维模型 S_2。

（7）用图者基于他获取的地图信息进行的行动，包括直接行动转为新的地物和在脑中保留的信息以备以后的行动，体现地图信息作用的力量。

I_{1j} 和 I_{2j} 分别为制图者把“实在”转化为其脑中的地物认知 S_1 和用图者把地图信息 M 转化为其脑中地图认知 S_2 过程中的影响因素 J：意向（制图者的目的任务和用图者的需求兴趣）、脑中原有的知识经验、能力特长、思维过程和其他外部条件（王家耀等，2000）。

113　制图者的地物认知向地图信息的转化

制图者的地物认知向地图信息的转化指制图者将其从实地观察和制图资料中获得和理解的地物与地理现象信息，按照制图抽象的四原则——选取、分级、简化和符号化，转化为地图信息。根据四原则所进行的转化均依据信息的特点和地图编制的目标进行决策选择，主要内容见表 4-10。

表 4-10　地图编制中制图抽象的主要内容

转换的类型	有关决策
选取	制图地区与时间 制图的各种变量 地图比例尺 资料收集、分析方法 获得的测度等级 目录清单 透视 立体的 中心的　　垂直或倾斜的有利位置 平行线的
分级	分级标志 分级数量 分级的界线及级距
简化	碎部消除 平滑化 量度等级的减少 把几种不同变量集成一体（多变量制图）
符号化	图形符号 照相式的 象形的 几何的 符号　　参考说明的调整 地理信息的类别 可获得的量度等级 符号目录 符号的视觉空间

资料来源：王家耀等，2000。

114　从地图信息到用图者地物映象的转化

从地图信息到用图者地物映象的转化指用图者通过地图阅读、分析和解释来获得对地物和地理现象的认知。不同类型的地图均有不同的制图规范和表达方式，具有不同的尺度、精度和表达的范围，只有明确不同类型地图所承载的地图信息特点，才能正确地读图和用图。

分析，是将地图作为地物的空间模型，采用各种方法对其表征的地物进行分析，主要方法有目视分析法、地图量算分析法、图解分析法、数理统计分析法和数学模型分析法等，其特点和分析获得的地物认知。

在分析的基础上，应结合从其他角度获得的地物认知对分析结果进行科学的解释（王家耀等，2000）。

115　多媒体电子地图

多媒体电子地图（集）是集文本、图形、属性表、图像、声频、视频、动画等媒体于一体的新型地图。多媒体电子地图集具有信息集成性、人机交互性、海量存储性、携带方便性、查询多样性和变焦显示性等特点，是地球信息可视化的重要表现形式（廖克，2007）。

116　网络电子地图

因特网的出现为地图的传播和使用提供了一种崭新的方法，并已成为地球信息的一种新载体。网络电子地图是在因特网上供人查询使用的地图，具有使用方便、信息更新快、用户群大等特点，是具有发展前景的地球信息可视化形式（廖克，2007）。

117　地学信息图谱

地学信息图谱是陈述彭先生20世纪90年代提出的一种基于地球信息科学的综合认识和表达地球表层复杂地学系统的技术与方法。地学信息图谱是由遥感、地图信息库、地理信息系统和数字地球的大量数字信息，经过图形思维与抽象概括，并以计算机多维与动态可视化技术，显示地球系统及各要素和现象空间形态结构与时空变化规律的一种手段与方法。同时这种空间图形谱系经过空间模型与地学认知的深入分析，可进行推理、反演与预测，形成对事物和现象更深层次的认识，还有可能总结出重要的科学规律，并在此基础上为社会经济可持续发展的规划决策和环境治理、防灾减灾对策的制定提供重要的科学依据和明确的具体结论。按性质区分，地学信息图谱可分为：①分类系统图谱，如黄土地貌形态类型图谱；②空间格局图谱，如克里斯塔勒的中心地模式图谱、自然垂直带图谱；③时间系列图谱，如人类历史时期长江下游河道演变图谱；④发展过程图谱，如雁列状复式三角洲发育图谱（陈述彭，2001；廖克，2003）。

118　栅格数据格式

栅格数据格式指用规则的正方形或矩形栅格记录地物的计算机数据存储记录格式。每个栅格点（像素）的位置由栅格所在行列号来定义，栅格的数值为地物物类属性相应的代码值（图 4-11）。这种格式可称为“属性明显、位置隐含”的空间数据存储和表达方式。每个栅格代表实际地表上的一个区域，一个栅格单元代表的地表区域越小，数据越精确，但数据量也越大，占据的计算机的存储空间越大，且计算时的计算量也越大。在栅格数据中，栅格点的数值含义的基本假设是地物在该栅格所在范围内均匀分布，即一个匀质区，故栅格越小，精度越大。栅格点的数值有两类：一为定量标度数值，如温度、海拔；二为定类标度地物的编码，如土壤类型、植物群落类型、土地利用类型等（廖克，2007）。

1	1	2	3	3	3
1	1	2	3	3	3
1	2	3	2	3	2
3	3	2	3	4	3
3	4	3	4	4	4

图 4-11　栅格记录地物的数据格式

119　矢量数据格式

矢量数据格式以通过记录地物在特定地域空间参考系上的坐标位置的形式在计算机上记录存储和描述地理实体的地域空间属性。对于点实体，直接记录的是 x、y 坐标；对于线实体，采用连续的直线段来表达，通过直线段端点和转折（连接）点的坐标对的集合（x_1、y_1，x_2、y_2，…，x_n、y_n）来记录；对于面状实体，通过记录边界来进行编码储存；对于单个多边形面状实体，可通过记录环状边界点坐标进行储存，但对于具有邻接关系的多个多边形实体，则采用基于具有拓扑结构关系的弧段的多边形编码方式进行记录（廖克，2007）。

120　空间信息量算

空间信息量算指基于地理信息系统的地物地域空间特征的量算，这是地理空间信息分析的基础，主要有：①质心量算，地理目标地物质心坐标 $X_G=(\sum W_iX_i)/\sum W_i$，$Y_G=(\sum W_iY_i)/\sum W_i$，其中，$X_i$、$Y_i$ 分别为各个离散型地物个体 i 的坐标；W_i 为地物个体 i 的权重，如强度量值、代表面积等。②几何量算，包括点的坐标，线状地物的长度、曲率、方向，面状地物的面积、周长等，体状地物的表面积、体积等。③形状量算，如形状系数 $r=P/(2\pi^{1/2}A^{1/2})$，其中，P 为地物周长；A 为地物面积。当 $r<1$ 时，为紧凑型；当 $r=1$ 时，为标准图形；当 $r>1$ 时为膨涨型（廖克，2007）。

121　空间信息分类

空间信息分类指对地理信息系统数据库中的地物原始数据，根据不同使用目的进行提取和分类分析，把多要素地物的原始属性数据转化为综合的类型数据，并以图形输出方式按类划分。其主要方法有主成分分析法（参见注释 96）、系统聚类法（参见注释 51）、判别分析法（参见注释 52）和层次分析法（参见第 5 章注释 65）（廖克，2007）。

122　覆盖叠置分析

覆盖叠置分析指用地理信息系统将两层或多层地图要素（地物空间分布）进行叠加产生一个新要素层的操作，包括以下三方面。

（1）多边形叠置，指将两层中的多边形要素叠加，产生输出层中新的多边形要素，同时它们的属性也将联系起来，以满足建立分析模型的需要。一般 GIS 软件可提供 3 种多边形叠置：①多边形之和；②多边形之积；③多边形叠加。

（2）点与多边形的叠加，其结果是为每点产生一个新的属性。

（3）线与多边形的叠加，即将多边形要素叠加到每一条线的弧段上，以确定每条弧段落在哪个多边形内（廖克，2007）。

123　网络分析

网络分析指对 GIS 数据库网络状地物的链、障碍、拐角点、中心和站点等属性组成，用运筹学模型，按一定目标要求进行分析、寻找合理的流路和空间匹配。其内容有：①路径分析，包括静态求最佳路径、动态分段技术、*N* 条最佳路径分析、最短路径、动态最佳路径分析等 [这里的路径分析概念不同于因果关系的路径分析（参见注释 86）]；②地址匹配；③资源分配，包括汇集中心和辐射中心的分配及资源的最佳流路（廖克，2007）。

124　缓冲区分析

缓冲区分析指利用 GIS 软件针对点、线、面状地物的地域空间，自动建立其周围一定宽度范围以内的缓冲区多边形。利用 GIS 所作的缓冲区的设置基于地物的作用力随与其距离的增加而衰减的假设，但由于地物的非均匀性和各向异性，缓冲带各段的效用是不同的，故用等宽度缓冲区来机械地划出地物影响带或抗干扰缓冲地带在很多情况下的实际意义有限。

125　空间统计分析

GIS 的空间统计分析主要有两方面：一是在同一地域空间范围内的地物物类属性统计特征及其相互的关联关系分析，包括常规数据集的均值、总和、方差、频数、峰度系数统计、两组或多组变量之间的相关关系的回归分析及加权统计和回归分析，其方法可参见 4.2 节及其相关的注释。二是各种地物本身的地域属性特征分析，如趋势面分析（参见注释 19）、小波分析（参见注释 20）和空间自相关分析。

126　地理数值模拟的必要性和可能性

长期以来地理理论建设十分困难，未能建立统一的理论体系，原因主要包括：①地物关联的复杂性和地理研究的经验性；②地理研究对象自然系统地物和人文社会系统地物运行机理的不同；③许多地理现象是不规则的几何现象，地理过程多为非线性过程，地物的统计分布多属非正态的无特征尺度分布。而由于地理系统不是封闭的系统，而是与周围环境有密切联系的开放系统（空间相互作用系统），且具有很强的尺度依赖性和不可还原性（演化的不对称性），难以依靠实体实验获得完整的认知，以及社会期望地理学解决的不仅是地理现象的普适性规律（规则）的认知，更多的是对实际现存的大量地理现象的描述性解释及其影响和效用的评价，因而利用模型来进行地物（地理现象）的分析和综合成为当代地理学发展的重要路线选择（参见 2.2 节及其注释 22、23）。

现在，系统科学理论、非线性数学方法和基于计算机科学的地理信息系统的发展，使得通过地理数值模型来模拟复杂地理现象和地理过程成为可能。首先，可把地理研究的区域或地理现象转化为系统科学定义的系统——地理系统来描述，解决地物这个复杂的开放巨系统的结构建构和分析问题。其次，可采用一系列非线性科学理论来解决地理现象的非线性、定性与定量数据并存及发展的突变性问题。最后，可利用 GIS 技术解决海量的兼备物类属性与地域属性且对尺度具强烈依赖的地物的分析与表达问题。当然，地理数值模拟也有其局限性和不足：一为未从地理关联的机理入手进行分析，因而存在未能清楚揭示概念的功能局限；二为重复性较差；三为用于模拟的规则未规范，随意性强，因而模拟结果的印证和推广均有一定问题（蔡运龙等，2017）。

127　地理学数值模拟的主要模型

D. 哈唯将地理学的解释模型分为两大类：一为描述模型，包括观测模型、分类模型和地图模型；二为解释模型，包括因果模型、过程模型（时间模型）、功能模型和系统模型，并阐述了各种模型的哲学思想、概念和方法（哈维，1996）。地理学数值模拟的主要模型为解释模型，即因果模型、过程模型、功能模型和系统模型。

（1）因果模型。这是一类以一种或多种地物或非地物为主变量，以受作用地物（或非地物）或其特征为因变量的关系分析模型，因与果中至少有一项属于地物。其分析模式和方法见 4.6 节。

（2）过程模型。这是一类以相对时序为自变量、地物特征变化为因变量的分析模型，其分析模式和方法见 4.5 节。

（3）功能模型。这是一类以自调节地域系统的结构特征的完整性为自变量，以该区域的稳定性和发展趋势为因变量的关系模型，从功能的概念及其思想看，在地理学上采用的功能模型主要有两类：一为以结构功能主义思维为哲学思想所建构的功能模型（参见 2.4 节）；二为基于系统科学理论所建构的系统动力学模型。

（4）系统模型。这是一类把地物（地域系统）视为开放的系统整体，模拟地域系统内各要素相互关系及其与外环境要素关系的复杂分析模型（参见 2.5 节）。

128　地理数学模拟的三步分析法

陈彦光提出基于数学模型的数值实验与模拟分析的地理研究的经验分析（E）——模型求解（M）——模拟实验（S）集成分析法（EMS 法）三步分析法，其框架如图 4-12 所示。

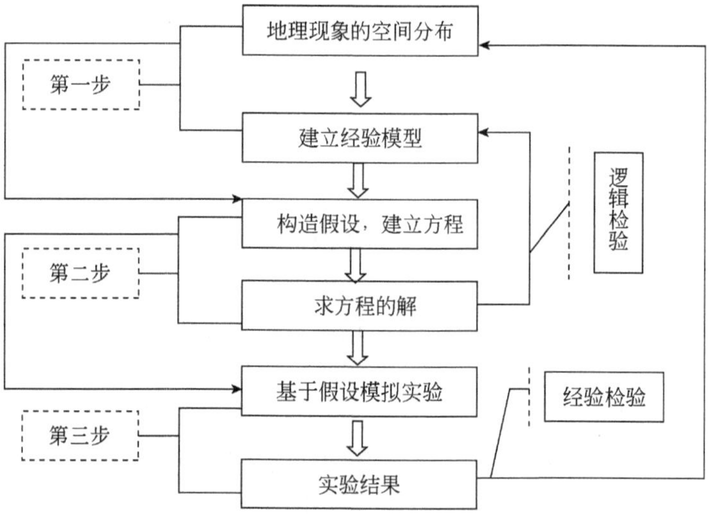

图 4-12　地理研究的三步分析法：经验建模、理论推导和模拟实验（EMS 法）

第一步，借助地理观察数据建立数学模型并且估计参数，这是一种经验模型，是整个研究的现实基础。

第二步，构造假设，建立方程并求解。求解实际上是逻辑检验过程，如求解结果未符合假设预期，需要重新假设和建模求解，直到获得满意结果为止。

第三步，基于第二步假设，借助计算和 EMS 系统开展模拟实验分析，如果模拟实验结果与第一步的观测现象一致，则完成了经验检验工作（蔡运龙等，2017）。

129　系统动力学

系统动力学是美国 J.W. 福雷斯特提出的研究系统行为的一种计算机仿真技术。系统动力学综合应用控制论、信息论和决策论等有关理论和方法，建立系统动力学模型，以电子计算机为工具，进行仿真试验，所获得的信息用来分析和研究系统的结构和行为，为正确决策提供科学依据。其特点是：①能容纳大量变量，一般可达千个以上，这正符合复杂系统研究的需求；②其模型既有描述系统各要素之间因果关系的因果模型，又有以专门形式表现的数学模型，因而是一种定性分析和定量分析相结合的仿真技术；③通过人和计算机结合，既能发挥人对系统的了解、分析、推理、评估和创造能力的优势，又能利用计算机高速运算、迅速跟踪的功能，从而获得丰富而深化的信息；④具有一定的预测功能。其仿真的基本步骤：一是，明确系统仿真目的；二是，确定系统边界；三是，进行系统内因果关系分析；四是，建立系统动力学模型，包括流程图和结构方程式；五是，计算的仿真试验；六是，结果分析；七是，系统模型修正，包括系统结构调整、运行参数调整、系统边界调整、策略等，使系统更真实反映客观实际的行为（汪应洛，1998；潘玉君，2012）。

对于地理学研究而言，系统动力学存在明显缺陷。一为系统动力学模型系统属边界封闭式系统，假定系统外部因素不给系统行为以本质影响，也不受系统内部因素的控制，其分析的行为是基于内部种种因素而产生的行为，不符合开放的、区域间相互作用的地理系统的实际，因而在地理学上的应用是有条件的；二为该模型只是对客观实际的简化和抽象，加上其对定性因素的设定有相当的主观性，这与兼具定性与定量因素交互作用的地理系统有相当距离，因而仿真的效果也具有相当大的不确定性。

130　《增长的极限》

系统动力学的提出者福雷斯特的学生米都斯应用系统动力学建立了全球资源、环境与社会经济增长的关系模型，模拟全球在当前发展状态下的长期发展状态。作为研究结果，他在 1971 年发表了罗马俱乐部的第一份工作报告《增长的极限》，认为如果保持当前世界人口、工业化、农业生产和资源使用等的增长率不变，则在未来 100 年内就会达到地球上的增长的极限，很可能最后导致无法控制的人口减少和工业生产率的衰退。如果能改变这种增长势头，把人口和工业保持均衡状态，就可能建立起具有长久性生态和经济稳定性的机制。这一报告在全球引起巨大的反响，成为全球可持续发展问题研究的一份重要文献（米都斯等，1997）。

131　从定性到定量综合集成法

20 世纪 90 年代初，钱学森等首次把处理开放的复杂巨系统的方法定名为从定性到定量的综合集成法。综合集成法是从整体上考虑并解决问题的方法论。钱学森指出，这个方法是现代科学条件下认识方法论上的一次飞跃。综合集成法作为一项技术又称为综合集成技术，它是思维科学的应用技术，既要用到思维科学成果，又会促进思维科学的发展。它向计算机、网络和通信技术、人工智能技术、知识工程等提出了高新技术问题。这项技术还可用来整理千千万万零散的群众意见、提案和专家见解以至个别领导的判断，真正做到“集腋成裘”。钱学森认为对简单系统可从系统相互之间的作用出发，直接综合成全系统的运动功能，还可以借助于大型或巨型计算机。对于简单巨系统不能用直接综合方法，只能把亿万个分子组成的巨系统功能略去细节，用统计方法概括起来，这就是自组织理论。而综合集成法作为一门工程可称为综合集成工程，它是在对社会系统、人体系统、地理系统和军事系统这四个开放的复杂巨系统研究实践基础上提炼、概括和抽象出来的。在这些研究中通常是科学理论、经验知识和专家判断相结合，形成和提出经验性假设（判断或猜想），但这些经验性假设不能用严谨的科学方式加以证明，需借助现代计算机技术，基于各种统计数据和信息资料，建立起包括大量参数的模型，而这些模型应建立在经验和对系统的理解上并经过真实性检验。这里包括了感情的、理性的、经验的、科学的、定性的和定量的知识综合集成，通过人–机交互，反复对比逐次逼近，最后形成结论。其实质是将专家体（与主题有关的专家）、统计数据和信息资料（与主题有关的数据资料）三者有机结合起来，构成一个高度智能化的人机交互系统，它具有综合集成的各种知识，从感情上升到理性，实现从定性到定量的功能。

综合集成方法论是还原论和整体论相结合，吸收整体论和还原论的优点而形成的方法论。它是从整体上研究并解决问题。但也需要系统分解，突出从整体上分解与综合认识并解决问题。从整体出发认识和研究系统，按整分合的路线——从整体出发、分解综合、循环迭代的思路解决问题，目的是寻求系统的整体功能的涌现性（图 4-13）。

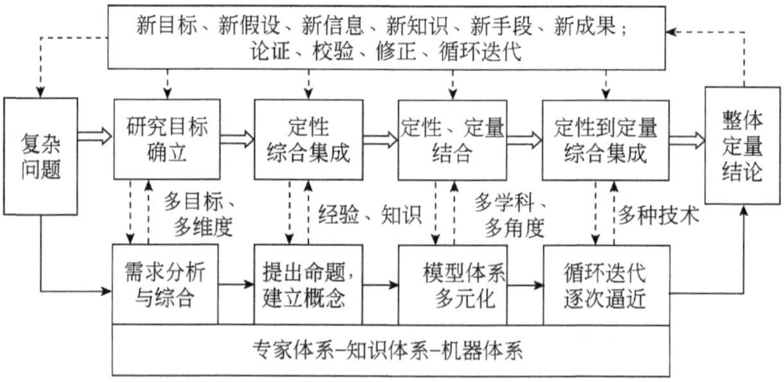

图 4-13　综合集成方法论的问题求解过程

在总体指导下分解与分析研究，认识部分的功能、特性以及部分之间的相互关系，在分解研究的基础上综合，认识系统功能的涌现性，实现整体大于部分之和的飞跃。综合集成过程是一个从定性到定量的循环递进的复杂过程，体现了人类思维（包括逻辑思维与形象思维）的结合特点与规律性，反映了从定性到定量在认知，特别是感知方面的关系与转换。

在综合集成的实现过程中，在思维模式上，要使形象思维与逻辑思维相结合；在研究方式上，要使思辨方法与科学方法相结合；在认识过程上，要使感性认识与理性认识相结合；在技术途径上，要将专家体系、机器体系与知识体系相结合起来构建综合集成支持体系，采取模型体系多元化、建模方法综合化、建模过程性智化的建模原则，通过建模、仿真、试验等手段来完成从定性到定量的综合集成（沈小平和马士华，2005）。

参考文献

阿努钦 . 1994. 地理学的理论问题 . 李德美 , 包森铭 , 译 . 北京 : 商务印书馆 .
奥德姆 . 1993. 系统生态学 . 蒋有绪 , 译 . 北京 : 科学出版社 .
邦奇 . 1991. 理论地理学 . 石高玉 , 石高俊 , 译 . 北京 : 商务印书馆 .
彼列尔曼 . 1958. 景观地球化学概论 . 陈传康 , 王恩涌 , 陈静生 , 译 . 北京 : 地质出版社 .
彼列尔曼 . 1975. 后生地球化学 . 龚子同 , 徐琪 , 刘良梧 , 等译 . 北京 : 科学出版社 .
承成 , 江美球 . 1986. 流域地貌数学模型 . 北京 : 科学出版社 .
蔡运龙 , 王铮 , 刘卫东 , 等 . 2012. 地理学 : 科学地位与社会功能 . 北京 : 科学出版社 .
蔡运龙 , 叶超 , 陈彦光 , 等 . 2017. 地理学方法论 . 北京 : 科学出版社 .
蔡运龙 , Wyckoff B. 2011. 地理学思想经典解读 . 北京 : 商务印书馆 .
陈波 . 2008. 逻辑学十五讲 . 北京 : 北京大学出版社 .
陈瑞闪 . 2002. 台风 . 福州 : 福建科技出版社 .
陈述彭 . 2001. 地学信息图谱探索研究 . 北京 : 商务印书馆 .
承继成 , 江美球 . 1986. 流域地貌数学模型 . 北京 : 科学出版社 .
登特 . 1998. 土壤调查与土地评价 . 倪绍祥 , 译 . 北京 : 农业出版社 .
段义孚 . 1998. 经验透视中的空间与地方 . 潘桂成 , 译 . 台北 : 台湾编译馆 .
范克新 . 2004. 社会学定量方法 . 北京 : 南京大学出版社 .
福蒂斯丘 . 1995. 环境地球化学 . 李世纷 , 潘树荣 , 译 . 北京 : 高等教育出版社 .
龚高法 , 张歪远 , 吴祥定 , 等 . 1983. 历史时期气候变化的研究方法 . 北京 : 科学出版社 .
郭仁忠 . 2004. 空间分析 . 武汉 : 武汉测绘科技大学出版社 .
哈特向 . 1983. 地理学性质的透视 . 黎樵 , 译 . 北京 : 商务印书馆 .
哈特向 . 1996. 地理学的性质 . 叶光庭 , 译 . 北京 : 商务印书馆 .
哈维 . 1996. 地理学中的解释 . 高泳源 , 刘立华 , 蔡云龙 , 等译 . 北京 : 商务印书馆 .
赫特纳 . 1986. 地理学 . 王兰生 , 译 . 北京 : 商务印书馆 .
侯仁之 . 1979. 历史地理学的理论与实践 . 上海 : 上海人民出版社 .
萨拉 · L. 霍洛韦 , 斯蒂芬 · P. 赖斯 , 吉尔 · 瓦伦丁 . 2008. 当代地理学要义 : 概念、思维与方法 . 黄润华 , 孙颖 , 译 . 北京 : 商务印书馆 .
霍恩比 . 2014. 牛津高阶英汉双解辞典 . 北京 : 商务印书馆 .
黄秉维 . 1959. 中国综合自然区划草案 . 科学通报 (18): 594-602.
黄秉维 , 郑度 , 赵名茶 , 等 . 1999. 现代自然地理 . 北京 : 科学出版社 .
基钦 , 泰特 . 2006. 人文地理学研究方法 . 蔡建辉 , 译 . 北京 : 商务印书馆 .
亢亮 , 亢羽 . 1999. 风水与建筑 . 天津 : 百花文艺出版社 .
尼古拉斯 · 克里福德 , 吉尔 · 瓦伦丁 , 等 . 2012. 当代地理学方法 . 张百平 , 孙然好 , 译 . 北京 : 商务印书馆 .
李克煌 , 管华 , 马建华 , 等 . 1996. 自然地理界面理论与实践 . 北京 : 中国农业出版社 .
李沛良 . 2004. 社会研究的统计应用 . 北京 : 社会科学文献出版社 .
李双成 , 蔡运龙 . 2005. 地理尺度转换若干问题的初步探讨 . 地理研究 , 24(1): 11-18.
廖克 . 2003. 现代地图学 . 北京 : 科学出版社 .
廖克 . 2007. 地理信息科学导论 . 北京 : 科学出版社 .

林振山，杨修群 . 1995. 理论气候学 . 南京：南京大学出版社 .
马丁 . 2008. 所有可能的世界 . 成一农，王雪梅，译 . 上海：上海世纪出版集团 .
曼德布罗特 . 1998. 大自然的分形几何学 . 陈守吉，凌复华，译 . 上海：上海远东出版社 .
毛政元 . 2004. 空间模式的测度及其应用 . 北京：科学出版社 .
么枕生 . 1959. 气候学原理 . 北京：科学出版社 .
煤炭科学院地勘所 . 1981. 数学地质基础与方法 . 北京：煤炭科学出版社 .
丹尼斯・米都斯等 . 1997. 增长的极限——罗马俱乐部关于人类困境的报告 . 李宝恒，译 . 长春：吉林人民出版社 .
牛文元 . 1992. 理论地理学 . 北京：商务印书馆 .
潘玉君 . 2012. 地理学基础 . 昆明：云南人民出版社 .
皮特 . 2007. 现代地理学思想 . 周尚意，等译 . 北京：商务印书馆 .
钱学森等 . 1994. 论地理科学 . 杭州：浙江教育出版社 .
普雷斯顿・詹姆斯，杰弗雷・马丁 .1989. 地理学思想史 . 李旭旦，译，北京：商务印书馆 .
沈小平，马士华 . 2005. 综合集成方法论应用研究 . 系统工程，23(10): 107-110.
特鲁吉尔 . 1985. 土壤与植被系统 . 赵磊，译 . 北京：科学出版社 .
汪应洛 . 1998. 系统工程理论、方法与应用 . 2 版 . 北京：高等教育出版社 .
王家耀等 .2000. 理论地图学 . 北京：解放军出版社 .
王铮，丁金宏，等 . 2000. 理论地理学概论 . 北京：科学出版社 .
威廉斯 . 1997. 第四纪环境 . 刘东生，译 . 北京：科学出版社 .
魏格纳 . 1997. 大陆与海洋的形成 . 张翼翼，译 . 北京：商务印书馆 .
吴晓刚 . 2011. 纵贯数据分析 . 上海：格致出版社 .
伍荣生 . 1999. 现代天气学原理 . 北京：高等教育出版社 .
谢宇 . 2010. 回归分析 . 北京：社会科学文献出版社 .
徐建华 . 2004. 现代地理学的数学方法 . 北京：高等教育出版社 .
夏征农 . 1999. 辞海 (编印本). 上海：上海辞书出版社 .
亚里士多德 . 1995. 形而上学 . 吴寿彭，译 . 北京：商务印书馆 .
杨景春，李有利 . 2005. 地貌学原理 . 北京：北京大学出版社 .
杨吾扬 . 1988. 地理学思想简史 . 北京：高等教育出版社 .
杨吾扬 . 2000. 高等经济地理学 . 北京：北京大学出版社 .
赵鹏大 . 2004. 定量地学方法及应用 . 北京：高等教育出版社 .
赵松乔 . 1983. 中国综合自然地理区划的一个新方案 . 地理学报 (1): 1-10.
赵松乔，孙惠南，黄荣金，等 . 1988. 现代自然地理 . 北京：科学出版社 .
郑达贤，陈加兵 . 2008. 福建省县市域生态功能区划 . 北京：中国环境科学出版社 .
郑度 . 2015. 中国自然地理总论 . 北京：科学出版社 .
郑度等 . 2008. 中国生态地理区域系统研究 . 北京：商务印书馆 .
郑衡泌，俞黎媛 . 2007. 妈祖信仰分布的地理特征分析 . 福建师范大学学报 (哲学社会科学版), (2):19-27.
周成虎 . 2001. 地理元胞自动机研究 . 北京：科学出版社 .
周成虎，骆剑承，杨晓梅，等 . 1999. 遥感影像地学理解与分析 . 北京：科学出版社 .
周启鸣 . 2008. 数学地形分析 . 北京：科学出版社 .
竺可桢 . 1973. 中国近五千年来气候变迁的初步研究 . 中国科学，16(2): 168-189.
祝国瑞，张根寿 . 1992. 地图分析 . 北京：测绘出版社 .
左大康 . 1990. 现代地理学词典 . 北京：商务印书馆 .
Borcard D, Gillet F, Legendre P. 2014. 数量生态学：R 语言的应用 . 赖江山，译 . 北京：高等教育出版社 .

Diamond J M. 1974. Colonization of exploded volcanic islands by birds:Their supertramp strategy. Science, 184(4138): 803-806.

Hettener A. 1905. Das Wesen and die Methoden der Geographie. Geogr. zischr: 11

NASA. 1992. 地球系统科学 . 陈泮勤 , 马振华 , 王庚辰 , 译 . 北京 : 地震出版社 .

Tuan Y F. 1977. Space and Place. Minneapolis: University of Minnesota Press.

第5章 地理评价

地理评价指对地物（地理现象、地域系统）发出的功能效用或承受的干扰影响作用的机制、过程与强度的评价，这是人们对地物进一步的深入认知，也是人们地理决策和地理行为的基本依据之一[1]。地物的评价是指将地物作为人类社会发展的资源与环境而对其进行的评价，只有把地物作为人类（个体、人群和社会）活动的资源与环境看待时，才有优劣、利弊、善恶、美丑之分。此所谓“恒无欲也，以观其眇；恒有欲也，以观其所徼”。但优劣、利弊并不是绝对的，而是因人而异的，甚至是完全相反的[2]。按评价的对象、目标及其相互关系，地理评价主要有四类：①资源环境地物对人的效用价值的评价；②地物（环境）对人的干扰影响评价；③人类活动对环境的影响评价；④人地关系地域系统的分析与评价。

总体上，地物评价的评价要素有评价对象、评价目标和评价对象与评价目标之间的关联。评价对象指发出功能效用或承受干扰影响作用的一定地域空间单元的地物（地理要素）或地域系统（包括人文地域系统）。内容包括发出功能效用或承受干扰影响的地物要素特征。对于多组分构成的地物（地域系统），应特别注意对起主导作用的关键要素的提取和综合。评价目标指评价对象对人的服务功能（效用）或干扰作用（或灾害），包括其质、量和结构的变异。评价对象可以是效用或干扰影响的发出地物（源或灾源体，如土地、矿产资源、暴雨、土地盐碱化），也可以是效用或干扰影响的承受地物（承灾体，如地震导致的各种地物破坏、暴雨引起的洪水淹没区域），或二者结合评价（如从作用源至作用结果的干扰链、灾害链评价）。评价目标可以是单目标事物、并列多目标事物或目标链。评价对象与评价目标之间的关联是评价正确与否的关键。对象地物与其效用或干扰影响目标之间的关联包括关联途径、关键途径与环节、关联的逻辑关系、关联的形式和关联的参数。关联途径可能是单途径的，也可能是多途径的；可能是直接的途径，也可能是间接的途径，甚至是迂回的途径。对于多途径和多环节的关联，应主要分析关键途径和关键环节；评价对象地物与其效用或干扰影响的目标之间的逻辑关系可能是形式逻辑关系，也可能是辩证逻辑关系，特别是地物和地域系统对于人文社会事物的效用和影响的作用，往往需要辩证地分析；关联的形式即评估对象地物或地域系统对评估目标的作用形式，可能是物质、能量、信息或资本的关联。物质、能量、资本的关联，又可分为供给 - 需求的关联和胁迫 - 应激的关联。而信息的关联则往往属于调控或干扰性质的关联，关联的形式还应区别确定性的关联和随机性的关联。最后，对于各种关联，应尽可能估算出由评估对象地物的质和量出发通过各种关联到达目标表征的质和量之间的转换参数。弄清楚评价对象地物与其效用或干扰影响目标之间关联的途径、逻辑关系、关联形式和关联参数，就可以进一步确定评价对象的评价特征与评价目标之间的对应关系，从而确定评价的指标体系和评价的方法。评价对象的特征与评价指标之间可能是确定性关系，可通过函数运算来确定；也可能是非确定性关系，可通过概率运算来估测，但很多情况下可能是模糊的关系，只能按定性的方法（或把定性的关系转化为定量的模型来分析）来确定，故必须根据实际选择恰当的评估方法。

5.1 地物的服务功能评价

地物的服务功能评价指对一定社会生产力水平下，地物向人类可能提供的有用的物质、能量或其体现（包含）的价值以满足人类生产、生活需求的质、量及其时空变异状态的评价[3]。评价的对象是资源环境地物对人类有用的性状（物质、能量等），评价的目标是人类的需求，评价对象与人类需求之间的联系途径（或称中介）是地物的价值（使用价值或经济价值）。地物作为资源和作为环境具有不同的概念和内涵（参见第1章注释24）。但在许多情况下，二者往往是同体的[4]，且除具有地物所具有的特性（参见1.1节）外，二者均共同具有自然属性与人文社会属性的一体性[5]和稀缺性[6]两个重要特性，由于许多自然资源和自然环境在效用上难以区分，许多评价方法也多类似，故多将其放在一起进行评价。地物的效用评价一般从两个角度进行：从自然角度进行的地物使用价值评价[7]和从人文社会角度进行的地物经济价值（交换价值）与各种社会价值的评价。

5.1.1 地物的使用价值评价

地物的使用价值评价指根据人类社会的生产力水平和各种资源环境的需求对资源环境进行分级，评估计算各级可获得的量值及其时空变异状态。评价的方法依地物的赋存状态及其在人类使用过程中的流转状态而异。其通常又分为不可更新（储存性）地物和可更新（流动性）地物[8]。前者的质和量在一定的生产力水平（工艺技术条件）下被视为是固定的，而后者的质和量在使用中是可变的，并且在一定条件下是可补充的，因而评价方法不同。

地物的使用价值可依地物开发利用的难易程度或可能程度分级，如矿产资源分级、土地资源分级，也可依地物效用高低分级，如太阳辐射强度、气候潜在初级生产力水平、气候的体感舒适度和环境健康效用程度等。

储存性资源环境地物的可得性量值可按地物体量的大小评价，如能源量值、生物资源量值和水资源量值，也可依地物所具有的地域空间规模（面积、长度等）估算，如土地资源面积、水域空间面积和深水岸线长度等。

对于流动性（或可更新性）资源环境可得性的度量通常以资源在一定时期内可生产有用产品或服务能力或潜力这个概念为基础，衍生出多种概念，包括最大资源潜力[9]、持续能力[10]、吸收能力[11]、承载力[12]等。

由于许多地物的质和量在时间上的变异性和认知估测上的可能误差，因而许多地物的量值实际上是统计上的平均值，故在概率意义上属50%置信度的可能值。对人类需求而言，这样的保证率显然是不够的。故人们在资源环境的评价中多按人类实际需求的保证率水平来确定资源环境要素使用价值的评价标准[13]。

资源环境地物与人类需求的时间变异状态评价包括：①中短时间尺度现实性资源环境地物质和量的时间变异与社会需求的同步性评价[14]；②长时间尺度上资源环境供给（服务）地物使用价值变化的评价，包括流动性资源环境长时间的节律性或旋回性演化与人类需求的长时间演化背景下资源环境使用价值变化的评价[15]和根据社会生产力水平提高趋势的不同质量资源环境使用价值的评估[16]。

资源环境地物使用价值的地域空间状态评价可分为不可移动地物的使用价值评价[17]、条件可移动地物的使用价值评价[18]和多要素共同作用地物的地域空间匹配及其使用价值评价[19]。

5.1.2　地物的经济价值（交换价值）评价

地物的使用价值评价本质上是分别对各种资源环境地物及其组合的自然属性（质和量及其时空配置）与人类需求关系的评价。由于不同地物和不同需求的评价对象、评价目标及关联方式（评价指标、评价单位）各不相同，因而相互之间的强弱、高低、优劣不能进行对比。且许多地物有多种利用方式，某些地物之间还可相互替代，而人类的各种需求在地物利用上也有不同的选择和竞争，此外，由于许多地物在效用上的不可兼容性，甚至相互排斥，因而比较这些不同用途和不同选择的合理性及对人类的总体效益，仅靠使用价值的信息是不能解决的[20]，只有建立一个可公度的、可比较的和可把不同使用价值的效益统一起来的价值概念和价值标准才能解决。资源环境地物的经济价值评价就是用某种可公度的“经济指标”（如货币）来比较和分析不同类型的有效用的稀缺性资源环境的供给和需求关系，为进行资源环境的合理配置和利用提供科学依据。

地物的经济价值评价的任务是将地物的使用价值转化为可公度、可比较的经济价值。这一转化的前提（基础）就在于地物的效用性和稀缺性（参见注释 7）。因为只有效用才能满足人类社会的某种需求而建立地物的供给和需求之间的联系，只有稀缺才有使用上的竞争和选择，才能比较不同地物的价值高低和相互交换的比例。将地物使用价值转换为经济价值的根本途径在于交换，故经济价值也可称为交换价值[21]。在人类社会几千年的发展中，经过长时间的货物交换和权衡比较，建立了通过统一货币来比较生产生活用品经济价值的体系。但对于自然资源和环境而言，直接用现有市场价格作为公度指标来表达其经济价值还存在不少问题。这是因为许多自然资源与环境的权属主体不明确，其市场化程度很低，市场化的前景也依然受人类认知和技术等因素的限制，只有部分资源环境或其为人类提供服务的功能属性在市场上获得评价，大部分的服务功能所具备的价值在市场上难以得到直接地体现[22]。因此，资源环境地物的使用价值向经济价值转换主要有两种途径：①通过市场交换形成的资源环境价格[23]；②通过其他替代办法进行资源环境价值评估，主要有影子价格评估法[24]、机会成本估算法[25]、替代成本估算法[26]、防护成本估算法[27]、恢复成本估算法[28]、损害成本估算法[29]、支付意愿评估法[30]和租金、税、费、转移支付法[31]等。

资源环境地物的经济价值既然取决于地物的效用（使用价值）和稀缺性，因而也必然随效用的变化和稀缺性的变化而变化。稀缺性的变化一是由于需求的增减，二是由于地物本身的增长、削减或人类的过度使用或控制使用。

由于一种地物的多种使用价值有些在使用中是不能兼容的，利用其中一种功能就可能要放弃或牺牲其他某种或某些价值，因而相应的经济价值也是不能同时实现的。故一种地物的多方面的经济价值在这种不可兼容的状况下也是不能加和的，只有可兼容同时使用价值的多种功能所体现的经济价值才可以加和。必须强调的是，在一个相互关联作用的资源环境系统（或地域系统）中，资源环境的总价值也不等于各组分资源环境分别计量的价值总和。这是因为：①在这种情况下资源环境的总效应是各组分协同作用的结果，各组分的关联本身就包含其效用的相互作用和效益的增损；②多要素共同作用的总体效用一般受限（或取决）于最短缺的资源环境要素的效用（短板效应），其他要素超出与短板平衡效用的部分发挥不了作用，除非通过特定手段提高短板要素的数量和效用，才能充分发挥其他要素的作用。

5.2 地物的干扰影响评价

地物的干扰影响评价指作为环境的某种地理现象、地理过程造成与人类有关的某种地物对人类服务功能（效用）的减损、下降，或直接对人类生理功能（生命、疾病）的干扰伤害作用的评价。就造成干扰的地理现象和地理过程而言，其基本特征和一般过程的分析研究方法与前面的地理分析（参见第4章），如因果分析、系统分析等并无区别。但当把这些干扰性、破坏性地理现象、地理过程与人类生产生活的需求关联时，就必须视为对人类需求的负面作用，作为专门问题进行评估。

对人类生产生活产生干扰作用的地理现象、地理过程大致可分为两类，即持续性的缓慢作用的干扰和突发性干扰，从对人类的损害角度来讲，也称为趋势性灾害和突发性灾害，前者如海平面上升、地面沉降、土壤侵蚀、生态退化、环境污染等，后者如台风、暴雨洪水及其导致的突发性地质灾害，以及火山、地震、瘟疫等。但二者并无截然分开的界线。持续性的缓慢作用的干扰（或称趋势性灾害）一般具有灾象隐晦、持续时间较长、能量释放缓慢、危害范围深广等特点，人类一般可以有一定的缓冲适应和监测预防的余地；而突发性干扰（或称突发性灾害）则通常具有潜伏期难以监测、爆发期短促、能量释放快、恶性灾害大等特点。不论是持续性的缓慢作用的干扰还是突发性干扰，均可分为干扰源、作用环境、干扰受体和干扰链等要素，对于灾害而言，称为致灾体、致灾环境、承灾体和灾害链四要素。干扰（灾害）对人类的作用为这四要素共同作用的结果，而各种干扰在地域空间上存在不同的分异和组合特征。故从地理评价角度，地物的干扰影响评价包括干扰要素评价、干扰作用综合评价和干扰的区域评价。

5.2.1 地物干扰要素评价

（1）干扰源（致灾体）评价。主要评价干扰源的形成机理、强度及其时空特征。形成机理的分析属地理分析的范畴（参见第 4 章）。与地物的干扰评价直接关联的是干扰源的强度分级、发生频率及其地域分布。强度分级应与干扰受体的响应相对应来划分，而不能是纯自然的分级。发生频率应以足够长时段的统计为依据。地域分布通常根据调查研究的结果确定，或根据其产生的条件的分布状况来推断。有些地理现象具有益损二重性，应进行效益和损伤的双重评价。

（2）干扰作用环境（致灾环境）的评价。主要评价影响干扰源（致灾体）作用力发挥作用的各种条件，如使作用力聚集或分散的地形条件，削弱或加强作用力的环境物理、环境化学或生态条件，特别是影响干扰或灾源体作用的社会经济和文化条件。

（3）干扰受体（承灾体）的评价。主要包括干扰受体对干扰作用的敏感性（如土壤侵蚀敏感性、酸雨敏感性、地质灾害敏感性、生境敏感性等）[32]、干扰受体受到的损失（实体损失或经济损失）、干扰受体的承受能力[33]，以及这些状态特征的地域分布。干扰受体的损伤评价可以从实体损失和经济损失两方面进行，用货币单位进行经济评价时，应注意把不同年份、不同区域的地物货币价值订正到可比价上。

（4）干扰链（灾害链）的分析评价。由于地理过程和地域系统的开放性与普遍的关联性，干扰链（灾害链）的存在是地物干扰过程的普遍现象。为全面认识地物干扰影响及阻断干扰的发展，应分析干扰链（灾害链）的过程和特点。干扰链的传递有三种情况：一为单纯作用力的传递，其中间环节并未发生对人类效益有明显影响的响应，如暴雨通过河流水文状况的变化导致下游区域的洪涝灾害，长期气候变暖导致地球两极冰川消融引起海平面上升，从而使地球大陆沿海低地遭受淹没；二为干扰受体（承灾体）出现的对人类不利的响应链的传递，如干旱造成的作物减产—农民饥饿—社会动荡……；三为两类传递链的混合和交替作用。干扰传递链应评价传递条件、转移概率、转移中的力的衰减或增强，以及干扰在地域空间的传递过程。

5.2.2　地物干扰作用综合评价

地物干扰作用综合评价是以区域为单元，以对人类生产生活的不利影响程度为标准，把干扰源（甚至包括其形成因素）、干扰作用环境、干扰传递链和干扰受体（状态和人类的调控响应）作为一个整体系统进行系统地分析评价，主要有生态系统脆弱性评价和灾害危险性评价。

生态系统脆弱性有三层含义：①内部的不稳定性；②对外界干扰和变化的敏感性；③在外来干扰和环境变化的胁迫下遭受损失和伤害，且难以恢复。因此，生态系统脆弱性评价包括体系本身的稳定性评价、对干扰的敏感性评价及由稳定性、敏感性和干扰源强度相结合导致的系统可能受损的程度评价[34]。生态系统脆弱性可用定性方法、定量方法和二者相结合的半定量法。定性方法根据经验和各种资料，描述生态系统的历史演变、当前状态（稳定性、敏感性、对外胁迫的承受能力和恢复力等）及在外部干扰下的可能响应。定量方法通过建立一定数学模型，来定量评价生态系统脆弱性，主要有回归分析法、聚类分析法、非线性模型法、模糊分析法、灰色分析法、关联度分析法和综合指标评判法等。综合指标评判法是当前最常用的定量方法[35]。

灾害危险性评价多用于突发性干扰的评价。一般包括危险识别、危险预测和社会评估三方面内容[36]。危险识别主要评估危险源、致灾环境、危险类型和危险受体[37]。危险预测主要评估灾害发生的可能性和灾害发生后可能引起的损失程度，方法主要有预言、直观判断和推断等[38]。社会评估指对危险预测结果和危险管理决策的评估，为政府和公共企事业单位（如保险、医疗）提供危险管理的决策依据[39]。

5.2.3 地物干扰影响的区域评价

地物干扰影响的区域评价一般包括地物干扰作用的区域分异分析评估、干扰作用的地域空间动态过程与模拟推演、干扰影响集中区——地理交界带或生态脆弱带的分析评价。

地物干扰作用的区域分异分析在方法上与地理区划（区域区划和类型区划）的方法基本相同（参见4.7节）。应强调的是，地域干扰影响的区域划分属于以实践应用为目标的划分而不是纯科学认知目标的区域划分（参见第4章注释89、99），因而应以反映地物干扰对人类生产生活影响的性质和程度为首要原则。

地物干扰作用的地域空间动态过程与模拟推演指对已发生和正发生的干扰作用在地域空间上的扩散或转移的时空过程及其原因进行回顾性分析，以及对可能出现的干扰作用或致灾作用（如台风、地震等）的时空过程的预测和推演。现代基于地球信息科学的虚拟现实技术和地球信息图谱方法为地物干扰的地域空间动态过程的分析提供了有利的手段（参见4.9节）。

干扰影响集中区——地理交界带或生态脆弱带（参见1.2节 注释37～39）是地域系统的过渡带或生态系统的地域空间过渡带，主要有：①水陆交界带，其重要类型有海陆交界带、河流变迁带和湖滨带；②农牧交错带；③山地平原过渡带；④沙漠或绿洲边缘带；⑤梯度边缘带；⑥城乡交接带；⑦地缘政治区交接带；⑧文化地理区交接（交错）带等[40]。这些过渡带都是一些特殊的地理区域，具有一组由相邻地域系统或生态系统之间相互作用力所确定的特征，主要表现在：①界面的过渡性[41]；②界面的边缘效应，包括处境生境复杂、生物多样且竞争激烈、生产力相对较高等[42]；③系统的不稳定性[43]；④边界性质特征的不连续性[44]。地理交界带或生态脆弱带的评价通常有两个角度：一为对交界带本身的评价；二为对两侧地域系统或生态系统作用的评价。对于人类社会而言，无论是交界带本身，还是对两侧的地域系统（生态系统），均有正效应和负效应问题。就交界带本身而言，其正效应主要是荟萃两侧地域系统（生态系统）的资源环境要素（物质、能量、信息等），形成一个独特的、具有高度活力的自然或社会经济文化系统，引领自然的演化和人类社会的进步与发展；其负效应主要在于生态的脆弱性和不稳定性对人类社会的干扰甚至灾害。地理交界带对于两侧地域系统（生态系统）的作用主要有连通性、阻隔性、缓冲性和交互作用结果的扩散效应以及对一些特殊事物（如物种、基因、社会经济或文化要素）的庇护性。这些作用的正面性或负面性视人类（人群、个人、集团和社会）需求的目标而定，不能一概而论。

5.3 人类活动的环境影响评价

人类活动的环境影响评价广义上指针对人类的各种活动对自己赖以生存和发展的地理环境的状态和过程的改变及其对人类生产生活的反馈影响的评价[45]。人类活动的环境影响评价一般可分两类：一般性的人类活动的环境影响评价和区域规划与专项工程的环境影响评价。

5.3.1 一般性人类活动的环境影响评价

人类活动的环境影响评价是人类对地理环境认知到一定阶段的产物，通常是对历史人类活动已造成的后果的分析研究和评价。最早系统关注人类活动对地理环境影响的地理学家是 G.P. 马什，他 1860 年出版的专著《人与自然：人类活动所改变的自然地理》开辟了地理学研究环境问题的新方向，被誉为“环境保护主义的源泉”[46]。自从人类从动物分化出来，就以独立的能动的力量利用地球的资源和环境，并不断改变地球表层的面貌。人类总是带着一定的目的去开发地球的资源和改造、利用自己所处的环境，以满足自己在当时生产生活的需求，故就利用者当时的生产生活而言，资源的开采、环境的改造和利用是有利的、有效用的，人们不会愚蠢地去把自己的周围改造成不利于自己生产生活的环境。然而，由于人类认知的局限性和地物的历史积淀性（参见 1.1 节），人类资源利用和环境改造的许多后果积淀在地物之中，这种人类活动的积淀式改变对于当时利用者自己滞后的生产生活，特别是后来居住者必然有不同于原来未受人类干扰改变的资源环境价值和效应。故一般性的人类活动的环境影响评价主要是指相对于未受人类干扰改变的环境而言，人类活动造成的资源环境地物的改变对人类需求和效用（使用价值和经济价值）的变化。

受人类干扰改变的资源环境地物对人类需求的价值（价值改变）评价总体上与地物服务功能评价的方法或者地理灾害损失的评价方法基本相同，但要注意处理以下问题：①把由人类活动引起的环境变化与非人类活动引起的环境本身的变化区分开来进行评价，还要正确评价人类活动的作用与原环境变化动力的交互性作用或相干性作用[47]；②既要评价人类活动引起的环境变化对人类生产生活的干扰性负反馈，也要评价环境变化对人类生产生活有利的正反馈，即注意正负两面性的反馈，避免片面性[48]；③注意人类活动引起的环境变化的外溢性[49]；④注意影响效应的时间延续性和滞后性[50]；⑤注意人类活动环境影响的传递链[51]；⑥注意人类活动环境影响的多途径与交互作用问题[52]。

5.3.2 区域规划与专项工程的环境影响评价

区域规划与专项工程的环境影响评价指对人类在特定区域进行的区域发展建设规划（如城市规划、流域规划）涉及的环境影响进行预测性评估，或对拟实施的专项工程项目可能产生的环境影响进行评估，以及对工程实施若干年后实际的环境影响进行追踪性监测评估。后者又可分为区域开发活动环境影响评价和单体项目环境影响评价。区域发展建设规划、区域开发活动和单体项目是人类主观能动的地理活动的三个不同层次。第一层次是人类按自己的需求设计规划一个区域地物实体（包括地理环境景观）的演化方向；第二层次是人类按自己的需求和已有的改造环境的能力实施区域资源环境的综合性开发改造活动；第三层次是人类根据具体项目的效益进行目标明确的生产生活活动。三种层次的活动尽管时空尺度和具体内容不同，但都必须对为实现目标的人类活动引起的环境变化可能对人类生产生活的反馈影响（有利或有害的影响）进行评估，并以评估的结果来确定或修正规划方向、开发计划内容或项目设计，把其涉及或可能引起的环境变化限定在人们对环境需求允许的范围之内，从而使相应的人类活动成为可控的活动。因此，规划环评、区域开发活动环评和项目环评与规划、开发活动计划及项目设计必须交叉进行，并列入环境管理的程序之中[53]。

规划或开发方案的环境影响评价的简化流程如下：①识别环境影响因素和筛选环境影响因子[54]，通常用清单法[55]、矩阵法[56]和网络法[57]来表达；②确定评价的时空范围[58]；③进行与环境影响评价相关的环境现状（本底）调查；④人类活动的环境影响源分析与评价[59]，一般方法有类比法[60]、经验公式法[61]和排放系数法[62]；⑤人类活动区域环境影响预测[63]；⑥人类活动环境影响综合评价，把规划或区域开发方案中所有人类活动环境影响综合归纳为一个总体评价指数，以评价规划或区域开发方案的合理性，或对不同方案进行比较和选择，主要方法有加权积分（加权求和）法[64]、系统工程法（如层次分析法[65]）、指标体系法[66]和数学模拟法[67]；⑦人类活动环境影响与人类环境需求（环境法规要求）的符合度比较以及提出规划或开发方案修改意见；⑧在规划或区域开发方案修改后，再次进行环境影响的最后评价，并提出相应环境管理方案；⑨人类活动环境影响追踪评价[68]。

5.4 人地关系地域系统分析评价

严格地说，人地关系并不是地理学专有的研究领域[69]，但一直是地理学研究的传统之一[70]。准确地说，地理学研究的人地关系是指人地关系地域系统，它被认为是地理学研究的核心[71]。人地关系地域系统指的是在地域基础上的自然地域子系统与人文社会地域子系统的关系，内容主要包括：①人地关系地域系统形成的基础——自然地域子系统与人文社会地域子系统的关联关系；②人地关系地域系统的结构、功能及其状态与演化的机理与趋势；③人地关系地域系统的整体综合评价。

5.4.1 人地关系地域系统形成的基础

研究表明，人地关系地域系统形成的原因包括：①地球表层特定的自然系统的异化分解，且从异化开始就带有显著的地域烙印。②异化分解后的人文社会地域子系统对自然地域子系统不可切割的依赖性及其日益增长的对自然地域子系统的反馈作用（改造和干扰）。

自然地域子系统对人文社会地域子系统的作用[72]主要表现在：①作为外力，促进人类进化，影响不同区域原人群的人类学、生理学特征；②作为资源和环境，提供人们赖以生存和发展的基本条件[73]；③在人类社会发展的一定历史时期，以特定形式限制人类活动的地域空间[74]；④作为导火线，触发一定时期、一定区域的特定社会历史事件[75]；⑤作为长时间尺度缓慢变化的序参量参与或控制不同地域长时段尺度历史进程并影响相应区域的社会文化特征[76]。人文社会地域子系统对自然地域子系统的作用可用埃利希模型 $E=P\times C\times T$ 来估算，其中，E 为人类对自然环境的影响；P 为人口规模；C 为人均资源消耗量；T 为单位资源消耗量对环境的影响[77]。人类社会对自然地域子系统的影响主要有七种形式：①改变区域地表结构，进而改变区域自然景观[78]；②改造生物种群，即改变自然生态系统的核心组分，从而改变生态系统的组织、结构和功能[79]；③改变自然地域系统的物质迁移与转化过程[80]；④改变自然地域系统的能流和能量平衡[81]；⑤作为触发因素，引发、加快或减缓地表自然地理过程[82]；⑥在一定地域形成人造的或人为控制半控制的自然系统[83]；⑦自然与人文社会的相互作用以结构性关联的演化为特征，具有显著的阶段性[84]和区域不平衡性[85]。

5.4.2 人地关系系统的整体性认知

人地关系系统的整体性认知是 20 世纪下半叶以来，特别是 60 年代以来逐步形成的。在这之前，人们先后从地理环境决定论[86]、可能论[87]、或然论[88]、人类适应论（生态人类学或人类生态学）[89]、人类支配论（人类决定论）[90]和生态伦理学[91]等不同视角对人地关系的各个侧面进行了许多研究和论证。随着现代世界社会经济总体上的高速发展、区域间关联和依赖性的不断增强、区域社会经济不平衡性的加剧、人类活动和干扰引起环境事件的频发以及环境问题外溢作用的扩大，人们对以往的自然观不断进行反思、研究和辩论，通过扬弃和综合以往人地关系的各种观点，确认了人类发展必须与自然演化相协调（在人地关系上称人与自然协调论）的可持续发展观[92]。可持续发展是为当代人们所共同认可的人类发展的战略目标，其内涵极其丰富，包括公平分配和均衡发展的社会观、在保护地球自然基础上持续发展的经济观和人类与自然和谐相处的自然观，还包括在这一战略目标下的一系列政策建议。其中，可持续发展观在人地关系方面的基本观点如下：①资源和环境有限的地球是人类唯一的共同家园；②人类的发展与环境不可分割，应把地球看成一个以人为中心、以自然环境为基础的自然、经济、社会和政治因素相互关联的整体系统；③发展的持续性是这一系统的本质特征；④区域之间的公平性和代际的公平性是这一系统的基本要求；⑤人与自然的和谐是这一系统稳定可持续发展的基础。

5.4.3 人地关系地域系统的结构、功能与演化

对于人地关系地域系统的结构，人们从不同视角用不同概念模型进行表述，其最基本的结构模型如图 5-1 所示。

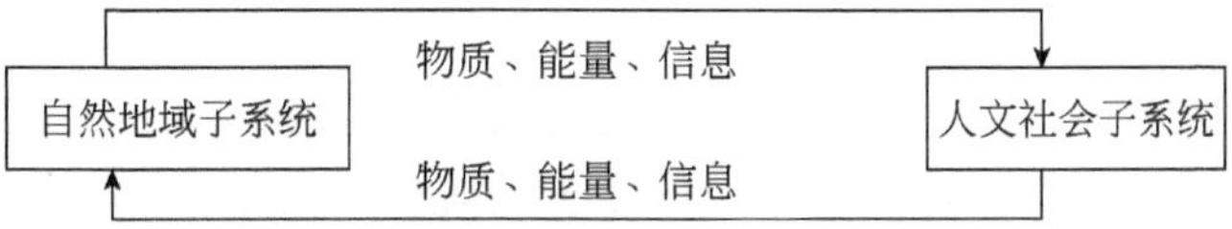

图 5-1 人地关系地域系统的结构模型

H.T. 奥德姆用能值统一自然地域子系统和人文社会地域子系统之间及其内部的流路，建立了基于系统生态学的人地关系结构模型[93]；王铮等用资源－环境－人口关系（REP）来表征人地关系结构[94]；A.Friend 从环境角度提出压力－状态－反应（响应）（PSR）的人地关系结构模型[95]；联合国可持续发展委员会将压力改为驱动力，建立驱动力－状态－响应模型（DFSR）；米都斯等提出基于系统动力学的人地关系系统结构模型[96]。此外，人口－资源－环境－发展（PRED）模型也属于人地关系的系统动力学模型[97]。根据自然子系统和人文社会子系统相互作用的机理，可用以下模型作为分析人地关系地域系统结构、功能及其稳定性与演化的基本框架（图 5-2）。

图 5-2 人地关系地域系统结构、功能及其稳定性与演化的基本框架

由承载力、缓冲力和恢复力三要素综合构成自然地域子系统的容量，由生产力、需求力和调控力综合构成人文社会地域子系统状态，二者的相互作用（功能）决定了人地关系地域系统的稳定、失稳和演化状态[98]。承载力通常指一定时期、一定区域由自然地域子系统对人类社会基本维持和发展的支持能力；缓冲力指系统在保持一定结构和功能的前提下所能承受的变化[99]；恢复力是系统经受变化后重返平衡的能力和速度[100]。承载力、缓冲力和恢复力结合构成区域人文社会维持和发展的自然容量[101]。生产力是人文社会地域子系统在生产系统中将自然资源和环境转化为社会产品（包括人类使用的物质产品和作为人类居住与活动地域空间的环境产品）的能力。生产力主要取决于生产系统（劳动力、劳动资料和劳动对象）的规模和技术结构[102]。二者结合决定了人类在生产中获取自然资源的种类、方式和强度，决定了社会产品生产的种类、加工工艺和数量及其与需求力的关联，决定了生产过程向自然系统排放废弃物的种类、方式和规模，也决定了人类改造和干扰自然系统的能力。需求力是对人类生存需求（人口再生产）和发展需求的量度，取决于消费系统的人口（数量、结构和素质）和消费结构二要素[103]。需求力向生产系统提出产品生产的种类、数量和质量的要求，因而是生产力发展的动力因素。需求力与人地关系地域系统中的自然地域子系统的关系表现在两方面：一为通过生产系统向自然地域子系统获取自然资源（转为劳动对象）和改造、维护与改善自然地域空间为人类生活活动的环境地域空间；二为向自然地域子系统排放各种消费后的废弃物，降低环境容量。调控力是人类认识、判断、决

策和调节人文社会地域子系统内部各要素关系及其与自然地域子系统关系的能力。调控力以调控系统的调控结构为基础。调控结构主要由人的价值观念、社会系统制度安排和社会组织管理方式组成[104]。调控力通过调控生产系统的规模和技术结构、消费系统的人口（规模、构成和素质）和消费结构、人对自然系统的管理方式和调控结构本身的组分特征以及所属地域系统与其他地域系统之间的关系，维持人地关系地域系统的平衡稳定发展，以及当各子系统出现突变性变化之后，调控整个人地关系地域系统的协同性演化。

人地关系地域系统各要素相互关联的整体框架如图 5-3 所示。

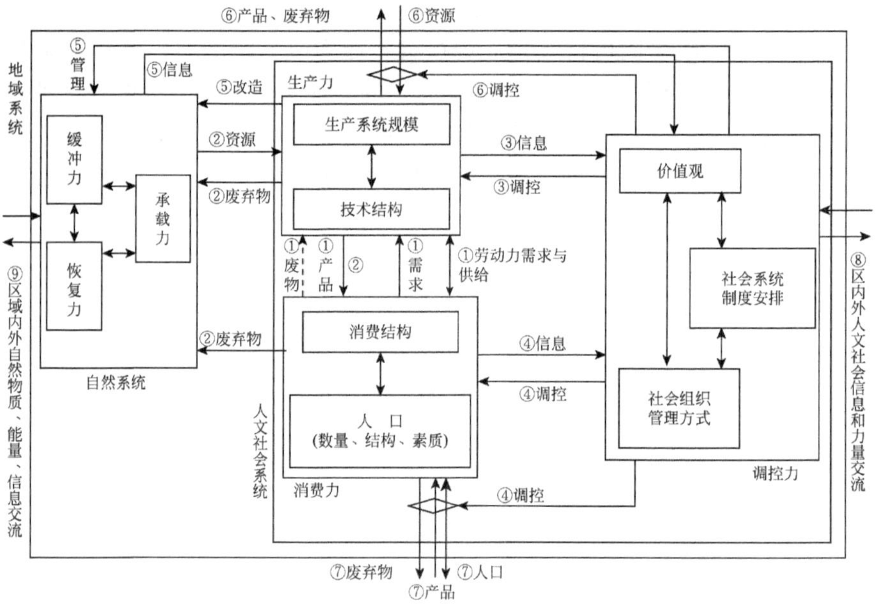

图 5-3　人地关系地域系统各要素相互关联的整体框架

序号指文中所述 9 组关联流路途径

在图 5-3 这一框架中，人地关系地域系统内部各子系统之间及其与区域外的关联流路主要有 9 组途径：①消费系统和生产系统之间。由人口和消费结构决定的需求力向生产系统提出生产的需求，生产系统根据其生产力向消费系统提供消费产品，消费后部分可重复利用废弃物重回生产系统作为资源（劳动对象）参与生产；生产系统根据生产需要向消费系统提出劳动力需求（数量和质量），人口系统在人口再生产基础上向生产系统提供劳动力。②自然系统和生产系统与消费系统之间。生产系统根据生产需求和生产力水平从自然系统获取资源作为劳动对象，将其转化为产品，将生产废弃物排放回自然系统中，把产品提供给消费系统，消费系统在消费之后把废弃物排放回自然系统中。这里生产系统从自然系统获取的资源和提供给消费系统的产品是一个广义的概念，包括最终作为人类生活活动场所的地域空间环境，如居民区、旅游区和交通通道等。因为这些区域同样要经人为建设和改造（广义的生产），人类才能进入活动。故人类生活活动使用的场所（地域空间环境）也与其他产品一样从自然系统经由生产系统转到消费系统，而不是直接从自然系统提供给消费系统的。③生产系统与调控系统之间。通过由生产系统向调控系统输入信息和调控系统根据信息情况反馈对生产系统规模和技术结构的维持或改变进行调控反馈。④消费系统与调控系统之间。由消费系统把状态信息提供给调控系统，调控系统反馈对消费系统的人口再生产及其素质与结构和消费结构进行调控（维持或改变）。⑤自然系统与调控系统之间。调控系统根据自然系统传输来的状态信息及其他子系统的信息进行反馈，有两条反馈路径：一为反馈对自然系统进行管理（如以法律形式划分自然利用区、保护区和资源可利用与限定利用范围）；二为通过生产系统对自然系统进行改造，使其更符合人类需要。⑥调控系统、生产系统与区外系统之间。调控系统根据生产需求和生产资料、原材料状况，以及产品、废弃物情况及其与区外的关系，调控生产系统与外部区域的交流。⑦调控系统、消费系统与区外系统之间。调控系统根据消费需求和生产系统供给的产品状况及其与区外的关系，控制消费系统对外的产品输入、废弃物输出及人口流动。⑧调控系统与区外人文社会系统（其所属的上一级系统及其他地区的人文社会系统）之间。通过信息和调控力的交流相互作用。⑨区域自然系统与区外自然系统之间。以物质、能量和信息交流相互作用。

就全球人与自然关系系统整体而言，不存在⑥～⑧组关联途径，第⑨组关联变为地球与地外系统的关联，如果把这一关联视为相对恒定的状态（缓慢的变化和相对固定的周期变化），则可把人地关系各要素及其之间的①～⑤组关联从整体上视为相对孤立的系统。因此，系统的正常运行必须是在中长期时间尺度上生产系统的生产力与消费系统的需求力相平衡，消费系统对产品的生活性消费与生产系统对自然资源（包括原材料资源和环境资源）的生产性消费相平衡，以及自然系统的承载力（资源供给能力和对生产生活废弃物的消纳能力）与其缓冲力、恢复力相平衡，从而维持承载力稳定在自然容量的限度内。但在短时间尺度上，由于消费系统和生产系统的自主性发展变化，以及自然系统的突发性事件（如灾害等），这些“力”之间往往不相平衡，这就要通过调控系统对各系统进行适应性调控，使全球人地关系地域系统得以稳定持续发展（黄鼎成等，1997）。

人地关系地域系统的结构功能和全球整体的人与自然关系系统不尽相同。主要表现在：①由于地球各地资源环境基础不同和人文社会系统的不平衡发展，不同的人地关系地域系统之间存在巨大差异和不可分割的交流关联，因而每一人地关系地域系统的关联途径除①～⑤外，还增加了⑥、⑦、⑧三种途径，第⑨组途径也主要以区间交流为特征，从而变成开放系统；②人地关系地域系统之间不仅存在相同级序的区间关联，而且构成层级关系，下一层级的地域系统要受上一层级地域系统的控制（当然也有反馈作用），特别是调控系统更受制于它所属的上一层级；③各区域的人地关系地域系统内部各要素之间不论是在短时间尺度还是在中长时间尺度上均不平衡；④区域人地关系地域系统的发展状态既取决于内部各要素之间的关联，也取决于与外部系统之间的交流。其稳定持续发展的最终限定条件是它在全球人与自然关系系统的总自然容量中可能占有的份额（区域内部自然容量和与外部交流体现的自然容量的代数和）。

人地关系地域系统是一个动态系统，其演变是一个由稳定到不稳定，再到新的稳定的周而复始并导致人地关系地域系统不断演化的过程。其稳定的条件是：①人类活动对自然地域子系统的作用必须限制在其占有的地球自然容量份额所决定的承载力之内；②可再生资源使用的强度应限制在其最大持续再生能力（最大持续收获量）之内，不可再生资源的消耗速度不超过寻求代用品的速度；③废物的排放强度不超过自然系统的净化能力和人类生理忍受限度。由于系统各组分变化的不平衡及不同区域变化的不平衡，必然在某些组分、某些环节和某些脆弱区域上率先发生变化，打破原有的稳定状态，引起系统失稳，进一步导致系统其他组分发生相应的变化，甚至使系统发生突破性变化。突破性变化通常应具备三个条件：①必须是快变量的变化；②必须是阻力较小的环节的变化；③必须是依赖性变量的变化。一般情况下，除突发自然灾害外，自然地域子系统是慢变量，人文社会地域子系统是快变量，因而，引发人地关系地域系统的失稳变化往往在人文社会地域子系统内发生，而人文社会地域子系统的突破性变化则往往源于技术结构和调控结构的对立统一运动。突破性变化将导致人地关系地域系统的失稳状态。失稳状态是指自然地域子系统的现状和未来状态（潜在状态）与人对应的要求不相适应，在突破性变化使系统进入失稳状态后，受系统趋稳原理和协同进化原理支配，系统的适应性变化开始发生，经过一段时间的反馈调试，系统又重新回到稳定发展状态。在适应性变化中，调控结构的变化具有决定作用。调控结构通过改变价值观念、权利关系、组织管理方式和调整区域间的关系，用新的调控机制影响技术结构和消费结构的调适，从而使人地关系进入新的状态。

5.4.4 人地关系地域系统的评价

人地关系地域系统的评价对象是系统整体而不是其局部组分或要素。对于其局部组分或要素及其相互关系的评价已在上述地理分析和资源环境对人的效用价值评价、对人的干扰评价及人类活动的环境影响评价中说明。评价对象是系统整体的结构、功能与状态对人类社会的意义。由于人地关系地域系统是一个多子系统、多要素的复合体，因而评价对象与评价目标之间的关联是多路径的复合关联，往往要用综合性的特征值来表征。当代人地关系地域系统的评价主要集中在区域可持续发展的评价上，针对可持续发展的实质，人们提出从生产力、稳定性、持久性、公平性、自主性和协调性六个方面进行评价[105]。由于我们关注的是人地关系地域系统，因而评价的目标除了系统本身之外，与其他地域的比较也应列入，且地域比较也是公平性评价的一个方面。作为整体性的评价，生产力正是人地关系地域系统的一个组成要素，似乎应作为可持续发展系统整体状态的一部分来看待，因而把其归为整体发展水平的评估之中。稳定性和协调性是相互关联的，协调性是因，稳定性是果，其最终取决于系统结构的平衡状态及其变化，故应从结构的平衡性和结构的发展状态两个方面的评价结果来判断。系统的可持续性是一个最高等级的评价目标，是由稳定性、协调性和发展状态共同体现的。自主性是内部关联与外部关联的关系问题，故似乎应从关联的整体角度来分析。所以，对于人地关系地域系统而言，主要可以在上述各种结构模型框架下，从以下四方面进行评价。

（1）系统结构的平衡性及其地区差异的评价。对于系统结构各子系统状态之间平衡状况的评价一般采用相同标度（或无标度）的可相比较的子系统的状态值进行子系统之间平衡状况的比较。两个子系统之间的平衡状态可用关联子系统状态值的差值或比值来表征[106]。根据表征结果判断人地关系地域系统结构上的平衡、临界平衡或不平衡状态，进而推断系统的稳定、亚稳定和不稳定，以及这种状态对于人类（或特定人群）的利弊。对于一个国家内部或全球各国之间而言，可进一步比较各地各国人地关系地域系统的和谐稳定性，区分不和谐、不稳定的原因类型，并做出处置的决策。

（2）系统结构发展状态的均衡性评价。在一个人地关系地域系统内部，各子系统均具有其内在的自主发展动力和演化规律，因而发展的速率是不一致的，这就造成结构的不平衡发展状态。这种不平衡在一定范围内是促进整体系统发展的动力，但超过了一定的阈值，系统的发展就要受到限制。因此，结构的发展状态是评估一个系统整体发展可持续性的重要指标之一，也是评估特定人地关系地域系统发展阶段的重要指标之一。系统结构的发展状态评价首先是估算各子系统不同时段的状态特征值，然后根据特征值的变化计算各子系统的变化方向和速率，以及速率的变化率（速率对时间的导数），最后比较各子系统之间变化速率的差异及速率变化率的差异，进而判断系统发展的阶段和可持续性及可能出现的问题。也用两个子系统变化、状态在二维象限中的位置来判断系统的协调性[107]。当对不同区域的系统结构发展状态进行比较时，可以分析区域发展持续性的地区差异及其原因，提出地区均衡协调发展的建议。

（3）人地关系地域系统整体发展水平的评估及其区域比较，即把人关地系地域系统各子系统及其构成的各要素的状态综合成一个整体发展水平的估计值来评估其发展状态，对各区域或各国、各类国家的发展水平进行比较，同时评估各区域、各国的发展水平与其和地球自然资源占有份额的关系，以评估区域发展的平等与不平等状态；人地关系地域系统整体发展水平的评估关键在于建构一个科学合理的评估体系、评估模型和综合评估方法。当前常用的有能值法[108]、绿色国民生产总值（GNP）法[109]、生态足迹法[110]和综合指数法[111]。

（4）人地关系地域系统的地域空间结构评价。人地关系地域系统的状态和演化在地域空间上是不均衡的。这是因为：①自然资源与环境在地域空间上的不均衡；②地物的历史积淀在地域空间上的不均衡；③人文社会地域子系统发展的进程客观上要求这种不均衡性合理存在[112]。人地关系地域系统发展在地域空间上的不均衡不等同于违背可持续发展区域之间公平性的原则，因为可持续发展区域之间的公平性指的是以人为单位计算的人均生产力发展水平或人均财富的区域差异的缩小，以趋向于平等。而人地关系地域系统发展的区间不均衡指的是单位土地计算的发展状态（质和量）的不平衡。而当这种不平衡与人口密度的地域空间分布不平衡相一致时，或趋于一致时，就应当视为公平。基于上述认识，人地关系地域系统空间结构的评价应包括两方面内容：①人地关系地域系统状态在地域空间上的分异（国家内不同省区市间和世界上不同国家或地区间的分异）对这些地区构成的整体（国家或全世界）可持续发展状态[如上述评价的总体发展水平，或以某一指标（如绿色 GDP）表征的发展水平]效益的评价，包括对发展指数、总体使用价值或经济价值等的变化的效用。这显然属于地物聚散或平衡（参见 1.6 节及其注释）的效应评估问题。这可以借助 P. 克鲁格曼的新经济地理（空间经济学）方法进行分析。简单的处理可以通过比较一个区域（国家、世界）内人地关系地域系统状态的地域空间变异的变化与区域整体状态（如绿色 GDP、发展总指数）变化的关系来评估。②人均的区域系统发展水平地域空间差异的演化状态评估，即可持续发展的区域公平性评估。可用两个时段人均区域系统发展水平（如 GDP、收入水平）的比较来评估，当人均区域系统发展水平的地区差异（可用区域变异系数）扩大时，属不可持续的状态，当差异缩小时，属可持续的状态。

注　释

1　地理评价在地理学中的地位

地理评价在地理论著中多分散在人地关系、地理分析、地理决策和实用地理等领域中附带涉及，未有相关集中阐述。中国科学院地理科学与资源研究所编的《现代地理学词典》把地理评价列为应用地理中的一条词目：地理评价是“运用地理学的理论和方法对地理客体及有关事物的性状和质量进行评价和鉴定。地理评价是地理学的传统研究领域，从人类生存与发展对地理条件的要求出发，评价资源与环境对上述要求的保证程度和承载能力以及人类活动影响产生的环境效应”（左大康，1990）。赫特纳认为，“实用地理学的任务可分为两个阶段：第一阶段是评价，第二阶段是作为事业直接基础的改进建议。评价和纯粹的科学知识一样不能超越地区当前的状态，但不能满足于对事实及其原因的认识，而要研究这些地理状况对人类的价值，它们怎样为人类物质和精神需求服务，它们可以对人类的寿命和谋生提供什么可能性，它们在哪些方面对人类生活和特性产生什么影响”“评价几乎是不由自主地导致改进建议……即从对现实的评价出发创造性地建设新的现实，按照人类的需求改造地区”。赫特纳批评很多地理学家就地理而研究地理的孤立性研究作风，认为“我们地理学者以前过分地把自己局限在纯粹科学问题上”（赫特纳，1986）。西方地理学在20世纪60年代计量革命中转向纯科学规律研究的方向，大部分脱离了对社会重大问题的评价应用，把对许多重大问题的发言权——环境问题、人口问题、社会经济可持续发展问题、自然灾害问题让位给其他学科，故80～90年代之后，许多地理学家经过反省，大力呼吁把地理学转向社会迫切需要问题的研究，认为只有这样才能促进地理学的发展，提高地理学的科学地位（蔡运龙和Wyckoff，2011），推出了《重新发现地理学——与科学和社会的新关联》这一议题（美国国家研究院地学、环境与资源委员会和地球科学与资源局重新发现地理学委员会，2002）。这些都显示了地理评价在地理学本身及其在地理学与社会需求的关联中的重大地位与作用。纵观国际地理学的发展和我国地理学在国家发展中的贡献可发现，地理评价是地理学科学研究与地理实际应用（地理决策、地理行为）之间的重要环节与桥梁，任何与地理有关的决策与行为都是建立在地理（地物和地理现象）评价及其价值认识的基础上的，而且评价不等同于地物之间一般关联的分析，因为它必须以明确的评价对象的功能效用目标为中心，有其特定的思维方式和方法（蔡运龙等，2017）。此外，在很多情况下，地理评价还是地理认知的深入（如地理系统的稳定性及其发展趋向）。故本书把地理评价从一般的地理分析与综合中独立出来阐述。

2　以人的需求为中心的地理评价

对事物的评价通常有两种视角：一为不涉及人类或特定人群需求的地理评价，即不以人的利益关系为标准的地理评价，在这种评价中，一种地物对另一种地物的作用，即其影响与效应，只有大小、强弱之分，没有好坏、美丑、善恶之别；二为以人类或特定人群需求为目标的地理评价，这就首先把地物（地理系统）视为资源与环境（广义的包括人类一切活动的资源环境，如政治、产业、文化活动的一切资源和环境条件），这就有好坏、利弊、善恶、美丑的价值之分。而这种对人的需求的价值之分，必然依人群而异。从政治角度看，对甲方有利的地缘政治态势，可能恰恰不利于乙方；对A有利的地域空间格局，可能恰恰是B方的桎梏。从经济角度看，利于A方发展和竞争的地理环境，不一定对其竞争对手B方有利。从资源环境角度看，A地开发造成的资源环境状态的地域格局，可能影响B地的发展和社会生活。至于社会文化特征的地域格局之功能效用，对于不同人群而言其利弊也可能是不一致的。

3 地物的服务功能

地物的服务功能指把地物视为人类（社会、人群）生产与生活的资源或环境，评价其可能提供的服务的质和量。功能通常有三种词义：一为事功和能力；二为功效、作用；三为同结构相对，指有特定结构的事物或系统，在内部和外部的联系与关系中表现出来的特性和能力（夏征农，1999），其概念是多义的。现在地理学或生态学在地理系统或生态系统分析中多用其第三种含义，即与结构对应的功能："一个地理系统在接受物质、能量、信息等输入变量后，进行变换、映射、转移、传输、储存、滞后、过滤、记忆等的能力，并产生出其他形式的物质、能量或信息。这是地理系统的一种基本属性，也为地理系统的目的。地理系统的功能既表现在系统对于外界环境的抗干扰能力上，也表现在对外界环境的影响和反作用上"（左大康，1990）。功能即作用、功能、职能、机能，在生态学上也是指与结构对应的景观与生态系统各单元各要素内外之间物质、能量、信息和物种的流动与转换（Forman，1995）。故功能的概念既包含内部的机能，也包含对外的作用；既包含对人类的有益的作用，也包含有害的干扰。服务即提供某物。生态学用"服务"表征生态系统为人类提供的有益功能，如Costanza等（1997）分析生态系统的17种功能为人类提供的17种服务。故本书用"服务功能"来表征地理评价中把地物作为资源环境看待时的评价目标——地物功能中能为人类生产生活提供的有用的物质和适宜的环境部分，以别于功能中地物（地理系统）内部机能及对人类不利的干扰方面的含义。

4 地物的资源与环境属性的关系

资源和环境是人们基于对地物自然属性与人文社会属性关联的认知而提出的概念。由于许多地物自然属性与人文社会属性之间存在多种关联，这些关联以资源和环境的性质表现出来，因而体现了资源与环境性质的同体性。这种同体性主要表现在三方面：①在使用价值上兼具资源价值和环境价值。例如，土地既可以是农业生产的生产资料，是作物初级生产不可或缺的资源，也可以是人们生活的重要环境条件，故既有资源价值，也有环境价值，二者是同体的。②同一地物的资源价值与环境价值的非加和性，或作为资源的多种资源价值的非加和性。例如，地表水是农业生产和许多工业生产的重要资源，同时也是人们生存和生态系统维护的重要环境条件，有的水体还是景观的重要构成要素，而有的水体是人类消费或工业生产之后最终废弃物的消纳场所。地表水对人类的各种可能服务均有其价值，但不能把其所有可能利用的价值加起来作为某地表水体的总价值，因为一定的水体只能用于一种（至多三种）目的，在这种利用之外的价值不可能存在，故所有可能利用的价值总和是不存在的。③地物作为资源和作为环境在利用上的整体性。这是因为地物的开放性及其各要素的相互关联性使其在环境利用和资源利用上既相互依存又相互牵制。例如，森林不断增长的材质是工业和人类生活的重要资源（木材工业、造纸和建材工业的原料，人居建筑的材料、工艺原料、薪柴等），也是大气物理和化学环境改善及稳定的条件与一些风景景观的组成要素。从自然角度看，作为资源的森林生物量增长与作为环境的森林生态服务功能的优化是同步的、相互依存的。然而，森林的开发利用则在不同程度上干扰森林环境，当开发利用速率大于森林更新速率时，则造成森林环境的退化，反之，森林环境的退化则反过来限制森林资源的更新和增长。而当森林主要用于环境的维护时，同样要限制资源的开发利用，故二者在利用上也是相互牵制的。故张象枢（2004）认为："环境和资源在本质上讲是同一个含义，只是在对人类的生活、生产及其他经济活动具有不同功能时才分为环境和资源"；陈静生等（2001）也认为，"自然资源和自然环境是两个不同的概念，但具体对象和范围又往往是同一客体，是从两个角度来认识和对待的同一事物"。

5　资源环境地物的本质特征——自然与人文社会属性的一体性

资源环境地物处于自然属性地物与人文社会属性地物之交的位置（参见第 1 章注释 23、24），因而既具有自然属性，也具备人文社会属性。但应该认识到，这一特征是客观存在的地物特征的主观认知。说它是客观的，是指该地物既依照一定的自然机理和规则存在和演化，如水、土地、生物等资源，又客观存在一定的人文社会属性，依人文社会规则运行，如所有权（国家的、部门的或私人的）变换、依稀缺性决定的经济价值交换等。但人们只有把其自然属性和人文社会属性关联起来认知才把它视为资源或环境。如仅关注其自然属性并仅研究其自然属性而不管其人文社会属性时，人们只是把其视为自然地物，而仅关注其人文社会属性并仅研究其人文社会属性时，则视其为人文社会性质的地物。故这一本质特征应是认知意义上的本质特征。

6　资源环境的稀缺性

稀缺性是一个经济学的概念，同日常生活中人们对该词的理解略有不同。在经济学上，即使某物品只具有一种用途，但如其可利用的量少于它能够有利地被利用的量，这时竞争存在于采用同一方式对该物的利用或不同地区对该物的利用之间，故也是"稀少的"。对环境的利用也是如此。"在环境的利用上，如果存在几种潜在可供选择的有利用途，而这几种用途又互相竞争，那么环境也是一种稀少资源。例如，新鲜空气可作休闲享受，也可作气体污染物排放降解场所，二者相互竞争，故也是'稀少的'。只有在环境能被用于任何目的，每种利用都带着有益结果，且各种用途之间也不存在任何冲突的情况下，环境才

是一种‘免费’资源或非经济资源。”（罗威和路易士，1985）

7 地物使用价值评价的性质

地物使用价值的评价往往被认为是经济评价，其实是从自然角度出发的评价。这是因为：①评价的对象是地物的自然属性——地物中对于人类生活和生产的物资需求的形成具有作用的物质、能量或信息特征。不管这些性质特征是天然形成的，还是受人工干预的，甚至人类生产产生的次生资源（如人工造的林）。例如，农业用地评价的对象是土地肥力，即土地供给作物生长的光、热、水、肥的质、量及其组合和持续能力；对矿产资源的评价是评价这些矿产原料中可供工业生产（提炼）的有效物质（如铁、铜、金、银）含量（品位）及其总量等；作为休闲环境评价的是其利于人体健康的自然景观要素；等等。②评价的目标虽然是社会、生产和生活需求的东西，但针对的是这些需求赖以满足的能量和自然物质属性。例如，人类生存和延续所需的有机物——食品的生产，为替代人类体力消耗的机器，这些物品—食物、机器等—对人的作用是自然物的作用，与原始人或动物采集的天然果食和用于敲砸东西的石头在意义上是相同的。③从地物的原始状态至人们所需的物态的转化过程属自然过程，如炼铁、农田作物光合作用和果实生产、大气净化、水资源和水能利用等。人们在这一角度上的评价除科学技术水平和生产力水平所决定的工艺可行性限制外，完全不涉及社会、经济问题。因此，张象枢（2004）认为，“‘效用’和‘使用价值’均是描述商品的自然属性”。

8 按赋存和流转状态的资源环境地物分类

为了便于分类阐述地物使用价值的评价方法，通常把资源环境地物按赋存和流转状态分为不可更新资源、可更新资源和其他资源。哈格特提出的自然资源分类系统如图 5-4 所示（Haggett，1975）。

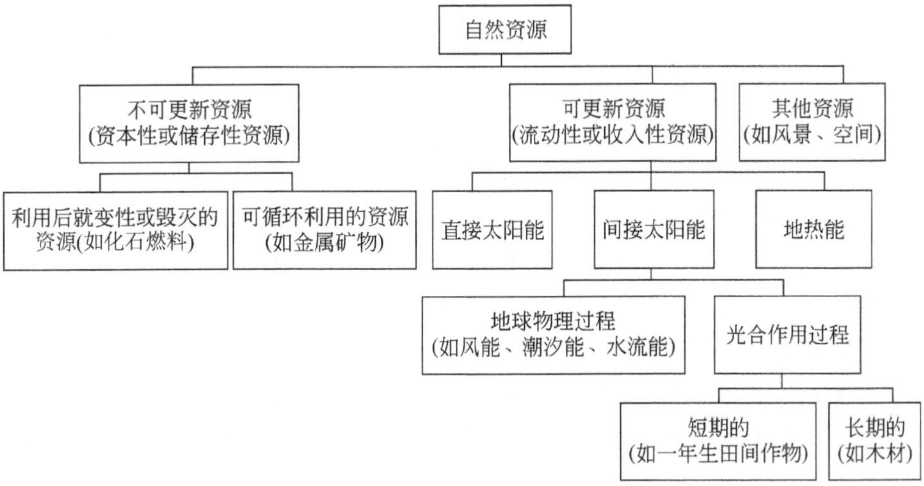

图 5-4　哈格特的自然资源分类系统

9　最大资源潜力

最大资源潜力指在其他条件都很理想的情况下，流动性自然资源能够提供的有用产品或服务的最大理论潜力。最大资源潜力有两种概念或两种估计方法：一为绝对的最大资源潜力，这是不考虑人类社会生产力水平的限制，资源环境可能提供的最大服务的量值，即其存在的绝对值。例如，由总的太阳辐射量计算的太阳能量，各种潮汐中包含的能量计算的总潮汐能量，由各级风力蕴含的动能计算的风能量总值。这种量值往往比在特定人类生产力水平下可利用的要大出几十倍甚至成百上千倍，是没有什么意义的。二为在现实的最高生产力水平下或可预测的生产力水平和资源开发的特定经济要求下（如至少是产出大于投入），最大可能利用的相对性资源量。这是一个比较切合实际的可用的资源潜力估计（陈静生等，2001）。

10　资源环境服务的持续能力

资源环境服务的持续能力指可更新的资源环境地物实际上能长期为人类提供有用产品或服务的最大能力，即不损害其充分更新的利用的能力（陈静生等，2001）。这种能力取决于两个因素：①作为资源环境的自然地物本身质和量随时间变化的地理过程；②资源环境地物在人类利用过程中的演化过程（参见 1.7 节地理过程及其注释 117 ～ 134）。首先，由于流动性资源环境地物本身的质和量存在时间上的周期性或非周期性变化，而人类的需求则多属稳定性的需求，因而应从总资源量中扣除其变动中在人类已有调控技术条件（如水的存储）下还不能利用的资源的量。其次，大部分流动性资源的更新能力受到利用强度和利用方式（通称干扰）的影响，更新能力对一定强度的干扰会产生正反馈和负反馈，因而应估算在人类利用条件下资源环境更新能力的变化，寻找利用与更新的平衡，理论上讲这个平衡点就是资源环境在该生产力、该利用方式下的持续供给或服务能力。

11　吸收能力

吸收能力又称自净能力、消纳能力，指环境媒介吸收人类资源利用后排放的废弃物而又不导致环境退化的能力。人类生产、生活利用资源后一定会产生各种废物，这些废物必定要排放（或经一定处理后排放）到环境中。废物进入环境之后都要经过环境各种介质的作用而变化，如有机物的分解、无机物的稀释和转化，变成无害或危害较小的物质，被环境净化或消纳。但当废弃物的排放量和排放速率大于环境净化能力时，或消纳转化的产物仍然危害环境安全时，环境必然退化甚至质变。故环境在维持自身稳定条件下转化和容纳废弃物的能力称为环境的吸收能力。

任何环境媒介的吸收能力都不是一成不变的，它既随环境本身的自然变化而变化，也因人类排放的废弃物的不同而不同，人类也可能通过对环境的改造而改变环境的吸收能力。但任何时候、任何条件下，人类都必须把废弃物的排放量控制在环境吸收能力的限度内（陈静生等，2001）。

12 承载力

承载力的概念最早源于畜牧业关于草场载畜量的估算。后来，奥德姆在其《生态学基础》中把承载力概念引申用于确定区域内人类居住的局限量。联合国粮食及农业组织（FAO）把其用于土地的人口承载量估算，指一定范围土地（或生境）可持续供养的最大人口（或种群）数量，其基本前提是把资源利用限制在不使环境发生显著变化而使生产力得以长期维持的水平上。承载力现也用于各种特定人类活动的承载力，如旅游区的承载能力（陈静生等，2001）。对于人地关系地域系统而言，承载力通常指自然系统对人口的基本生存和发展的支撑能力。一般来说，人类社会及其活动保持在自然系统的承载力范围内，系统才能实现稳定和持续（黄鼎成等，1997）。这里的承载力指的是人类社会系统赖以稳定和发展的支撑能力，故已把原承载力的概念、内涵和外延进行扩展。第一，人类社会系统的存在与发展对自然系统的需求不仅仅是其人口生存与发展所需的食物，而是多方面的，因而构成承载力的不是一个单一的要素，而是多种要素的集合。第二，人类社会系统的不同发展阶段的需求是不同的，随着人类社会的发展进步（或演变），其单位个人或群体需求的资源环境的性质（内容）和规模不断变化，总的来说是不断扩大的。第三，不同的地区由于不同的发展水平和人们的不同生活文化习俗，其对自然系统服务的需求是不同的。第四，就人类社会存在与发展所需的各种资源环境而言，其赋存状态和可移动性也是各不相同的，有的是不可移动的且不能更新的（如区位和地域空间面积），有的是不可移动但可更新和变化的（如地区气候、植被、土壤和生活环境），有的是在一定条件下可有限移动的（如水资源），有的则是在全球范围由可移动的（如矿产资源）。对于可移动性的资源，有的是不可循环利用的，有的是可循环利用的（参见 5.1.1 节）。第五，就自然系统对人类社会存在与发展的价值而言，有两类价值：一为供给的价值，即作为物质、能量、信息传输给人类社会系统，维持人类社会系统的正常的活动与发展过程；二为消纳的价值，即承载人类社会系统活动排放的废弃物（在环境学上相当于一定环境标准与现有环境状态之差的环境容量）以维持人类社会系统存在和发展的稳定环境条件。故对于一个特定的人地关系地域系统而言，其自然地域子系统的承载力指针对该系统特定的人文社会发展水平（阶段）和特定的人类消费特征，在特定的有限地域空间范围和特定长度的时段（如几十年、百年甚至更长）内，自然系统维持其存在与发展所能稳定提供的各种资源环境（不可移动且不可更新的资源、可更新资源的稳定更新量、可移动资源在更大范围总量控制下和运输可能条件下的稳定可获得量及可替代资源的可替代量）的支撑能力和承载该人文社会系统运行所排放的各种废弃物而不影响人文社会系统运转的能力的集合。

13 资源环境的保证率

保证率指某要素值大于或小于某一数值的可靠程度，通常以该要素在长时期内小于或大于某一数值的累计频率表示。由于储存性资源地物的发现和勘测获得的量值的不确定性，特别是流动性资源质和量在地域空间和时间上的变异性，因而资源环境供给（服务）的量值不可能是一个在任何情况下都一致的定值，而是一个在一定保证率下的数值。平常所用的统计均值（如年均径流量、年均温）在统计概念上是50%保证率条件下的数值。但这对人类需求而言是不够的，因为人类不能在50%保证率的条件下行动。例如，对地表水资源的评估，由于天然水变化的随机性和蓄水工程调蓄能力的限制，枯水年可供水量下降而无法达到预期的供水量，故水资源的可供给量不能用水资源的年均值估算，而通常要求提供80%保证率或90%保证率的水资源值。供水保证率可用典型年法或时历年法估算，如时历年法用15年以上水文资料计算水的供需平衡，以需水量完全满足的年份占总年数的比例作为供水的保证率。再如，在气候资源学上，通常使用各要素的多年平均值，则其保证率为50%，这样的数值对农作物的稳定生长、农业的稳定收益是很不够的，故用作资源环境指标是不安全的。要使农业生产有较大把握，或用于评估一个区域的生态条件，通常需要有80%保证率或90%保证率，因而应该用各要素的多年平均值、变率（标准差）数据及其统计分布特征（通常假定为正态分布）来推断各级保证率下的资源或环境要素量值，作为资源环境量值使用（李克煌，1990）。郑度等（2008）在中国生态地理区划中采用≥10℃且保证率为80%的积温天数和积温量值、保证率为80%的最冷月气温、最暖月气温及极端最低温作为温度指标来进行生态地理区划系统中热量带的划分指标，这比以前用平均值来划分更为科学和切合实际。

14 地物服务与人类需求的时间同步性现势状态评价

地物服务与人类需求的时间同步性现势状态评价指不考虑未来长时期或世代间的资源环境持续供给服务问题，仅就当下进行的或拟进行的人类生产生活活动中资源环境时间变化状态与人类社会需求时间变化的同步性进行评价。这种同步性有三种情况：一为在地域空间不可移动，又不可储备调节的资源环境的时间变化与社会需求时间变化的匹配状态。例如，一个区域的气候资源或气候环境（气候各要素）是人类生活和生产（特别是农业生产）的基本条件，但其随时间而变化，大部分要素不能储备，且气候整体也不能进行区域移动，而一些社会需求，如农作物生产又是一个在一定时间内的连续过程，在这个过程中（如从育苗到收获）对气候的要求也是变动的。只有供给与需求时间过程同步一致，才能得到最大的效用，但实际上是不可能完全同步的，故其实际可能的效用取决于资源环境时间变化过程的最小的量值。二为可有限储备和有限地域空间移动的资源的时间变化过程与社会需求时间变化过程的匹配。例如，水资源是一种在量值上具有高度时间变异性的资源，它在一定条件下可以储备调节（如土壤、水库等），也可在一定条件下进行区域调配（通过运河、渠道等）。但这种储备和区域调度均有一定条件，包括受其他自然条件和生产力水平的约束，而且还有一部分水不能作资源利用，如暴雨洪峰流量、维持河道生态平衡的枯水流量等。而人类生产生活对水的需求又是连续的，并有时间的变化，因而必须根据水的天然量的时间过程、可能的存储调节能力和人类需求的时间变化过程来分析水资源供需的匹配性，正确地估算其使用价值。三为共同作用的多种资源的协调状态的时间变化与社会需求的时间变化的匹配问题。例如，作为农业生产资源的土地是由多种气候要素、多种土壤特征和多种其他自然要素构成的综合体。这些要素有的质量高或量大，有的对农业生产而言质量不高或量少，而且各要素存在时间的变化，因而其使用价值的评价首先取决于这些要素短板的价值，其次考虑其短板在时间上的变化与农业生产具体需求的时间变化的匹配关系。还要注意到，对农业生产的需求而言，短板要素也可能存在时间的变化。例如，对于温带半干旱草原区域的牧草生长而言，夏季的短板是不足的降水量，这时超出牧草需要的再高的光照和再合适的温度条件也是无效的资源，而到了秋冬，低于牧草生产条件的温度成为短板，水分条件已不构成限制因素。故对于多要素构成的资源环境，其效用的评价应进行综合的分析，而不是简单的加和。

15 长时间尺度人的需求变化和流动性资源环境演变下的地物使用价值变化

在长时间尺度下，随着人类社会的发展变化，人的需求也不断变化，在几万年的时间尺度上，人类社会在全球各地不平衡地从采集狩猎社会经原始农业社会、传统农业社会、工业社会到后工业社会，其生活的物质与精神需求和生产的资源环境需求均不断变化，原先一些重要的资源环境退居次要地位（如作为燃料和建材来源的森林），而原先一些无使用价值或价值不高的地物则变为重要资源（如稀土矿物），或从一种使用价值转为另一种使用价值（如土地由农田变为建筑、公共设施用地）。另外，地物本身的自然属性也随地球环境的变化和人的活动干扰而变化，如土地中的草原变为荒漠或相反的变化，内陆湖泊从淡水湖变为盐湖，河口区域从浅海湿地变为陆地等。二者变化的结合使地物使用价值的供给与需求的匹配逐渐发生变化。这种变化有的是不可逆的。长时间尺度地物使用价值的变化一般包括两方面的研究：已发生变化的追踪分析和未来可能发生变化的预测性研究。

16 随生产技术变化的地物使用价值变化

作为资源环境的地物可利用程度随人类利用技术的改变而变化，因而其使用价值也因人类对其利用水平的提高而提高。一些矿产资源中有用矿物含量（品位）不同，在低生产力水平下，只有较高品位的矿产才可利用，具有使用价值，而在生产技术水平提高之后，低品位资源也可利用，从无价值的地物变为有价值的资源（当然，这取决于经济效益比较的开采价值，但技术上的可利用性是前提）。例如，铜矿资源，在20世纪初期，金属含量小于10%的铜矿是不会被冶炼厂使用的，因而仅达到这一品位的铜矿才能被当作探明储量，40年代以后，冶炼技术水平提高，含量仅1%的铜矿也被当作探明储量，而现在，即使含量仅0.4%的铜矿也属可采资源（陈静生等，2001）。再如，能源资源的种类及其使用价值从20世纪70年代起至今变化很大。煤炭地位相对下降，石油地位不断提高，核能、太阳能、风能等新能源利用不断扩大，页岩气、可燃冰、干热岩等开采技术不断突破，使人类能源的格局不断改变，从而使各类能源的使用价值不断变化。此外，一些由多要素构成的资源环境由于某一短缺要素在新技术条件下的补充而出现使用价值的改变，如光热条件很好而缺水的区域因供水的改善而大大提高总体使用价值。因此，在时间尺度上分析资源的价值，必须与由生产力水平决定的技术条件的变化结合考虑。

17　不可移动资源环境地物的使用价值评价

不可移动资源环境地物指资源环境地物的存在区（产区）与其使用价值的实现区（使用区）的地域空间不可分离的资源环境地物。其主要包括各种类型的气候（包括其要素）、地形、土地、地域空间和风能、太阳能和地热等。不可移动资源环境地物使用价值实现的地域、空间是固定的，人们只能在其存在的地方进行与其使用价值相适应的活动（生活和生产），以发挥这些地物的使用价值。当然也可在一定条件下改造这些资源环境（从而改变其使用价值）以适应人类的需求。不可移动资源环境对于人类赖以生存的基础——第一产业（农业、矿业）的生产和生活居住及生产环境的分布、结构和演化起着决定性的作用。尽管随着科学技术的进步，区域间交流的便利程度不断提高，运输成本不断下降，从而使地球"变小"，区间距离"缩短"，不可移动资源也可通过转化为产品（农产品、矿石、电力等）进行传递而变为可移动的供给和服务，使这些地物的地域空间差异失去意义，但是，地球上人类生活、生产和发展环境的优劣差异依然不能消除。人们依然要集中在优越的环境中生活（尽管不同时代优越概念不尽相同），要在适宜条件的地区生产，特别是第一产业的生产，故不可移动资源环境地物的地域空间分布在很大程度上起着限制作用。不可移动资源环境地物的使用价值评价主要包括其地理空间范围、质与量的状态、区位条件、周边关系及其承载力。

18　条件可移动资源地物的使用价值评价

条件可移动资源地物指在一定技术水平和一定地理环境条件下可被人类开发并移动到其他地方使用、消费（实现使用价值）的自然资源。这种资源的原产地和实现使用价值的区域在一定条件下是可分离的。这类资源主要有水资源，以及离开了生长地而作为生产生活用品的生物资源、矿产资源、非环境要素的能源（如石油、煤炭等）。由于这些资源使用价值的实现不在原存在地，因而其使用价值实现要素除了这些地物本身的性状（质、量和开采条件）外，还包括由产地至消费地的传输的可能性和技术条件，包括传输线路的地理环境及传输本身的技术要求。所以，某区域存在的某种资源的使用价值对于不同需求地是不同的，对某一地区的需求而言，不同产地的同种资源的使用价值也是不相同的。

19　多要素共同作用地物的使用价值评价

多要素共同作用地物指在一定区域中生产生活需要多要素地物的共同支撑，这些地物可以是不可移动的就地作用的地物，也可以是部分或全部源于其他地方，在一定条件可传输来的地物。多要素共同作用地物整体的使用价值取决于这些地物的组合关系。不同地区其组合关系是不相同的。而对于每一地区的需求而言，共同作用的各要素的可供给水平结合是不平衡的，有的要素充分，有的要素紧缺。最紧缺的要素成为多要素发挥作用的限制，即多要素共同作用地物的整体使用价值并不是各要素效用的加和，而是由最紧缺的要素决定的。超出最紧缺限制要素所决定的生产生活能力需求的其他要素更大的量值对于该时段该区域而言是没有使用价值的。

20 地物使用价值评价信息的缺公度性

在地物使用价值评价中因为不同实体对象和不同实体需求的目标各不相同，其实际关联途径也不一样，有各自不同的适宜标准，因而相互之间使用价值的高低优劣难以比较。

21 经济价值

哲学意义上的价值指的是主体与客体之间需要和满足需要的关系，是客体对主体的影响或意义。在经济学中，价值关系中的主体是人类。在经济学和政治经济学中，有多种价值论，即有多种价值概念，如劳动价值论、生产费用论、效用价值论、均衡价值论、功能价值论等。对于资源环境而言，现多采用效用价值论的概念，认为：①人是价值的唯一主体；②向人提供服务的自然资源（包括环境）、人造资源和人力资源是价值关系中的客体；③效用和稀缺性是价值存在的直接原因；④交换是价值形成的基本环节。经济体系中的价值是交换中所体现的价值，是交换双方所认可的价值，是经济活动中因为能支付而有效的价值部分，只有这种价值才是现实的和被经济体系认可并接受的，故经济价值也称交换价值（张象枢，2004）。

22 资源环境价值的特殊性

通过市场交换机制来确定物品价值的前提是：①有明确的产权主体；②有完善的市场机制；③如果产权主体是团体，要有团体成员一致同意的明确的使用属性；④要有明确的物品边界（外延）。然而，许多自然资源或环境不具备这些条件。例如，一个海湾，其范围似乎明确，但实际上由于海岸侵蚀和淤积及海平面变动，其范围不固定：它既是周边渔民捕捞、养殖的场所，也是周边港口的航道和盐场的盐水来源；既是周边居民点的景区和滨海娱乐场所，也是相当范围陆域气候调节的水体；既可能是一些人类共有的珍稀生物的繁育场，也可能是入湾河流的汇水区及其挟带的有限（或经处理后残留的）污染物的最后自净消纳场所。所有这些效用的使用主体各不相同，虽有国家（或委托地方）作为主体代表，但所有权和使用权是分离的，且使用权是相互交叠而不明确的。对于这种公共资产，至今没有完善的市场交易体系。因此，海湾及其各海区不能通过市场交易定价来确定其价值。

23 通过市场直接交换确定资源价格

对于一些权属主体明确，并已成为商品在市场上流通的资源类地物，其价格（经济价值的体现）由市场直接交换来确定。例如，房地产商们根据竞标地的居住条件、周边环境、开发成本和未来开发的使用价值（商品价值）、土地需求的稀缺状况来确定其竞标价格（愿意支付的交换资本），并经过相互之间的竞争比较而确定地块的价格；山林使用权的拍卖和矿山开发权的竞标也基本上属这类性质。对于矿山开发而言，开发者们根据矿石品位、储量、开发条件及向外输运条件等结合而形成的使用价值评估及市场的需求（取决于矿石的稀缺程度）来确定开采的成本和效益，确定允许的最高竞标价格，通过相互竞争最后确定矿山的价值。

24 影子价格评估法

影子价格是 20 世纪 30 ～ 40 年代 J. 丁伯根和康托罗维奇分别在经济学的线性规划方法中提出的概念，指当某种资源增加一个单位时，目标所增加的一定单位量。不同资源有不同的边界贡献，这种资源边际贡献就定义为该资源的影子价格。通俗地讲指多使用一个单位的资源所带来的边际收益，从而衡量这种资源的价值。反之，由于对资源使用的约束，在约束的边际条件下多约束一个单位资源而牺牲的收益。

25 机会成本估算法

机会成本指把该资源投入某一特定用途后所放弃的在其他用途中能够获得的最大收益（张象枢，2004）。例如，一片原生森林，因为有珍稀生物资源存在而定为自然保护区，这是用其生物多样性的价值，但生物多样性价格是不能用市场交易来确定的。这时可用其放弃、让渡而损失的其他使用效益来表征，如每年木材生产扣除成本后的收益、狩猎采集野果的收益、不允许游客进入而减少的旅游收益等。将所有其他项目因不能实施受到损失的最大者作为其生物多样性的价值。

26 替代成本估算法

替代成本估算法指资源环境地物中某种可以估算量值但又不能拿到市场上交易的效用价格采用通过其他方法产生该效用的最低成本来估算。例如，生态系统中植物通过光合作用为人类供氧的价值以人工（工业）分解含氧化合物制造同样量的氧气的成本来表征。注意，这里氧的制造不是指把大气中含氧混合气体中的氧分离提纯出来的成本，因为这种混合状态的氧与植物光合作用后产生的氧的状态是一样的。

27 防护成本估算法

防护成本估算法指具有消纳污染物功能的资源环境（大气、水体、土壤等）在其污染指标还未达到某种环境污染限度时的环境容量的价值按用环保设施（如污水处理厂、工厂除 SO_2 设备）处理并消除同样量污染物的成本估算。以大气容量资源的价值为例，美国排污权交易市场揭示出，1t SO_2 排放权的价格为 125 美元，这实际上是 1t SO_2 污染物的边际削减成本，也意味着提供或保护 1t SO_2 容量所花费的成本（张象枢，2004）。

28 恢复（重置）成本估算法

恢复（重置）成本估算法指以假定资源环境消耗或损耗后，对其进行恢复（重置）所投入的成本费用来表征资源环境的价值，包括恢复受损的资源功能（如对污水进行处理使之恢复使用的功能）或者重置受损的资源的功能（如植被破坏后重新恢复植被）所花费的成本。但是有些资源的恢复和重置成本可能是极高的，如石漠化的喀斯特土壤再造的费用成本是极高的，另外，有些资源的完全恢复和再造是不可能的，有的是需要极长时间的，因而恢复（重置）的成本能否代表资源的价值是有争议的。

29 损害成本估算法

损害成本估算法指通过估算资源环境损失后对利用资源环境的受体造成的效益损害或福利损失来表征资源环境的价值。资源环境损失后必然导致该资源环境所具有的功能的减损，从而导致其价值的损失，因此，损害成本比较全面地表征了资源环境功能的价值。估算的关键在于是否能够识别出所有相关的受体，并能够衡量出资源环境变化所导致的受体福利的变化（张象枢，2004）。

30 资源环境价值的支付意愿评估法

经济学上通常用消费者支付意愿，即消费者愿意支付的费用（或价格）来衡量物品的效用，支付意愿就反映了消费者对所愿支付商品价值的评估。将所有消费者的支付意愿加总，就可以得到该种商品的总价值。支付意愿除了表达客体对主体的有用性意义外，还包含客体对主体的其他意义（如精神意义、存在意义）的价值，而且支付意愿并不考虑主体的“支付能力”，即并非主体的实际支付，因而这种对资源环境价值的表征评估法还存在不少争议。

31 转移支付

在资源环境管理中一些既具有社会公共效益（如森林的涵养水源、调节气候、维护生物多样性等功能），又提供给直接经营者效益（如木材生产），且两种效益的维护和使用间存在一定矛盾的资源环境，为了维护和增加公共效益，必须推动和鼓励直接经营者对该资源环境维护和改善发展的积极性，又要限制甚至削减其对该资源环境的直接消费（如伐木、使用其环境容量）。为此，作为公众代表的政府将从全社会经济发展获得的收益中，或从该资源环境的外溢效益的获得者（如河流下游水资源使用者）的收益中提取一部分利益转移支付给该自然资源或环境的经营管理者（地区），以作为其资源环境保护贡献的回报和补偿其因减少该资源环境的消费造成的损失。

32　地理敏感性评价

地理敏感性指地物或地理系统对外来干扰作用响应的大小。严格地说，地理敏感性指在相同的干扰作用力下不同干扰受体对与人类的效益损伤有关的性质的变化量的大小，或干扰作用力的单位变化引起的干扰受体与人有关的性质的变化程度。例如，美国通用土壤侵蚀方程 $E=f(R, K, LS, C, P)$ 中，E 为土壤侵蚀强度。其中，R 为降水侵蚀力指数，由降水强度决定属于干扰源；K 为土壤抗蚀力指数，主要由土壤性质决定；LS 为地形指数，由坡长和坡度决定（在大范围内用地形起伏度估算）；C 为作物因素或地面覆盖因素；P 为水土保持措施因素。由 K、LS、C 和 P 四个要素构成的地面状况属于干扰受体，故土壤对降水的侵蚀敏感性 $L(R)= E/R= f(R, K, LS, C, P)/R$，而人类活动通过改变地面覆盖而造成的土壤侵蚀敏感性则为 $L(C)= E/C= f(R, K, LS, C, P)/C$。

33　区域承受能力

区域承受能力指某一区域的状态在一定的阈值范围内（稳定性、质变的阈值）对干扰的容忍能力。刘燕华和李秀彬（2007）把区域对各种干扰减损的承受能力视为一定区域、一定时间内生态稳定程度与经济发展水平的关系：$I=1-(\sum_{i=1}^{n} L_i-\sum_{j=1}^{m} R_j)/G$，式中，$I$ 为承受能力指标值，范围为 0 ～ 1；L_i（losses）为某种脆弱环境导致的经济损失，以多年平均计；i 为脆弱环境的种类；R_j 为某一改造措施而减少的损失；j 为改造措施的种类；G（GNP）为一定时段内多年平均国民生产总值。

34　脆弱性

在地学领域，P. Timmerman 于 1981 年最早提出脆弱性（vulnerability）的概念，指系统在灾害条件发生时产生不利响应的程度。系统不利响应的质和量受控于系统的弹性，该弹性标志系统承受灾害条件并从中恢复的能力。之后人们把脆弱性范围扩大到各种干扰损害的领域，并从各种角度（政治生态、人文生态、自然科学、地域空间）来定义和评价各种系统的脆弱性。刘燕华和李秀彬综合各种观点认为，无论研究对象是自然系统还是人文系统，无论是自然区域还是某一社会群体，无论是某一自然要素还是单个生物体，脆弱性都有三层含义：①它表明该系统、群体或个体存在内在的不稳定性；②该系统、群体或个体对外界的干扰和变化（自然的或人为的）比较敏感；③在外界干扰和外部环境变化的胁迫下，该系统、群体和个体易遭受某种程度的损失或损害，并且难以恢复。对自然系统而言，这种损失表现在正常功能被破坏，环境发生退化（如沙漠化、盐碱化等），生物多样性降低等方面；对人为系统而言，它表现为社会或个人在面对各种变化，尤其是自然灾害时的无能为力，这种无能为力往往给他们带来巨大的生命或财产损失。

35 区域生态环境脆弱性综合评价法

刘燕华和李秀彬（2007）提出脆弱性评估的一般技术流程如图 5-5 所示。

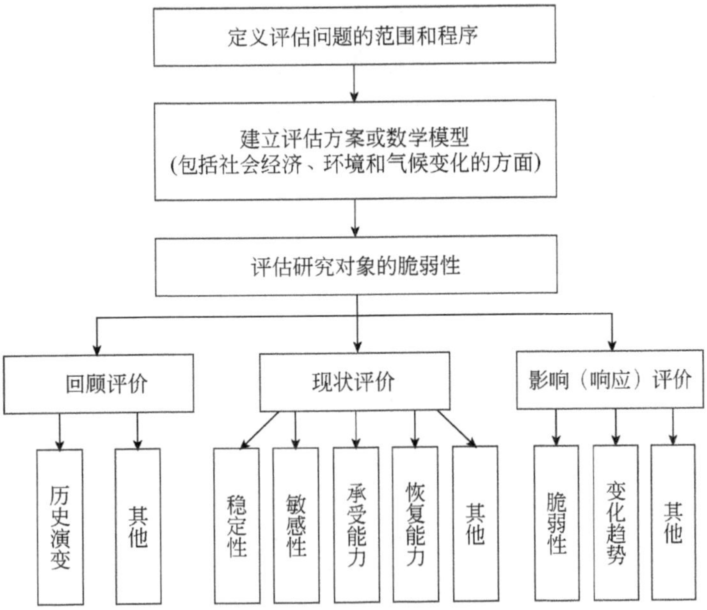

图 5-5 脆弱性评估的一般技术流程图

按照这一流程，脆弱性评估分 4 步进行：

（1）定义评估问题的范围和程序，包括定义评估对象——自身比较脆弱或对外界变化较敏感的系统或区域；确定评估目的——认识环境胁迫的状态，系统的稳定性、敏感性、承受能力或阈值，以及系统对胁迫的可能响应趋势；选取评估区域、评估的时间框架；确定数据的需求。

（2）建立评估方案或数学模型。

（3）根据评估要求进行研究对象的脆弱性评估。

（4）根据评估结果，提出整治脆弱系统，实现系统持续发展的战略方针和措施（刘燕华和李秀彬，2007）。

36 灾害危险性评价

灾害危险性指灾害产生和造成损失的可能性及不确定性，即潜在的灾害。灾害危险性总是相对于人类而言的，即其最终受体必定是人。只有当危险转化为现实，并对人产生直接或间接的伤害才成为灾害。而灾害通常在一定区域出现，或存在区域的差异，因而灾害问题是一个地理区域问题。人类对灾害的认识和感知具有较大的局限性，使得其发生的具体时间、区域范围和强度及其可能后果都有很大的不确定性。所以灾害危险性评价就是针对灾害发生的可能性和不确定性进行深入研究和评价，从而为政府和公共服务部门提供关于灾害的决策依据。

灾害危险性评价的内容及流程如图 5-6 所示。

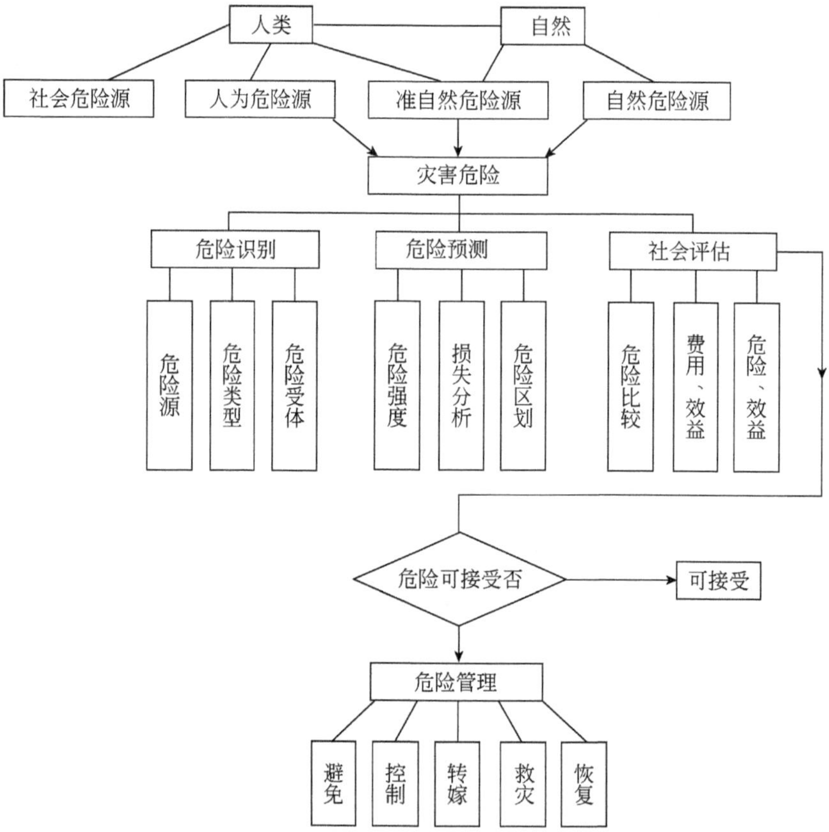

图 5-6 灾害危险性评价的内容及流程

（1）收集详尽的基础资料（包括与自然、人文与经济有关的资料），建立“环境参数数据库”。

（2）识别灾害危险，确定灾害的危险类型，建立“环境灾害数据库”。

（3）选择模型计算灾害的危险概率、危险强度及可能造成的损失程度。

（4）选择结果的表达方式（分值或危险概率值，等危险线图、危险区划图），得出直观、定量的评价结果。

（5）检验评价结果的灵敏度和评价的可信度。

（6）评估危险管理的效益和费用，选择最优化决策（罗祖德和徐长乐，1990）。

37　灾害危险的识别

灾害危险的识别指对灾害危险构成因素的鉴别和剖析，从某种意义上说是寻求危险信号的过程，就是从背景中检测出显著的灾难相关的异常信号与灾害产生之间的必然联系的过程。灾害危险的识别通常有三种方法：筛选、监控和诊断。灾害危险的筛选是应用标准化程序对灾害进行寻找、分类并按其危险概率及强度加以排列的过程。经典的方法是通过列出各种危险清单、聚类分析、参数相关分析等方法，以定量和规范地按危险程度排列出一地区面临的灾害序列，确定评价重点。灾害危险的监控指对灾害危险进行长时连续的调查、监测、记录和分析，以检测某些灾害危险临界指示体的变化、灾害条件的积累及防灾系统的易损程度。灾害危险的诊断类似于诊病过程，是对灾害与前兆的相互关系及灾害可能后果的分析和判断。主要手段是根据实际调查情况生成事件树和失误树，以识别灾害产生的原因和条件（罗祖德和徐长乐，1990）。

38　灾害危险的预测

灾害危险的预测指对已识别危险的度量。它可以是定量预测，也可以是非量化的或非统计的估计，即定性预测。灾害危险的预测可分为长期（5～10年）、中期（1～5年）或短期（1年内）的危险预测。预测的内容包括灾害发生的可能性（概率或周期）和灾害可能引起的损失程度。灾害危险预测的方法主要有预言、直感判断和科学推断三种。前两者通常依据不足，可信度低。科学推断的基本思维是将历史上的灾害事件视为一系列的循环事件，以过往的经历推断将来的灾害危险性。一般而言，重大灾害往往是小概率事件，一般灾害往往是大概率事件。不同灾害有不同的统计分布特征，要根据不同的概率和分布特征来判断灾害的危险性。灾害危险的预测方法通常有因果预测法、时间序列法和历史推断法等（罗祖德和徐长乐，1990）。

39　灾害危险的社会评估

灾害危险的社会评估指对灾害危险预测结果和危险管理决策的评估，即对灾害危险进行对比分析，以建立一套描述灾害危险的参照体系，使危险性评估结果具有可比性，并进而为防灾减灾决策和处置管理提供依据。其比较可以是不同区域之间灾害危险的比较，也可以是同区域不同灾害的比较或同一灾害不同时间、空间中的比较。主要方法有比较危险评价、费用 - 效益分析和效益 - 危险分析等。

比较危险评价通过一定可比指数（如死亡人数、可比价下的经济损失）来比较不同危险频率下的不同灾害的损失程度。

费用 - 效益分析用于比较不同的防灾减灾措施投入的效益。由于防灾减灾措施效益的时间延续性和滞后性，且投入的资本本身存在因一定利率的增值问题，而按货币计算的减少损失的效益在不同时间也无法比较，因而必须将投入和损失通过贴现率转化为可相比较的现价计算的价值上，才能进行灾害损失和减灾措施投入效益的比较。这种转化和比较的方式称为费用 – 效益分析方法。

效益 – 危险分析方法是对拟定的工程项目及其他大型生产活动带来的经济和社会效益与由此将产生的潜在危险进行比较。通常灾害的危险随着经济的增长而增长，二者不呈线性关系。有研究认为，灾害的危险程度与效益的三次方成正比，因此，存在灾害的损失与增长的效益相等的阈值线，成为特定增长方式的瓶颈，这种分析将成为社会某些发展决策的依据（罗祖德和徐长乐，1990）。

40　地理交界带的类型

地理交界带多是从生态脆弱带的角度进行划分的，多根据其性质和界面特征进行分类。李克煌等（1996）从动力和相邻地域系统关联角度进行划分（表 5-1）。

表 5-1　地理交界带分类

系统 系统		内营力			外营力				人类活动	
		板块 A	海洋	山地	干区	河流	森林	沙漠	牧区	城市
内营力	板块 B	板块接触带								
	陆地		海陆交接带							
外营力	平原			山地平原交界带		河流变迁带				
	湿区				干湿交界带					
	草原						森林边缘带			
人类活动	农区							沙漠边缘带	农牧交错带	
	乡村									城乡交接带

刘燕华和李秀彬（2007）重点阐述了水陆交界带（包括海陆交界带和河流变迁带）、农牧交错带、山地平原过渡带、城乡交接带、沙漠或绿洲边缘带和梯度边缘带六种重要交界带类型的特征。其中对梯度边缘带的定义是“重力梯度、浓度梯度、硬度梯度等的明显存在，产生了侵蚀速率、污染程度、坡面形态变化等的过渡区，它们在生态环境系统的稳定方面，显然是脆弱的”。实际上，这是一个由量的突变导致两侧地域系统与这些量的突变相关联的某些质上差异的转变带。如把具体内涵扩大到地理过程动力方向的转变，如咸淡水流交接的混合带、地球板块交接的地震火山带、海洋冷暖流交接的流隔带、不同气团交界的锋面带，则形成一些非常重要的地理过程交界带。此外，从地理学整体的角度看，

重要的地理交界带还有地缘政治交界带（如麦金德的新月形地带和柯恩的地缘战略区、布热津斯基的破碎地带等）（参考 2.6 节注释 64）和文化地理区交接（交错）带。

41　地理交界带的过渡性

地理交界带是两个地域系统间具有一定宽度的过渡地带。从一个地域系统过渡到另一个地域系统时，在它们之间的交界带内可以观察到一个系统所特有的结构要素逐渐减少，另一个系统的结构要素逐渐增多，表现为扩散过渡的模糊性特色。Д. Л. 阿尔曼德用过渡带的明显度 $T=(S_1+S_2)/2b$ 来表征过渡带的特征（参见 1.2 节注释 39）。牛文元假设过渡带为两侧地域系统 f_1 和 f_2 的重叠部分（交）B，并假设两侧地域系统的要素分布为正态分布 $f_1=N_1(\chi_1, \sigma_1)$ 和 $f_2=N_2(\chi_2, \sigma_2)$，其中，$\chi_1$ 和 χ_2 为两侧系统的宽度（或平均密度）；σ_1 和 σ_2 为标准差，且限定各自范围为 $\chi_1 \pm 3\sigma_1$ 和 $\chi_2 \pm 3\sigma_2$，则界面的宽度 $B=[\chi_1+3(\sigma_1+\sigma_2)]-\chi_2$。两系统之间界面出现往复运动，界面带在 t 时刻和 t+1 时刻的往复移动距离（矢量）分别为 d_t 和 d_{t+1}，则移动对于交界带宽的比值为 $A=(d_t+d_{t+1})/B$，这样，界面宽度为 $D(d)=B(1+A)=B[1+(d_t+d_{t+1})/B]$（李克煌等，1996）。

42　边缘效应

Beecher 把两个或多个不同的生物群落间出现的种群密度较大、某些物种特别活跃、生产力相应较高的现象称为边缘效应（李克煌等，1996）。现多把其内涵扩大为在两个或多个性质不同地域系统相互作用的界面处，由处境、生境、生物群落差异和协作作用，引起界面内出现一些不同于相邻地域系统特征的现象。界面是相邻系统边缘的汇合地带，其异质性增加，结构复杂，具有加成效应、协合效应和集映效应。由于其汇合多种系统的边缘，是一些理想生态位的分布区，因而某些物种一旦占有界面中理想的生态位，就会产生“生命活动更加活跃，生产力显著提高”的加成效应；当生物在长期演替过程中形成的生活习性与界面合适的异质环境生态位相“谐振”而产生快速发育的效应时，即协合效应（如某些昆虫在界面特殊生境的繁衍）；由于界面较相邻系统更为异质、多变，物质能量交换更为强烈，从而吸引相邻系统中的生物种群向界面边缘区集结，犹如导线表面电流密度较其内部与中心的电流密度为大的集映效应（如农牧交错带商业的繁华、海陆交界带经济和人口的集聚）。

界面的边缘效应在性质上有正负效应之分，如生物多样性增加、生产力提高可视为正效应，反之则为负效应。边缘效应通常用表征系统、界面结构和生产力的某些定量指标的对比关系来表示。设 H_j 为度量与界面相邻的地域系统结构和生产力的第 j 个指标，M_j 为地理界面的同一指标，则第 j 个指标度量界面 i 的效应强度（E_i）的表达式为 $E_i=M_j/H_j$, (j=1, 2, ⋯, m；i=1, 2,⋯, n)（李克煌等，1996）。

43 地理界面带的不稳定性

地理界面带不稳定性的原因在于：①界面带是一个相对狭窄的长条带，其形态指数[公式为$D=(P/2\pi)/\sqrt{A/\pi}=P/(2\sqrt{A\pi})$，即以带边界长度$P$为周长的圆的半径与以带面积$A$为圆的半径之比]远大于1，使带内地物系统（要素）极易受到外界的干扰；②带的面积与其两侧稳定而又互不相同的地域系统的面积相比小得多，由于其相对面积太小，因而与两侧的差异难以维持；③由于两侧地域系统的作用，带本身难以形成自己独特而稳定的结构和功能，而是一个过渡性的系统；④从承受的外力干扰角度，界面带不仅要抵御来自两侧地域系统的干扰作用力，而且严重地受到了两侧地域系统之间相互作用的状态，即其稳定性受到双重的压力。地理界面的不稳定性主要表现在三个方面：①内部要素结构功能的不稳定性；②边界的不稳定性；③二者相结合造成的地域空间面积的不稳定性。这些不稳定性是地理界面带脆弱性的重要表现（李克煌等，1996；刘燕华和李秀彬，2007）。

44 地理交界带边界性质的不连续性

地理交界带在大的地域空间尺度上是两个地域系统的交界线，但在小的地域空间尺度上则是一个有一定宽度的长条形的面，因而与其两侧的地域系统之间又存在交界线，即这个面本身的外围界线。这一交界带的边界线一般有两种情况：①当交界带一侧的一个地域系统为这一边界带完全包围时（如平原上一个孤立的山丘、农村包围的城市），则边界带本身就有两条互不相交的、各自连续且性质不同的边界线[图5-7（a）]；②当交界带两侧的地域系统又各自分别与其他地域系统交界时，这时它们之间交界带的边界线可分4段，其中相对的两长段为分别与两侧地域系统关联的性质不同的交界线，两交界线端点之间有两条由该交界带转换为别的性质的交界带的转换线[图5-7（b）]。故地理交界线的边界在性质上是不连续的。

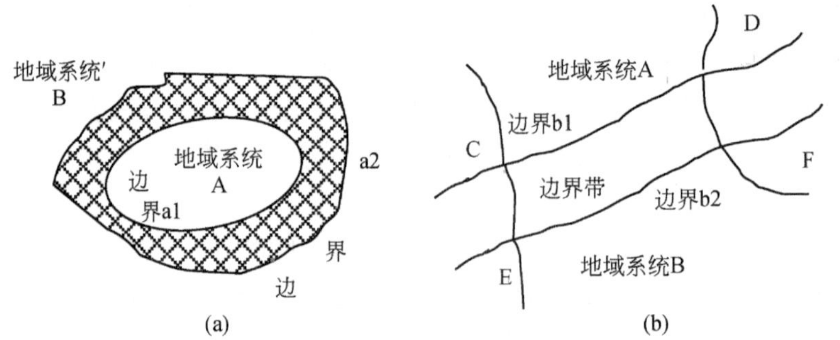

图5-7 地理交界带的边界不连续性

45 环境影响评价

环境影响评价专指人类活动对环境的影响的评价。这是把本来不可分割的人类与其环境作为作用与被作用的双方进行分析评价。对这一评价需要说明的是：①评价的对象是人类的各种活动，包括人类的生活、生产活动，也包括政治、军事活动，可以是非专门计划的活动，也可以是有专门计划的活动（如某种建设工程和有计划的区域开发）；②影响的目标是地理环境，即视为特定人群整体或人类赖以生存与发展的外部条件的地球表层兼具有物类属性和地域属性的地物，这些被影响的地理环境可以是原来未曾受人类干扰的天然环境，可以是已受人类干扰改造的环境，也可以是纯粹人类创造的环境（如城市）；③受人类影响的地理环境本身并非一个状态不变的地物，而是一个或快或慢、有规则或无规则随机不断变动的地物，人类活动的影响只是对这种变动状态的改变或叠加，不能把地理环境的所有变化都归为人类活动的影响；④人类活动对地理环境的影响通过物质、能量或信息流而作用；⑤人类活动影响的评价标准是人类对地理环境的需求，按人类环境需求来评价影响的好坏、强弱，而不是中性地评价环境的响应，对中性的响应的研究称为分析，而不是评价；⑥因为这种评价的对象是人类的活动，而评价的标准又是对人类需求服务效用的增加或减损，因而属于以人为中心的评价。

46 马什的《人与自然：人类活动所改变的自然地理》

G.P. 马什（George Perkins Marsh，1801～1882年），美国地理学家。他根据对欧洲、北美和地中海周围区域大量有关人类活动和地理环境演变的文献资料的搜集整理和亲自对美国北部及地中海地区的实地考察，着重研究了人类活动对地理环境（自然环境）的长期的、持续的干扰影响及这种影响导致的地理环境破坏对人类生产生活和社会发展的严重的负面反馈作用，于1864年编写了《人与自然：人类活动所改变的自然地理》一书。该书分别从区域（罗马帝国、欧洲、美国）角度和地理实体（生物、森林、水域、沙漠等）角度系统分析了历史上人类活动对自然要素的直接的和间接的干扰作用。这些作用使许多自然要素特征（气温、降水、水文、物种和土壤等）发生巨大变化，这些变化有许多是不利于人类生产生活和社会发展的，即从人类需求的角度评价是不利的变化，或者说是破坏的变化。他生动地把地球地理环境比喻为人类所居住的房屋，把人类对地球资源的掠夺性利用和对地理环境的干扰破坏比喻为劈开这栋房子的地板和墙壁用作取暖和烧汤的燃料，即人类自己破坏赖以生存的环境（住所）。该书用大量的例证和精辟的分析批判了直至当时长期盛行的“人对自然的干预会使自然变得更好”的观点，提出“由于人类的破坏行为，地球正迅速变成不适于人类居住的家园，假如人类再重复走过一个同样罪恶而短视的时代，随着罪恶和短视的膨胀，地球就会陷入资源耗尽、地面碎裂、气候无常的境地，以致有堕落、野蛮，甚至有物种灭绝之虞”的严重警告。他希望通过改变人们的错误的自然观，通过对人类干预自然后果的认识，通过有节制的人的行为，调节人和自然的平衡及和谐相处，使人的需求得到满足，自然的和谐得到保护，以建造一个可以容纳活力十足而欣欣向荣的人类社会。《人与自然：人类活动所改变的自然地理》一书开辟了地理学的环境研究（指人类对地理环境干预作用方向的研究）的新方向，被誉为“环境保护主义的源泉”（蔡运龙和Wyckoff，2011）。

47　人类活动引起的环境变化的剥离提取

人类赖以生存和发展的地理环境，不论有无人类活动的干预，都是一个或快或慢，随机地或有规则地不断变化的事物。新兴的地球系统科学认为，影响地球表面的变化有三大驱动力：第一是日地作用；第二是地核驱动；第三是人类活动（陈静生等，2001）。故没有人类活动，地球表层仍受日地作用、地核驱动及其内在机制不断地变化。因而在人类活动干预后人们所看到的地理环境的变化实际上是未受人类干预的原地理环境的变化叠加上人类活动的多种作用力共同作用的结果，并非单纯由人类活动引起的变化。现一些全球变化的评论中，往往把包括自然界本身引起的变化和人类干预引起的变化合在一起的所有地理环境变化笼统地归结为人类活动引起的变化，这是不够严谨的。例如，把工业革命以来大气中 CO_2 的增加和全球变暖一律归结为人类活动的结果。实际上在人类出现以前的漫长地质时期和人类出现之后至工业革命之前的几十万年中及几千年的历史时期中，大气 CO_2 及地表温度一直呈现不断的波动和变化，其变幅有时甚至大于工业革命之后及现代的变幅，且往往出现地表温度的变化周波先于 CO_2 变化的周波，而其机理至今尚不完全清楚（刘东生等，1997；龚高法等，1983；李天杰等，2004）。因此，要准确评论人类活动的环境影响，应该把人类活动引起的环境变化从其叠加后出现的整体环境变化中提取出来。为此首先应研究假定没有人类活动干预的基础地理环境变化背景，以及人类活动与地理环境其他变化因素交互作用中人类活动作用的份额。这是当前环境变化研究中的重要课题。

48　人类活动引起环境变化的效用两面性

人类为了自己的生存和发展，从其在地球上出现开始，就不断地利用和改造地球表层环境，使其活动区域的环境适应自己生产生活的需求。故就人类主观愿望及利用改造者当时时间尺度范围和当时各群体生活生产用的直接空间范围而言，其活动引起的环境变化的效用对该活动主体而言应该是正面的，至少不会预估是负面的，否则是不会采取行动的。即使美国在越南战争中利用高科技手段对越南环境进行邪恶的反人类的干预破坏，对美军需求而言，其效用也是正面的。但由于地物的历史积淀性（参见第 1 章注释 19）和人类活动环境影响的外溢性（参见第 5 章注释 49），人类活动造成的环境变化对于行为者的后代、行为者生活生产区以外区域甚至全球，甚至在行为者对环境作用之后一定后滞时段对于行为者本身而言，所产生的效用就可能与行为者的愿望不尽一致。避开敌对双方因政治军事需要所采取的行动对环境的干预破坏，就人类非敌对性的生产生活活动引起的环境变化的长时间总体影响的评价而言，依然存在有利和不利两面。既要严肃认真评价人类长期活动对自然干预造成的不利后果及其原因，也要充分肯定人类在几千年的历史中利用改造自然所造成的环境变化为人类生存和发展所提供的服务和效用，没有这些利用与改造，人类如何在地球上生存？如何能发展到现在？赵松乔等在评价中国境内人类活动对环境的作用时就从正反两面进行科学地分析，有利方面包括：①把绝大部分宜农土地资源开辟为农田，使占全世界耕地总面积7%的农田养育占全人类23%的居民（很多农田的初级生产力实际上高于原始植被的初级生产力，从而也使其固碳能力高于原始环境）；②培育很多农作物，成为世界重要物种驯化中心；③对很多野生动物进行驯化利用，对有害动物进行消灭和抑制，对一些珍稀生物进行保护；④大力兴修水利，从而调节时空不匀的水分平衡，降低了自然灾害对生态的破坏。主要的不利方面包括：①不少地区滥垦、滥牧、滥樵采等掠夺性土地利用方式，引起森林、牧场、耕地的破坏及剧烈水土流失的蔓延；②在生态环境比较脆弱的干旱、半干旱地区，由不合理利用土地引起土地退化和土地生产潜力的下降，即“荒漠化”；③不合理灌溉造成或加剧土壤的盐碱化和次生盐碱化；④对天然植被的破坏使中国由多林国家（森林覆盖率为50%～60%）逐渐变成少林国家（森林覆盖率在20世纪70～80年代仅为12%）；⑤使许多珍稀动物灭绝或濒于灭绝，破坏了许多动物赖以生存的生境（赵松乔等，1988）。

49　人类活动环境影响的外溢性

人类活动环境影响的外溢性指人类活动引起环境变化的影响范围超出人类直接作用的区域，其影响扩散到直接作用区域之外，或其具有所有权的区域之外地域，甚至全球范围。这是因为人类环境是开放性地物，人类作用区域是开放性的地域系统，该作用区域或地域系统与界外其他区域（地域系统）保持着不间断的物质、能量或信息的联系，人类对其具有所有权的区域的作用引起的地理要素的变化必然通过物质、能量或信息传递到域外，影响域外地理过程，造成其外部区域的相应变化。外溢性影响有两种方式：直接方式和间接方式。直接方式指一定人群施以作用区域（如直接活动区）的物质、能量或信息直接越过区界输向邻域，甚至全球。例如，人类消费（生活消费或工农业生产原料消费）产生的排出物（污染物或CO_2等代谢产物）通过水体或大气输向邻域，人类改变或培育的产物把遗传信息带到域外，人类排入环境的能量（热气、热水）输向域外。间接方式指为人类直接改变了的或创建的地物（如农田、水库、荒漠化的沙地、城市）以新的不同于原环境的状态存在于一定地域，这些区域形成新的地理过程（如下垫面—大气新的水热交换过程、加剧的土壤侵蚀过程、改变了的水源地水文过程），从而改变了对邻域的物质、能量、信息的关联关系，进而影响邻域甚至全球的地理环境。例如，土壤侵蚀加剧而导致河流泥沙的堆积和中下游区域的淤积，人类造成的沙漠区成为大气环流下风区的沙尘暴源地，大中水库成为下垫面冷源区影响水库周边区域的局地环流和水热状态等。

50　人类活动环境影响效应的时间延续性和滞后性

人类活动环境影响效应的时间延续性和滞后性又称人类活动与环境反作用的时间分离性（陈静生等，2001）。指人类活动作用力停止之后持续存在的环境对人类的反馈影响。其中在人类活动同时产生的影响延续至作用力停止之后称时间的延续性，而在人类活动中未同步出现，在人类活动之后若干时间才出现的环境影响称时间滞后性。人类活动的环境影响滞后性属于地理滞后效应或地理滞后作用（胡兆量等，1997；左大康，1990）在人类环境影响中的一种形式。由于地物的历史积淀性，人类活动在环境地物（未受人类干扰的自然环境地物、受人类改造的自然环境地物或人类创造的环境地物）上留下历史的烙印。因人类活动而改变了的地物以新的组织结构形式发挥对人类的效用或干扰作用，形成持续性或滞后性的影响。如人类砍伐森林或用围垦浅海湿地建成农田之后，该区域就延续以农田服务于人类的农业生产，人们为利用森林资源而砍伐木材，造成地表植物覆被的破坏进一步引起水土流失，干扰河流中下游地理环境，从而在人类伐木之后继续作用产生延续性的环境影响；人们在荒山造林之后改善了的生态环境在人类造林活动之后持续发挥其环境效应等。但有的人类活动环境影响的反馈作用与人类活动时间并不同步，这是因为地理环境具有一定的物质能量的储存库和对抗干扰的缓冲作用，只有在储存库的消耗到一定程度和抗干扰的缓冲能力削弱到一定程度之后才会发生明显的质变。例如，人类活动造成土壤有机质的持续减少和土层结构的改变在开始一段时间对农业生产力的影响往往显露不出来，只有人类活动干扰持续相当时间，使土壤达到严重退化后才会显示出来。另一种情况是人类活动造成生态系统抗干扰能力的下降，如山坡稳定性的下降，但这种下降的危害在平时未出现暴雨或地壳相对稳定时不会出现，只有在突发性暴雨或地震出现时才造成塌方或滑坡、泥石流，导致严重灾害，因而人类活动造成的破坏性环境影响显然滞后于人类对山坡稳定性的干预作用。所以，人类活动环境影响的延续性和滞后性是人类活动环境影响的评估中必须十分注意的问题。

51　人类活动环境影响的传递链

由于地物和地理现象的相互关联性，人类活动引起的某种环境变化也将在与变化相关的地物或地理现象中传递，从而形成对人类反馈作用的系列传递响应。因此，人类活动环境影响评价不能仅限于第一环节的作用，应追踪其传递链的影响。当然也要注意传递中非人类作用的关联，不能把人类影响夸大。

52　人类活动环境影响的多途径与交互作用问题

人类活动环境影响的多途径与交互作用指人类活动形成的地物变化往往通过多条不同途径反馈人类，这些途径间还会发生交互作用构成复杂的反馈网络，因而往往要通过综合分析与评价来认识人类活动的环境影响。例如，在半干旱的干草原区的土地垦殖，一方面把黑钙土、栗钙土干草原垦殖成农田，改变土地的利用方式（从牧场变为农田），把天然植被改为人工植被，增加了（对人类）有效的产品供给服务；另一方面使土地的常年覆盖变成季节性覆盖，降低了土地抗御风蚀的能力，在秋冬非种植季节使地表土壤被风吹蚀，引起土地肥力的下降，从而逐年降低作物生产力，久而久之，可能使原先相对肥沃的草原经过农业区的过渡改变为荒漠化区域。另外，被风蚀的沙尘又增加了垦殖区外下风向几百米或几千米外区域的沙尘暴负荷，影响该区域人群的生产生活。同时，土地荒漠化引起下垫面水热平衡状况的改变，从而影响包括该地及周边区域的局地小气候与作物生产力，最终影响区域的发展。我国鄂尔多斯南部毛乌素地区和辽西蒙东科尔沁区域历史上的环境演变，我国20世纪50年代中西部草原区的垦殖，苏联20世纪60年代中亚草原的垦殖所形成的环境影响区正是这种过程。许多人类活动引起的环境退化都是这种多途径交互作用引起的环境变化过程（陈静生等，2001）。

53　环境影响评价与规划、项目方案制定交互进行

规划环评、项目环评是环境管理工作的一项重要内容，目的主要是通过环境评价来评估区域规划和项目设计方案实施后可能产生的环境后果，以便对正在进行的规划和项目设计的方案提出保护环境的合理性修改意见，使将来规划和区域开发利用项目实施中和实施后人为活动所造成的环境改变对人们和公共环境的反馈符合人们的环境期望，至少其干扰不超出人们生活的环境阈值。在人们对区域资源环境的利用过程中，很多情况下，人类活动程度与环境的反作用呈正相关关系（陈静生等，2001）。人们为了在区域资源环境的开发中获得更大利益而增加对资源环境的干预强度和范围，往往也受到改变了的环境的更大的反作用，因此也必须在环境评估中权衡这种关系，使按规划和项目方案实施的人类活动控制在一定范围内，以保护环境的稳定和利于区域的可持续发展。因此，环境评估应与规划过程和项目方案制定过程交互进行。以区域开发活动的环境评估为例，通常要求区域开发环境评估应在区域开发规划纲要编制之后和区域开发规划设计方案编制之前进行。在实际工作中，环境影响评估在区域规划开始介入，从区域环境特征等因素出发，考虑区域开发的性质、规模和布局，帮助制定区域开发规划方案，对形成的每一个方案进行评估，提出修改意见，并对修改后的方案再进行环境影响分析，直至帮助最终形成区域经济发展与环境保护相协调的区域开发规划和区域环境管理规划，促进区域的可持续发展（史捍民，1999）。

54　环境影响因素识别和评价因子选择

环境影响因素识别和评价因子选择指根据区域规划和区域资源环境开发利用项目涉及的环境问题和相关环境法规以及规划或开发区域环境现状特征，识别可能的环境影响因素和筛选环境评价因子。通常是由评价人员在对项目和区域环境了解及文献调研基础上，初步填写影响识别表，然后广泛征询专家和公众意见，最终确定主要影响因素，结合相关环境状况，选择和确定评价因子，其程序如图5-8所示（史捍民，1999）。

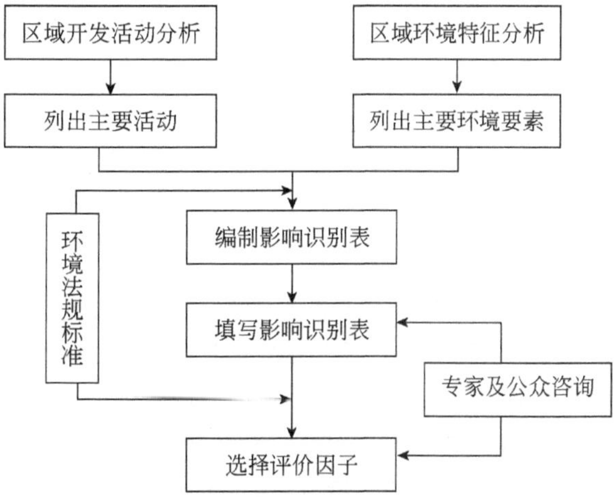

图5-8　环境影响因素识别和评价因子选择程序

55 环境影响因素识别的清单法

环境影响因素识别的清单法也称列表法，指根据评价对象（规划方案、项目设计）的人类活动内容和特点列出与其相关的一系列环境影响清单。清单法有助于系统思考项目涉及的一系列环境影响，其简要综述可能的影响结果，但过于笼统，不能阐述影响与结果之间的相互作用及环境影响的传递链（史捍民，1999）。

56 环境影响因素识别的矩阵法

环境影响因素识别的矩阵法指把区域资源环境开发利用具体活动与其对应影响的环境因素列为二维的矩阵表，在其相互对应的交叉位置用 10 级序数表示其正负面影响的大小和该影响的重要性（± 影响大小 / 影响的重要性），如 Leopold 矩阵（史捍民，1999）。

57 环境因素识别的网络法

环境因素识别的网络法指通过网络关联图来建构区域资源环境开发利用项目相关的环境影响网及影响链，如用 Sorense 网络来分析工程中的行为，如建污水系统（A）、修硬路（B）、疏散（C）和砍树（D）的环境影响（表 5-2 和图 5-9）。

表 5-2　工程可能的不利影响

直接影响	二级影响	三级影响
地表径流增加（E）	洪涝（H）	冲沟和侵蚀（K）
地下水污染（F）	水供应破坏（I）	卫生公害（L）
表土流失（G）	肥力下降（J）	植物死亡（M）

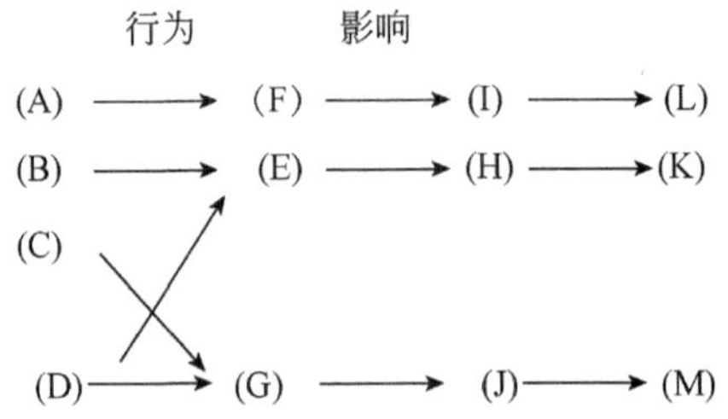

图 5-9　Sorensen 网络法示意图

由图 5-9 可见，污水系统的建设可能引发地下水污染，地下水污染导致水供应破坏，进而引发卫生公害。砍树则会产生两种影响：地表径流增加和表土流失。地表径流增加会导致洪涝，表土流失会导致土壤肥力下降。

通过这种网络可对某一行为的直接、间接环境影响进行识别；但对于活动较多、涉及环境要素较复杂的区域开发，网络可能十分复杂，易造成混乱（史捍民，1999）。

58 环境影响评价的时空范围

由于人类活动环境影响地域空间的外溢性（参见注释49）和时间的延续性与滞后性（参见注释50），环境影响评价的地域空间范围和时间范围应大于规划或项目本身的地域空间范围和实施的时间范围。评价的地域空间范围不仅应考虑规划和项目中人类活动直接涉及的地域空间，还应考虑人类活动直接引起的地物变化外溢的地域空间影响区域，如增加的排泄物、污染物排向大气和水流的影响区，改变的下垫面引起的水文对下游的影响等。在时间上应考虑不同季节的环境响应和多年长时间的持续性与滞后性影响。人类活动的影响会随地域空间的外推和时间的延续逐步衰减，故环境评价范围和时间也不用无限扩大和延伸，不同要素的影响时空域也不同，原则上只需扩大和延伸至这种影响作用低于人类需求的某种环境阈值界为止。

59 人类活动环境影响源分析与评价

人类活动环境影响源分析与评价指对区域规划或区域开发项目中人类活动引起环境变化的来源进行分析评估，内容包括各种影响源[输入大气和水体的化学物质、热量、噪声，输向地表的固体物质和导致地表固体物质的迁移（侵蚀等）、地表水与热量再分配和生态干预等]作用过程的分布、变化规律，并尽可能定量估算影响源的强度。例如，水体化学物质（包括污染物）的影响源包括人类生活和生产的废水排放、河水化学物质积淀和化学处理、排放和处置量、排水水质、排水规律、排水去向等；生态干预影响源包括生物栖息地面积的增减或恢复保护，栖息地环境的变化（退化或改善），生物活动或物种交流通道的破坏与改造、新建，重要物种的损害与复育，生物的捕获或人工增殖物种的改造和外来物种的引入（侵入），生物资源的开发利用和人工种植等。

60 人类活动环境影响源的类比评估法

规划或区域开发方案中不确定性高的人类活动往往难以准确确定具体项目和内容，因而难以估算其影响源的性质和量值。在这种情况下，可以类比已建成投产的类似工程项目的实际环境影响源情况（如实际废水废气排放情况）进行推算，或类比相似地理环境条件下已实施的相似规划出现的环境影响源的性质和量值，推算规划区域人类活动产生的环境影响源情况。例如，大部分工业开发区入区的项目或部分入区的项目无法确定，为此，可根据工业区的性质和占地规模，采用类比分析法粗略或宏观上把握其污水排放量的范围和水质状况（如COD排放量情况）。类比法即通过对与拟建区域开发性质类似的现有工业区进行类比，采用实测类比法或通过收集类似工业区以往资料（如以往污染源调查数据和一些环境影响报告的数据）进行估值。如有可能，可同时用两种类比法进行参比，从而使估算结果尽可能接近实况（史捍民，1999）。

61 人类活动环境影响源的经验公式评估法

人类活动环境影响源的经验公式评估法指对于区域规划或区域开发方案中明确具体的人类活动项目产生的环境影响源采用已有的经调查或实验归纳获得的经验公式估算其量值。例如，燃煤的二氧化硫排放量按以下经验公式计算：$Q_{SO_2}=2BS(1-\eta_1)(1-\eta_2)$，其中，$Q_{SO_2}$为二氧化硫排放量（kg/h）；$B$为燃煤量（kg/h）；$S$为煤的含硫量（%）；$\eta_1$为灰渣含硫率（%）；$\eta_2$为除尘器脱硫率（%）。燃煤的烟尘排放量按以下经验公式估算：$Q_d=BAd_{fh}(1-\eta_d)/(1-C_{fh})$，其中，$Q_d$为烟尘排放量（kg/h或t/a）；$B$为燃煤量（kg/h或t/a）；$A$为煤的灰分（%）；$d_{fh}$为烟尘中灰分比（%）；$C_{fh}$为烟尘中可燃物百分比（%）；$\eta_d$为除尘器效率（%）（史捍民，1999）。

62 人类活动环境影响源分析的排放系数法

人类活动环境影响源分析的排放系数法指对区域规划或区域开发方案中影响源的主体量值明确，但其影响内容复杂多样，不易逐项细算的影响源值，采用已研究确定的综合排放系数进行估算。例如，对某些开发方案中人类活动燃料用料基本明确的各种污染物排放量可按各种燃料的污染排放系数表的量值进行估算（史捍民，1999）。

63 人类活动的区域环境影响预测

人类活动的区域环境影响预测指对于区域规划或区域开发方案，在人类活动环境影响源分析的基础上，根据原区域环境基础特征（地质、地形、气象、水文、土壤、植被及其地面覆盖状况）与环境影响源的相互作用，评价新的人类活动环境影响源对区域环境的加积影响在涉及的地域空间新产生的环境变化的时空状态。其内容包括环境影响评价指标的选择、环境影响源（无机物、有机物，生物、能量、信息等）在评价地域范围的扩散迁移及其时间变化和评价地域范围各离散空间环境影响源的量值向评价指标转换。例如，对一个流域开发方案的环境预测应先根据区域开发方案分析区域开发引起的水文环境变化（径流在地域空间上的重新分配和时间调配及由此引起的水道流量、流速的时空变化，地下水与地表水水量平衡及相互补给调节关系的变化等），居民点发展引起的生活用水提取和废水排放状况，工农业开发项目的用水和点源、面源废水向自然水体的排放及其与自然水体的混合和扩散状况，以及由人类活动（生活活动、生产活动）通过水体输入的物质与原水体化学状态的相互作用引起的转化（包括自净），然后把这些状态转化为水环境评价指标，预测人类活动对水环境影响的时空变化特征。

64 人类活动环境影响综合评价的加权积分法

人类活动环境影响综合评价的加权积分法指根据人类活动环境影响源强度和各影响源

的相对重要性（权重）计算各影响的分值，然后对所有影响的分值加和来求人类活动对环境的综合影响指数。

设 m_{ij} 为第 j 种活动（j 影响源）对第 i 种环境因子标化的影响幅度（+ 为正面影响，– 为负面影响），w_{ij} 为第 j 类活动对第 i 种环境因子影响的权重，则各种活动对第 i 种环境因子的总影响指数 $I_i=\sum_j w_{ij}\, m_{ij}$；第 j 种活动对各环境因子的总影响 $I_j=\sum_i w_{ij}\, m_{ij}$；全部活动对全部环境因子的总影响 $I_{ij}=\sum_{ij} w_{ij}\, m_{ij}$，$w_{ij}$ 通过公众或专家咨询确定（史捍民，1999）。

65 层次分析法

层次分析法指对一组在效用或影响上复杂交互作用且具有不同标度特征不能直接进行数值综合和比较的评价要素，通过代表性人群（如专家群）对其各要素两两间相对重要性的判断，构成判断矩阵，然后求解判断矩阵的最大特征值 λ_{max} 和它对应的特征向量，作为各要素相对重要性的权重，形成合理的无标度的综合性评价指标。基本分析步骤如下。

（1）建立评价要素—评价指标—评价目标相关联的层次结构模型。

（2）构建判断矩阵。

（3）层次单排序。

（4）判断矩阵一致性检验。

（5）层次总排序（汪应洛，1998；徐建华，2004）。

66 人类活动环境影响的综合评价指标体系法

人类活动环境影响的综合评价指标体系法指在建立各种环境影响的评价标准的基础上，根据各影响源产生的影响强度与评价标准的比值所形成的指标集和各种影响的相对重要性（指标权重）建立综合评价指标体系来评价人类活动对环境的总影响。

i 方案人类活动环境影响的综合评价值 $S_i=\sum_{j=1}^{n} w_j\, I_{ij}$，式中，$w_j$ 为第 j 指标的权重，一般通过公众或专家咨询确定；I_{ij} 为第 i 方案相对于指标 j 的评价指标集，$I_{ij}=C_{ij}/C_{0j}$，C_{ij} 为 i 方案相对于 j 指标的影响值或影响评分值，C_{0j} 为相应的评价标准（史捍民，1999）。

67 人类活动环境影响综合评价的数学模拟法

人类活动环境影响综合评价的数学模拟法指根据区域开发方案设定的人类活动和区域环境本底情况，对于方案中人类活动的多种交互作用的环境影响源及其影响机制，用数学模型模拟影响源的作用过程和导致的环境变化的时空状态并评价其对人类需求的益损效应。例如，委内瑞拉卡罗尼河流域开发方案的环境影响评价，该流域面积约 10 万 km^2，一半以上为森林覆盖，拟建设水利水电工程，总装机容量 1160 万 kW，并拟伐木开荒种植粮食，发展农业生产（初拟 5 种伐木的比例，5 种比例迹地用于农业，共 $5\times5=25$ 种组合方案）。这一开发方案的人类活动环境影响主要有：①使该流域分散在各河段的巨大水能资源集中在水库坝头转化为电能，促进区域的社会发展；②提供相当的木材和粮食食品服务；③由于土地利用变化造成水平衡的变化，蒸散发减少，径流增加，径流年变率加大；④增加土壤侵蚀，加大水库淤积，缩短电站寿命。为此，设计了降水－植被－土壤－河流模型、林产模型和农业生产模型，按不同开发方案模拟流域开发后 50 年内人类活动环境效应和益损情况。

模拟时把所有模拟的参数的地域空间变化离散化处理在 55.5km × 55.5km 网格上，对各网格的人类活动影响进行估算，最后对整个流域进行积分，估算不同开发方案的整体影响，得到 25 种组合的河流流量、土壤侵蚀、木材产量、农产品产量和水力发电的各种活动的累积影响和收益。最后用最优化决策方法来比较和选择合理的开发方案（刘培桐和陈益秋，1983）。

68　人类活动环境影响追踪评价

人类活动环境影响追踪评价指在区域规划或区域开发方案实施若干年后对人类活动的实际环境影响进行追踪调查和评价。目的在于确定受影响而发生的环境变化是否控制在规划环评或项目环评预测的范围内，是否符合其影响区人类对环境的需求，以便提出进一步改善和保护环境的建议，同时检验规划环评或项目环评的可行性、科学性。此外，一般还应调查和评价新出现的环境问题及其原因，提出对应的措施意见。

69　人地关系不是地理学专有研究领域

人地关系是广义的人（人、人群及其构成的社会）与广义的人之外的自然环境（未被人类干扰的、被人类干扰改造的和人类创造的自然环境）关系的简称。正如胡兆量等（1997）所说："人地关系是既涉及自然过程又涉及社会过程的综合概念。这里，人是人类社会的全部，包括生产力、经济基础和上层建筑，相当于社会环境，地是自然条件的全部，相当于自然环境"。由于人类只生活在地球上，地球的自然环境，特别是地球表层自然就构成了人之外的环境，而这一环境又被视为相对于地球之外的天（宇宙）的对立物——地，故自然环境用"地"来概括。对于这一关系的研究，历来有两个方向：一为将"地"视为人类种群赖以形成、存续和发展的整体的外部自然环境条件，研究人与环境的关系，不考虑其特定的地域差异，正如植物学、动物学研究其一般的生物与环境关系一样。例如，著名人类学家哈迪斯蒂（2002）在其《生态人类学》的第一章从环境决定论、可能论和生态学入手探讨人类学的发展及其对人与自然环境关系的解释，他所列举的相关领域的研究者多不属地理学家。二为将"地"视为具有地域差异的人类社会的外环境——地理环境，从地理学的角度研究这一关系，这从 19 世纪地理学家拉采尔起直到现在，把它泛指"人类活动与地理环境的相互关系，为人文地理学重要的基础理论和研究的中心议题"（左大康，1990）。故陈静生等（2001）认为："涉及人地关系综合研究的学科不限于地理学，但以地域为单位，着重研究人地关系地域系统的唯有地理学。也就是说从地理学入手来研究人地关系，是明确以地域为基础的。”

70　人地关系研究是地理学的传统之一

这一命题最早是由 W.D. 帕蒂森于 1964 年提出的。他认为，美国各地理学家众多的地理研究和阐述的各种地理学的定义中，展示了广泛的一致性，这种基本的统一可归因于一小部分不可忽视的相关的传统，作为地理学专业人员思想联系发挥作用的因素。这些传统都具有悠久的历史，作为西方思想总体遗产的一部分进入美国地理学界。这四个传统是：①空间传统；②地域研究传统；③人–地（关系）传统（man-land tradition）；④地球科学传统（蔡运龙和 Wyckoff，2011）。

71　人地关系地域系统是地理学研究的核心

最早提出这一观点的是原美国地理学家协会主席 H. 巴罗斯，他在 1923 年的就职演讲《作为人类生态学的地理学》中把地理学视为人类生态学，即把地理学的研究对象定为人地关系，认为随着学科的分化，原地理学研究的许多领域变为其他学科的研究对象，或与其他学科相重叠。而任何学科都必须具有“独特的领域以参照一般原则组织材料的方式形成一个可控的观点”，故对地理学而言，人类生态学是一门被自然和社会科学家忽视的学科。因此，对它的研究能拥有一种对于“人（类）”的独特观点。但它在分析各地理学分支的研究内容中，又排除不了从非人地关系角度进行的其他地理学研究（如气候、地形及无人区域的地理研究等），因而提出“地理学的核心是特定区域人类生态学的研究”（蔡运龙和 Wyckoff，2011）。国际地理联合会原副主席吴传钧明确地提出人地关系地域系统是地理学研究的核心。他认为地理学着重研究地球表层人与自然的相互影响与反馈作用，对人地关系的认识，素来是地理学的核心，也是地理学理论研究的长期任务，始终贯穿在地理学的各个阶段。从 19 世纪末兴起的近代地理学发展到第二次世界大战后的现代地理学，虽然其中心研究课题随着时代的进展而有所变化，但地理学研究始终围绕人类与地理环境的相互关系这一宗旨，他认为“当前世界面临人口数量加速增长，资源在地域上和时间上供应失调，环境污染扩大而质量恶化，城市化进程加快而城市扩展失控等日益严重的全球性问题的困扰……人类社会本身也将面临危机……为了防止可能产生的种种恶果，有识之士一致认为及早协调人类活动和地理环境的关系是全人类最迫切的任务”。基于我国国情，他认为“人地关系研究对我国也具有巨大的迫切性和现实意义”，并认为“在学术上，人地关系的研究还关系到地理学本身的生存与发展，它是地理学的立足点，是地理工作者的用武之地，又是促使这门学科向前发展的最大动力”（吴传钧，1991）。

72　自然地域子系统在人类体质特征形成和演化中的作用

自然地域子系统在人类体质特征形成和演化中的作用一般应分为两方面来认识：一为

在人类的起源，即人与动物分异中的作用及人类整体构成与自然的关联（如人类血液 60 多种化学元素含量与地壳化学元素含量的相关性）上的作用，这属于生物学的生物进化问题，生物学对其已经进行了系统的研究；二为自然地域子系统在不同地域长期生活的人群体质特征差异形成和演化中的作用问题，包括人种学问题、人群的生理与健康的地理适应性问题等，这属于地理学问题，曾经是地理环境决定论的重要依据。对于这一问题，要认识到地球上不同自然地域系统确实对于长期在一定地方居住生活的人群的体质特征产生了重大影响，从而形成地球上体质特征差异明显的人群。

73　自然地域子系统（地）是人类（人）生存和发展的基本条件

从地理学人地关系角度，这一命题有四层基本含义：①对于人地关系相关联的自然 – 人文社会系统中开放性的人文社会地域子系统而言，自然地域子系统是其外部环境中单向性的直接效用要素集。②这一效用要素集包含物类属性和地域属性两个子集，物类属性通过物质、能量或信息与人文社会地域子系统进行交换，维持人文社会地域子系统的运转（功能）和发展变化，地域属性控制物类属性的地域差异及自然地域、人文社会地域两个子系统的空间连接关系，以及一个自然 – 人文系统与其他自然 – 人文系统的地域空间差异。③对于整体人类的生存和发展而言，自然地域子系统是必要条件，但不是充要条件，即没有适于人类社会形成和发展的地球表层这一特定的自然环境，人类社会不可能在地球上存在和发展，但有这一环境，人类并不必然出现和发展，这还要同时存在人类社会内部的发展动力及其与自然的适应和相互作用的特定状态，正如恩格斯所论证的是人类的劳动创造了人类本身。④自然地域子系统是具有显著地域差异的系统，作为人类生存和发展的条件，它因而成为许多人文社会特征地域差异的基本条件，对其中的一些人文社会特征差异是决定性的条件或决定性因素。例如，对于特定的农业生产和工矿业生产活动，特定的运输方式（如海运）、特定的军事活动（如海军）等，特定自然环境是决定性的条件（胡兆量等，1997；黄鼎成等，1997）。

74　自然环境对人类活动地域空间的限制

自然环境对人类活动地域空间的限制指在人类的一定发展阶段，在一定的生产力水平下，地球表层特定的自然环境条件对人类特定的活动的地域空间限制。这种限制可以从以下三方面分析和解释。

（1）从自然角度，自然环境对人类活动的地域空间限制可分为：①对人类面状活动的地域空间的限制，这种限制表现在限定人类的特定地域空间的生活、物质生产活动或社会政治活动，这类限制主要源于在一定地域空间人类活动所需的某种资源的缺失或不足，所需自然环境条件的缺乏或二者均缺乏，在环境条件方面，可能是有益的或适宜的环境缺失，也可能是有害的环境因素（如特定自然灾害）的存在；②对人类线状活动的地域空间的限制，主要表现在限制人类本身及其输送的物质、能量或信息的地域空间移动，其限制涉及三个因素，即移动的方式、移动的动力和特定自然环境对该方式运动的阻力。一旦阻力大于动力，该自然环境对该方式的运动即构成了限制。自然环境对人类线状活动的地域空间的限制有两种类型，即路径型限制和节点型限制。

（2）从经济、政治、军事的角度，不论人类的面状活动还是线状活动，自然环境对其地域空间的限制有的并非绝对的限制，而是严酷的自然环境或匮乏的资源条件，使人类在该地域空间的活动必须付出相当大的补偿或费用，使人类在该地域空间的活动的经济、政治或军事效益低于付出的代价或费用，从而限制了人类在该地域的某种特定的活动。此外，当人类的某种活动的地域空间需求有限，而适宜该类人类活动的地域空间较大且可供选择时，将限制人类在自然条件较差、效益比较低的区域进行该类活动，这也是一种相对比较性限制。

（3）从发展变化角度，自然环境对人类活动的地域空间限制不是固定不变的，随着自然环境本身的变化、人类生产力水平的提高（特别是科学技术水平的提高）和人类活动需求条件的变化，人类的某种特定活动地域空间的限制因素也将变化，因而活动空间也随着变化。具体表现在：①在人类生产力水平变化不大的情况下，自然条件变化引起的人类活动地域空间的限制的变化，如在人类出现的早期阶段，受海平面下降的影响，人类通过陆桥向原来无人的海岛迁徙，火山地震活动限制一定的人类活动在火山地震区进行；②在自然条件变化不大情况下，人类生产力水平提高使某些限制得以解除，这是近现代不断发生的现象；③人类活动本身引起的自然环境变化造成的对某些人类活动的限制，如人类造成的荒漠化限制了人类在该区域继续进行农牧生产活动。

75 自然地域子系统对人文社会地域子系统突变的触发作用

自然地域子系统和人文社会地域子系统密切关联，人文社会地域子系统要以自然地域子系统提供的物质、能量作为存在的基础，在正常情况下，人文社会地域子系统消耗的物质、能量与自然地域子系统提供的物质能量处于平衡状态。然而，人文社会地域子系统与自然地域子系统均以其内在的机制不断发展与变化。随着人文社会地域子系统的发展，特别是人口的发展，对资源、环境的需求和消费将不断增大，一旦达到资源环境供给的极限，二者将出现准平衡状态。由于供给处于满足与不满足的交替状况，一旦人文社会调控等系统不能及时调整，其运转必将出现障碍，导致社会矛盾加剧，从而出现亚稳定状态。这时，如果相对缓慢变动的自然地域子系统出现突发事故，如自然灾害，将导致其对人文社会地域子系统的供给发生突发的巨大减少或中断，超出了人文社会地域子系统对自然地域子系统变化的缓冲适应能力，自然地域子系统的这种突发性灾害（如旱灾、突发性大规模疾病灾害）就将作为导火线引发人文社会地域子系统的动荡变化。

76 自然环境作为序参量影响中长时空尺度的人类活动特征

这一命题可从两方面理解：①从系统科学角度。相对于人类社会的发展，自然的演变是一个慢变量。在数百万年至上亿年的长尺度的时空条件下，“自然只决定作为生命物种的人类的诞生、成熟与消亡的周期，不决定人类社会的发展问题。在一个中尺度的时空条件下，如地理、气候等条件对人类社会的活动起着重要作用，有时甚至是决定性的作用。例如，资源禀赋与分布、内陆或沿海、平原或山地、热带或寒带将影响社会经济类型、生产或生活方式等”（黄鼎成等，1997）。②从结构主义地理思维角度。年鉴学派认为，一个区域的社会发展的历史过程特征“只能从长时段的深层历史中去寻找，如地理、人口、经济生活等变化缓慢的结构，对这个特性的逐步形成起根本性的作用”。他们把一个区域的自然环境，特别是地形、气候、海陆分布格局和生态系统等视为对一个区域社会经济的长期历史发展具有控制意义的基础结构的重要成分（布罗代尔，1996；参见第 2 章注释 48）。

77　埃利希模型

埃利希模型即 P. 埃利希 1970 年提出的表达人类对环境影响的公式：$E=P\times C\times T$（P 为人口数量；C 为人均资源消耗量，与发展阶段有关；T 为单位资源消耗产生的环境影响，与生产技术相关）（Ehrlich and Ehrlich，1970）。这是一个普遍用于人类对自然环境影响的宏观概算模型。这一模型看起来非常简单，但实际上是一个可以变换和拓展的人类对环境影响的模型。式中，P 可代表某种类型人群，也可以是具有不同资源消耗的人群的集合；C 可以是一类人群某种资源的消耗，可以是其多种资源消耗集合，也可以是不同人群不同资源消耗的集合；T 可以是一种资源消耗的一种环境影响，可以是多种环境影响的集合，更可能包括一种或多种资源消耗环境影响的交互作用。也有些资源消耗用产出替代，把环境影响用污染物替代。公式表明，人对自然的影响与人口规模、人均消耗水平及生产技术有关。公式反映了人对自然作用的规模、强度和方式。

78　人类活动改变区域地表结构和自然景观

人类为了生存和发展，从动物分化出来之后，就以日益强大的作用，改变地理环境结构和自然景观。主要表现在：①直接地改变区域中小尺度地形，以及在其基础上的地表景观，如将坡地改为梯田，种植作物，使之成为农业景观；将海湾和海岸潮间带与浅海围垦造陆，使之成陆域景观，改为产业区或居民区；将丘陵地削平为建设用地，等等。②通过改变地貌过程或地貌营力，从而改变区域地表特征，如改变河流水动力过程而改变河道与河口的泥沙冲淤过程，从而改变河流的泛滥冲积地貌，使山前冲积扇或河口三角洲面积扩大或缩小并改变其形态。③直接改变区域的景观成分构成和地表下垫面状态，从而改变地表一系列自然地理过程。例如，砍伐森林或刀耕火种焚烧森林使之变为农田；建设水坝使河谷变为人工湖（水库）景观；过度放牧使草原变为荒漠、半荒漠景观；在干旱区山前地带荒漠中通过建设灌溉水利系统使之形成绿洲景观；在半自然景观（如农田）中扩大城市，使之成为人工建筑景观；等等。至于交通建设、水网建设及林带建设等，形成新的景观生态廊道，则完全改变了景观的连通或阻滞功能，形成地表新的景观结构状态。

79　人类通过改变、毁灭或迁移物种而影响区域生态系统

生物是生态系统的中心组分。生态系统生物组分的组成和结构在一定意义上是自然生态系统结构功能的决定性因素，故人类直接干预生物导致的生物组成和结构的变化直接关系生态系统的稳定和演化及其对人（人群、人类社会）的效用或干扰影响。人类几千年来以不断增长的需求为动力，不断地增强对生物的直接干预，主要形式有：①通过驯化和培育，改变了许多物种的特征；②通过过度利用、对有害物种（在特定时期、特定地区被认为有害的物种）的灭绝行动，以及其他不经意的行为，减少了许多物种的种群数，甚至导致大量生物物种的灭绝和相应的区域或全球生物多样性的下降；③有意或无意进行许多物种的区域迁移，造成物种迁入地生物种群结构的改变。这些干预对地球区域生态系统的影响主要表现在：①在地球许多地方建立了大面积的、受人工操控的，由人类培育的生物种群主导的半人工生态系统——农田、人工牧场、茶果园和种植经济树种的林场等。其中，种植作物的耕地已占全球陆域面积的 12% ～ 13%。这些生态系统一方面为人类所在区域提供了远比原生态系统丰富的人类需求的生物资源，即提高了对人类的效用；另一方面由于生物种群的单一、生物小循环的断裂和人为附加物质的滞后效应，显然比原生态系统脆弱和不稳定。②人类活动导致部分物种群体减少、灭绝或迁移扩散，使一些地方生态系统生物种群组成与结构发生变化，特别是生态系统原优势或食物链顶层生物种群的变化。例如，把占地球陆地面积 1/2 的草原上原主要食草动物改变为家畜，在海滩上引进互花米草而排挤原生的红树林群落等，进而导致生态系统物质流和能量流、信息流的功能性变化。③由人类活动引起的一些对人类健康有益或有害物种的迁移扩散，对一定区域或全球人类健康产生巨大影响，特别是以人类活动为媒介的致病微生物的扩散给人类健康造成极大危害（世界环境与发展委员会，1997；陈静生等，2001；李天杰等，2004；胡兆量等，1997；米都斯等，1997）。

80　人类活动改变自然系统物质转化迁移过程

人类对自然系统物质迁移转化过程的影响主要通过四种方式实现：①不改变物质性质，直接进行物质的区域转移或改变其路径、方向；②通过添加或排放而向自然系统投入其原来没有或少有的物质成分，如向农田施用化肥和农药，通过生活和工业废弃物排放对环境造成污染，通过化石能源的利用向大气排放大量二氧化碳、氮氧化物和二氧化硫等；③通过改变地表物质转化的环境条件而改变地表物质的表生地球化学过程，如沼泽湿地排水或相反的地表淹水而改变地表层的氧化还原条件，从而改变对氧化还原敏感的地球化学过程，如 $S^{2-} \rightleftarrows S^0 \rightleftarrows S^{4+} \rightleftarrows S^{6+}$、$Fe^0 \rightleftarrows Fe^{2+} \rightleftarrows Fe^{3+}$、$N^{4-} \rightleftarrows N^0 \rightleftarrows N^{2+} \rightleftarrows N^{4+}$ 等过程的转化及与其相关的元素（如重金属）化合物的溶解、淀积和迁移过程；④通过改变物质移动介质及其移动路线，从而改变借助这些介质移动的物质的迁移转化过程。例如，人为

导致地下水位的升降引起土壤盐分的积累或淋洗；通过改变水系而改变依靠水流转输的物质移动的数量和方向；通过生态系统生物组成结构的变化而改变依靠特定生物转化与传输的物质的迁移转化过程；等等（李天杰等，2004；胡兆量等，1997；黄鼎成等，1997；陈静生等，2001）。

81　人类活动影响自然地域系统能流和能量平衡

能量是自然和人文社会系统一切活动的动力来源，而人类的一切活动的能源均取自于自然，故人类活动通过许多直接或间接的途径影响自然的能量转化、能流和能量平衡。主要途径有：①开发地球自然界许多储备的能源（煤、石油、核能等），把其从储存地转移到开发利用地域并转化为热能、电能、动能等可做功的能量，其中一部分（不可能100%）参与人造自然系统的运动并转化为耗散的不能做功的能量回归自然界，一部分未利用的残余能量排向自然环境，给一些地区以附加的能量，如温室的热能、核电厂排出的热水、空调的热能释放、工厂的余热排放，从而增加一定区域热负荷，但也可能给一定区域带来热污染。②改变地表下垫面性质，主要通过下垫面热容量的变化和对太阳辐射反射率的变化，影响进入地球表层（包括大气圈、水圈、生物圈和岩石圈）的太阳能的传输和辐射平衡，造成区域性的热力或动力效应，如城市热岛效应、水库冷湖效应和区域温差对流效应。③改变自然界能量传输介质，影响不同形态的能量传输量和传输特征，从而改变能量循环和平衡。其最显著的是人类活动造成大气二氧化碳、甲烷、氮氧化物和氟氯烃类等温室气体含量的增加，减少地面发出的长波辐射向地球外空间的辐射传播，导致热量平衡的破坏和气候变暖。此外，下垫面的变化也导致不同区域下垫面（植被、土壤、水体和岩石圈上部）内部能量传输过程和能量平衡的巨大改变。④人类在一定地区（局地）对流体（气体、水等）的引导、阻遏或集散改变了流体动能的集散和消长。例如，通过水坝把河道坡降的分散水动能集中成坝头势能并转化为冲击水轮机的动能；农田防风林把破坏性的强风动能通过林带的摩擦而消散降低；海岸防波堤把海浪对海岸的侵蚀动能消散在各种形态的消波设施上；河道的“丁”字坝把河水的动能集中在主河道深槽上以维护航运河道的稳定；水库的泥沙沉积使用于输运泥沙的能量减少，从而加强了河水对水库以下河道的冲刷能力；等等（胡兆量等，1997；李天杰等，2004；陈静生等，2001；黄鼎成等，1997）。

82　人类活动作为触发因素引发某种自然过程的出现、加快或减缓

这是指人类对某种自然因素的干预引发与该因素相关联的自然过程的出现或自然过程整体的连续性的加速或减缓。所引发的自然过程的变化有两种形式：一为突发性过程，通常是在自然系统的脆弱带，且处于亚稳定状态下发生的。例如，在山地边坡松散堆积物亚稳定条件下，一旦人为在边坡脚下开挖土方，往往出现突发性的崩塌或滑坡；在河流洪峰过境时人们进行分洪处理；当发生森林火灾时，人们在其前方清理过火通道来阻遏大火的蔓延；等等。二为渐进性过程，如坡地开垦种植导致水土流失的发展过程，草场过牧而导致草原荒漠化过

程，地下水过度开采而造成地面下陷过程，土壤改良以促进土地生产力提高过程，鱼苗放流以促进自然水域水产品增殖过程，等等（牛文元，1992；黄鼎成等，1997：16-17）。

83 人类活动在一定地域形成人造的或人为控制（半控制）的自然系统

这是指人类为了生产和生活的需要，把一定地域改造成基本上由人造地物构成的地域空间，而这些人造地物在一定特征范围内依然遵循自然法则，或形成由人为控制（半控制）但依自然法则运行的自然系统。前者如城市，虽然其形成和发展遵循社会经济法则，其主导的结构功能属于人文社会地域子系统，其建筑、下垫面、水系甚至绿地，均属人造物，但在这些物质的结构与组分框架下的气候、水文、生物过程依然遵循空气动力学法则、热力学法则、水动力学法则和生物学法则，故在这一范围内依然是一个自然综合体。后者如农田生态系统，虽然作物由人工选择，作物生长条件一部分由人工控制，但作物的生长规律、作物与环境（气候、土壤、其他生物）的关系依旧遵循自然法则，是一个半受控的自然生态系统。人类在地域上许多地方已经建立了大量的这种人造的自然系统或人为控制（半控制）的自然系统，这是人类对自然系统最重要的地域性综合影响。

84 自然－人文相互作用的结构性关联及其历史阶段性

自然－人文相互作用的结构性关联及其历史阶段性指自然与人文社会系统的各种相互影响、相互作用不是无条件的随机组合的关联，而是在一定历史发展阶段才存在的特定人文社会系统与特定自然系统以特定的联系方式相互作用的关联，这种关联结构随人类历史发展而有规律地演化，包括人类社会的需求结构、生产力结构（决定利用自然的能力）与调控结构与相对应的自然系统的供给和反馈结构的偶联演化特征。不同的社会历史时期有不同的关联结构特征（表5-3）。

表5-3 人与自然相互适应的阶段性特征

社会发展阶段	采集狩猎社会	农业社会	工业社会	信息社会
主要技术手段	原始技术（石器、木器等）	农业技术（青铜器、铁器、犁、耕作制等）	工业技术（机器、电器、社会化生产）	高技术、清洁技术、信息技术
利用的主要资源	天然食物	农业资源（主要是耕地、淡水等可再生资源）	工业资源（主要是不可再生的矿产资源）、人力资源和资本资源	智力资源、信息资源、再生资源
利用的主要能源	薪柴	水力、风力	煤、石油等化石能源	清洁能源、替代能源与新能源
对自然的态度	崇拜、敬畏	模仿、学习	改造、征服	调节、适应
人口增长特征	极高的出生率、极高的死亡率、极低的自然增长率	高出生率、高死亡率、低自然增长率	高出生率，继而下降；死亡率不断下降；高增长率，然后下降	低出生率、低死亡率、低自然增长率或零增长
人与自然相互作用产生的问题	食物短缺	人口过剩、自然灾害、土壤侵蚀等生态破坏	人口过剩、就业、人口老龄化，资源短缺，粮食紧张，能源危机，生态破坏，环境污染	不可再生资源的耗竭，全球变化

续表

社会发展阶段	采集狩猎社会	农业社会	工业社会	信息社会
主导性产业活动	采集、渔猎	农业	工业	信息业等第三产业
主要的社会组织方式	家庭、亲族群体	家长制家庭、社区组织	核心家庭，科层制组织	网络组织、多样化组织
消费方式	满足个体延续的低水平食物消费	维持基本（生存）需求	满足高物质消费的发展需求	物质与精神的全面需求和可持续消费
发展方式	依赖天然食物资源	大规模开发农业资源	掠夺型利用不可再生资源和环境	追求可持续发展
人类行为影响的空间范围	个体和群体的聚集地	村落、区域和国家	国家和跨国	全球范围
延续的时间尺度	百万年	万年	百年	十年

资料来源：黄鼎成等，1997。

85 人地关系系统形成与发展的区域不平衡性

人类发展史研究表明，人地关系系统从其形成开始至今，就一直以区域的不平衡性为特征，主要表现在：①人地关系系统并非在全球各地同时出现，而是地球上特定区域、特定地理环境条件下自然系统异化的结果。考古学、人类学和遗传学研究结果表明，人类从中分化出来的古猿只生活在地球低纬度湿热的热带、亚热带丛林中，大约在距今500万年前，气候环境变化使低纬度地区森林面积减少和草原面积扩大，迫使古猿分化，一部分随森林的缩小退居到更南面的森林中生活，发展成现代的猩猩，一部分失去存在的环境而被无情地淘汰，而在非洲东北部埃塞俄比亚一带的一部分古猿被迫抛弃原始森林，来到空旷的草原。在新的环境中，为了生存，古猿不得不改变生活方式，通过手脚功能分离，使用和制作原始工具，学会用火和形成抵御环境及其他生物的原始组织，在几百万年的时间中经过类人猿—猿人—智人而发展成为人类。显然，没有湿热的热带、亚热带丛林及其环境演化，就不会发生自古猿到猿人的质的飞跃以及后来逐步形成人类（卡瓦利－斯福扎L L和卡瓦利-斯福扎F，1998；晏路明，2001；刘峰贵等，2004）。②由于资源环境在地球不同区域的巨大差异和人类社会发展的不平衡性，散布迁移到地球各处的人类逐步发展的人地关系系统的结构形态和演变的速度大不相同，在地球上不同的地理环境区域先后形成了西亚两河流域的苏美尔文明、尼罗河流域的古埃及文明、印度河流域的古印度文明、黄河长江流域的中华文明、地中海岛屿半岛区的希腊文明及美洲的中美洲文明和印第安文明，以及欧亚干旱草原区的各种游牧文明，这些文明均形成不同方式的人地关系系统并以不同的速度演化。到了15世纪之后，借助于海洋的环境和长期的文化与生产力的发展，在西欧率先发展了近现代的资本主义文明，形成全新的人地关系系统，并不断向外扩张（汤因比，2001）。由于全球各地人地关系系统的发展不平衡，因而现在在世界上不同地方同时存在着从最原始形态至现代的不同阶段、不同形式的人地关系系统。③在现代资本主义向全世界迅速推进和全球化不断加强的时代，由于社会经济发展的结构性规则、地域聚散的效应，以及不平衡发展这个资本主义积累过程的先决条件，人文社会结构在世界上不可能均衡发展，而必然是不平衡地、以不同形式进行发展，并相应地形成、维持和发展不同的人地关系系统（参见第2章注释46）。

86 环境决定论

环境决定论（environment determinism）即认为自然条件（即地理环境）是人类社会发展的决定性因素的一种思潮。该思潮以自然过程的作用来解释社会和经济发展的进程，从而归结出环境决定政治体制。该思潮萌芽于古希腊时代。近代决定论思潮盛行于18世纪，由哲学家和历史学家率先提出。孟德斯鸠在《论法的精神》一书中，将亚里士多德关于地理环境与民族特性、社会性质关系的论述扩展到不同气候的特殊性对各民族生理、心理、气质、宗教信仰、政治制度的决定作用。第一个系统地把决定论引入地理学的学者是德国地理学家拉采尔（F.Ratzel，1844～1904年），他在《人类地理学》一书中机械地搬用达尔文生物学观点来研究人类社会，认为环境从多方面控制人类，对人类生理机能、心理状态、社会组织和经济发展状况均有影响，并决定着人类迁移和分布状况，因而环境野蛮地、盲目地支配人类命运。这种环境决定论思潮在一段相当长的时间里，成为欧美地理学的理论基石。拉采尔的学生辛普尔将这一思潮在美国宣扬和发挥，并为亨廷顿所继承，支配美国地理思潮直至20世纪20年代，而该思想的影响延续至20世纪中期（左大康，1990）。

87 环境可能论

针对环境决定论关于自然对人类控制的绝对化观念，西方人类学家、社会学家首先提出了质疑。法国地理学家维达尔及其学生白吕纳在20世纪初提出了一种不同的观点，认为地理环境为人类社会发展提供了多种可能（possibilism），在一定范围内人们可以自由地选择和利用它们。维达尔强调，在人与自然的关系中，除了自然的直接影响外，还有其他因素在起作用。人是一个积极的因素，不能用环境决定论来解释一切人生事实。他认为人类生活方式不完全是环境统治的产物，而是各种因素（社会、历史和心理因素）复合作用的结果，同样的环境对于不同生活方式的人们有不同的意义（黄鼎成等，1997）。

88 或然论

第二次世界大战之后，在环境决定论和环境可能论的争论中产生一种新的环境认识论，即或然论（或译为概然论，probabilism）。其代表人物是O.H.K.斯佩特，他认为可能性可以很多，某种可能是否比其他可能性更容易成为人的行动企图，取决于人可能采取的各种行动的概率大小。这一理论是通过三段式来推演的：①人可以选择和决定自然提供的可能；②人可以选择的各种行为之间不具有相同的概率；③人要通过选择来确定自己的行为方式。因此，当人们从几种可能中选择一种时，必须事先知道其成功的概率，并以这种选择来确定自己的行为方式（白光润，1989）。

89 人类适应论

这一观点是把生态学的生物与环境的关系引申到人与环境的关系中，并把地理学称为人类生态学。其代表人物为H. 巴罗斯。在反对环境决定论的基础上，他重提人类对于自然环境适应的观点，认为地理学的目的不在于探索环境的性质和存在，而在于探索人类对环境的反应。人类是中心论题，其他一切现象只是在涉及人类对其适应情况时才需加以说明。他指出，“地理学将致力于自然环境与人类的分布和活动间关系的研究，并明确这种关系；地理学家将从人类适应自然开始入手，而不是从环境的影响开始研究。从人类适应自然的角度开始分析是认知和正确估价所有因素的结果，它可以把环境因素所造成的影响减少到最低”（蔡运龙和 Wyckoff，2011）。

90 人类支配论和人类决定论

人类支配论最早源于基督教的环境观，认为人对大自然的支配和统治是绝对的，无条件的（张锋，2006）。尽管达尔文的进化论否定了上帝创世论，把人类降为动物进化的最高层成员，尽管环境决定论论证人类社会的发展为自然所决定，但直到20世纪在人类的社会活动实践中，从来都是把自然（地理环境）作为让自己控制和使用的对象，把对自然的无条件的支配视为理所当然，视为自己合法的权利，同时认为人类利用自己的才能、智慧和技术，可以克服任何潜在的环境威胁和限制，从而征服自然，使之为人类服务。虽然未使用“人类决定论”或“人类支配论”这一概念，但在反驳地理环境决定论和论证人类社会发展的决定因素时，不少人列举了许多例子证明人类具有生存于自然限制之外的能力。这种思维被概括为“人类决定论”，特别是斯大林的《辩证唯物主义和历史唯物主义》和毛泽东的《矛盾论》中进一步从哲学角度把自然环境和人类社会分为外部和内部两部分，自然环境是人类社会发展的外部条件（外因），而人类社会发展的根本原因在于其内在的依据，外因不能决定人类社会的发展，相反的是生产关系决定一切，不管怎样的自然条件都可奇迹般地产生强大的生产力，从哲学上论证了人类决定论的合理性（白光润，1989）。

91 生态伦理和环境伦理

生态伦理和环境伦理是伴随着20世纪60年代的动物保护运动和环境保护运动而日益彰显的伦理思潮。其源头可以追溯到利奥波德（1887～1948年）的著作《沙乡年鉴》，他认为“最初的伦理概念是处理人与人之间的关系……后来新增添的内容则是处理个人和社会的关系……但是，迄今为止还没有一种处理人与土地，以及人与在土地上生长的动物和植物之间的伦理观。土地，犹如俄底修斯的女奴一样，只是一种财富。任何土地之间的关系仍然是以经济为基础的，人们只需要特权，而无须尽任何义务……如果我对这种迹象的理解是正确的，那么伦理向人类环境中的这种第三因素的延伸，就成为一种进化的可能性和生态上的必要性。”他认为：“迄今所发展起来的各种伦理都不会超越这样一种前提：个人是一个由各个相互影响的部分所组成的共同体成员。他的本能使得他为了在这个共同体内取得一席之地而去竞争，但是他的伦理观念也促使他去合作……土地伦理只是扩大了这个共同体的界限，它包括土壤、水、植物和动物，或者把它们概括起来：土地。简言之，土地伦理是要把人类在共同体中以征服者的面目出现的角色，变成这个共同体中平等的一员和公民。它暗含着对每一个成员的尊敬，也包括对这个共同体本身的尊敬”（利奥波德，2000）。在利奥波德之后，许多动物保护运动成员、环境保护运动成员和生态学家从法学观点——自然的权利，特别是人之外的生物的权利来论证生物和自然的价值，推导出人之外的生物和自然界具有独立的“存在的价值”，具有与人平等的“权利”，作为反对人类干预自然，特别是捕获利用一切动物的理论依据（罗尔斯顿，2000；张锋，2006）。但这样就把本来作为人之间或人物之间关系认识范畴的价值概念（在相互作用中理解价值）变成泛化的实体范畴的价值观念，变成事物固有属性的概念，把有意识的主体权利概念，变为无意识自然（或作为旁观者的人并不了解和阐述的自然或生物所要求的权利）的客体的权利。因而，在传统伦理学的学科范围内，生态伦理学缺乏自洽的理论本性，其论证都不完备，未能获得学界的普遍认可。

92 可持续发展观

20世纪60年代以来，伴随着全球经济的快速发展而出现全球性资源和环境问题，地学、生物学和经济学各界对经济增长与资源环境关系的核心问题——人地关系问题（或人与自然的关系问题）进行了深入的反思和新的探索，在许多大规模的全球性综合研究基础上，就世界经济增长的极限及其实质问题、影响增长的一系列因素——人口问题、世界粮食供应问题、不可再生资源的耗竭问题、环境污染问题、未来经济增长速率问题（如零增长问题）、世界各地发展严重不平衡及其相伴的问题（灾害、不平等、动乱等）提出了一系列看法，进行了广泛的讨论，甚至激烈的争辩，促使联合国1972年在瑞典斯德哥尔摩召开首次人类环境会议并发表了《人类环境宣言》。但由于发达国家和发展中国家之间以及与会专家之间在对人类环境问题的认识、责任和解决途径上存在尖锐分歧，故之后在全球环境问题上世界各国未能采取一致行动，全球环境仍在继续恶化。为此，1983年联合国委托当时挪威首相G.H.布伦特兰夫人组建了一个特别委员会——世界环境与发展委员会，组织全世界各领域数以百计的专家和单位对环境与发展问题的各个方面进行研究，并对大量文献资料和研究报告进行全面分析、讨论，以期提出一个全球长期性的环境（资源环境）对策，特别是提出如何将对环境的关心变为在经济和社会发展处于不同阶段的国家之间合作的方法。经过四年多的努力，在1987年完成了《我们共同的未来》的报告提交给联合国大会，并作为1992年里约热内卢世界环境与发展大会的主旨文件。《我们共同的未来》以可持续发展（概念最初源于1980年世界自然保护联盟起草的《世界自然保护战略》）为主题阐述人类社会未来发展的挑战与应对策略。经大会充分讨论，可持续发展的观念为与会各国代表普遍接受。

93 基于系统生态学的人地关系结构模型

基于系统生态学的人地关系结构模型指 H.T. 奥德姆按系统生态学理论建构的包含自然系统各要素和人文社会各要素的关联模型，其特点是：①把人地关系系统的所有流程（物质流、能量流、信息流、资本流）均转化为以太阳能到达地球后经各种转换最后达到各关联要素而消耗的总能量——能值（见注释 109）；②用各种符号（能量语言符号）表达人地关系各要素及相互作用的各种环节；③用能值流连接人地关系各要素（即所转换的标准的能量语言符号），从而构成一个可进行系统分析和模拟计算的结构系统（见第 4 章注释 53），如景观与人类定居的地区性系统（奥德姆，1993）。

94 人地关系的 REP 结构模型

王铮等认为，区域以人和资源为内核，不能脱离人口与资源独立地存在，又必须具有环境的特征。由于地理系统的普适性，资源与环境和人口必然构成一个统一的地理系统，产生区域的资源 – 环境 – 人口结构（REP）结构（图 5-10）。

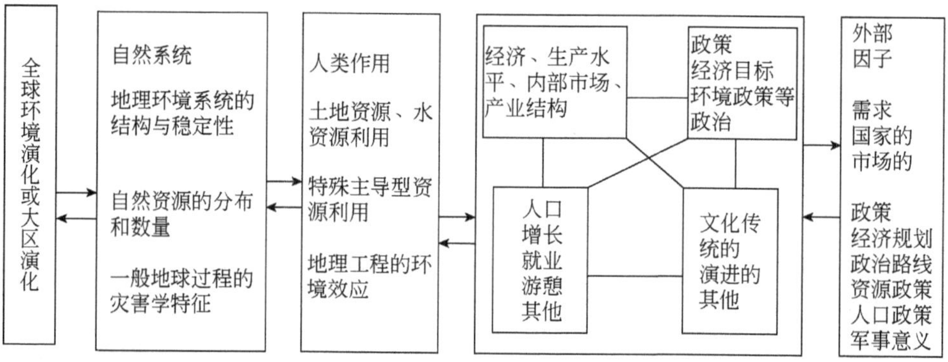

图 5-10 区域 REP 结构图

在这个模式中，自然系统与社会经济系统分属两个子系统，人类对资源的开发与利用，将两个子系统耦合在一起。整个区域系统又与全球或大区的环境演化、社会经济外部世界相互作用，外部条件给了它一个控制作用，区域系统给了外部边界以反馈（王铮等，2000）。

95 人地关系的压力 – 状态 – 反应（PSR）结构模型

该模型最早由 A.Friend 提出，是一个用于分析和评价环境与人类活动关系的概念模型。压力指标测量由人类活动引起的环境影响，如污染物排放、资源回采率等；状态指标测量由压力引起的环境状况的变化和后果，如周围污染物的浓度等；反应（响应）指标反映人类为改善环境状态而采取的社会行动，如新的法规、排放收费制度等。1990 年经济合作与发展组织（OECD）最先将这一方法用于环境指标研究，之后为许多研究工作所借鉴，成为可持续发展指标体系的框架（图 5-11，滕藤，2001）。

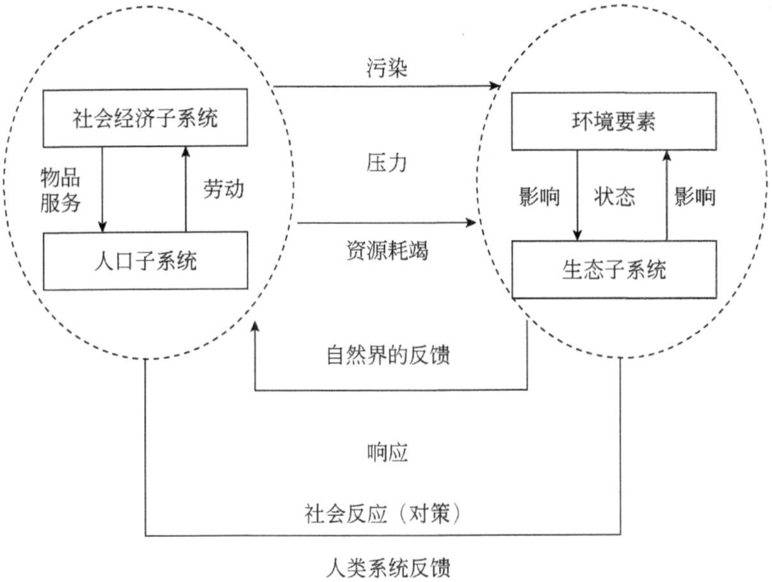

图 5-11　人地关系的压力－状态－反应（PSR）结构图

96　基于系统动力学的人地关系系统结构模型

这一模型最早由米都斯提出，并用于罗马俱乐部关于人类困境的研究，后又为美国环境质量委员会用于分析 1975～2000 年世界人口、资源、环境的可能变化。该模型用作用与正负反馈回路结构把人地关系各要素连接成一个系统模型，通过计算机模拟整个系统演变过程和演变结果，来评价资源、环境、人口与经济增长的相互关系。例如，人口、资本、农业和污染的反馈回路用图 5-12 表示（米都斯等，1997；巴尼，1986）。

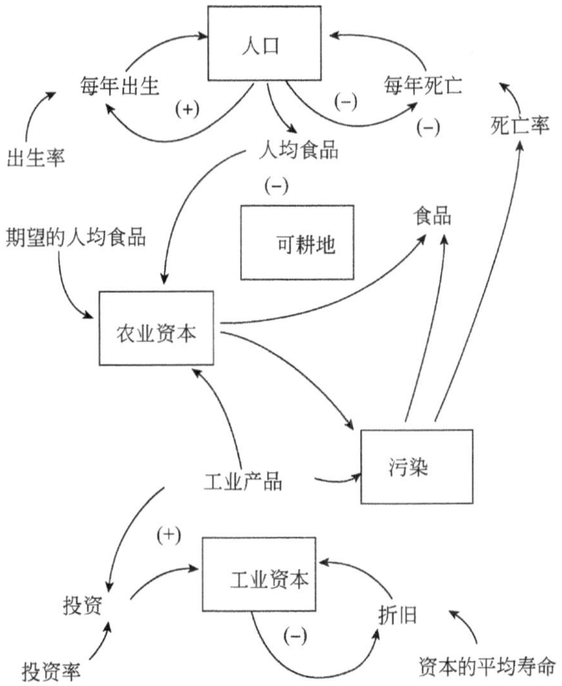

图 5-12　人口、资本、农业和污染的反馈回路

97　人地关系地域系统的 PRED 结构模型

该模型用系统动力学方法，通过正负作用回路把人口、资源、环境和社会经济发展

各要素连接，建构一个用于分析评价这些要素协调关系的模型，其概念框架如图 5-13 所示（王铮，1993）。

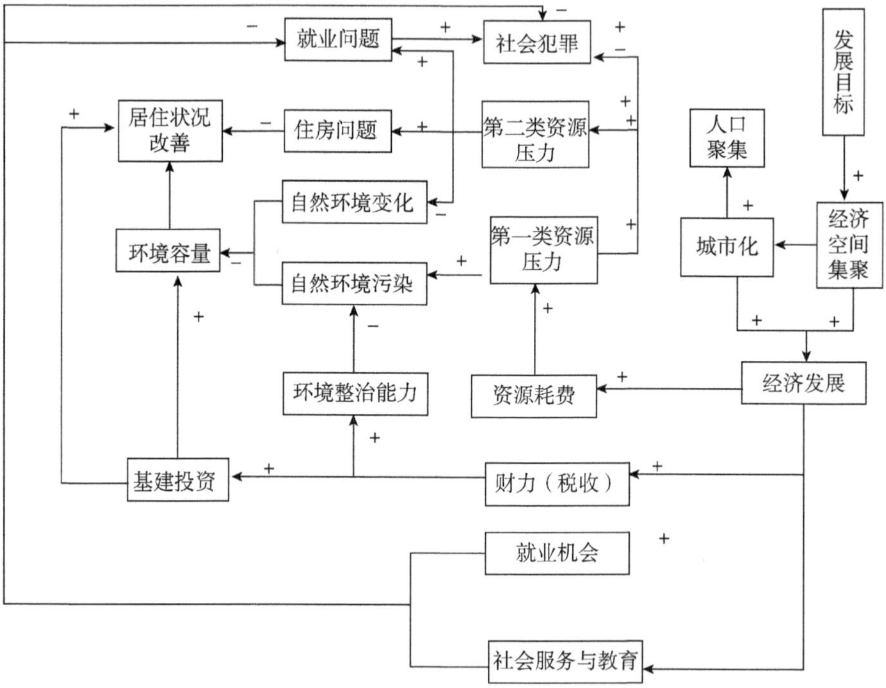

图 5-13　PRED 问题说明图

"+"表示前项增加，引起后项增加；"−"表示相反效应

98　人地关系地域系统作用机理框架

黄鼎成等（1997）在分析人与自然关系时，用以下系统来分析人与自然系统的稳定与持续发展问题（图 5-14），并把承载力、缓冲力和恢复力综合为决定人类社会发展的环境容量，把生产力、需求力与调控力与技术结构、消费结构和调控结构相对应综合构成人文社会系统的创新、适应和调节能力，即维系和发展状态。

图 5-14　衡量人与自然相互作用系统稳定与持续发展的基本要素结构图

考虑环境容量已在环境学中被定义为保证一定环境质量指标前提下环境允许排放的污

染物的最大量，故本书将承载力、缓冲力和恢复力的综合统称为自然容量，把生产力、需求力和调控力综合称为人文社会发展状态，一起放到要素结构图（图 5-15）中，用于分析人地关系地域系统。

图 5-15　人地关系结构概念模型

99　缓冲力

缓冲力指自然系统在保持一定结构和功能的前提下所能承受的变化，如资源的再生能力和对废弃物的自净能力等（黄鼎成等，1997）。自然系统缓冲力的形成在于其自我调节能力，主要有：①存储性调节能力，如土壤中的持水能力，持水能力越强，土壤供水的功能受大气降水变化的影响越小；又如地表的热容量，热容量越大，地表受热传输（输入、输出）变化导致的温度变化幅度越小。②替代性调节能力，如一个生态系统地表水枯竭时地下水替代而保持生态系统的水分平衡，当食物链某一环节的某种生物减少而匮缺时，其他生物替代而保持食物链的稳定。③自净性调节能力，为一个环境接纳人类活动排放废弃物 [如化学需氧量（COD）、生化需氧量（BOD）、某些有毒有机物] 后能通过生物、化学或物理机制作用而使其降解或转化以维持环境在一定质量水平上的能力。④适应性调节能力，如一个生态系统的植被对于其生境的变化，在一定范围内具有适应性变化（如抗旱、抗涝适应能力，抗盐碱和抗贫瘠能力等），从而保持生态系统结构、功能的稳定。生物多样性的高低往往是一个生态系统缓冲能力高低的标志。

100　恢复力

恢复力指自然系统在受到干扰破坏而失衡之后重返平衡的能力和速度，如干旱或洪涝后一切恢复正常的快慢（黄鼎成等，1997）。自然系统的恢复力包括：①自然系统结构的恢复能力，如一个森林生态系统受到人为采伐或台风破坏而使林分结构发生变化之后，随着干扰的停止，林木逐步生长和生态系统的生物群通过竞争的调整，该森林生态系统逐步恢复达到或接近原先的林分结构状态；一片草原因过度放牧而发生荒漠化，景观结构、功能产生变化，在干扰减弱或停止后，随着植被的生长，逐步恢复原草原的景观结构状态；一个海域某种经济鱼类的种群结构因过度捕捞而失衡，在禁渔之后逐步恢复至原种群结构状态。②自然系统过程的恢复，指一些自然系统受干扰破坏之后，其结构未能或尚未恢复至原先状态，但其过程或功能可能恢复到接近原先水平。例如，一个生态系统的初级生产力在受干扰而降低后，逐步恢复成原先水平（尽管结构尚未完全恢复）。又如，一个坡面因植被破坏而加剧水土流失过程，在干扰停止后，随着植被的恢复，水土流失被遏止，土壤侵蚀过程恢复到原先微度侵蚀状态，尽管被侵蚀掉的土壤在相当长的时间内也不可能恢复。

101 自然容量

自然容量指人地关系自然系统中在特定的有限的地域空间约束下由自然子系统的承载力、缓冲力和恢复力三要素综合构成的维持一定人文社会系统稳定和发展的资源环境基础，也被称为环境容量（黄鼎成等，1997）。但环境容量已作为环境科学的一个专业名词专指在保证一定环境质量指标的前提下环境（一个自然体，如水、大气、土壤）允许排放的污染物的最大量，也就是说，环境能消纳的污染物的能力。故将区域地域空间限定下的自然系统承载力、缓冲力和恢复力的综合称为自然容量，以免与原环境容量的概念混淆。

102 生产力

生产力是一个政治经济学的概念，按恩格斯的定义，生产力指“具有劳动能力的人跟生产资料（生产工具和劳动对象）相结合而形成的征服、改造自然的能力”。传统的政治经济学据此把劳动者、劳动资料和劳动对象视为生产力的三要素。劳动者是具有一定生产能力、劳动技能和生产经验，参与社会生产过程的人，既包括体力劳动者，也包括以各种方式参与物质生产过程的脑力劳动者。劳动资料是劳动者用以作用于劳动对象的构成物的综合体，其中以生产工具为主，也包括人们在生产过程中所必要的其他物质条件。劳动对象是指生产过程中被加工的东西，包括直接从自然界获得的资料和经过劳动加工而创造出来的原材料。这里必须明确的是，作为劳动对象自然物并不是自然界的全部东西，只是从自然界挑出用于生产加工的自然物，即已被人类转化为具有社会属性，且参与生产过程的物质，故已经与其原来的人地关系地域系统中的自然子系统分离开来了。

103 需求力

人地关系地域系统的需求力指的是社会的需求，或者说是社会群体的需求，故需求力是人类生存需求和发展需求的量度。需求力通过消费资源和消费环境而发挥作用，包括消费规模和消费结构。消费规模最终由人口规模和人均消费量来决定，因而随着人口的增长和人均消费量的提高而增长。消费结构首先可分生产性消费和生活性消费，其下为生产性消费结构和生活性消费结构，二者随社会经济的发展而变化，如消费结构随人均国民生产总值的变化而变化。由于世界各地经济发展水平不同和各地的历史文化积淀不同，因而各地消费结构具有明显差异。生产性消费指人类在一定技术结构下通过生产活动对自然系统的资源与环境的消费，这与生产力中的生产规模和产业类型决定的对自然资源和自然环境的利用是同一的，故二者对自然系统的作用不能重复计算。另外，生活性消费是指对自然环境的直接消费（生活地域空间环境的使用和环境容量的消费）和生产产品的消费，而生产产品的消费量和消费结构在全球尺度上在中长尺度时间范围内必定和生产规模与产量结构相平衡，是一个链条的两个环节，但在区域尺度上和在全球尺度的短时段范围内并不平衡，二者对自然系统的作用不能相互替代（胡兆量等，1997；陈静生等，2001）。

104 调控力

调控力是人类认识、判断、决策和调节人文社会子系统内部各要素之间关系及其与自然子系统关系的能力。其基础是人类社会的调控结构。调控结构由人类的价值观念、社会系统制度安排和社会的组织管理方式组成。价值观是人类社会指导人类群体之间、个体之间及人与自然关系的基本原则，人类社会的制度安排及组织管理方式都与价值观念息息相关。人类社会的制度安排是规范人类行为的一系列规则，其中最重要的是产权结构，包括对生产资料和社会产品的产权结构和对自然资源的产权结构（所有权结构），是调控生产力和调控人与自然关系的制度保证；社会组织管理方式外延较广，包括人类社会的组织管理方式和开发利用自然系统的组织管理方式，也包括社会对消费结构和技术结构的调控方式，并进一步间接地决定了人与自然作用的基本过程（黄鼎成等，1997）。调控力属上层建筑，其赖以形成的基础调控结构是由社会的生产方式（生产力与生产关系的总和）所决定的，而反过来通过对生产和消费力的调控又在社会发展中逐步改变生产方式。

105 人地关系系统可持续性的衡量

人地关系系统可持续性的衡量也称“人类－环境系统”可持续性的衡量。陈静生等（2001）认为，“人类－环境系统是一个极其复杂的综合体，它包括对自然环境和资源的开发利用活动，包括形形色色的自然环境和自然资源的组成成分及其相互作用与结果，也包括人类与环境和资源的相互关系。如此复杂的系统是很难全面描述和全面认识的。只有采取简化但又不失作为一个整体系统主要关系的方法来衡量，即选取一些系统特性来表述”。为此，他们综合康韦（Convay）提出的生产力、稳定性、持久性和公平性四种系统特性，马滕（Marten）补充的自主性和他们自己补充的协调性共六个方面来衡量人类－环境系统的可持续特性，并对每一个特性进行说明，但对每一个特性如何综合评价尚未全部提出相应的评价方法。

106 关联子系统状态值的差值或比值

关联子系统状态值的差值或比值指用人地关系地域系统内部依靠物质、能量相互关联的两子系统关联要素（或其综合）的状态值之差或比来表征二者的平衡状态。差值保留有原对比项的量纲单位，因而不同要素的差值的意义（效用）不能对比，比值消去了量纲单位，使得不同要素的差异可以对比，其集合可进一步综合成单一状态值。两个子系统的关联关系有两种情况：一为单向性效用的关联，即需求（汇）的不足造成的供需不平衡不会导致供给系统（源）动荡的关联关系，如土地资源、水资源、能源的供给（或支撑）能力与土地、水、能源的需求之间的关系，环境容量与生产生活消费排污量之间的关系等。在这种情况下，供给对需求的差值越大，或比值越大，表征系统越稳定；越小，差值越接近于零值，或比值越接近于 1，表明系统越接近不稳定，一旦差值为负值，或比值小于 1，则属不平衡不稳定系统。二为双向性效用的关联，即不管需求大于供给，还是供给大于需求，一旦超出某一阈值，系统均会失稳。例如，生产系统的粮食供给能力小于因人口增长和消费结构结合形成的消费力时，引起社会的饥荒动荡，但生产系统的自主性发展造成生产力大于消费能力，当超过某一阈值时，也会发生经济危机，造成社会的动荡。在这种关联中，差值趋于零或比值趋于 1，系统趋于稳定，差值的绝对值越大，或（比值－1）的绝对值越大，系统越不稳定。关联子系统的状态值之差或比值有两种形式：一为多对应要素差值集合的形式，如土地资源、水资源、能源和各种矿产资源的供给与需求之差或比值的集合。在这种状况下，系统的稳定性通常取决于最能引起不稳的要素的比值，即单向性关联的各要素比值的最小值，双向关联的各要素比值的最大值或最小值。二为多要素状态值综合成的单一状态值的差值，如用生态足迹表征的消费需求与生态（自然）容量表征的资源环境承载力之差或比值（参见注释 110），折算成经济价值（货币）的生产状态值（如 GDP）和消费的价值之差或比值，或环境资源的总价值与人类社会消费的环境资源的价值之差或比值。

107　关联子系统发展状态的协调性判断

关联子系统发展状态的协调性判断指根据关联子系统在一定时段发展状态（方向）的比较判断由其构成的系统的协调性。例如，林逢春等用系统在由两子系统构成的象限中的位置来判断环境－经济系统的协调状态：设 E_t 为系统在 t 时的经济状态指数，如 GDP，ΔE_t 为 t 时与 $t-\Delta t$ 时经济状态之差，即 $\Delta E_t=E_t-E_{t-\Delta t}$；$I_t$ 为系统在 t 时的环境定量指数，如环境容量，I_t 越大，环境越好，ΔI_t 为 t 时与 $t-\Delta t$ 时环境容量之差，即 $I_t=I_t-I_{t-\Delta t}$；以 ΔE_t 为横坐标，ΔI_t 为纵坐标，0 为原点，可构建一个四象限的判断空间（图 5-16）。

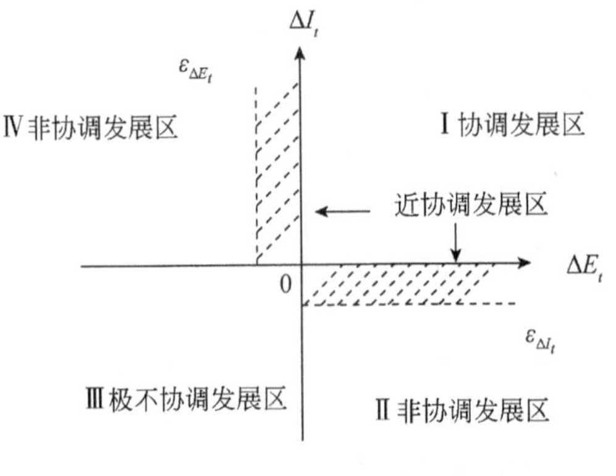

图 5-16　人地关系协调性判断图

（1）当一个系统处于第一象限，即$\Delta E_t \geqslant 0$，$\Delta I_t \geqslant 0$时表示经济增长且环境改善，属协调发展区。

（2）当一个系统处于第三象限时，即$\Delta E_t<0$，$\Delta I_t<0$时表示经济衰退与环境恶化，为经济与环境恶性循环型不协调发展区。

（3）当系统处于第二象限，即$\Delta E_t>0$，$\Delta I_t<0$，且$\Delta I_t/I_t \leqslant \varepsilon_{\Delta I_t}$（$\varepsilon$为根据具体情况确定的一个阈值小量）时，表示在经济增长的同时环境容量下降，属不协调发展状态。

（4）当系统处于第四象限，即$\Delta E_t<0$，$\Delta I_t>0$，且$\Delta E_t/E_t<\varepsilon_{\Delta E_t}$时表示自然环境改善，但经济处于衰退状态，也偏于不协调发展状态。

（5）在第二、第四象限的晕线区域，环境容量下降或经济水平下降未越过阈值，属于近协调发展状态（林逢春和王华东，1995）。

108 能值

能值（energy）为H.T.Odum在生态学系统理论基础上提出的用于衡量生态系统资源环境状态和关系的一个统一的、可相比较的概念和度量指标。其意义为：一个流动或储存的能量所包含的另一类别能量的数量，称为该能量的能值，即产品或劳务形成过程中直接或间接投入应用的一种有效能（available energy）总量，就是其所具有的能值。

在实际应用中，以“太阳能值”（solar energy）来衡量某一能量的能值。例如，有机物所包含的1J的能量，相当于进入地球大气层的4420J的太阳能转化而成（包括被地球反射所占比例的能量，植物光合作用中所利用物资的能量和光合作用中90%以上未被利用的能量及有机物转化中消耗的能量等），故有机物平均1J的能量等于4420J太阳能值单位，称太阳能焦耳（sej）。地球系统的各种成分及其作用，甚至人类社会信息，均涉及能量的流动、转换和储存。因此，能量为一衡量自然界和人类社会各种作用的指示剂，可用以表达与分析人与自然的关系。但不同类别的能量具有不同来源、存在质与价值的根本差异，使能量的比较和分析出现困境。能值则提供了衡量自然资源环境对经济发展真实贡献的标准。资源环境、商业、劳务和科技等，均可用能值来衡量其真正价值，不同类别和各种形式的能量，经转化为同一标准的能值后，均可以加以比较研究。运用能值分析理论和方法，把生态环境系统和人类社会经济系统有机地联系和统一起来，定量分析自然和人类经济活动的真实价值，有助于调整生态环境与社会经济发展的关系（蓝盛芳等，2002）。

109 绿色GNP

国民生产总值（GNP）或国内生产总值（GDP）一般被认为是一个国家或地区生产力的指标，但在人类与自然关系上，GNP或GDP是在消耗自然资源和排放废弃物损害环境中实现的。GNP或GDP以产品价值扣除原材料价值（生产成本）来计算，但未能扣除生产中自然损耗和环境损耗的价值。因此，GNP或GDP不能看作是真正的价值增长量。为此，

H.E.Daly 于 1989 年提出用可持续的社会国民净值（sustainable social net national product，SSNNP）来计算“真实”经济发展指标：

$$SSNNP=NNP-DE-DNC$$

式中，NNP 为 GNP 减去固定资产折旧；DE 为防御性支出；DNC 为自然资产折旧（滕藤，2001）。

110 生态足迹

生态足迹（ecological footprint）是 Wiliam Reos 1992 年提出，Wachemagel 进一步完善的用以估算人类生态负荷和区域生态支撑力的概念和方法。生态足迹的提出是基于以下假设：①人类消费的绝大多数资源、能量及其所生产的废弃物的数量可以确定；②这些资源和废弃物大多能折算成生产和吸收这些资源和废弃物的生态生产用地面积；③各类生态生产性用地在地域空间的使用上互斥（即一块土地用于某一类的用途，就不能同时用于它类），从而使各类生态生产性用地面积具有可累加性。为此，认为可通过计算特定区域内消费及排放废弃物所需要的生物或生态生产性用地面积来表征发展所造成的生态负荷（即生态足迹需求），用该区域能够提供的生态生产性土地面积来表征其生物供给力或生态供给力（支撑力），通过二者的比较来衡量和分析区域经济系统的可持续状态。基本生态足迹模型如下：

$$EF=N\cdot ef=N\cdot \sum_{i=1}^{n}(\lambda_i\cdot A_i)=N\cdot \sum_{i=1}^{n}(\lambda_i\cdot \sum_{j=1}^{n}aa_j)=N\cdot \sum_{i=1}^{n}(\lambda_i\cdot \sum_{j=1}^{n}(C_j/P_j))$$

式中，EF 为总生态足迹（hm^2）；N 为总人口数；ef 为人均生态足迹（hm^2/ 人）；i=1，2，...，6，代表 6 类生物生产性土地；λ_i 为第 i 类生物生产性土地均衡因子；A_i 为人均第 i 类土地面积（hm^2/ 人）；j 为消费项目类型；aa_j 为人均第 j 类消费项目折算的生物生产性土地（hm^2/ 人）；C_j 为第 j 年消费品的人均年消费量（kg/ 人）；P_j 为 j 年消费品的平均生产能力（kg/ hm^2）。

在生态足迹计算中，生物生产性土地分为耕地、林地、草地、建筑用地、石化燃料用地和水域 6 种类型。一定区域人口所需的全部消费品和生态服务均由这 6 类土地的生物生产力所提供。由于这 6 类土地的生物生产力不同，因而不能直接相加，而需要用一个均衡因子 λ_i 转化为统一的、可比较的生物性土地面积。$\lambda_i=P_i/P$，P_i 为世界（国家或大区域）i 类生物生产性土地平均生产力；P 为相同区域全部生物生产性土地平均生产力。

基本生态承载力模型如下：

$$EC=N\cdot ec=N\sum_{i=1}^{b}(a_i\cdot \lambda_i\cdot Y_i)$$

式中，EC 为总生态承载力（hm^2）；N 为总人口数；ec 为人均生态承载力（hm^2/ 人）；a_i 为人均第 i 类生物生产性土地面积（hm^2/ 人）；λ_i 为第 i 类生物生产性土地的均衡因子；Y_i 为 i 类土地产量因子。

产量因子指研究区某一类土地生物生产能力与世界（全国、大地区）这一类土地平均生产能力之比，$Y_i=P'_i/P_i$，P'_i 为第 i 类生物生产性土地平均生产能力；P_i 为世界（全国、大地区）第 i 类土地平均生产能力。

生态盈余（或赤字）：

$$ED=EF-EC, \quad ed=ED/N$$

式中，ED 为生态盈余（正值）或赤字（负值）；ed 为人均生态盈余或赤字；N 为人口数。

生态效率：

$$EFE=GDP/ef$$

式中，EFE 为生态效率；GDP 为人均生产总值；ef 为人均生态足迹。

在基本模型提出之后，针对计算中的各种问题，如进出口中生态足迹的区间转移问题、时间变化系列的计算问题、能源用地的估算问题，国内外学者进行了一系列修正和补充（杨开忠等，2000；龙爱华等，2004；鹿瑶等，2018）。

111 区域可持续发展能力的综合指数法

区域可持续发展能力的综合评估本质上是区域人地关系系统各子系统状态水平及其协调关系的综合评价，是 20 世纪 90 年代以来在区域可持续发展研究过程中发展起来的各种综合指数方法。这一方法的基本思路是用区域关系系统各子系统的基本要素构建一个以可持续发展状态指教为目标的多层级递阶模型，然后从各要素的基础数据出发，逐级综合至最高一级的目标判断。例如，中国科学院可持续发展研究组的中国可持续发展能力评价把全国除港澳台外的 31 个省（区、市）的 208 项自然和人文社会经济状态数据分为 48 个指标群，综合成 48 个变量指数，然后将 48 个变量指标综合为 16 个状态指数，将 16 个状态指数综合为 5 个系统发展指数，最后平均为一个各省（区、市）的可持续发展总体能力的目标指数，以比较各省（区、市）可持续发展能力的差异。其中，从最底层的要素状态数据群综合成变量指数的方法系根据各指数群与相应的变量指数的不同关联关系采用不同的关联模型估算，其余以上各层的综合多用等权加和平均法，部分用加权平均法。

但这种方法的理论基础、操作实践及评价结果的合理性方面还存在不少难以克服的缺陷，因而也受到批评（孔翔等，1997）。

112 地域空间上不均衡发展的必然性

牛文元和毛志锋等（1998）认为发展在地域空间上的不均衡性是由两种原因决定的：一是地球上支撑发展的条件——资源的丰度、自然环境的适宜性、地形的差异及其造成的开发成本、区位条件、人力资源等存在客观的地域差异；二是人类发展进程客观上要求不均衡性的合理存在。我们认为，似乎还应加上第三个要素——地物的历史积淀性（参见 1.1 节注释 19）。只有历史的积淀性，才能把以前的基础条件差异及发展本身形成的地域分异积淀下来成为进一步不均衡发展的起点，否则一切从零开始，其差异就是另一种情况了。

对于人文社会（包括经济）系统不均衡发展客观合理性，牛文元和毛志锋等（1998）认为，“在一个完全没有差异的空间中，物质的迁移、能量的活动、信息的交接，若全部停滞，则变成一个死寂的世界，类似于‘热寂’说中的熵处于最大极限状态。这其实不是社会的进步，而是社会的消亡；其实并不是发展，而是扼杀了发展。正确的选择只能是：不刻意追求理想中的‘均衡’，但必然保持某种‘合理的’区域发展差异梯度，且把这一空间差异规范在某一临界阈值之内。一旦差异超出临界阈值，势必造成社会结构的紊乱和梯度的不稳定性，破坏区域发展的基础；差异完全消失，则抹杀了发展的原动力”。

P. 克鲁格曼则从区域产业集聚、城市体系发展和国际贸易三个方向，以规模报酬递增作用及生产要素的向心力和离心力之间的平衡的理论分析和计算机模拟，论证了经济活动的空间集中何以得以维持，在不存在空间集中的情况下，对称均衡何以变得不稳定；在什么条件下，区位间的微小差别会随时间的流逝如滚雪球般变成巨大的差别，以至完全相同的区位间的对称被自发地打破，从而从理论上论证了社会经济过程在地域间的不平衡发展的必然性（藤田昌久等，2005）。

参考文献

奥德姆 H T. 1993. 系统生态学 . 蒋有绪 , 徐德应 , 等译 . 北京 : 科学出版社 .

巴尼 . 1986. 公元 2000 年环境 . 尚忆初 , 译 . 北京 : 科学出版社 .

白光润 . 1989. 地理学引论 . 长春 : 东北师范大学出版社 .

布罗代尔 . 1996. 菲利普二世时代的地中海和地中海世界 . 唐家龙 , 曾培耿 , 等译 . 北京 : 商务书书馆 .

蔡运龙 , Wyckoff B. 2011. 地理学思想经典解读 . 北京 : 商务印书馆 .

蔡运龙 , 陈彦光 , 阙维民 , 等 . 2017. 地理学 : 科学地位和社会功能 . 北京 : 科学出版社 .

陈静生 , 蔡运龙 , 王学军 . 2001. 人类 – 环境系统及其可持续性 . 北京 : 商务印书馆 .

丹尼斯 , 米都斯 , 等 .1997. 增长的极限——罗马俱乐部关于人类困境的报告 . 李宝恒 , 译 . 长春 : 吉林人民出版社 .

哈迪斯蒂 . 2002. 生态人类学 . 郭凡 , 邹和 , 译 . 北京 : 文物出版社 .

龚高法 , 张丕远 , 吴祥定 , 等 . 1983. 历史时期气候变化研究方法 . 北京 : 科学出版社 .

赫特纳 . 1986. 地理学 . 王兰生 , 译 . 北京 : 商务印书馆 .

胡兆量 , 陈宗兴 , 崔海亭 . 1997. 地理环境概述 . 北京 : 科学出版社 .

黄鼎成 , 王毅 , 康晓光 . 1997. 人与自然关系导论 . 武汉 : 湖北科技出版社 .

卡列斯尼克 . 1962. 普通自然地理简明教程 . 今林 , 译 . 北京 : 商务印书馆 .

孔翔等 .1997. 现行系统评价中指标体系缺陷的探讨 . 戴于中国地理学会 : 区域可持续发展研究 . 北京 : 中国环境出版社 .

蓝盛芳 , 钦佩 , 陆宏芳 . 2002. 生态经济系统能值分析 . 北京 : 化学工业出版社 .

李宏伟 . 2008. 科学技术哲学的文化转型 . 北京 : 商务印书馆 .

李克煌 . 1990. 气候资源学 . 开封 : 河南大学出版社 .

李克煌 , 管华 , 马建华 , 等 . 1996. 自然地理界面理论与实践 . 北京 : 中国农业出版社 .

李天杰 , 宁大同 , 薛纪渝 , 等 . 2004. 环境地学原理 . 北京 : 化学工业出版社 .

利奥波德 . 2000. 沙乡年鉴 . 侯文蕙 , 译 . 长春 : 吉林人民出版社 .

林逢春 , 王华东 . 1995. 环境经济系统分类及协调发展判据研究 . 中国环境科学 , 15(6): 429-432.

林建枝 , 陈永勤 , 伍世良 , 等 . 1999. 迈向二十一世纪的中国 . 香港 : 香港中文大学香港亚太研究所 .

刘峰贵 , 周强 , 何为静 . 2004. 人类环境学 . 北京 : 地质出版社 .

刘培桐 , 陈益秋 . 1983. 环境科学概论 . 北京 : 水利电力出版社 .

刘燕华，李秀彬．2007. 脆弱生态环境与可持续发展．北京：商务印书馆．
龙爱华，张志强，苏志勇，等．2004. 生态足迹评介及国际研究前沿．地球科学进展，19(6): 971-981.
鹿瑶，李效顺，蒋冬梅，等．2018. 区域生态足迹盈亏测算及其空间特征——以江苏省为例．生态学报，38(23): 8574-8583.
罗尔斯顿．2000. 哲学走向荒野．刘耳，叶平，译．长春：吉林人民出版社．
罗威，路易士．1985. 环境管理经济学．王铁生，译．贵阳：贵州人民出版社．
罗祖德，徐长乐．1990. 灾害论．杭州：浙江教育出版社．
美国国家研究院地学，环境与资源委员会，地球科学与资源局重新发现地理学委员会．2002. 重新发现地理学——与科学和社会的新关联．黄润华，译．北京：学苑出版社．
牛文元．1992. 理论地理学．北京：商务印书馆．
牛文元．1997. 持续发展导论．北京：科学出版社．
牛文元，毛志锋．1998. 可持续发展理论的系统解析．武汉：湖北科学技术出版社．
秦大河，张坤民，牛文元，等．2002. 中国人口资源环境与可持续发展．北京：新华出版社．
史捍民．1999. 区域开发活动环境影响评价技术指南．北京：化学工业出版社．
世界环境与发展委员会．1997. 我们共同的未来．王之佳，柯金良，等译．长春：吉林人民出版社．
汤因比．2001. 人类与大地母亲．徐波，等译．上海：上海人民出版社．
特鲁吉尔．1985. 土壤与植被系统．赵磊，译．北京：科学出版社．
滕藤．2001. 中国可持续发展研究．北京：经济管理出版社．
藤田昌久，保罗 •R. 克鲁格曼，安东尼 •J. 维纳布尔斯．2005. 空间经济学．梁琦，译．北京：中国人民大学出版社．
汪应洛．1998. 系统工程理论、方法与应用．2 版．北京：高等教育出版社．
王军．1997. 可持续发展．北京：中国发展出版社．
王铮．1993. 地理科学导论．北京：高等教育出版社．
王铮，丁金宏，等．2000. 理论地理学概论．北京：科学出版社．
威廉斯．1997. 第四纪环境．刘东生，译．北京：科学出版社．
吴传钧．1991. 论地理学的研究核心——人地关系地域系统．经济地理 (3): 1-6.
夏征农．1999. 辞海 (缩印本). 上海：上海辞书出版社．
徐建华．2004. 现代地理学中的数学方法．北京：高等教育出版社．
晏路明．2001. 人类发展与生存环境．北京：中国环境科学出版社．
杨开忠，杨咏，陈洁．2000. 生态足迹分析理论与方法．地球科学进展，15(6): 630-636.
张锋．2006. 自然的权利．济南：山东人民出版社．
张象枢．2004. 人口、资源与环境经济学．北京：化学工业出版社．
赵松乔，孙惠南，黄荣金，等．1988. 现代自然地理．北京：科学出版社．
郑度等．2008. 中国生态地理区域系统研究．北京：商务印书馆．
中国科学院可持续发展环境组．1999. 中国可持续发展环境报告．北京：科学出版社．
左大康．1990. 现代地理学词典．北京：商务印书馆．
L. L. 卡瓦利 – 斯福扎，F. 卡瓦利 – 斯福扎．1998. 人类的大迁徙．乐俊河，译．北京：科学出版社．
Costanza R, Arge R, de Groot R, et al. 1997. The value of the world’s ecosystem services and natural capital. Nature, 387(15): 253-260.
Ehrlich P R, Ehrlich A H. 1970. Population ,Resources, Environment:Issues in Human ecology. San Francisco: Freeman.
Forman R T. 1995. Land Mosaics:The Ecology of Landscapes and Regions. New York: Cambridge University Press.
Haggett P. 1975. Geography:A Modern Synthesis. 2nd edition. New York: Harper & Row Publishers.

第6章　地理学的作用

地理学的作用指地理学在人们认识世界（地理认知，即对地物及其演绎的地理现象的认识）中的作用和通过地理认知在影响人们的地理行为进而影响区域和全球人类社会发展中的作用。对这一定义需要说明的是：①这里所说的作用是指作为一门基础学科或应用基础学科的地理学的作用，而不是指作为人类环境的地理环境对人类社会发展的作用，后者已在前面地理分析与地理评价中阐述。②与其他基础学科的作用一样[1]，地理学的首先的直接作用是地理认知，即对地理学研究对象——地球表层由物类属性与地域属性构成的地物及其组成的地域系统和演绎的地理现象的认知，包括通过分析和评价获得的地物（地理现象）对人类作用（效用与干扰）及人地关系的认知。③人的地理行为是指人们在地理认知的基础上所进行的与地域有关的行为，这种行为是广义的，小到个人行走的道路选择、单体建筑物的布局，大到国家社会的地域空间战略布局、军事集团的军队和军事设施在全球的部署和调动等[2]。人们的地理行为是由多种因素决定的，包括行为者的需求和实施行为的各种条件（政治、经济、技术力量和客观的可能性以及突发性的因素等）及其他科学的认知，地理认知只是影响因素之一。可能在与地域有关的行为中是必要条件之一，但不是充要条件。因此，人们在地理认知基础上实施的地理行为属地理学的派生作用或延伸作用，而由一些重要地理行为推进的区域（国家）或全球性的社会发展变化，则属更次一级的作用或影响。④由于地理行为是人实施的，人的行为均有其需求和目标，而人们的目标是有善恶之分的，或行为的结果具有正面、负面或正负兼具作用，而且一些地理行为的善恶或正负面作用对于不同人群、不同区域是不同的。因此，地理学通过地理认知影响人的行为而产生的派生或延伸作用应客观地估计和说明，不能仅从正面作用来认识（有些恶的行为也是在正确的地理认知基础上实施的，而不是在错误地理认知基础上实施的[3]）。⑤影响地理行为的地理认知可分四个层次：第一，主要不是由地理学提供的，而是人们在日常生活中有意无意获得的、潜存于自己意识中的地理认知；第二，主要由地理学调查、测度和研究（包括预测）获得的一般地理信息和地理规则（规律）的认知，但没有针对具体地理行为的专门的地理论证；第三，主要由地理学（广义的包括涉及地球表层地域有关事物利用、改造和建设的各种研究）针对一定的自然或人文地物与地理系统的行为进行分析和评价获得的地理认知；第四，由地理学针对特定的地理工程（指改变某种地理实体或地物地域结构的工程）进行分析评价而获得的地理认知。在这四方面的认知中，第二～第四均属于地理学进行的地理认知。⑥人们的地理行为有两种：一为人类与地域空间实体有关联的行动；二为从获得的地理认知出发进行新的（可能超出地理范围）认知的研究。⑦地理学的作用还应包括地理学始创或独特的技术和工具的作用。基于上述认识，地理学的作用可从以下方面分析：①地理认知的获取和地理信息与地理技术的服务，以及从地理认知中推出新的科学问题，促进新的科学问题的研究和科学的发展；②地理预测；③地理决策；④地理工程。

6.1　地理认知的获取和地理信息与地理技术的服务

地理认知和地理信息服务是相互衔接，甚至是交叉进行的。但从学科的作用上看，毕竟是两种不同性质的作用，前者是改变或提高人类的认知（对世界的认识），后者是通过服务影响人们的行为。

6.1.1　在人类认知世界中的作用

人类对地理世界（地球表层与地域有关联的事物和现象）的认识，最初并非由严格意义的地理学所提供，或在地理学指导下进行。但是，随着地理学的建立和发展，现在人们对地理世界的科学认知，基本上都是地理学的作用。这个作用包括两方面：直接由地理学的调查研究获得的科学地理认知及在地理学理论、方法和技术指导下（通过直接指导和人们地理学习而凝结于头脑中的地理思维）进行的地理认知。根据地理认知的范围、特点和成就，人类地理认知大致分为四个时期[4]：①古典地理学时期。西方大致至地理大发现之前。这一时期地理学以地方局域的地理现象的记载和认知为主体，地球上各地形成以自己为中心的地理认知体系和自己的表述规范（或认知范式），内容庞杂，互不联系，未形成全球整体性的地理认知[5]。②地理大发现时期。这一时期大致从 15 世纪葡萄牙亨利王子组织的航海和大规模的地理探险开始，以哥伦布发现美洲和麦哲伦环游地球为标志。其认识上的特点是形成了全球整体性的地理认知及各种地理要素、各种地理现象之间相互关联的初步定性认识和地理环境对人类影响的初始的直观认识[6]。③科学的近代地理学建立和发展时期。这一时期大致从 19 世纪 20 年代地理学术团体的成立和大学最早设立地理教授席位开始至 20 世纪上半叶。其特点：一是，以经验主义范式为地理研究主导方法，以地理要素集中深入研究和地理分支学科不断分化（包括自然地理与人文地理的分化及各自次级分支的分化），结果是对各地理要素（地形、气象气候、植被、土壤、经济、人文、政治、人口等）的特征进行较系统深入的探索，获得较深入的地理认知。二是，用定性为主的方法解释地理现象（解释性描述），在全球范围内获得一些普遍性地理规律（规则）并用于解决人类生产生活的实际问题。三是，形成以区域地理为中心的地理综合范式（区域、地域综合体、景观、区划等等），从而形成传统的地理学的学科体系及认识范式[7]。④现代地理学时期，大致从 20 世纪中期开始，是对传统地理学思维、方法和地理认知的扬弃及现代地理学思维、技术、方法和理论的逐步建立[8]。其主要特点：一是，以逻辑实证主义为主的多种哲学思想（逻辑实证主义、人本主义、结构主义等）交互影响地理学的研究活动，系统科学思想和方法对地理学的意义逐步被广泛认同。二是，广泛采用规范的科学语言、定量的分析方法来研究地理现象的机理和过程，从而获得比较可信和经得起检验的地理理论和规律（规则）的认知。三是，在计算机和信息技术迅速发展的支撑下，地理学发展和应用了新的地理调查、测度和分析的技术和工具——地理信息系统、遥感和全球导航卫星系统。这些技术与系统科学思想相结合，形成一个以数字地球为标志的全新的地理研究体系和地理信息服务系统。四是，在新的地理思维和新的强有力的技术手段的支持下，有力地促进了以往难以进行的复杂地理系统的综合研究，从而促进了地理整体研究的发展，使其与地理分支学科的发展齐头并进，并相互促进，也广泛地加强了地理学与社会需求的关联。

从整个地理学史看，许多地理学观念、思想、理论和地理规范，以及地理学与其他学科交叉和整合构成的理论对人类区域性的或全球性的地理行为产生显著的作用。例如，中国古代的风水说及其地理规范对中国古代传统建筑活动的各个过程和居民地、城市选址的许多方面产生了影响，大地圆球体的地理认知是地理大发现探险活动的首要依据[9]；地理地带性理论成为许多地物和地理现象地域分布解释和地理区划的理论基础[10]；大气环流理论开拓了动力气象学和动力气候学研究，并成为现代大气科学及其应用的理论基础[11]；地域综合体（地域系统）理论（参见 1.4 节和 2.5 节及其注释）成为地理区划和生产地域布局的理论基础；各种人地关系理论（参见 5.4 节及其注释）为各个时期的地理现象解释和地理行为提供依据；各种地缘政治理论和观点对人类历史上许多政治军事活动具有重要影响，从阿尔贝蒂建筑原则至北京宪章的各种建筑与城市规划规范成为各时代人类建筑行为的准则（参见第 2 章注释 66 ～ 70）；以地球表层系统为核心、以地球关键带[12]为重点的当代地球系统科学理论，成为系统研究环境变化的重要理论与方法[13]。

此外，从一些地理现象的认知出发，也推动和引导不少其他科学理论的提出和发展。例如，对大西洋两侧大陆岸线相似性的认知促使地质学的大陆漂移说及 20 世纪海底扩张学说的形成；哥尼斯堡七桥问题引导出拓扑学的形成；无规则海岸线的测量促进了分形几何学的出现；海量地物信息实时高速精确探测的需求不断推进遥感及其相关学科的发展；等等。

6.1.2 地理信息与地理技术服务

地理学在地理信息与地理技术服务中的作用包括一般性的地理调查研究（不一定针对某种具体的应用目标）获得的地理认知供地理行为者选择使用中所起的作用、通过地理教育的地理信息传输而在公众中形成的地理认知在其地理行为中的作用，以及公众应用地理特有的技术方法在其地理行为中的作用。在这一方面，地理学正如一个生产地理知识的工厂和无声无息免费提供地理知识、技术的商店，供与地理行为有关的需求者选择使用，并在其地理行为中发挥作用。自古以来，地理探险、地理调查和研究不断向社会提供了大量的具体地域的地理信息，提供了各种地理观念（其中也包括规范性的地理规则和模式），还发展了一些重要的地理观测研究和行为的技术工具，如指南针、地图、GIS、航空航天遥感和全球导航卫星系统等。这些地理认知和技术几乎无时无刻、非经意地、自然地影响人们的地理行为。以中国古代大量的地理认知信息为例，我国具有世界上记录历史最为久远、最连续完整、数量最大和涉及内容最为广泛的地理文献（参见第3章注释37），这些文献记录的地理认知，在中国各朝代的行政区域划分、行政管理、文化和经济发展、防灾减灾行为、资源利用和对外的疆域保护及内部集团的军事行为中均持续地发挥着重要作用。以地理命名的中国风水学理论和方法（尽管并非现代意义的地理学）在中国古代居民点（城镇、行政中心、村落）的选址、各种建筑的布局和结构、包括风水林在内的景观的布设和维护，以及人的地理行为的时空安排上发挥过重大作用。许多相关地理行为的结果的积淀仍影响着人们现在生存的环境和从事的活动（如城市建设、文化行为、旅游和休闲活动等）。自地理大发现以来，地理学在地理信息服务方面主要有：①大规模的、有组织的对地球上欧洲人未到达区域的地理探险和调查，提供了这些区域的地理信息，为欧洲商业资本主义的发展及之后工业革命和全球性殖民化与资本主义的建立提供了大量地理信息。②对人类已居住区域自然环境和自然资源的调查，为其后这些区域的自然资源开发及社会发展的决策提供基础资料，如20世纪30年代斯坦普组织的土地利用调查[14]；美国20世纪20年代的密歇根土地经济调查[15]；我国1950年后进行的黑龙江流域综合考察[16]、中国沙漠综合考察[17]、青藏高原综合考察[18]、黄土高原综合考察[19]、新疆综合考察[20]、西南综合考察[21]、南极和北极科学考察等。③与军事行动有关的地理信息调查和服务，如日本侵华战争前和战争中的中国情报调查、美国在第二次世界大战中地理工作的军事服务。④地理分支学科或与区域地理信息有关的专门事业单位日常的特定地物信息的定期发布或经常性的服务，如气象预报、水文预报、地形测绘产品服务等。⑤综合的和专项的地理制图、类型区划和区域区划成果服务。

在地理技术方面，地理学为人类社会发展主要提供了指南针[22]、地图（参见3.7节和4.8节及其注释）、地理信息系统、遥感和全球导航卫星系统（参见3.8节、3.9节和4.8节及其注释）五项重要技术。这五项技术都是因与地域相关问题调查研究的需要及地理行为的需要而发展起来的，并首先在地理学中应用而后推广到地理学之外应用，它们在人们的地理认知和推动社会发展中发挥了不可估量的作用。

在人类历史上，在地理信息与地理技术服务方面对人类发展影响最大的是15～17世纪的地理大发现[23]和当代以数字地球为表征的地理信息技术服务[24]。

6.2　地理预测

地理预测指根据地理认知对地表一定地物与地域可能存在的地理现象（未直接调查区的地物物类特征和地域特征）及未来可能变化态势的判断或预评估。关于地理预测有四种偏颇的认识：一是认为主要从事地理研究的人员所作的预测才叫地理预测，不包括主要由非专业地理人员所作的与地域相关事物的预测，甚至不包括地理分支学科专业人员所作的地理预测[25]；二是认为地理学短于理论而长于事实[26]，而只有依靠“理论”所建的“科学法则”进行演绎才能预测[27]；三是把预测限定在对未发生的地理现象的评估上，不包括对人类未达区域地物存在可能性及其可达性的预测；四是认为要有相当高的准确性才叫预测，而地理学由于其研究对象的独特程度高，地理事件的重复性低，且地物要素关联复杂，因而预测能力有限[28]。实际上，地理预测指的应该是与地物（即如上所述兼具物类属性与地域属性的事物及其所表现的地理现象）有关的现象的预测，不管是研究地理的专业人员做的预测，还是非地理专业人员做的预测（如军事指挥员所作的敌人动向的预测），不管是综合性地理专家做的，还是地理分支学科专家（如气象气候、水文、海洋、经济、人口等领域专家）所做的预测均属地理预测（如气象预测、水文预测、潮汐预测、区域经济预测、人口分布变化预测等）。任何学科做的预测（包括精确学科，如物理学）均可能存在错误，人们不可能因包含一定的错误或误差而否定其所做的是预测，也没有人规定要用什么方法，要有多大准确性的预测才算预测。况且至今为止还有许多科学预测未被证实，对于这些尚未被证实的现象的预判断不能不称为预测。不同学科研究的对象及对象的特征不同，因而预测的内容也不同。地理学研究的对象是具有地域空间特征且在时间上不断变化的事物或地理现象，因而对地物的预测属地理预测。正如化学根据元素周期规律预测尚未发现的元素一样，根据地物分布规律（规则）对人尚未直接测定区域可能存在的地物及其特征的预判断也属于预测。至于定性的预测在各学科中比比皆是，化学中某种元素性质的预测、物理学中某种基本粒子存在的预测、生物学中两类生物之间具过渡特征且未被发现的新物种的预测均属定性的预测。因此，不能以对某种科学思维方法的偏爱（如按逻辑实证主义的方法）及某种定量标准来苛求于地理学，也不能把地理预测局限在地理专业人员的行为上。如果能消除上述关于地理预测的偏见，则地理学至少从地理大发现开始，就已不断地进行地理预测，并在地理预测的需求推动下不断发展，而不是仅仅进行描述的科学。

地理预测属于地理学的应用范畴，他首先向人们提供地理现象可能存在区域、特征和地物未来可能变化的信息，以便人们选择和决定自己的地理行为。其次，它也是两项地理应用——地理决策和地理工程的基础[29]。根据地物的特性（参考 1.1 节）和地物分析与评价的内容与方法，地理预测的特点主要有：①概率性[30]；②地域性[31]；③多向性（多种可能性）[32]；④尺度性[33]。

地理预测主要有三个方向：

（1）地物的地域空间关联域预测。指根据地物的地域分布规律（规则）、地物的地域空间关联特征和地物的运动特征对人们未能到达进行实地测度区域的地物（地理现象）及其性状进行预判断。这一方向的预测有：①为进行探险活动的地理预测，即地球上人类未达区域的地物及其可达性的预测[34]；②待调查区地物状态的预判断[35]；③地域空间插补[36]。

（2）地物的时间演化延伸域预测。指根据对一定地域地物的时间变化规律的认知，预测地物未来的特征性状和待发生的地理现象，包括：①地物或地域综合体的组成、结构与功能演化的预测[37]；②一定地域地物自主变化对人类社会与经济发展可能作用的预测[38]；③人类活动的区域效应与影响的预测[39]；④地物（地理现象）历史演化过程中缺失遗迹、缺失记录时段状态的再现判断[40]。

（3）地物（地理现象）时空复合过程可能的待发展状态的预测。指根据特定地物（地理现象）的时空演化规律，对同时发生地域空间变化和物类属性变化的复合性地物（地理现象）可能出现和延伸的地理过程进行预测，包括：①地物时空演化过程预测[41]；②人类（人群）本身的地理行为预测[42]。

6.3 地理决策

地理决策指人们对拟实施的与地域有关的行为（地理行为）的决策。包括在多领域的综合决策中所包含的考虑地理问题的决策（也有把涉及并明确其中地理问题的决策整体视为地理决策）和仅专门针对具体特定地理问题拟进行的地理行为的决策[43]。人们在进行地理决策时，一般要涉及以下因素：①人们的需求和决策的目标；②对实施决策的内外条件（实施条件和约束条件）的认识；③个人或群体的主观喜好和心理状态；④地理认知，包括区域地理现状的认知和地理学理论与相关地理规律（规则）的认知；⑤特定的地理思维。因此，地理决策往往不是仅由地理学所决定的[44]，地理学在地理决策中的作用并非地理决策本身，而是作为地理决策的基础，提高地理决策的科学性和合理性，以达到决策者的需求目标。

地理决策有两个层次：一为提出地理决策的方案建议，供决策者参考、选择或采用，这一般是由地理专业人员和决策者的顾问提出的；二为决策者根据对相关事物（地理问题）的认知或根据地理专业人员的建议做出地理决策，即拟决定实施的地理行为。第一层次并非决策本身，而是决策的预选方案，第二层次才是决策本身。但二者是相互关联的，有时是交叉协同进行的，故均可视为地理决策。

一个完善的地理决策，在地理方面一般应具备以下基本条件。

（1）要有明确的具体的决策目标，该目标可以是直接针对地理问题的目标，也可以是需要解决地理问题才能实现的目标；

（2）应具有相关地域与决策目标相关的完善的地理信息；

（3）应了解与相关地理问题有关的地理理论和规律（规则）；

（4）应针对决策目标选择相应的地理思维和可行的分析、评价、预测、决策的方法。

上述四个条件是相互关联的，而决策的目标是决定其余三个条件选择的决定性条件。

根据地理决策涉及的地理（地理现象）范畴或地物特征范围，地理决策可分为：

（1）地理布局性决策。指以地物地域空间布局与配置为主要内容的决策[45]。

（2）地物运动或运动干预性决策。指以选择、促进、改变或阻滞地物在地域空间中的运动线路或运动方式为主要内容的决策[46]。

（3）地物关联性决策。指主要以通过调节、改变、增强和阻滞地物（地理现象）的关联介质、条件和方式，改变区域的结构功能为目标的决策[47]。

（4）地物的地域聚散或均衡的干预决策。指主要通过调控地物在地域空间中的聚集、发散和均衡的过程与状态来解决区域地理相关问题的决策[48]。

（5）地理过程调控决策。指主要通过调节、控制某种地理过程以改变地理过程对人类或特定人群的效益或危害的决策[49]。

（6）区域综合地理决策。指主要通过区域规划或区划及其实施，或通过一定手段，引导或控制区域的整体或某些事物发展方向或发展速率的决策[50]。

对于这些地理决策需要说明的是：

（1）上述所列的地理决策的类别划分指的是每一项地理决策中主要涉及的地理范畴或特征，实际上许多地理决策往往涉及多种地理范畴或特征，是多种地理特征的复合决策。

（2）多数决策是涉及多学科的决策，而不仅仅是地理的决策。地理决策可能仅是其总体决策的一部分，决策在地理方面的实施也要依靠其他学科的协同配合，因而是多学科作用的，只是在涉及地理问题方面，地理学可能起主导的作用。

（3）地理学在地理决策中的作用是通过多途径实现的。有的是地理学通过对特定目标与地理有关的专门问题的专业研究提出决策建议，有的是地理学通过提供区域地物状况信息，或提供地理技术手段（如地图编制、地理信息系统等）而对决策发生作用的，有的则是地理学通过所传输的地理理论、规律（规则）、思维或规范性法则与模式，在决策者头脑中积累形成先验性的地理认知（现象学的“意向”或“此在”）而发挥作用的。

（4）综上，地理决策的决策者不都是地理专业人员。有不少是非地理专业人员，这些人所进行的地理决策可能依据地理专业人员的建议或吸纳地理专业人员参与论证，也可能仅凭其掌握的地理认知（地理一般理论和规律的认知与决策区域地理现状的认知），因而依据不一定是充分的，有时是片面的，甚至是错误的。故地理决策不一定都是完全正确的、经得住历史考验的。但不管是正确、不完全正确还是错误的，均可能在决策者的地理行为中实施，获得不同的效果，并在相关地物以后的演化和特征中留下印记。

（5）地理决策的方向取决于决策的目标，决策的目标取决于决策者的需求，决策者的需求和目标又与其价值观和道德标准相关联。因目标有善恶之分，善的目标指导人们进行善的、利于人类的地理决策，恶的目标诱导人们进行恶的、不利于人类的地理决策，因此，地理决策是有善恶之分的。

（6）在善的、良好愿望的地理决策中，决策的目标也不尽相同，对区域地理状况的认识和决策中的地理思维也可能因时因人而异，因而也会形成不同的决策，如 1950 年以来北京旧城区的利用改造的方向发生很多变化和争议，导致历史文化古城的破坏已成无法弥补的历史遗憾；福州旧城区的开发和保护决策，也因目标不同和地理思维不同而变更[51]。

6.4 地理工程

地理工程指涉及改变特定地物的地理结构与功能以满足人们需求的具体基本建设项目[52]。地理工程可以是单独的地理决策，也可以是涉及内容更多的地理决策的一部分，但地理工程比一般的地理决策更具体，且需包含工程设计，并通过基本建设来实现，故地理工程只是地理决策实施的多种途径之一。此外，地理决策的内容与其覆盖的地域范围是一致的，而地理工程范围与其影响（效用）的地域范围有时是不一致的[53]。地理工程多涉及多个学科和许多行业，其中地理学是其不可或缺的重要基础之一。地理学在地理工程中的作用主要表现在：

（1）从宏观角度进行具体地理工程的区域需求分析与评价。

（2）提供工程有关区域（包括工程实施区域和工程受益或影响区域）的地理信息。

（3）进行工程的地理可行性评价。

（4）参与工程选址和工程中具体子项目的布局设计。

（5）参与工程效益评价和环境影响评价。

（6）提供工程涉及的地理问题的解决方案建议。

根据主导功能，地理工程大致可分以下类型。

（1）地域空间通达性地理工程。指主要通过修建传输线路或清除传输线路障碍以疏通或加强区域间的人流、物质流、能量流和信息流，或改变区域间人流、物质流、能量流或信息流的路线与方向的地理工程。这一类工程大到如我国古代的大运河工程和驿路工程、现代的南水北调工程[54]和各种陆路交通（高速公路、高速铁路等）工程及西电东输工程和石油管道工程，国外的苏伊士运河工程[55]、巴拿马运河工程[56]、美国的东西大铁路工程、俄罗斯的伏尔加－顿河运河工程等，小到如一些海港的航道疏浚工程、河道疏浚工程、穿越山体的隧道工程和水电网工程等。

（2）地域空间阻滞性地理工程。主要指通过阻滞性的地物的建设以阻滞特定的地理流，削弱地理流的作用力与危害，或减少地理流的发散以加强地理流的聚集作用。大的阻滞性地理工程如我国古代的万里长城的建设、现代的“三北”防护林工程[57]、许多河流中下游的防洪堤工程，小的阻滞性地理工程如我国古代各城市的城墙和护城河工程、一些河流河道的“丁”字坝工程、农田防护林工程、泥石流区域的挡泥坝工程等。

（3）区域资源开发利用性工程。主要指通过一定的工程设施建设来利用特定的自然资源，如荷兰的围垦工程[58]、埃及的阿斯旺水坝工程[59]、俄罗斯的伏尔加河梯级水电工程，以及我国的长江三峡水利枢纽工程[60]和一系列的农田灌溉工程。

（4）区域环境保护性工程。主要指通过一定工程措施来保育对人类有益的生态系统、削减自然灾害或清除人类造成的污染物。例如，自然保护区的建设工程、自然疫源地疫源生物清除工程、污染区废弃物无害化处理工程等。

（5）区域环境治理、改造工程。指针对人们生产生活地理环境中的缺陷，实施工程改造措施，使其转化为较适于人类生产生活的环境，如低洼积水区的排水工程、盐碱地区域的排水洗盐工程、荒坡地的植树造林工程、梯田建设工程、土壤侵蚀区的水土保持工程，以及城市的园林绿化工程等。

（6）区域战略控制性工程。主要指在战略性控制区域或节点区布设军事控制设施，或通过全局性控制性地物的建设实现对一定区域资源、人群或社会集团的战略控制。

注　释

1　基础学科的作用

任何基础学科，如物理学及其分支光学、声学、经典力学、量子力学等，化学及其分支无机化学、有机化学、结构化学、电化学等，生物学及其分支植物学、动物学、微生物学、细胞学、遗传学等，经济学及其分支宏观经济学、微观经济学、计量经济学等，首要任务是探索其研究对象的特征和规律，首要作用是满足人们对相关现象的好奇心，提高人们对相关事物的认识水平，从而使人类本身在心智上不断发展。人类把这些学科研究获得的认知以特定的形式储存于头脑中，或以特定的符号和介质储存在人体之外（文字与纸张、符号和磁、电子存储器），通过教育而扩散与交流，使人类逐步发展为一种越来越不同于动物的社会群体。因此，对某一领域认知的发展本身就是一种动力作用过程。基础学科的作用是通过探索、传承、交流和辩论来实现的。

人们通过掌握科学知识而行动。但满足人们生产生活和社会组织需求的行动不仅需要基础科学的认知，还要靠各种条件（包括生产力水平和各种社会经济条件），不仅需要对一个学科的认知，还需要其他科学知识的配合。因此，人们的行动是基础学科的派生作用，而不是直接作用。当然某些基础学科在某些人类活动中具有关键性的影响，成为必要条件，但一个学科的作用均非充要条件。

基础学科对所涉及的事物的认知是一个从不正确到正确的过程，因而只有正确、部分正确和错误之分，没有好坏善恶之别。善恶是由使用者（行动者）的价值观所决定的。

2　地理行为

地理行为指人们在地理认知的基础上所进行的与地域有关的行为。这一定义由两个限定要素构成：第一，与地域有关的行为，指行动者本身在地域空间上的位置变动或其某种行动（如建设工厂、农场、商场）使某项地物特征在地域空间上的分布及关联发生变化，或直接干预地物在地域空间中的结构状态（如开凿运河、改造植被等）。但人类在地球上的行动多是从地球上某一区域开始的，因而多会引起某种地物的分布态势和地域空间结构的变化，而且许多地物（特别是自然地物）地域变化并不由人类活动而引起。第二，人们与地域有关的行为必须是在地理认知的基础上所进行的行为。这一地理认知可以是在直觉的地理感知基础上形成的，也可以是从地理学的传输中获得的，但必定要求其行动是在地理认知的基础上进行的。人们未基于地理认知的行动引起的地物地域空间属性的变化不属于地理行为。例如，人们在特定存在的差异地理环境条件下繁衍增殖，造成人口的地域差异，并非地理认知的结果；区域经济的不平衡发展引起的地域经济差异，并非在人们地理认知基础上有意造成的。在这些地域有关的变动中的人类行为，不能笼统地视为地理行为。只有知道事物的地域差异并利用这些差异的行为，或知道地理规律（规则），并根据这些规律、规则引发地物地域属性的变动的人的行为才能称为地理行为。故地理行为基本上相当于戈列奇和斯廷森（2013）的空间行为地理学所指的空间行为，而不是泛指的“空间中的行为”。

3　地理行为的正负面作用

人们习惯上仅把地理行为的正面作用视为地理学的作用，这是不妥当的，也是片面的。首先，地理行为是地理学的派生作用，或延伸作用，而不是直接作用。因为人们要通过直觉的地理感知或从地理学获得地理认知才会自觉产生与地域有关的行为（地理行为），地理行为是地理感知影响的结果，故地理行为一部分是地理学的派生作用，而不是直接作用。其次，仅有地理感知（认知）不一定会产生地理行为，因为人们的地理行为还要依靠许多其他条件，包括人的需求、实施行为的能力、其他促进或制约因素（如政治、经济、文化因素），还要有其他科学认知的协同作用，故地理学提供的地理认知只是许多因素之一。最后，地理行为，不管是从正确的地理认知出发，还是从错误的地理认知出发，均有善恶之别或正负面之分，有的则兼具正负面，甚至兼具善恶，这要视行为者的世界观、作用承受者的损益和评估者的立场而定。

4　地理学发展的分期

不同地理学家对地理学发展期的划分不同（詹姆斯和马丁，1989；马丁，2008；克拉瓦尔，2007；杨吾扬，1989）。我们基本同意杨吾扬的划分，也同意他把洪堡和李特尔的地理学研究视为近代地理学的开端。但本书把杨吾扬古代地理学的后期单独划出称为地理大发现时期，因为这一时期从 15 世纪延续到 19 世纪初（地理大发现一般认为 15 ～ 17 世纪，但作为地理学的分期，一般延续到 19 世纪初），时间较长，人们的地理认知从地球局部区域扩大到全球，普遍使用指南针作为地物地域属性认知的工具，使用科学投影制作的地图，且这一时期地理思想的发展与世界资本主义发展及欧洲人殖民地的开拓相互促进，是一个与古典地理学时期具有质的差异的时期。

5　古典地理学时期

这个时期大致从地理概念的出现至 15 世纪地理大发现开始之前，相当于杨吾扬划分的古代地理学的早期和中期。其特点是：①世界主要古文明（古埃及、美索不达米亚、中国、古印度、古希腊和古罗马等）形成了各自的、基本上不相关联的地理认知体系，内容多元化；②采用自然语言工具，哲学基础不定型，学科内外分化不明显；③以地理知识记载为主体，未进行对客观规律的系统理论总结（杨吾扬，1989）。

6　地理大发现时期

这个时期大致为 15 世纪至 19 世纪初，相当于杨吾扬划分的古代地理学的后期，詹姆斯等或马丁划分的地理学古典时期的地理大发现时代。这个时期以葡萄牙亨利王子为新航路的开辟而进行的集中地理专家的研究为起点（曾认为亨利王子于 1418 年在葡萄牙海边圣文森角建有一个萨格里什地理研究院，集中地理学者、制图学者、数学家、天文学者研究航海探险问题。2000 年牛津大学 P. 拉赛尔否定了这一看法，见马丁，2008），以哥伦布发现新大陆和麦哲伦环行地球为标志，以瓦伦纽斯的《普通地理学》著作为代表。这一时期地理学的特点是：①地理活动以欧洲人未知地域的探险、发现和各种地物与地理现象的调查为中心；②普遍使用从中国传入的罗盘（指南针）作为地物地域属性定位的工具；③地图编制实现由古到新、从局部到全球的革命，并普遍用于地理实践；④地理认知实现了从局域认知到全球地理认知的转化，并经过分析，获得了一些类型地物运动的全球性法则以及初始的人地关系观念；⑤地理活动是有组织的活动，并与社会的变革（资本主义的萌芽与发展、殖民地的开拓）直接关联和相互促进（杨吾扬，1989；马丁，2008）。

7　近代地理学时期

这一时期大致从19世纪初洪堡、李特尔从事地理学研究与教学活动并奠定近代地理学基础开始，至20世纪中期地理“计量革命”之前为止。主要特点是：①在世界范围内逐渐形成地理学科的研究、教学（大学设地理教席和地理学系）和学术交流（地理学会）体系。②地理活动从以探险、地理发现和调查为主转变为地理信息的系统整理，呈现出分析及理论建设与调查并重的发展态势。③学科体系从以整体为主到分支学科（地形、气候、水文、生物、文化、政治和经济地理等）不断分化，各分支学科对其研究领域进行深入探索，提出许多新的规律、规则和理论观点，并与社会需求密切结合；也在与其他学科的结合上创建了一些新的学科增长点，如景观生态学、景观地球化学、地缘政治学等，极大地丰富了人类的地理认知，提高了地理学的社会影响力。④建立了以经验主义哲学为主导、以区域地理（包括地理类型与区域区划）为代表、以定性分析为特点的传统地理学规范和模式（杨吾扬，1989）。

8　现代地理学时期

现代地理学大致始于20世纪中期地理“计量革命”对传统地理学的冲击。虽然开始人们对传统地理学全盘否定（参见第2章注释12），但多数地理学家并不否定传统地理学的实地地理调查方法及其对地物、地理现象特征的认知与地理学的社会作用，而是在传统地理认知和方法的基础上，用新的思维对地理学进行改造和发展，特别是在对“计量革命”的地理理论研究与社会需求服务的脱节进行反思之后，地理学既重新继承传统地理学的成就，又在新的思维、理论和方法上发展。因而现代地理学是对传统地理学的扬弃和发展，而不是废弃和从零开始。现代地理学的主要特点是：①地理哲学思维多元化。以逻辑实证主义哲学思想为主导，又兼用结构主义哲学思想和源于现象学的人本主义地理思维，系统科学思想逐渐在地理学研究和认知中被采用，形成多元的地理思维交映局势。②采用较严谨的数学模式来分析和描述地理现象，重视地理机理、过程和在一定范围内、一定条件下的普适性地理规律（规则）及理论的研究以建立科学的地理预测的基础，使地理学在服务社会需求上更具影响力。③在现代科学技术基础和支撑下，发展了以地理信息系统、航空航天遥感和全球导航卫星系统为主体、以数字地球为标志的全球性、多要素综合性的地理监测、分析和评估的新的地理技术和服务体系，从而使地理学从学术团体与社会上层的认知变成全社会（上层管理决策精英和公众生产生活）不可或缺并认可的科学与技术（杨吾扬，1989）。

9　大地圆球形的认知

对于大地的形态，人类开始是视为扁平状的，我国在西方科学传入之前，除个别古代科学家认为是球形外，普遍认为是方形平面（天圆地方）。最早比较明确提出大地是圆球形的人是公元前 5 世纪的古希腊哲学家柏拉图，他以圆球形是最完美的对称几何图形为论据，认为人类居住的大地属圆球形；之后亚里士多德以物质质点向心的内聚力和月蚀时地球蚀影的弧球形态论证大地的圆球形态；公元前 3 世纪埃拉托色尼测量了地球圆周长；公元前 2 世纪托勒密编写了《地理学指南》，该书建立了地球的经纬度网和地球上已知地点的经纬度表。之后在欧洲中世纪时期，基督教地理学根据对《圣经》的诠释，对大地的认知又退回到扁平的轮盘状。直到 15 世纪地理大发现时期，人们重新发现托勒密的《地理学指南》，又回归到大地圆球形的认知。正是大地圆球形的地理认知，才使哥伦布确信从欧洲向西航行可以到达富饶的印度和亚洲东岸，从而发现新大陆——美洲，才会引导麦哲伦自东向西进行环绕地球的航行，从而开始全球性的地理探险和获得全球性的地理认知（詹姆斯和马丁，1989；布尔斯廷，2006）。

10　地带性学说

地球地带性学说最早是由亚里士多德提出的，他提出地球可分为热带、温带和寒带；后来埃拉托色尼给三带划了纬度界线（纬度 24° 和 48°）；洪堡 1845 年编制了第一幅世界平均气温等值线图，研究了气候与植被的关系，提出了气候、植被的地域分异规律；19 世纪末，道库恰耶夫从研究俄罗斯的土壤地带性分异开始，逐渐形成自然地带学说，1899 年和 1900 年其相继发表《关于自然地带的学说》和《土壤的自然地带》，完整地论述了纬度地带性规律，其要点为：①太阳辐射能量是自然带和自然地带形成的能量基础；②由地球形状和日地关系形成的太阳辐射在地表不同纬度带区域的不均匀分布是形成自然带和地带的动力原因；③在理想状况下带和地带东西方向延伸，并具环球分布特点，同时沿南北方向更替；④纬度地带性可以受地球其他因素制约而发生偏离。

现在的地带性学说有两种不同的理解：一为狭义的地带性，主要指纬度地带性，其他分布规律属非地带性；二为广义的地带性，包括纬度地带性、经度地带性和垂直地带性。

地带性学说提出后虽然有争议，但逐步被地理界普遍接受，并且在地理认知上发挥了重要的理论和实践作用，成为最有影响的地理思想之一（赵济等，2001）。

11　大气环流理论

大气环流理论最早由莫里（Moury）于 1850 年提出。莫里为美国海军军官，他依靠航行世界各地的船只搜集世界海洋各经纬度点位的风向、海流和其他海洋状况（如水深等），然后将海流和风向分别绘制到地图上，并根据空气质量的平衡原理和大气下层气流流向，推测上层大气的回补流向，经过简化和概括，他编制出世界上第一张全球大气环流模式图，该图把全球风带划分为赤道无风（静风）带、赤道两侧至南北纬 30° 左右的东北与东南信风带、回归线无风带、南北纬 30° ～ 60° 的西风盛行带及两极无风带。这一大气环流模式在当时对航海业的发展起着重要的作用，更重要的是开创了气象气候研究的动力学方向，在其基础上，大气环流理论不断发展，现在已成为现代大气科学的重要基础之一（詹姆斯和马丁，1989）。

12　地球关键带

随着地球系统科学研究的进展，参与研究的科学家逐步认识到地球近地表层大气圈、水圈、生物圈和岩石圈相互作用的交界带是自然与人类联系最密切、最需要大家集中重点研究的区域。为此，美国国家研究委员会（NRC）在 2001 年将这一区域（圈层）命名为地球关键带，作为相关学科共同进行全面、系统、持续、深入研究的整体框架，其定义是：地球关键带指异质的近地表环境，岩石、土壤、水、空气和生物在其中发生复杂的相互作用，在调控着自然生境的同时，决定着维持经济社会所需要的资源供应。在横向上，关键带自上边界植冠层向下穿越了地表面土壤层、非饱和的包气带和饱和的含水带，下边界通常为含水层的基岩底板。作为与人类联系最密切的地球圈层，地球关键带对于维持和支撑经济社会发展有不可替代的重要作用（杨建锋和张翠光，2014）。从这一定义及其内涵可见，地球关键带基本上与黄秉维先生 20 世纪 60 年代从地理学提出的作用层概念相当接近，仅其下界稍深而已。强调这一圈层的地域空间异质性恰恰表明这一区域的综合研究与地理学对地球表层的综合研究是完全一致的，地理学对地表层的综合研究正是地球系统科学研究的重点。

13　地球系统科学

地球系统指由大气圈、水圈、陆圈（岩石圈、地幔、地核）和生物圈（包括人类）组成的有机整体。地球系统科学就是研究组成地球系统的这些子系统之间相互联系、相互作用的机制，以及地球系统变化的规律和控制这些变化的机理，从而为全球环境变化预测建立科学基础，并为地球系统的科学管理提供依据。地球系统科学研究的空间范围从地心到地球外层空间，时间尺度从几百年到几百万年。

地球系统科学是从传统的地球科学脱胎而来的。人类要从环境中获取食物、能源，故必然关心所居住的环境，对所立足的地球产生求知欲，于是逐渐形成了地球科学的各分支，如气象学、海洋学、地理学、地质学、生态学等。然而，它们是对地球的某一组成部分的分门别类的研究。随着研究的深入，形成了各自的研究方法、手段和目的。但是，由于地球的空间广域性，形成它的时间悠久性和组成要素的复杂性，分门别类的研究尽管有的学科已达定量、半定量化的研究水平，但仍不能完整地认识地球，传统地学面临着挑战。用系统的、多要素相互联系和相互作用的观点去研究、认识地球，越来越为有识之士所倡导。于是，在 20 世纪 80 年代中期，特别以美国地球系统科学委员会（Earth System Science Committee）1988 年出版的《地球系统科学》一书为标志的“地球系统科学”思想和概念被明确提出。事实上，20 世纪六七十年代在中国兴起的对自然地理各要素进行综合研究的思想，可以看作（表层）地球系统科学的萌芽。只是后者涉及的范围、领域更广，时间更长，系统的方法和现代技术手段更加先进完善而已。

14　斯坦普的英国土地利用调查

斯坦普（Stamp）为英国地理学者，1931 年起组织和指导英国土地利用调查工作。他制定了土地利用分类系统，动员 2200 名志愿中小学生，在英国各大学的地理系学生和教师等专业人员指导下进行大比例尺 [6in ： 1mi，(1in=2.54cm，1mi=1.609km) 地形图，约为 1/10000] 野外土地利用填图，然后由专业制图人员转绘到 1in ： 1mi（约为 1/60000）的地图上，到 1935 年底制图工作基本完成。

在第二次世界大战爆发后，由于海上运输受阻，英国产生了严重的粮食短缺。为了增加粮食供应，英国不得不推行一项农业扩展计划。斯坦普完成的土地利用和等级图正好为英国农业部的这项计划提供了详细的地理基础数据。于是农业部迅速拨款将这些地图印刷出版，其为英国战时粮食产量的提高做出了重要贡献。第二次世界大战（简称二战）以后，这些图还成为英国重建的蓝图。为此，1965 年斯坦普被授予勋爵（詹姆斯和马丁，1989）。

15　美国密歇根土地经济调查

密歇根州北部区域原是由温带针阔叶混交林覆盖、由深厚而贫瘠的冰水平原或结晶岩山丘构成的土地。在美国南北战争之后，移民对这里的森林进行掠夺性的砍伐，土地退化，形成大片荒芜土地。该区域成为破产或濒临破产的地区。为此需要迅速采取一些公共政策来引导区域开发与发展，而科学合理的公共政策需要以有关区域自然与社会经济状况为依据。为此，提出一项土地调查的行动规划。调查工作由地理学家索尔和森林学家洛夫齐伊领导，从 1922 年开始，至 1935 年完成了一半工作，因经济大萧条而停顿。该调查进行了各地理要素的系统制图，包括土地形态（坡度分级）、土壤类型、水系、植被和土地利用、人口、政治组织、征税价值、欠税、地权及土地买卖等内容。在其基础上进行综合，划出自然土地类型，并分析自然土地类型与经济在地域空间上的关联。根据调查结果，提出各地方的合理利用方向和利用限制，指导区域的土地利用规划和发展。调查成果表明，地理学者用他们识别地区组合的方法，用他们分析各种过程的相互关系的经验，是能够对日益发展的土地利用和土地利用规划这一整个领域作出卓越贡献的。这种调查在二战中和二战后推广到美国各州，成为美国应用地理学的一项突出成果（詹姆斯和马丁，1989）。

16 黑龙江流域综合考察

该考察是根据中苏两国政府1956年签订的协议而进行的，于1956年开始，1960年完成。考察的主要任务是研究流域自然条件，查明配置工农业和运输线最有利区域；研究流域成矿地质构造，以便建立工业原料基地；研究河流水能资料，为水调节和利用规划提出初步建议；研究流域水运现状，并制定水陆联运建设规划；分析研究流域国民经济现状并编制初步发展方案。中苏双方组织联合考察队，每年有100～200名水利、地质、地理、林业、土壤、能源、交通、经济等方面专家参加考察。主要成果有：①初步了解了流域的地质构造、地质发育史和主要矿产分布规律；②基本摸清了流域自然条件（气候、地貌、植被、土壤）和林业、渔业、牧业的特征、成因、分布规律及农业自然资源概况，提出了资源合理开发的方向和措施；③基本查清了流域的水资源和水能资源，选出了一系列适于修建水利枢纽的坝址，提出了开发建议；④全面调查了流域水陆运输情况及经东北连接中苏之间、渤海与苏联远东之间水陆运输网系统的开发建设条件；⑤对流域经济状况进行大量的分析研究，提出流域国民经济各部门的发展方向、规模和布局（吴传钧，2002）。

17 中国沙漠综合考察

我国大规模的有组织的沙漠综合考察是从20世纪50年代开始进行的，主要有1957～1958年中苏联合综合考察、1959～1965年中国科学院治沙队的沙漠戈壁综合考察与研究、1980～1981年的罗布泊科学考察、1987～1991年的塔克拉玛干沙漠综合考察、1994～1996年的中国荒漠化普查和1997年中国北方荒漠化调查与研究等。这些综合考察和研究涵盖了地质、地貌、气象、水文、植物、动物、土壤、林业、畜牧、地球化学、历史地理、考古等许多专业，先后参加的专业人员达1000多人，提供了我国北部和西北干旱半干旱区域极为丰富的地质（特别是矿产和水文地质）、地理（包括地貌、气象、气候、水文、土壤、生物等要素和综合性的资源、环境及土地）、第四纪环境演变和干旱区域人地关系的信息资料，论证了区域环境演变过程、原因和趋势，提出了各地资源合理开发利用的意见，为20世纪50年代以来我国西北地区的发展和建设决策、规划和许多重大地理工程设计及治沙、防灾措施提供了坚实的地理基础资料和方法手段，也使我国在干旱区域的地理学研究方面处于世界前列位置（吴传钧，2002）。

18 青藏高原综合考察

大规模有组织的青藏高原综合考察从20世纪50年代开始，主要有50年代的西藏东部和中部综合考察、1959～1960年的珠峰地区综合考察、中国科学院西藏综合考察队1960～1961年和1966～1968年对西藏的综合考察，以及青海-甘肃综合考察队、盐湖考察队、祁连山考察队对青藏高原北部地区的考察；1973年中国科学院组建成立青藏高原综合考察队，考察队于1973～1976年对西藏进行全面系统的综合考察，1975年组织珠峰登山科考分队考察珠峰地区，1981～1984 年考察横断山区，1982～1984 考察南迪巴瓦峰区域，1987～1992 年考察喀拉昆仑山区域。1985～1990 年青藏高原综合考察队与青海省联合考察可可西里地区。其间还开展了中法、中英、中德及中日多项国际联合考察。从 1992 年开始，青藏高原考察研究被纳入国家攀登计划，开展青藏高原的新的研究工作，主要针对国际前沿领域的要求和以往研究的薄弱环节，从定性考察转入定量深入研究，从静态转入动态深入研究，从单学科分别研究转入综合研究，从区域研究转入与全球环境变化相联系深入研究。四十多年来，先后参加考察研究的专业人员达 1000 多人，涉及地质科学、生物科学、地理科学和生态科学及资源环境各个领域，发表了数以千计的论文、报告、图件和专著，在以下方面取得了多方面的突破性进展和成果：①青藏高原的形成演化；②高原隆起与环境变迁；③自然环境及其地域分异；④生物区系的组成、演化与起源；⑤自然资源评价、利用与保护；⑥自然灾害及防治。这一研究不仅在这一世界第三极的研究上为人类做出了突出的贡献，而且为西藏、青海及相邻区域的自然保护及社会经济发展提供了极为丰富的基础信息（吴传钧，2002）。

19 黄土高原综合考察

系统的黄土高原综合考察有三次：1951～1953 年、1955～1958 年和 1985～1990 年，中心围绕黄土高原的范围、成因，水土流失的状态、演化、成因、发展机理和综合治理的方针、方法，同时包括黄土高原区域的自然条件、自然资源、社会经济状况及区域发展问题。参加考察专业人员有上千人次。在黄土形成与第四纪古环境关系、黄土沉积厚度与分布、黄土高原范围和面积、黄土高原自然地带的划分、黄土侵蚀与水土流失、水土保持和区域治理开发等方面取得了丰富成果，为世界最典型的黄土区域的生态保育、中国母亲河黄河的治理及陕北革命老区的区域发展提供了大量的基础信息和建设性意见，为世界最典型的黄土区域及第四纪环境演化的认知提供了大量证据和观点（吴传钧，2002）。

20 新疆综合考察

大规模的新疆综合考察有两次：第一次 1956～1959 年，考察的主要任务是着重查明农业、林业、牧业的自然条件、自然资源及其分布，并结合国民经济的现状和生产配置特征，综合研究其开发利用的途径和方向，对新疆农业发展远景及合理布局提出科学论证与轮廓性方案。考察的许多结果填补了我国干旱区研究的空白，同时为其后新疆建设兵团的农场布局和建设提供了大量基础地理信息和方案，为新疆社会发展做出了重要贡献。第二次 1985～1989 年，是以开发新疆和大西北，使之成为 21 世纪中国一个最重要基地的战略目标为中心的综合考察。通过考察，深入综合评估新疆的自然资源、自然条件和社会条件，搞清新疆的资源开发潜力、环境容量与经济发展方向，勾绘出 20 世纪末和 21 世纪初的生产力发展布局远景；明确建设重点和时序，为编制新疆的长远规划提供科学依据。这一成果成为新疆拟定“八五”规划的重要参考，并为新疆的发展决策发挥了重要作用（吴传钧，2002）。

21 西南综合考察

西南综合考察包括：1957年华南热带生物资源综合考察、1959～1963年中国西部地区南水北调综合考察、1963年的滇黔综合考察、1984年和1986～1990年西南资源开发综合考察。这些考察对中国西南部的川、滇、桂、黔、渝的自然环境（地质，特别是构造、地震、工程地质）、地貌（特别是横断山和喀斯特地貌）、气候、水文（特别是长江上游和横断山南流诸河水文）、垂直自然带、热带生物资源、极丰富的水能资源、水资源和矿产资源、特色的旅游资源进行了全面的调查研究，为当地的开发建设及与东南亚的区域合作提出了许多思路和建议，大量建议被政府所采纳（吴传钧，2002）。

22 中国古代地理与指南针发明

指南针被认为是中国古代对人类发展具有重大影响的四大发明之一。中国古代关于用磁石（磁铁）做的指南针（罗盘）的记载主要有四种文献：一为笔记，如（宋）沈括（1031～1095年）的《梦溪笔谈》（1088年刊）卷二十四载："方家以磁石磨针锋，则能指南，然常微偏东，不全南也。水浮多荡摇，指爪及碗唇上皆可为之，运转尤速，但坚滑易坠，不若悬法最善。其法取新纩中独茧缕，以芥子许蜡，缀于针腰，无风处悬之，则针常指南……"。二为兵书，如宋曾公亮（999～1078年）于1044年完成的《武经总要》前集卷十五载："或出指南车及指南鱼以辨所向。指南车法，世不传。鱼法，用铁叶剪裁，长二寸，阔五分，首尾锐如鱼形，置炭中，火烧之，候通赤，以铁钤钤鱼首，出火，以尾正对子位，醮水盆中，没尾数分则止，以密器收之。用时，置水碗于无风处平放，鱼在水面，令浮，其首常南向午也"。三为航海日志或报告，如（宋）朱彧《萍洲可谈》（1119年）载："舟师识地理，夜则观星，昼则观日，阴晦则观指南针"。四为大量的风水（地理、堪舆）书籍记载罗盘的制作、使用、刻度改进、子午线方向与罗盘指南针磁力线方向的差异及其校正方法（程建军，2005；闻人军，2017）。

23 地理大发现

地理大发现时期又称"探索时代"或"大航海时代"，地理大发现为西方史学对15～17世纪欧洲一些国家的航海家和探险家另辟直达东方的新航线，探索当时欧洲人不曾到过的海域和陆地的一系列航海活动的通称。

在该时期，欧洲的船队出现在世界各处的海洋上，寻找新的贸易路线和贸易伙伴，以发展欧洲新兴的资本主义。在这些远洋探索中，欧洲人发现了许多当时在欧洲之外不为人知的国家与地区。与此同时，欧洲涌现出了许多著名的航海家。地理大发现包括一系列的历史事件，主要有1486年葡萄牙人B.迪亚士发现非洲南端风暴角（好望角）；1492年C.哥伦布航抵美洲；1498 年 W.D. 伽马开辟绕过好望角通往印度的航路；1519 ～ 1522 年 D. 麦哲伦及其船队完成人类首次环球航行；1642 ～ 1643 年荷兰人 A.J. 塔斯曼航行至澳大利亚、新西兰和塔斯马尼亚等地。

地理大发现对人类社会的发展与变化产生了重大影响：地理大发现改变了世界各大陆、各大洋的分割孤立状态，加强了世界范围的联系，为世界市场的形成提供了条件，也是近代殖民地掠夺和殖民地瓜分的开始，“美洲的发现，绕过非洲的航行，给新兴的资产阶级开辟了新的活动场所。东印度和中国的市场、美洲的殖民化、对殖民地的贸易、交换手段和一般商品的增加，使商业、航海业和工业空前高涨，因而使正在崩溃的封建社会内部的革命因素迅速发展”（马克思和恩格斯，1975）。

地理大发现对地理学的发展起着重要的作用：①在地理调查研究中普遍使用新的技术和工具——12 世纪由中国传入欧洲的罗盘指南针；地图从古到新，从局部地域到全球的革命，特别是墨卡托投影地图对航海、地理调查和地球认知起重大作用。②大量全球性地理资料的积累和整理，使地理学视野由局部各大陆扩大到全球，把古代人们理解的各自的世界，合并成一个统一的世界，从而揭开了近代地理知识和地理思想的序幕，成为近代地理学出现的胚胎。③地理大发现时期的地理考察和发现，为人们提供了丰富的有关自然要素、人文地理要素的特征及二者内部关系和二者之间关系的具体素材，从而促进了地理规律和地理现象成因的探索以及一些地理理论的形成（杨吾扬，1989；詹姆斯和马丁，1989）。

24　数字地球

数字地球是 1998 年 1 月美国副总统 A. 戈尔在加利福尼亚州科学中心开幕式上的讲话“数字地球：展望 21 世纪我们这颗星球”中提出的一个概念，指对地球的三维多分辨率表示，它能放入大量的地理数据。现在多定义为以计算机技术、多媒体技术和大规模存储技术为基础，以宽带网络为纽带运用海量地球信息对地球进行多分辨率、多尺度、多时空和多种状态的三维描述，并利用它作为工具来支持和改善人类活动和生活质量。数字地球依靠诸多技术的支撑，主要包括信息高速公路与高速网络技术、高分辨率卫星遥感技术、空间信息技术和空间数据基础设施、大容量数据存储技术、可视化与虚拟现实技术和高性能计算能力。以数字地球为表征的当代地球信息科学将成为 21 世纪地理学研究的最先进技术手段，其可以对全球气候变化、海平面变化、荒漠化、生态与环境变化、土地利用与变化的监测和自然资源利用与经济发展、人口增长与社会发展、灾害预测与防御等与社会和经济可持续发展有关的许多问题进行综合分析与预测，为地理学的发展提供有力的支撑，也将为国家、地区和社会的各种与地理（地球）有关问题的决策和各种重要地理工程的决策与实施提供服务，成为 21 世纪地理学最活跃的领域。

25　非地理专业人员的地理预测

尽管“地理”这一术语在公元前就已出现（参见 1.1 节注释 1），尽管自古典地理学时期开始就有不少地理著作（包括西方埃拉托色尼和斯特拉波等以地球或地理命名的书、中国汉代以来大量的地理志），但直到地理大发现之前，并没有什么专业地理人员的概念。在地理大发现开始之后，地理学才逐渐成为一个与其他学科相对应的科学领域，才开始有兼职或专职的地理专业人员（教职或学者），以及其分支学科的专业人员。但直到 20 世纪之前，从事地理学研究的专业人员还是很少的。因此，自古至今大量的与地物有关的预测是由军事指挥家、航海家、国家政治战略顾问、区域产业开拓者根据其地理认知进行的，而非地理专业人员进行的。

26　地理学短于理论而长于事实

哈维（1996）系统分析了地理学研究对象的独特性与普遍性的矛盾以及物类属性与地域属性的兼顾在发展理论方面的困难，得出了与巴拉邦 1953 年提出的相同的结论：地理学短于理论而长于事实。

27　地理理论与地理预测

邦奇（1991）认为，“可预测性问题是一个关联问题，因而它是所有理论的基本假设。地理现象的可预测性又取决于对以下问题的答案：地理现象是独特的还是一般的？如果它们是独特的，则不能预测，而且理论无法建立；如果它们是一般的，则可以预测，且理论可以建立”。

28　准确的预测才算预测，故地理学预测能力有限

哈特向（1996）在《地理学的性质》一书中系统分析了地理学研究对象（区域）的特点，认为“在地理学中现象的独特程度不但超过别的许多学科，而且独特事物还具有头等的实际重要性”，且在地理学中近似的事例很少，“可能只有几百次或者几次，时常还可能仅有一个孤例”，而且要论述“大量或多或少是独立的可变因素的复杂作用”，从而使地理学“可能提供的关于未来的知识，其可靠程度大多是有限的”，故认为“发展到最大限度的成熟的地理学所能达到的预言能力，无非也极为有限而已”。但该观点在经过多年的激烈争辩后，他在 1959 年出版的《地理学性质的透视》一书中进行了更正，认为“在许多事例中地理工作者也可能对所包含的关联拥有足够的知识，从而可进行较肯定的预言，《地理学的性质》一书中关于这个问题的讨论中，所指‘预言’意味着一个很高度的肯定性。这个限制似与该书对科学的看法不一致，并与一般用法不同。任何根据科学程序的预测是一个‘科学的预言’，可靠性如果大于幸遇，就有用处”（哈特向，1983）。

29　地理预测是地理决策和地理工程的基础

陈传康（1987）认为，预测是进行决策的基础。只有在一定比较正确的预测基础上，才能进行决策，通过对应变换关系为该区域拟定一个合理的社会经济结构，这就包含着未来的产业结构预测。张宝光（1994）以南水北调工程等为例，论述了区域地理预测在河川径流跨流域调水、大型梯级水库的修建、大型地域工业综合体的形成、大河流域和大区域土地资源与水资源综合利用等地理工程建设方案制定中的作用。

30　地理预测的概率性

地理预测的概率性指地理预测多属在一定条件下、在一定概率范围内的可能性预测。这是因为地物及其组成的现象均属开放系统，它与外环境之间存在许多复杂的关联，而由多要素构成的地物或地域系统内部各要素之间还存在各种复杂的关系，因而地物的状态及其演化的态势受各种因素的制约。这些因素不可能全部在实验室中进行控制实验，即使用计算机进行数值模拟，也要进行不同程度的（甚至大幅度的）简化，而内部各要素之间的关系及地物（地理系统）与外部影响因素之间的关系均不可能全部建立确切函数关系，且其外部影响因素的状态及发展变化过程也不可能全部进行准确的测定和描述。因此，对未实地调查测定的地物可能存在状态的预测、对地物或地理现象未来变化状态的预测，只能是在对其关联影响因素部分状态了解条件下，在不完全的关联认知的基础上进行的推断，这种推断的准确性随研究者掌握的关联因素的准确程度及地物各要素之间及与外环境之间关系的认知程度而变化，最终只能得出一个某种概率程度的可能结论。因此，地理预测基本上是一种概率性的预测。

31　地理预测的地域性

地理预测的地域性是由地物在地域空间分布的不均匀性和地物的历史积淀性（参见 1.1 节注释 16、19）决定的，地物在地域空间分布的不均匀性又与地物存在条件的地域差异性相关联；而地物的历史积淀性决定地物的发展变化必然从其现存的历史积淀的地域差异状态开始。故未调查区域地物存在状态的预测和尚未发生的地理现象可能状态的预测均必须以具体的、具地域特征的已知地物特性及其影响因素为出发点。即使是假设的状态和条件也必须以现在地表一定地域的地物状态为参照而设置。在这种规定条件下，预测的结果必然也是特定地域（地域类型）的地物状态或其发展的可能态势。地理以外的其他学科对地球表层事物（自然的或人文社会事物）的状态预测不一定要考虑其地域特征，如地球上 CO_2 的平均水平或总量、人类社会发展态势、动植物在一定条件下的生产力水平变化及物种演化等的预测，这些预测并非地理预测。其中，一些预测（如大气中 CO_2 水平）实际上是全球不同区域差异的均值或总值，可以是地理预测的控制条件，也可能是不同区域地理预测结果的加和或平均，但对地理学而言，只有涉及地域差异的预测才能称为地理预测。地理预测的地域性包含两个含义：一为预测条件的地域性；二为预测结果适用范围的地域性。

32 地理预测的多向性

地理预测的多向性也可称地理预测的多种可能性，包括地物运动方向的多向性和地物物类特征演化方向的多向性，这是由于：①地物在地域空间中的运动均受其周围不同方向作用力的影响，这些不同方向的作用力处于一定的不稳定平衡状态并存在许多不确定性，因而由这种不稳定平衡控制或影响的地物运动方向也往往存在不确定性而在几个方向上摆动或变化。例如，一个热带气旋形成之后，其前进的方向往往因周边气压场的变化或其他气旋的干扰而变化，故热带气旋运行路线的预测必须提供在不同条件下变动的可能方向或范围；即使受河道约束的河水流动方向或洪峰运动方向，在一定条件下也是可能发生变化的。至于经济流（货物、资本）的运行方向也随经济状态的地域空间变化而变化，因而在预测上必须根据不同条件设置多种可能。②复合地物（地域综合体等）或受复合地物约束的某一地理要素发展的演化在许多情况下往往既受内因的约束，也受外因的控制和影响。这些内外作用因素的不同变化必然导致其发展特征的不同变化，出现不同的可能状态，因而预测也必须是多向性的。以一个区域人地关系系统的发展变化为例，通常把一个区域人地关系系统的发展（生态系统也大致一样）视为逻辑斯蒂过程，逻辑斯蒂增长是系统在有限环境条件下的增长方式，当系统完成一个单元的逻辑斯蒂增长过程之后，进入顶极阶段，系统增长率接近于零，这时系统达到一个临界点或模式的分叉点 H，同时也进入了不稳定状态。系统在 H 点的行为选择决定了它的命运是停滞、灭亡，还是持续发展，系统演化面临着多种前景，因而预测必须是多向的（黄鼎成等，1997）。

33 地理预测的尺度性

由于地物具有多尺度时空特征的同体性（参见 1.1 节及其注释 22），人们不可能对其全部不同时间尺度和不同地域空间尺度特征的状态和演化同时进行预测，只能对其特定的时空尺度范围的特征状态及其演化进行预测。这就要求在进行地理预测时要明确预测目标的时间尺度和地域空间尺度，选择与该尺度有关的规律和该尺度下影响地物状态、演化的条件，这样才能得出比较可信的预测结论。同样，也应在该尺度下对预测的结果进行评价与检验，不能用其他尺度的特征结果来对该预测进行评估。

34 探险活动前的地理预测

探险活动前的地理预测指对人类未到达区域地物及其可达性的预测，这是地理大发现时期每次地理探险活动前必须进行的预测。主要是根据地球圆球形态和地物在地球表层地域关联及运动规律的认知，预测探险者拟前往的某地域范围内地物存在的可能性、可达性和前往实证（探险）的可能路径、手段。例如，哥伦布根据地球球形理论，依据关于地球的大小与经纬度计算的数据，预测自东向西航行到达东印度的可能性以及从欧洲到达东印度的距离，提出避过奥斯曼帝国的陆路阻拦自东向西航行到东印度的计划。按其预期的地方找到了大陆。尽管后来证明他到达的不是亚洲，而是一个新大陆（现在的美洲），但这一行动完全是在地理预测的基础上进行的。哥伦布及其后的阿美利哥对美洲的再次航行和麦哲伦所进行的人类首次环球航行对于人类社会的发展及地理学与其他相关学科（动植物学、气象学、海洋学、地质学等）的发展起着无可估量的作用（詹姆斯和马丁，1989；布尔斯廷，2006）。

35　待调查区地物状态的预判断

待调查区地物状态的预判断指根据待调查区拟调查的地物与环境关联的一般规律，或据已调查过的类似环境区域已知的目标地物的状态，预先判断待调查区拟调查地物（地理要素）的状态及其可能分布特征。任何一项地理考察与调查，不论是单要素的考察，还是多要素综合性考察，事先总要根据现有文献资料及一般的地理关联规律，对待调查区拟调查的地理要素进行预判断，以便进行考察工作设计和相关的考察设备与方法的准备。这种预判断，实际上就是一种地理预测。例如，在区域地貌调查和制图之前，研究人员必须根据地形图、地质图和调查区的水文气象资料，根据地貌类型与地形、地质、水文、气象之间的关系，以及与已调查的类似区域相似性的对比，初步判断待调查区可能存在的地貌类型及其大致分布状态，初步画出地貌类型之间的可能界线及相关样品的取样和测定地点，并准备必要的针对性的设备和装备，然后进行实地考察。这种预判断实际上就是进行地理预测。考察工作的成功与否，在很大程度上取决于这种预判断的准确性和据以进行调查的设计、准备工作（德梅克，1984）。再如，土壤和土地调查工作，在野外工作之前必须进行预研究，预测调查区可能存在的土壤类型（或土地类型）及其分布与各种成土因子的相互关系，建立反映土壤与其他可观测的环境要素之间关系的概念模式，从地形、微地貌、植被及其他地表特征，根据概念模型对每一片成土因素一致的景观区（调查单元）预测其土壤性质，然后在野外工作中根据观察调查结果修正概念模式、土壤类型及其分布（登特，1988）。

36　地域空间插补

地域空间插补指对调查研究区域内实测点之间未实测区域连续分布的地物的状态（量值等）通过空间插补的方法进行判断。在区域连续分布的地物量值地域差异的调查中，人们不可能对调查区内所有位置的地物存在量进行实测，因为连续分布的地域空间可以无限细分，而人们最多只能在其测量可能达到的空间分辨率下进行离散点的测定，因而即使对所划分的全部单元进行测定，仍没有对调查区内全部位置的地物进行实测。更何况从人力、物力、经济和实际需要的角度，也只能对调查区内一定点位的地物特征进行实测，其余面上大部分位置的地物存在量只能按一定方法（三角网格法、梯度法等）进行插补估算，并通过一些点位的再次实测来评估其估算的精度。例如，在地形测量中，在遥感测量（航空遥感、卫星遥感）未出现之前，人们对一个区域内的各地地面海拔的确定实际上是从国家高程控制网的一、二、三、四等水准点引出导线进行测量，确定三角点和图根点与高程，之后，建立地形测量图解网，实测图解网点（包括测站点）的高程，再进行地形上突出目标点（尖山顶、独立树、坡度拐点等）的碎部点实测，最后根据这些点实测的高程数据，通过解内插法绘制等高线，即确定全部未实测面上的高程数值（武汉测绘学院，1959）。因此，地形图上通过等高线标志的高程，绝大部分位置上的量值都是通过内插估算的量值，而不是实测值。这些位置地物的量值也像物理、化学实验资料整理中通过回归获得的标准曲线来确定样品的量值，或根据实验样品的量值通过方程、模型的演绎来确定未实测样品的量值及其置信区间一样属于预测的结果。许多连续分布的地物在地域空间中分异的确定，如气温、降水、陆地水资源分布，均与地形图的编制一样采用地域空间插补法来完成。

37　一定区域的地物或地域综合体的组成、结构与功能演化的预测

一定区域的地物或地域综合体的组成、结构与功能演化的预测指根据特定区域内地物或地理要素物类属性的发展演化规律，推测一定时期后其变化的状态。例如，曾小凡等（2007）据 ECHAM5/MPI-OM 模式，预估了未来 50 年长江流域的气温与降水的变化；张新时等对全球气候变化对中国陆地生态系统的影响进行了预测性研究（郑度等，2008）；陆大道和樊杰（2009）对 2050 年中国区域发展进行了预测；贺三维等（2016）关于中国区域发展时空格局变化分析及其预测。

38　区域地物自主变化对人类影响的预测

区域地物自主变化对人类影响的预测指在非人类干预条件下地理环境（地理要素或地域系统）的天然变化过程对人类生态或生活可能产生的有利或有害作用的预测，特别是对一些强大的自然过程所产生的自然灾害的预测。例如，倪绍祥（2002）在环青海湖区周围万余平方千米范围内，对草地蝗虫的生态特征和生态环境进行了深入的调查研究，并借助陆地卫星遥感图像和地理信息系统，持续多年进行实地调查和验证，进而划分了草地蝗虫的生境类型，评估了潜在虫灾发生和成灾的可能性，建立了预测预报模型，提出建立草地蝗虫测报系统的构想。还有对台风造成灾害链的预测、对暴雨引起洪涝灾害的预测、海平面上升对海岸带社会经济影响的预测等（温国平和程金沐，1993）。

39　人类活动的区域效应与影响的预测

人类活动的区域效应与影响的预测指人类社会经济活动（包括地理工程）对一些地物，

特别是地域系统的干预可能造成的社会经济效应及环境影响的预测。对于矿山开发、工业生产及其废弃物排放、交通工程、水利工程、森林砍伐与造林、垦荒、土地开发、放牧以及区域的综合经济活动可能引起的人类活动区本身和扩大影响区的自然、社会经济结构发生有利于人类的有价值变化和不良影响进行预测，是地理决策的最重要依据之一，也是人类活动环境影响防患措施的前提。例如，美国总统卡特 1977 年指令美国环境质量委员会和国务院会同其他联邦机构，共同研究将“到本世纪末（指 20 世纪末），世界人口、资源、环境可能发生的变化”作为“长期规划的基础”。根据这个指令，美国政府动员数以百计的专家，在巴尼（1986）的主持下，编撰了一份长达 2000 页的报告，用系统科学方法对 20 世纪末全世界，特别是美国的人口、资源和环境的重大问题进行了分析研究和预测，这对于美国和世界资源环境政策及可持续发展战略的制定起着重大作用。又如，我国在长江三峡工程的决策中，除了工程设计本身外，对工程的效益和可能的环境影响进行了多年的研究和论证，提出了科学的预测报告，为工程决策和实施提供了可靠的科学依据（张宝光，1994）；索恰瓦（1991）比较全面地讨论了人类开发活动（如中亚的灌溉、西伯利亚土地开发、贝加尔—阿穆尔铁路干线建设等）的效用与影响的地理预报问题。

40　区域文献中缺失历史地物记录的重建

区域文献中缺失历史地物记录的重建指一定区域特定地理要素的长期历史记录中的缺失时段要素特征或数值的估计。其目的在于：①通过重建以认识该要素在该区域发展变化的全过程；②形成完整序列的数据，以便与其他地点具完整时间序列的数据进行长期同时段性的对比和编制该地理要素的分布图。缺失时段要素特征或数值的估计一般可通过该要素本身长时间的发展变化规律（如周期、准周期性）、该要素已有记录与有记录的其他要素同时段变化的相关性，或该要素其他未缺失区分布的空间自相关规律等的分析来获得。这种重建的虽然是历史数据（特征或数值），但属未知数据的估算，如果以后重新获得该缺失时段的原始数据，或获得进行准确判断的历史遗存，则相对于后来的确切数据，这种重建也具有预测的性质。

41　地物时空演化过程预测

地物时空演化过程预测指对同时兼具物类属性的时间变化和地域属性（地域结构、运动方向、位置、规模等）时间变化的地理过程的未来状态预测，如天气系统和天气过程（如台风、寒潮、锋面）的形成、在地域空间中的移动，移动中结构功能的变化至最后消失过程的预测（伍荣生，1999；陈瑞闪，2002）；台风造成的灾害链的预测；暴雨引起的洪涝灾害的预测；海平面上升对海岸带区域社会经济影响的预测（温国平和程金沐，1993）。

42　人类地理行为的预测

人类地理行为的预测指根据人群或个人在地域空间中迁移与活动的规律认知和特定

人群现实所处的时空状态，预测其未来活动的时空状态和时空结构特征。这种预测包括：①根据经验对人群的地域空间行为的预测；②用对人类行为规律的规范化研究所建立的模型在各种假设条件下对人群（个人）地理行为的预测，这种研究和预测是现代“空间行为地理学”和“时间地理学”的主要内容（戈列奇和斯廷森，2013；蔡运龙等，2012）。采用模型进行预测是当代地理学的主要方向，在人的地理行为预测方向，例如，赵大英（2004）根据 1999 ～ 2002 年往返香港与珠三角的过境客流和车流数据的定量趋势回归分析，区域经济环境变化因素的调整，按区划分的旅客行程分布、珠三角东西部经济发展态势以及各种交通途径客流比例，进行了港珠澳大桥建成后过境人流量和车流量的预测；贾英和孙根年（2009）根据 1980 ～ 2005 年西安入境客流量本底趋势线方程和各类旅客亲景度的分析，预测了在建的秦岭国家公园 2011 ～ 2030 年的客流量。

43　地理决策的内涵和外延

人类生活在地球上，其行动绝大部分必须从地球上一定的地域空间开始，并影响一定地域空间地物（包括人类本身）的变化。因此，一般而言，人类行动的决策大部分与地物有关，都是与地理有关的行为。但是，人类的行动决策并不都明确其地域空间，如人类在一定区域中的生产、消费、繁育，一个国家在其国内实施的法规、政策，政治、经济、文化行为，都不会明确其实施的区域，尽管实施的结果对不同区域的意义和作用不同。这种虽具地理性的或与地理有关但不以地域差异为决策基础或（部分或全部）决策目标的决策，不能算地理决策。一些决策在整体上并不针对地理问题而制定，但在其决策中的某些行为有明确实施的地理空间，如社会经济发展规划中包含的一些产业的地理布局，一些特定的环境保护和改造区，这种决策属广义的地理决策，但严格说，仅其明确与特定地域有关的决策才算地理决策。而其地理决策是总体决策中的一个组成部分。有些专门针对地理问题的行为决策，这种决策属狭义的地理决策。因此，地理决策仅指总体决策中包含的具有明确地域行为的决策和专门针对特定地理问题而进行的决策。

44　地理决策往往不是地理一个学科独立决定的

由于不少地理决策仅仅是更大领域决策的一部分，地理决策除了需要地理认知（区域地物状态的认知和地理理论与规律认知）外，还取决于决策者的目标，实施决策的政治、经济、文化等非地理因素，特别是受到决策者的好恶、性格和心理因素的影响，因而仅仅依靠地理的认知，仅从地理的科学性和合理性角度进行论证和分析提出的决策建议，往往并不都能为决策者采纳。而不少决策中尽管包含地理决策的内容，如区域发展规划中的产业布局、环境整治与保护、地域空间发展分区等，但决策者本身，甚至总体决策的建议者往往对地理知之不多，而是主要从其他学科出发进行的决策、从其他需要出发进行的决策。

45　地理布局性决策

地理布局性决策指主要通过改变地物的地域空间布局或配置来处理决策中与地理有关的问题。主要包括产业发展的地域空间布局和企业的选址，政区的划分、设置和政治中心的选址，文化教育设施的布局、交通枢纽的设置，重要生态与自然保护区域的设置，特殊经济区域（自贸区、经济特区等）的设置和地缘战略区域的确定等。例如，我国 1949 年后建设东北重工业基地的决策，改革开放后深圳、珠海、汕头和厦门四个经济特区的设置，21 世纪上海等自贸区的设置。

46　地物运动和运动干预的决策

地物运动和运动干预的决策指主要通过推动、改变或干预地物运动来实现决策中的地理目标。包括人或人群自己在地域空间的运动与行为的决策，控制物质（水资源、矿物原料资源、工农业产品等）、能量（电能或煤与石油等能源）、资本和信息的传输运动（方向、形式和量值）的决策，运输线路（水运、空运、陆运和管道运输）的开拓和建设，以及各种地物流通的阻碍性控制的决策，如我国古代大运河的开凿和宋元明清时期漕运的决策、改革开放以后北煤南运和西电东送的决策、20 世纪 90 年代以来全国现代陆路交通线网（高速公路、高铁等）建设的决策；美国 20 世纪 20 ～ 30 年代东西向铁路建设的决策，苏伊士运河和巴拿马运河开凿的决策及苏联北冰洋东西航线开辟的决策等。

47　地物关联性决策

地物关联性决策主要包括改变区域内部地理要素之间的关联以加强地域综合体或改变地域综合体发展方向，或改变区域之间的关联的形式以形成新的区域政治、经济、军事或自然地理格局，例如，长江经济带和珠三角—泛珠三角发展决策，2013 年开始实施的“一带一路”倡议，福建自然保护带网建设倡议等。

48　地物的地域聚散或均衡的干预决策

地物的地域聚散或均衡的干预决策指通过干预或调控地物在地域空间中的聚集、分散或均衡的状态与过程来改变地域结构功能的地理决策。包括调控人群在地域空间中的集散或均衡状态，调控社会经济力量（社会组织、产业、资本等）的聚散过程或状态等来获取决策者的需求和利益或损伤被调控对象的功能。

49　地理过程调控决策

地理过程调控决策指主要通过调节、控制或干预某种地理过程以改变其功效或危害的决策。主要通过地理过程的动力源调控、过程调控（包括过程的干扰因素、转换因素、关键环节和介质调控）和地理过程受体（承受力、缓冲力和反作用力）调控，来改变地理过程可能引起的效益或危害。主要调控的地理过程有：①灾害过程调控；②生态过程调控；③经济调控；④政策调控；⑤军事调控。

50　区域综合地理决策

区域综合地理决策指针对区域地域综合体的组成、结构和功能，按照系统理论和方法进行规划设计(包括规划和区划)，提出区域资源环境的合理开发利用、生态系统的保育、产业与社会文化的科学发展的决策性意见，通过法规和一定的地理工程予以分期分批实施。这是地理学发挥其区域性和综合性特点，对社会发展的重要作用。在国外，如美国的田纳西河流域规划、德国鲁尔地区综合规划、日本的国土开发规划和法国领土整治规划都属于这一类决策（吴传钧和侯锋，1990）。在我国，1950 年以来，先后进行了大量的全国性和区域性的综合地理区划和规划工作，在区划和规划工作中有大量的地理专业工作者参与，其中的区划工作多由地理专业工作者主导，各种规划工作都有大量地理专业工作者参与。有许多区划和规划以政府法规的形式作为区域相应项目建设布局或改造、保育的规范，在我国社会经济发展和自然改造与保护中发挥重大作用。这是我国地理学作用的重要形式，也是国外地理学所少有的。我国 20 世纪 50 年代以来重要的区划与区域规划有：①重点工业区和工业基地的发展与建设规划（茂名、兰州、湘中、包头、昆明、大冶及黔、川、冀、辽、吉、鲁的区域规划）。②区域城镇体系和市域、县域规划。③国土规划和区域发展规划（从 1981 年开始，先后有 10 多个地理研究所和 30 多个大学地理系的研究和教学人员投入这一工作），在 20 世纪 80 年代末，已完成全国和 6 个跨省大区、37 个省区和大城市区、81 个地区、390 多个县区的国土规划。④农业区划。从 20 世纪 50 年代开始，进行多次的全国农业区划及大量的跨省区市和省区市的农业区划、市县域的农业区划，以及特定农业部门、特定农业产业的种植区划，在此基础上，建立了全国范围的和省区市范围的有利于指导分区专业化生产的宏观布局，为我国农业发展和农产品供应、国家的稳定做出了重大贡献。⑤大量的流域规划和小流域整治规划。⑥ 20 世纪 90 年代以来进行了全国性的和各省（区、市）的生态功能区划和主体功能区区划、可持续发展实验区规划和生态试验区规划，为国家和各地的生态保育与建设及社会经济与环境生态协调发展做出重大贡献（吴传钧，2002）。

51　福州老城区的利用与改造的决策

福州在改革开放之前，多数地方保留历史旧城风貌。改革开放之后，随着人们（主要是决策者）对城市功能和价值认识及地理思维的变化，其利用和改造决策也变化。接着在 20 世纪 90 年代重新进行规划，但依旧把旧城发展方向定位在商务上，以经济利益为中心。21 世纪决策者认识到历史文化的价值、地方性的价值，以人本主义的思维主导旧城的利用和改造。先对三坊七巷进行清理改造，修旧如旧，返还历史风貌，给福州保留一片具有全国文化价值的历史街区，再对上下杭等历史街区进行修复改造。

52　地理工程

“工程”在词义上有两种概念：一指将自然科学的原理应用到工农业生产部门去而形成的各学科的总称；二指具体的基本建设工程（夏征农，1999）。地理工程的“工程”指的是后者，专指通过改变特定地物（区域）的结构与功能，以满足人们的某种需求的具体的基本建设项目。原则上说，人类在地球表面的一切改变地物的行为均只能在一定地域中实现，因而会产生一定范围的地域结构改变。但人们的行为主观上并非都以这种结构改变作为满足自己需求的目标。因此，并非所有造成地域结构改变的行为都视为地理工程。只有那些有目的的通过改变特定地物（区域）的结构功能以满足自己需求的基本建设项目才能称为地理工程。

53　地理工程的范围与其效用范围不尽一致

地理工程多在关键性地理区域建设，其目的多不仅解决工程所在地本身的地理问题，而且通过这一关键区域地物特征与结构的改变去解决由这一关键区域地物特征与结构改变所引起的更大范围地理流或地理过程的改变来实现人类的某种目标，因而其影响与作用范围一般要大于工程所在区域。例如，巴拿马运河和苏伊士运河的开凿直接影响到了全世界的海运物流航线，进而影响与物流相关的区域地理过程，其范围远大于运河工程区范围；中国古代万里长城工程建设影响了 1000 多年中国中原农耕文化与北方游牧文化之间的关联态势和军事、政治格局；“三北”防护林工程影响其南部和东部大片土地的生态过程和社会经济；许多用于发电的水库建设影响了其下游河道长距离的水文特征和水生态；南水北调工程的建设既影响南方河道水量，又大大改善了北方广大区域（特别是城市）的供水能力；等等。

54　南水北调工程

该工程是中华人民共和国的战略性工程。指把长江流域水资源从其上游、中游、下游，结合中国疆土地域特点，分东、中、西三线抽调部分送至华北与黄淮海平原和西北水资源短缺地区。工程规划区涉及人口 4.38 亿人，调水规模 448 亿 m^3。工程规划的东、中、西线干线总长度达 4350km。东、中线一期工程干线总长为 2899km，沿线六省市一级配套支渠约 2700km。通过三条调水线路与长江、黄河、淮河和海河四大江河的联系，构成以“四横三纵”为主体的总体布局，以利于实现中国水资源南北调配、东西互济的合理配置格局，主要解决我国北方地区，尤其是黄淮海流域的水资源短缺问题。

目前，中线工程、东线一期工程已经完成并向北方地区调水。西线工程截至目前，尚处于规划阶段，没有开工建设。

55 苏伊士运河工程

苏伊士运河于1869年修筑通航，是一条海平面的水道，在埃及贯通苏伊士地峡。该运河从最低部位贯通苏伊士地峡，连接地中海和红海。沿途利用大、小苦海等原已干涸的洼地作为航道。从塞得港至陶菲克港长161km，连同伸入地中海、红海河段总长173km。河面宽160～200m，河底宽60～100m，可通行吃水11.6m、满载6.5万t或空载15万t的海轮。通过时间平均为15h，提供从欧洲至印度洋和西太平洋的最近航线。它是世界使用最频繁的航线之一，是亚洲与非洲、欧洲来往的主要通道。为提高运河通航能力，埃及政府于2014年8月开始在原运河东侧建一条新运河，并于2015年8月6日正式开通。

56 巴拿马运河工程

巴拿马运河位于中美洲国家巴拿马，横穿巴拿马地峡，连接太平洋和大西洋，属于水闸式运河，是重要的航运要道，被誉为世界七大工程奇迹之一的“世界桥梁”。从一侧的海岸线到另一侧海岸线长度约为65km，而由加勒比海的深水处至太平洋一侧的深水处约82km，宽的地方达304km，最窄的地方也有152m。1914年8月15日巴拿马运河正式通航，极大地缩短了美国东西海岸间的航程，比绕合恩角缩短了14 800km。巴拿马运河由美国建成，自1914年通航至1979年间一直由美国独自掌控。在1979年运河的控制权转交给巴拿马运河委员会（由美国和巴拿马共和国共同组成的一个联合机构），并于1999年12月31日正式将全部控制权交给巴拿马。运河的经营管理交由巴拿马运河管理局负责，而管理局只对巴拿马政府负责。

57 “三北”防护林工程

“三北”防护林工程指我国1978年底启动的以西北、华北和东北地区的防护林带建设为主体的长时间大规模的生态环境改造与建设工程。该地区是我国林草植被最少、生态环境最脆弱的地区，每年流入黄河的16亿t泥沙中，有80%来自这一区域。这一区域成为我国生态环境问题最严重的地区。为此，1978年11月《国务院批转国家林业总局关于在三北风沙危害和水土流失重点地区建设大型防护林的规划》印发，正式启动“三北”防护林工程。

按总体规划，“三北”防护林工程建设范围东起自黑龙江省宾县，西至新疆乌孜别里山口，东西长4480km，南北宽560～1460km，涵盖面积406.9万km^2，包括三个地区13个省（区、市）551个县（旗）。建设工程规划从1978年起至2050年，共分七期建设，至2018年已完成四期工程。1978～2018年，该工程累计造林保存面积3014.3万hm^2，使该地区森林覆盖率从5.05%提高到13.57%，获得明显的效益。

58　荷兰围垦工程

围海造陆在荷兰具有悠久的历史。目前荷兰有两项围海造陆工程：须德海工程与三角洲工程。

须德海工程：须德海原是伸入北海的海湾，面积 $3388km^2$。1918 年荷兰议会道过了 C. 莱利提出的须德海围垦方案，1920 年该工程开始施工。该工程是一项大型挡潮围垦工程，主要包括拦海大堤和 5 个垦区。拦海大堤长 32.5km，堤顶平均宽度 90m，设有 4 车道高速公路，共填筑土石料 3850 万 m^3。堤间设有 5 座 5 孔泄水闸、600t 和 200t 船闸各一座。拦河大堤把须德海与外海隔开，通过排咸纳淡，使内湖变成淡水湖。该湖称为艾瑟尔湖，湖内洼地分成五个垦区，分期开发。1921 ～ 1968 年已完成四个垦区的开发，共开垦土地 1650 km^2。须德海大堤成为连接荷兰东北部和西北部的交通干线，还利用原河道发展航运；艾瑟尔湖可提供淡水，促进了工农业和养殖业的发展；利用垦区水网，可发展旅游业。已建成的四个垦区约迁入 314.3 万人，形成了繁荣的经济区。

三角洲工程：荷兰南部莱茵河、马斯河和斯尔德河下游的三角洲地区，经济发达，人口密集，有世界名港鹿特丹港。但地势低洼，河叉交错，易受潮灾。1958 年荷兰国会批准了三角洲委员会提出的治理方案，开始对该三角洲进行治理。该工程是一项大型挡潮和河口控制工程，主要包括 5 处挡潮闸坝和 5 处水道控制闸。该工程使防潮堤线缩短了 700 多千米，提高了防潮安全保障和标准，可有效控制和管理三角洲水道，防止咸水入侵，改善了水质和减少了泥沙淤积，以使人们更合理地利用水资源，更好地保护生态环境。

59　阿斯旺水坝工程

阿斯旺水坝位于埃及境内的尼罗河干流上，在首都开罗以南约 800km 的阿斯旺城附近，是一座大型综合利用的水利枢纽工程，具有灌溉、发电、防洪、航运、旅游、水产等多种效益。水坝为黏土心墙堆石坝，最大坝高 111m，当最高蓄水位 183m 时，水库总库容 1689 亿 m^3，电站总装机容量 2100MW，设计年发电量 100 亿 kW • h。工程于 1960 年 1 月 9 日开工，1967 年 10 月 15 日第一台机组投入运行，1970 年 7 月 15 日全部机组安装完毕并投入运行，同年工程全部竣工。

60　长江三峡水利枢纽工程

长江三峡水利枢纽工程简称三峡工程，指在长江中游三大峡谷瞿塘峡、巫峡、西陵峡区域的西陵峡中段三斗坪建设大坝以蓄水发电、防洪及提高长江航运能力等功能为主要目标的超大型水利工程。三峡工程 1994 年正式动工建设，至 2012 年最后一台机组投产完成。大坝为混凝土重力坝，坝顶总长 3035m，高程 185m，正常蓄水位 175m，总装机容量 2240 万 kW，是当前世界上最大的水电工程。

三峡工程的主要功能有：

（1）防洪。

（2）发电。

（3）航运。

（4）养殖。

（5）旅游。

（6）提高南水北调中线的调水能力，从而为严重缺水的黄淮海地区输送更多水源。

（7）改善区域生态环境。

（8）净化环境。

三峡水库建设也产生了一些新的环境和社会问题：水库淹没 1150km^2 土地，其中包括 129 座城镇（其中有万州、涪陵两座中等城市和十几座小城市）和 43.13 万亩农田，移民 113.8 万人，也淹没相当多的历史文物古迹。

参考文献

蔡运龙, Wyckoff B. 2001. 地理学思想经典解读 . 北京 : 商务印书馆 .

蔡运龙, 陈彦光, 阙维民, 等 . 2012. 地理学 : 科学地位与社会功能 . 北京 : 科学出版社 .

陈传康 . 1987. 决策研究与地理学 . 地理学与国土研究, 3(1): 8-15.

陈力 . 1990. 战略地理论 . 北京 : 解放军出版社 .

陈瑞闪 . 2002. 台风 . 福州 : 福建科学技术出版社 .

程建军 . 2005. 中国风水罗盘 . 南昌 : 江西科技出版社 .

丹尼尔 • J, 布尔斯廷 . 2006. 发现者 . 严撷英, 吕姚英, 李成仪, 等译 . 上海 : 上海译文出版社 .

德梅克 . 1984. 详细地貌制图手册 . 陈志明, 尹泽生, 译 . 北京 : 科学出版社 .

登特 . 1988. 土壤调查与土地评价 . 倪绍祥, 译 . 北京 : 农业出版社 .

傅洪志 . 2013. 中国风水史 . 北京 : 九洲出版社 .

黄鼎成, 王毅, 康晓光 . 1997. 人与自然关系导论 . 武汉 : 湖北科学技术出版社 .

哈特向 . 1983. 地理学性质的透视 . 黎樵, 译 . 北京 : 商务印书馆 .

哈特向 . 1996. 地理学的性质 . 叶光庭, 译 . 北京 : 商务印书馆 .

哈维 . 1996. 地理学中的解释 . 高泳源, 刘立华, 蔡运龙, 等译 . 北京 : 商务印书馆 .

何晓昕, 罗隽 . 2008. 中国风水史 . 北京 : 九洲出版社 .

贺三维, 王伟武, 曾晨, 等 . 2016. 中国区域发展时空格局变化分析及其预测 . 地理科学, 36(11): 1622-1628.

贾英, 孙根年 . 2009. 基于本底线和亲景度的秦岭国家植物园客流量预测 . 人文地理, 24(1): 93-97.

克拉瓦尔 . 2007. 地理学思想史 . 郑胜华, 刘德美, 刘清华, 等译 . 北京 : 北京大学出版社 .

陆大道, 樊杰 . 2009. 2050 年中国的区域发展 . 北京 : 科学出版社 .

马克思, 恩格斯 . 1975. 马克思恩格斯选集 (第一卷). 北京 : 人民出版社 .

麦金德 . 2007. 历史的地理枢纽 . 林尔蔚, 陈江译 . 北京 : 商务印书馆 .

倪绍祥 . 2002. 环青海湖地区草地蝗虫遥感监测与预测 . 上海 : 上海科学技术出版社 .

沈括 . 1975. 梦溪笔谈 . 北京 : 文物出版社 .

苏珊, 汉森 . 2009. 改变世界的十大地理思想 . 肖平, 王方雄, 李平, 译 . 北京 : 商务印书馆 .

索恰瓦 . 1991. 地理系统学说导论 . 李世玢译 . 北京 : 商务印书馆 .

谭智勇 . 2000. 四渡赤水 . 北京 : 人民出版社 .

温国平, 程金沐 . 1993. 海平面上升对珠江三角洲城市排水和河流水质影响预测 . 热带地理, 13(3): 201-205.

闻人军 . 2017. 考工司南 . 上海 : 上海古籍出版社 .
吴传钧 . 2002. 20 世纪中国学术大典·地理学 . 福州 : 福建教育出版社 .
吴传钧 , 侯锋 . 1990. 国土开发整治与规划 . 南京 : 江苏教育出版社 .
伍荣生 . 1999. 现代天气学原理 . 北京 : 高等教育出版社 .
武汉测绘学院 . 1959. 地形测量学 . 北京 : 测绘出版社 .
夏征农 . 1999. 辞海 (编印本). 上海 : 上海辞书出版社 .
叶自成 . 1998. 地缘政治与中国外交 . 北京 : 北京出版社 .
杨建锋 , 张翠光 . 2014. 地球关键带 : 地质环境研究的新框架 . 水文地质工程地质 , 41(3): 98-104, 110.
杨吾扬 . 1989. 地理学思想史 . 北京 : 高等教育出版社 .
曾小凡 , 苏布达 , 姜彤 , 等 . 2007. 21 世纪前半叶长江流域气候趋势的一种预估 . 气候变化研究进展 , (5): 293-298.
张宝光 . 1994. 区域地理预测的特点和方法 . 云南地理环境研究 , 6(1): 88-91.
赵大英 . 2004. 港珠澳大桥的客流车流量预测与功能定位 . 热带地理 , 24(4): 350-355.
赵济 , 张如一 , 赵烨 . 2001. 自然地理基本过程和基本规律 . 北京 : 人民教育出版社 .
郑度等 . 2008. 中国生态地理区域系统研究 . 北京 : 商务印书馆 .
G.O. 巴尼 . 1986. 公元 2000 年环境 . 尚亿初 , 陈来成 , 张康生 , 等译 . 北京 : 科学出版社 .
G.S. 马丁 . 2008. 所有可能的世界 . 成一农 , 王雪梅 , 译 . 上海 : 上海世纪出版集团 .
R. 戈列奇 , R.J. 斯廷森 . 2013. 空间行为的地理学 . 柴彦威 , 曹小曙 , 龙韬 , 译 . 北京 : 商务印书馆 .
P. E. 詹姆斯 , G.J. 马丁 . 1989. 地理学思想史 . 李旭旦 , 译 . 北京 : 商务印书馆 .
W. 邦奇 . 1991. 理论地理学 . 石高玉 , 石高俊 , 译 . 北京 : 商务印书馆 .
Schäfer F K. 1954. Exceptionlism in geography. Annals of the Association of American Geographer, 44(1).